기독교교육학 핸드북

Handbook of Christian Education

기독교교육학 핸드북

초판1쇄 인쇄 2024년 8월 26일
초판1쇄 발행 2024년 9월 2일
발행인 이기룡
엮은이 이현철
발행처 도서출판 생명의양식
등록번호 서울 제22-1443호(1998년 11월 3일)
주소 06593 서울시 서초구 고무래로 10-5(반포동)
전화 02-533-2182
팩스 02-533-2185
홈페이지 www.qtland.com
디자인 CROSS-765

ISBN 979-11-6166-265-7 (93230)

책값은 뒤표지에 있습니다.

기독교교육학 핸드북

Handbook of
Christian Education

이현철 편저

생명의 양식
THE BREAD OF LIFE

The fear of the LORD is the beginning of wisdom,
and knowledge of the Holy One is understanding.

Proverbs 9:10

Until we all reach unity in the faith and
in the knowledge of the Son of God and become mature,
attaining to the whole measure of the fullness of Christ.

Ephesians 4:13

발간사

"교육은 세상을 변화시키는 가장 강력한 무기다." 넬슨 만델라(Nelson Mandela)의 선견지명이 가장 필요한 시기가 도래했다. 지난 4년 코로나 팬데믹은 많은 것을 바꾸었다. 한국 사회의 변화도 컸지만 실상 한국교회의 변화가 더욱 심각하다. '플로팅(Floating) 크리스천', 'SBNR(Spiritual But Not Religious)', 'OTT 크리스천' 등 새로운 성도의 이름이 생겼다. 하지만 그 뜻을 생각하면 씁쓸하다. 한국교회의 다음 세대는 더욱 절망적이다. 사사기 2장 10절 말씀처럼 신앙의 대가 끊기는 "여호와를 알지 못하는 다른 세대"가 일어나고 있다.

무엇이 문제일까? 왜 공동체와 개인의 신앙이 약화되고 다음 세대는 교회에 머물지 않고 떠나려 할까? 이 물음에 대한 근본적인 원인을 찾아야 할 때가 되었다. 그것은 바로 교회와 가정 안에서의 '기독교 교육 부재'다.

기독교 교육. 두 단어를 어떻게 이해하고 교육하느냐에 따라 다른 결과를 맞이하게 된다. 먼저, '기독교'와 '교육' 두 단어를 따로 떼어 낸 분리형으로 이해하면 마치 몸은 작고 머리만 커져 있는 비정상적인 아이로 성장하게 된다. 기독교를 배우지만 머리로서만 이해할 뿐 삶의 자리에서 변화되는 교육으로는 이어지지 않는다. 둘째로, '기독교' 교육이나 기독교 '교육'처럼 한 단어만 강조하는 강조형으로 이해하면 고집스러운 아이 또는 동화된 아이로 자라게 된다. 기독교에 함몰된 나머지 세상과 맞서 싸울 힘이 없는 모습이 되거나 세상과 하나가 되어 교회를 떠나 버리는 결과를 가져온다. 그러나 '기독교교육' 두 단어가 함께 연결된 통합형은 기독교를 바르게 이해할 뿐만 아니라 올바른 교육을 받고 자라나 세상을 이기고 변화시킬 힘을 가진 아이로 자라게 된다.

한국교회는 무엇보다 기독교에 관한 바른 이해가 선행되어야 한다. 그리고 그에 걸맞은 삶의 가르침도 교육되어야 한다. 그런 의미에서 이번에 발간되는 『기독교교육학 핸드북』은 코로나 팬데믹 이후 한국교회 특별히 교회교육이 나아가야 할 방향을 잘 제시해 준다. 기독교교육이 무엇인가를 바르게 설명할 뿐만 아니라 그에 따른 기독교교육의 과정과 영역, 현장, 실천이 한 눈에 보이도록 친절하게 설명해 준다.

다른 책과 비교할 때 『기독교교육학 핸드북』의 분명한 탁월성을 두 가지다. 첫째는 구성된 집필자들이 한국의 기독교교육 및 교회교육의 전문가들이다. 총회를 초월하여 각 분야에서 이미 학문성을 단단히 갖춘 학자와 목회자가 집필에 참여했다. 대부분의 집필자가 신진학자로서 기독교교육의 최근 이슈와 핵심을 잘 설명해 준다. 둘째는 단단한 이론과 함께 실제 현장의 필요를 채워 주는 내용이 담겨 있다. 이론적인 연구에만 머물러 있지 않고 삶의 각 영역에서 활용할 수 있는 다양하고도 구체적인 해결 방안을 제시해 준다. 이러한 점에서 "핸드북"이라는 용어가 참 잘 어울린다. 교회교육 현장에서 어려움을 만날 때마다 이 책을 가까이에 두고 늘 펴고 읽으면서 문제를 해결해 나가는 데 도움을 얻길 바란다.

위기(危機)라는 한자어 속에 위험(危險)과 기회(機會)가 함께 있다. 한국교회는 코로나 팬데믹 이후 큰 위기에 놓여 있다. 그러나 위기 속에서도 위험은 경계하되 그 가운데 기회가 있음을 기억해야 한다. 교회가 무너지고 다음 세대를 잃어버릴 위험이 있지만, 오히려 올바른 기독교교육을 통해 더욱 단단하고 온전한 다음 세대를 세울 수 있을 것이다. 이 일에 『기독교교육학 핸드북』이 도움이 되길 소망한다.

바쁜 가운데서도 이 책이 나오기까지 수고한 이현철 교수께 감사를 전하며 책을 멋지게 출간하도록 힘쓴 총회교육원 김은덕 목사와 출판팀에게도 감사를 드린다. 아무쪼록 교역자, 신학생을 비롯해 교회학교 교사와 부모, 성도가 이 책을 늘 가까이 두고 많이 찾아보고 읽으며 다음 세대를 세워 나가기를 권한다.

"기독교교육을 통해 하나님을 알지 못하는 다른 세대가 아닌
오직 하나님만을 섬기를 다음세대를 꿈꾸며"

2024년 9월
대한예수교장로회 총회교육원 원장
이기룡

서문

코로나 팬데믹 이후 한국사회와 교회는 한번도 경험해 보지 못한 일상의 문제와 사역 및 교육적 딜레마에 직면하고 있으며, 실천적인 극복 방안을 찾기 위해 몸부림치고 있다. 목회자들과 성도들에게 있어 그 몸부림은 무엇보다 무너진 다음 세대와 성도들의 신앙적 모습을 보면서 안타까운 마음을 주체치 못함과 삼위 하나님께서 맡겨주신 사명에 충실하게 반응치 못했다는 크나큰 책임감으로 표출되고 있다. 그리고 우리를 더욱 힘들게 하는 것은 그 주체치 못함과 책임감에 대하여 구체적으로 어떻게 반응하며, 실천에 옮겨야 할 것인지에 대한 명확한 답을 찾지 못하고 있다는 상황이다. 이러한 상황은 아마도 교육 영역에 관심을 가지고 사역하고 있는 모든 이들이라면 공감하는 내용일 것이다.

그러나 감사하게도 기독교교육학은 전술한 상황속에서 실제적인 사역 방안과 교육을 통한 실천적인 접근을 통해 그 딜레마를 해결하기 위한 노력을 지속적으로 수행하고 있다. 물론 현장에 대한 완벽하고 충분한 답을 주지는 못하더라도 사역자들의 문제에 공감하며, 극복을 위한 현장지향적인 노력을 취하고 있는 것이 사실이다. 그러기에 한국교회와 신학계 내 기독교교육학에 대한 학문적 관심과 위상은 과거 어느 때보다 높으며, 시대의 요구에 준하여 학문적 발전도 다른 신학 전공 및 분과에 비하여 빠르게 현실을 반영하고 있다.

실제로 최근의 흐름은 단순히 북미와 유럽의 서구 학문적 이론과 체계를 소개하고 답습(踏襲)하는 차원을 넘어 그 이론을 통합하여 우리의 상황과 문제를 고려하여 '한국적인 기독교교육학'으로 고도화와 정교화를 이루어내는 수준에까지 이르렀다. 이러한 측면은 삼위 하나님의 전적인 은혜 가운데 세계에서도 그 유래를 찾아볼 수 없는 한국교회 및 교육영역의 성장과 발전에 기초하고 있으며, 우리 민족의 교육과 관련된 특별한 열정이 기독교교육학의 성장을 지지해주었기에 가능하였다고 생각한다. 이와 관련하여 신학계에서 출판되는 논문과 저술 작업들을 살펴보면 독립된 학문 분야로 북미와 유럽의 서구 이론과 체제를 탈피하여 독자적으로 학문적 정체성을 개척하고 있는 분야가 얼마나되는가에 대한 사항을 살펴보기만 하여도 한국적인 기독교교육학의 발전과 위상을 확인해볼 수 있다.

이번 작업은 기존 선배 학자들의 기독교교육학의 학문적 구조를 계승 및 발전하면서 기독교교육학의 최신 이론과 한국적 맥락에서 사역 현장을 연결하기 위해 노력하였다. 10년 전 강용원 교수가 책임편집자로 당시의 학자들이 작업한 『기독교교육학개론』은 기독교교육학의 학문적 체제를 잘 설명해주었으며, 안정감있는 이론적 틀을 제공해주었다. 나(이현철)는 선배 학자들의 학문적 노력과 희생을 존중하며, 그 과정이 있었기에 지금의 기독교교육학이 탄탄하게 자리잡고 있다고 확신한다. 그리고 나는 선배 학자들의 활동을 더욱 가치있게 만들어가는 것은 다른 것이 아니라 선배 학자들의 학문적 결과에 안주하기보다 그들의 장점을 강화하고, 부족한 점은 보완하며 더욱 새롭게 발전시켜가는 일을 수행하는 것이라 생각한다. 이러한 맥락에서 이번 작업이 가지는 몇 가지 가치를 소개하면 다음과 같다.

첫째, 기존의 학문적 정통성을 계승하면서도 그 수준을 확장한다는 점에서 가치가 있다. 우리는 개혁주의 기독교교육학이라는 아름다운 학문적 유산을 가지고 있으며, 이에 대한 개념과 논의는 이미 정련된 수준에서 이루어져왔다. 이번 작업은 철저히 그 학문적 정통성을 존중 및 계승하고 있으며, 어떤 의미에서는 더욱 심화·발전시켰다고 볼 수 있다. 특별히 이는 기존의 이론적인 논의를 넘어 실천적인 연구와 작업이 어떠한 방식과 영역 속에서 이루어질 수 있는가를 심도있게 다루어주고 있기 때문에 가치가 있을 것이다.

둘째, 기독교교육 관련 최신의 동향과 전망을 소개한다는 점에서 가치가 있다. 이번 작업에서는 '기독교교육의 기초, 과정, 영역, 현장, 실천'이라는 5가지 대주제 아래 기독교교육 관련 전방위적인 내용들을 정리하고 있다. 특별히 각 대주제 내 이슈되고 있는 내용들과 변화하고 있는 교육적 상황들을 심도있게 다루고 있다. 이 과정에서 기독교교육 관련 최신의 동향과 이슈들에 대한 대처 방안과 전망까지 담아주고 있기에 관련 분야에 관심을 가진 이들이라면 큰 유익을 얻을 수 있을 것이라 확신한다.

셋째, 기독교교육 관련 학계와 현장 내 최고의 전문가를 통한 진단과 분석을 수행하였다는 점에서 가치가 있다. 이번 작업의 가장 큰 장점 중의 하나는 학계와 사역 현장에 있어 최고의 전문가들이 직접 참여해주었다는 점이다. 내가 이번 편저 작업을 구성함에 있어 절대로 양보하지 않았던 부분은 기고자의 주제분야에 대한 '전문성'이었다. 나는 초기 주제를 선정함에서부터 참여자들을 염두하였으며, 그들의 연구와 사역을 고려하여 직접 섭외하고 배정하였다. 이번에 참여한 연구들은 학부, 석사, 박사과정 모두에서 기독교교육학과 신학 분야의 학위를 가지고 있을 뿐만 아니라 지속적으로 배정된 주제에 대하여 연구하며 해당 분야를 리드(lead)하고 있는 장본인들이다. 이들이 기독교교육학의 현재와 미래를 이끌어갈 인물들인 것이다. 나는 이런 귀한 기독교교육학의 동역자들과 함께 작업을 수행할 수 있어 기쁘다. 삼위 하나님께서 이들의 연구와 사역 가운데 더욱더 은총을 내려주시길 기도한다.

나는 이번 작업이 한국 기독교교육학의 학문적 위상 정립에 있어 한 단계 더 발전을 이루는 과정이 될 것을 믿어 의심치 않는다. 부디 이번 작업이 혼탁한 시대 가운데 어떻게 기독교교육을 다뤄야 할지 답답해하는 모든 이들과 가정, 교회, 학교에게 유익한 방향타가 되길 소망한다. 삼위 하나님의 은총이 이 땅의 모든 기독교교육 사역자들에게 가득하길 기도한다.

Soli Deo Gloria!

2024년 9월
영도의 푸른 바다를 바라보며
이현철

기고자(Contributors)

[제1부 기독교교육의 기초]

이현철_고신대학교 기독교교육과 교수

고신대학교 신학대학 기독교교육과, 경북대학교 대학원 교육학석사·박사, 美 Pennsylvania State University 교육학과 박사후 연구, 고려신학대학원 목회학석사, 美 Gordon-Conwell Theological Seminary 목회학박사. 기독교교육을 포함한 실천신학, 교육학, 사회학 분야에 많은 논문과 저서를 발표하였으며, 한국학술지인용색인(KCI) 등재 학술논문 총피인용 수 최상위 연구자로 선정되기도 하였다.

홍성수_고신대학교 기독교교육과 교수

고신대학교 신학대학 기독교교육과 학사, 신학대학원 신학(목회학)석사, 대학원 문학석사, 기독교종교교육 전공으로 교육학 박사(Ph. D)를 취득했다. 기독교교육역사를 주 연구 분야로 하면서 성경적 기독교 세계관과 철학 그리고 성경신학과 교리교육학의 현장 적용에 관심이 있다.

이현민_고신대학교 기독교교육과 겸임교수

부산교육대학교를 졸업하고 남아프리카공화국 North-West University Potchefstroom(옛 Potchefstroom University for Christian Higher Education)에서 교육철학 전공으로 박사학위(Ph.D.)를 받았다. 신칼뱅주의 철학을 바탕으로 신앙에 합치된 교육을 실천하기 위한 교육의 일반 이론을 구축하는 일에 관심을 가지고 공부 중이다. 고신대학교 기독교교육과와 한동대학교 교육대학원의 겸임교수로 강의하고 있다.

[제2부 기독교교육의 과정]

소진희_고신대학교 기독교교육과 교수

고신대학교 신학대학 기독교교육과 학사, 동 대학원 문학석사, 기독교교육철학 전공으로 교육학박사(Ph. D.)를 취득했다. Dordt Universty 방문연구, 캐나다 SCSBC 객원연구원으로 기독교학교를 연구하였다. 기독교교육, 교육철학, 기독교교육철학, 기독교 세계관이 주 연구분야이며, 기독교교육철학을 실제 교육현장에 적용할 수 있도록 것에 관심이 있다.

이기룡_총회교육원 원장, 고신대학교 기독교교육과 겸임교수

고신대학교 신학대학 신학과, 고려신학대학원 목회학석사, 연세대학교 교육대학원 종교교육석사, 에스라 성경대학원대학교 신학석사, 고신대학교 일반대학원 교육학박사. 지난 20년간 총회교육원에 근무하며 교회교육에 필요한 다양한 교재 및 프로그램을 개발하였고, 현재 총회교육원 원장으로서 고신대학교 및 고려신대학원에서 학생을 가르치며 산학협동을 통한 새로운 교회교육 모델을 만들어가고 있다.

함영주_총신대학교 기독교교육과 교수

총신대학교 신학과, 총신대학교 신학대학원 목회학석사, 총신대학교 일반대학원 신학석사, 美 Biola University 기독교교육학 박사(Ph.D)를 취득하였고, 현재는 총신대학교 기독교교육과 교수와 기독교학교교육연구소 연구교수로 사역하고 있다.

[제3부 기독교교육의 영역]

노성현_소명교회 담임목사

고신대학교 신학대학 신학과, 고려신학대학원 목회학석사, 美 Talbot School of Theology(Biola University) 기독교교육학 석사(MACE)·교육학 박사 (Ph.D). 고려신학대학원 실천신학 겸임교수를 역임했고, 울산신정교회를 거쳐 현재는 부산 소명교회의 담임목사로 사역하고 있다.

제인호_가음정교회 담임목사

서울대학교, 고려신학대학원, 한양대학교 교육대학원에서 교육공학을 공부하였고, 美리버티 신학대학원에서 신학 석사학위와 목회학 박사학위를 취득하였다. 1997년부터 2003년까지 6년 6개월 동안 총회교육위원(현 총회교육원) 간사로 섬기면서 교사교육과 주일학교 교재 개발, 그리고 큐티 교재 개발(복있는 사람과 어린이 복있는 사람) 등 고신총회 교육에 헌신하였으며, 현재는 가음정교회 담임목사로 사역하고 있다.

전영헌_브니엘예술고등학교 교목, 고신대학교 기독교교육과 겸임교수

고신대학교 기독교교육과 학사, 총신대학원 목회학 석사, 고신대학교 기독교교육학 석사를 졸업하고, 박사과정을 수료하였다. 16년째 브니엘고등학교와 브니엘예술고등학교에서 교목으로 활동하며, 미션스쿨 사역에 대한 저서와 기고글, 종교학 교과서 등을 발표하였다.

김태영_부산관광고등학교 교목

고신대학교 기독교교육과 졸업 후 동대학원 교육학 석사와 박사를 취득. 부산관광고등학교에서 교목으로 17년째 사역하고 있으며, 기독교 대안학교에 대한 연구를 꾸준히 해왔으며, 대안학교 설립을 준비하고 있다.

[제4부 기독교교육의 현장]

조기숙_모든민족교회 전도사

계명문화대학 유아교육학과, 대신대학교 신학과, 경북대학교 대학원 교육학석사, 고신대학교 대학원 기독교교육과 박사를 취득하였다. 일반유아교육 현장을 경험하고 교회학교 교육현장에서 20년 이상 영유아부 현장실무를 담당하고 있는 지도자이다. 철저한 기독교 세계관에 근거한 영유아부 교사 양성 교육과정 개발을 주제로 박사학위를 취득하였으며, 이후 해당 분야의 연구를 지속적으로 수행하고 있다.

박용성_부산진구 부전청소년센터장

고려신학대학원 목회학, 호서대학교 청소년지도학, 고신대학교 기독교교육학과 박사학위를 취득하였으며, 2000-2016까지 SFC간사로 사역하였고, 현재 부산진구 부전 청소년센터 센터장, 부산가정법원 위탁보호위원으로 위기 청소년을 만나고 있으며, 고신대학교와 국립부경대학교에서 청소년 관련 과목을 강의하고 있다.

김성완_시애틀 형제교회 부목사

조선대학교에서 문예창작, 고려신학대학원에서 목회학 석사, Southwestern Baptist Theilogical Seminary학에서 기독교 교육학 석사, 교육철학으로 박사학위를 받았다. 총회교육원에서 연구원으로, 서울 서문교회, 달라스 빛내리 교회, 시애틀 형제교회에서 부목사로 수학했던 교육학을 교회 현장에서 실천하고 있으며, Chris Shirley 박사의 저서 가정사역과 교회(Family Ministry and the Church)를 번역하였고, D6 Conference와 SPCE(Society of Professors in Christian Education)에서 정기적으로 발표하고 있다.

박신웅_소망교회 담임목사

고신대학교 신학과, 고려신학대학원 목회학석사, 美 Southwestern Baptist Theological Seminary 기독교교육석사(M.A. Christian Education), 美 Gordon-Conwell Theological Seminary 신학석사(Th.M, Preaching), 美 Pennsylvania State University 성인교육학박사(Ph.D). 기독교교육을 포함한 성인교육학 분야에 다수의 논문과 저서를 발표했으며, 예수교장로회(고신) 총회교육원 원장으로 사역하였고, 현재 고려신학대학원 겸임교수로 섬기고 있다.

이상영_창원명곡교회 담임목사

고신대학교 기독교교육과 학사, 고려신학대학원 졸업, 미국 리버티 신학대학원 설교학 석사, 미국 리버티 신학대학원 목회학 박사이다. 현재 창원 명곡교회 담임목사, 비전누리문화원 이사장, 한민족 복지재단 기획실장, 용정정보실업 중·고등학교(창원소년원) 운영위원, YCC(청소년 문화 공동체) 등을 사역하며 지역사회를 섬기고 있다.

강연정_고신대학교 기독교교육과 교수

고신대 기독교교육과 및 동대학원에서 기독교교육과 기독교상담을 전공하였으며, 남아공 Porcheffstroom 대학원에서 교육심리 및 상담 박사과정을 수료하였고, 한남대학교 기독교학과에서 박사학위(Ph.D. 기독교상담학 전공)를 취득하였다. 현재 고신대 기독교상담대학원 원장과 라이프대학 학장 및 기독교상담학과 학과장, 일반대학원 기독교상담학전공 석박사과정 및 교육대학원 상담심리전공 주임교수를 맡고, 한국상담학회 및 다수의 기독교상담학회의 감독상담사와 한국기독교상담협회 회장을 맡아 기독교상담학 분야의 학문적 발전과 전문가 양성을 위해 노력하고 있다.

이혜정_고신대학교 기독교상담 초빙 교수

고려대학교 심리학과, 서울대학교 교육학과 교육상담 석사, 고신대학교 기독교교육과 기독교상담 박사이며, 한국청소년상담복지개발원에서 청소년상담사로 청소년 스트레스, 청소년 자살예방 프로그램 개발 및 보급하였으며, 현재 고신대학교 기독교상담 초빙교수로서 기독교상담 내 청소년, 노인, 가족, 예방상담 및 상담교육에 관심을 가지고 연구하고 있다.

김영준_등촌교회 부목사

고려신학대학원 졸업 후 도미하여 재미고신 교회에서 청소년 사역을 감당하였고(하늘꿈교회, 알칸사제일장로교회), 美 탈봇신학대학원에서 기독교교육학 석사과정(MA in Christian Education), 박사과정에서는 청소년사역자 리더십에 대해 연구하였다(Ph.D in Educational Studies). Christian Education Journal(Sage)에서 피어리뷰어로 활동하다가 지금은 등촌교회에서 부목사로 섬기고 있다.

[제5부 기독교교육의 실천]

문화랑_고려신학대학원 교수

Calvin Theological Seminary에서 Worship을, 시카고에 위치한 게렛 복음주의 신학대학원에서 Liturgical Studies 박사 학위를 취득했다. Worship, Studia Liturgica, Christian Education Journal, Religions와 같은 세계적인 저널에 여러 논문들을 발표했으며, AHCI 논문인 Religions의 guest editor로 활동하고 있다. 세계예전학회 (Societas liturgica) 정회원, 북미예전학회(NAAL) 정회원으로 활동하며 예배학의 세계화를 꿈꾸고 있다.

오경석_우리시민교회 담임목사, 전 총회교육원 연구원

고려신학대학원(M.Div.), 건국대학교 대학원(M.A), 실천신학대학원대학교(Ph.D. cand.)에서 신학과 교육학을 공부했다. 저서로는 <복음이란 무엇인가>(좋은씨앗), <청소년사역 매뉴얼>(공저, 생명의양식) 등이 있다.

이정현_청암교회 담임목사

총신대학교 신학과와 동 신학대학원을 졸업하고, 미국 Southwestern Baptist Seminary에서 기독교교육으로 석사와 박사학위를 취득했다. 현재 개신대학교대학원 겸임 교수로 재직 중이며, 청암교회를 담임하고 있다.

조철현_성북교회 담임목사, 전 고신대학교 교수

동국대학교 법학과, 고려신학대학원 목회학 석사, 고신대학교 대학원 기독교육학 석사(M.A), 美 Liberty University 실천신학 석사(Th.M), 美 Talbot School of Theology (Biola University) 기독교교육학 철학박사 (Ph.D), 고신대학교 학부대학 교수를 역임했고, 현재 대구 성북교회의 담임목사로 사역하고 있다.

오경환_총신대학교 기독교교육과 교수

총신대학교 신학과, 美 Biblical Theological Seminary(현 Missio Seminary), 목회학석사(M.div), 美 Southwestern Baptist Theological Seminary 교육학석사(M.A.) 및 박사 (Ph.D.)로서 교육철학 및 교육신학을 전공하고, 가정사역을 부전공하였다.

목차

제1부 기독교교육의 기초

제2부 기독교교육의 과정

제3부 기독교교육의 영역

제4부 기독교교육의 현장

제5부 기독교교육의 실천

제1부

기독교교육의 기초

제1장

기독교교육은 무엇인가?: 기독교교육의 정체성

이현철(고신대학교)

The fear of the LORD is the beginning of wisdom, and knowledge of the Holy One is understanding.

- Proverbs 9:10

Until we all reach unity in the faith and in the knowledge of the Son of God and become mature, attaining to the whole measure of the fullness of Christ.

- Ephesians 4:13

One way to love God is to know and love God's work.
Learning is therefore a spiritual calling: properly done, it attaches us to God.

- Cornelius Plantinga Jr.(2002)

1. 들어가며

21세기 한국 사회 속에서 기독교교육을 추구해 나간다는 것은 쉽지 않은 일이다. 기독교교육의 가치 앞에 강력한 도전들이 존재하고 있기 때문인데, 이를 테면 세속적인 가치와 왜곡된 문화의 위협, 교육의 중립성에 대한 환상과 허구[1], 국가의 교육에 대한 일방적인 통제와 자율권 제한, 교육 주체들의 기독교 세계관 부재, 그리고 최근에는 교권에 대한 권위 실추 등이 기독교교육 추구에 걸림돌로 작용하고 있다. 이러한 상황 속에서 예수 그리스도에게 헌신된 그리스도인 교육자와 사역자들이 더욱더 집중해야 할 것은 바로 기독교교육의 정체성일 것이다. 기독교교육이 무엇이며, 어떠한 의미를 지니며, 나아가 어떠한 가치와 역할을 추구해야하는가에 대한 본질적인 사항들을 놓치지 않고 붙잡아야 한다는 것이다.

하지만 기독교교육의 정체성을 정의하는 것은 간단한 문제가 아니다. 기독교교육을 무엇으로 이해하고, 어떻게 개념화하는가에 따라 다양하게 정의될 수 있기 때문이다. 특히나 오늘날과 같이 종교적 가치와 신념에 대한 새로운 인식론을 요구하는 현대화된 시대(Wolterstorff, 2019)에서는 기독교교육과 같이 명확한 해석적 틀과 전제를 요구하는 작업들은 더욱더 개념화하기가 쉽지 않을 것이다. 그럼에도 불구하고 희망적인 것은 기독교교육과 그것의 정체성이 무엇인가를 고민해왔던 많은 이들이 존재하였으며, 그것을 실천하고자 하였던 역사가 남아있다는 것이다. 실제로 기독교교육은 기독교신앙이

---

1. 인간의 삶은 모든 것이 종교적이다. 인간은 하나님을 섬길 것인가 혹은 다른 무언가를 섬길 것인가를 선택해야 하며, 그 속에서 경배의 대상을 선택하고 살아가고 있다. 이는 인간의 모든 활동에 있어 종교적인 중립이 존재할 수 없음을 의미하는 것이다. 인간의 교육활동 역시 인간의 모든 활동에 포함되는 주요한 행위로 인간의 교육활동도 경배와 신앙적 활동에 관계되며, 종교적으로 절대 중립적일 수 없는 영역임을 잊지 말아야 한다. 이러한 맥락에서 Richard Edlin(2011)이 「The cause of Christian education」(3rd ed.)에서 기술하고 있는 2장의 제목인 "The myth of religious neutrality in education"은 매우 적절하다고 할 수 있다

존재하면서부터 함께 이루어져 왔기에 시대와 철학에 따라 다양하게 그 정체성과 의미를 형성해 온 것이 사실이다. 마이클 앤서니(Michael Anthony)와 워렌 벤슨(Warren Benson)의 『*Exploring the History & Philosophy of Christian Education: Principles for the 21st Century*』(2011)는 구약의 맥락에서부터 그리스, 로마, 초대교회, 중세, 르네상스, 종교개혁 그리고 19세기와 20세기에 이르기까지 방대한 시대적 상황을 고려하면서 기독교교육의 의미와 맥락을 정리해주고 있어 매우 가치가 있는 유익한 자료이다. 『*Exploring the History & Philosophy of Christian Education: Principles for the 21st Century*』가 제공하는 내용들은 그동안 기독교교육이 어떠한 모습과 역할을 수행하여 왔는가를 보여주고 있어 기독교교육의 정체성과 의미를 추측하는 데 흥미로운 지식을 선사하고 있으며, 그것이 무엇인가를 구체적으로 보여주고 있다고 생각한다.

하지만 본 장에서 논의하고자 하는 기독교교육의 정체성은 Anthony와 Benson의 접근보다 좀 더 날카롭게 들어가 보고자 하는 것이며, 그 날카로움을 만들어 주는 틀을 개혁주의 전통 안에서 찾아 다루고자 한다. 즉, 개혁주의 전통 안에서 기독교교육의 의미를 살펴보고자 하며, 이를 통해서 기독교교육의 정체성을 개념화하고자 하는 것이다. 이러한 접근은 기본적으로 개혁주의 전통 안에서 기독교교육의 정체성에 대한 개념화를 추구하는 것일 뿐만 아니라, 강력한 세속적 도전 앞에서 하나님께 영광을 돌리는 교육을 실천(Pazmiño, 2008; 73)하고자 하는 신실한 이들을 위한 기초자료도 활용될 수 있을 것으로 기대한다.

2. 개혁주의와 개혁주의 기독교교육

2.1. 개혁주의

일반적으로 개혁주의는 16세기 루터(Martin Luther), 츠빙글리(Huldrych Zwingli), 칼뱅(Jean Calvin) 등과 같은 개혁자들의 지도와 신학 아래 당대의 교회들이 범한 거짓 가르침에 항의하고, 참된 복음으로 돌아서는 종교개혁의 흐름으로 볼 수 있다. 실제로 종교개혁 연구를 전문으로 한 네덜란드 역사가 이자 신학자인 오버만(Heiko A. Oberman)과 같은 학자는 전술한 맥락에 서 개혁주의를 종교개혁 운동의 한 과정으로 이해하기도 하였으며, 구체적으로 개혁주의가 권력과 허식(power and pomp)에서 돌이키며 그로 인해 어떠한 보호도 없이 진리를 수호해야 하는 위험성을 초래한다고도 기술하였다 (Oberman, 2004; 26). 실제로 당시 개혁주의는 로마 가톨릭의 사제주의 또 는 성직자주의(sacerdotalism)와 관련된 문제와 성경에 대한 올바른 해석 및 인식 등을 다루었기 때문에 개혁적이었으며, 16세기의 역사적인 종교개혁으로 이해할 수 있을 것이다.

그러나 우리가 개혁주의라는 의미를 활용할 때 놓치지 말아야 할 것은 그 개념이 단순히 전술한 일반적인 차원의 역사적 운동으로만 이해되고, 다루어져서는 안 된다는 점이다. 개혁주의를 정치(精緻)하게 기술하여 본다면 그 것은 당대의 루터파(Lutheran)와 구별되는 개념으로 구체적으로 칼뱅과 그 의 후예들이 지향한 신학인 칼뱅주의(Calvinism)를 의미하기도 한다(문병호, 2013; 65). 물론 이상규는 개혁주의와 칼뱅주의를 상호교차적으로 사용하고 있지만 엄밀한 의미에서 차이가 있음 또한 구분하고 있다(이상규, 2010; 18). 어쨌든 츠빙글리와 칼뱅의 신학을 루터의 신학과 구별하는 이유는 루터파나 개혁파가 공히 로마 가톨릭을 비판하고, 성경적인 교회를 지향하였지만, 개 혁파가 루터파에 비하여 더욱 철저하게 개혁을 추구해나갔기 때문이다. 즉,

개혁파가 로마 가톨릭의 잔재를 타파하고, 비성경적 전통과 관행을 제거하고, 성경적인 교회 회복에 루터파보다 훨씬 강력한 개혁을 단행해나갔다는 것이다. 이후 개혁교회(Reformed church)는 스위스, 독일, 네덜란드, 프랑스, 스코틀랜드 등지로 확산되었으며, 이때 16세기 개혁교회가 추구한 신학을 개혁주의라 하는 것이다. 이 개혁주의 신학은 17세기 이후에는 미국으로 그리고 19세기 말 한국으로 전파되었다(이상규, 2010; 12~13). 특별히 한국 장로교회의 칼뱅주의의 뿌리는 미국 장로교 선교사들에게까지 거슬러 올라가며, 그들은 12신조(the Twelve Articles of Faith)에 기초하여 한국에 장로교회를 설립하고, 웨스트민스터 신앙고백의 중요성을 장로교회에 강조하였다(Kim, 2021; 556). 이러한 개혁주의는 하나님의 절대주권을 강조하는 '하나님 중심(God-centered)', 정확무오한 하나님 말씀인 성경에 철저히 기초하고 그 성경에 절대적인 권위를 인정하는 '성경 중심(Bible-centered)', 교회적 삶을 강조하는 '교회 중심(Church-centered)'의 독특성을 가진다.

2.2. 개혁주의 기독교교육

종교개혁 및 개혁파 정통주의(Reformed Orthodox) 역사에서 이루어진 신앙고백서들과 교리적 사항들의 의미는 개혁신학과 개혁주의 전통이 교육과 신앙 전수에 있어 얼마나 관심을 가졌는가를 강력하게 반증하여 주는 대목이다(이현철, 2015). 또한 종교개혁 과정이 공식적(formal) 그리고 비공식적(non-formal) 측면 모두에서 기독교교육에 큰 영향을 주었음(Lawson, 2001; 21)추측할 수 있다. 이러한 맥락은 개혁주의를 기초한 기독교교육이 구성될 수 있음을 강력하게 시사해주는 사항인데, 실제로 종교개혁시대와 칼뱅을 중심으로 한 교육에 대한 이해는 국내·외의 다양한 연구자들에 의해 방대하게 수행되어져 왔으며, 지금도 '마르지 않는 보고(寶庫)'로 우리들에게 남겨져 있다(이현철, 2015; 266). 흥미롭게도 이 과정에서 개혁주의 기독교교육이 무엇인가에 대한 개념도 정립될 수 있을 것이다.

종교개혁의 역사성과 개혁주의의 의미를 고려하여 개혁주의 기독교교육이란 무엇인가를 논의해본다면 그 핵심에는 참된 인간 형성의 중요성이 강조된다. 교육은 다면적이고 복합적인 현상인데 하나님의 법(law)에 종교적 존재로서 인간이 순종적 그리고 자발적으로 반응할 수 있도록 인간을 형성해가는 과정이라고 할 수 있다(김성수, 2013; 12). 이 과정은 본질적으로 성경 계시에 기초를 두어 진행되며, 하나님의 말씀에 철저하게 뿌리를 내려 그 위에서 이루어지는 교육적 활동이 되어야 한다. 이에 대하여 좀 더 구체적으로 살펴보면 다음과 같다.

첫째, 개혁주의 기독교교육은 하나님의 말씀에 그 기초를 둔다는 의미이다. 신·구약 66권 성경이 하나님의 정확무오한 말씀이며, 신앙과 생활의 전반에 대하여 유일한/절대적인 법칙임을 인정하고, 그것에 철저히 기초를 두고 이루어지는 교육인 것이다.

둘째, 개혁주의 기독교교육은 인간에 대한 성경적인 관점과 이해를 바탕으로 이루어지는 교육이다. 성경적인 인간관의 경우 인간을 1) 하나님의 형상으로 지음 받은 존재로서 이해, 2) 본질상 중립적 영역이 존재할 수 없는 종교적인 존재로서 이해, 3) 이분법적이지 않은 총체적이며 전인적인 존재로서 이해, 4) 다차원적인 존재로서 이해, 5) 창조세계에 대한 성경적 실재관과 지식관을 가진 존재로서 이해를 가지며, 이는 개혁주의 기독교교육의 기초로서 철저하게 다루어져야 할 내용들인 것이다(김성수, 2007). 특별히 교육 영역에 있어 학습자를 어떻게 이해할 것인가는 매우 중요한 부분으로 이는 다음 절에서 좀 더 구체적으로 다루고자 한다.

셋째, 개혁주의 기독교교육은 현장성과 실천성을 추구하는 교육이다. 기독교교육은 그 성격상 실천적 학문이다. 여기서 실천은 단순한 실행(practice)이나 응용과학적 성격을 말하는 것이 아니라 프락시스(praxis)적인 학문을 의미하는데(강용원, 2004; 강용원·이현철, 2010), 이론과 실천, 이론과 현장 사이의 관련성을 전제로 한 순환적 과정을 기초로 한 학문이 이루어진다는 의미이다(강용원·이현철, 2010).

넷째, 개혁주의 기독교교육은 삶의 전 영역의 회복과 대안을 추구하는 교육이다. 개혁주의 기독교교육은 가정교육, 교회교육, 기독교학교 교육, 일반학교 교육, 사회교육, 다문화교육 등과 같은 교육 현장의 전 영역에서 '기독교적' 교육내용의 개발, '기독교적' 교육과정의 구성, '기독교적' 교육방법의 구축, '기독교적' 평가방법의 개발을 달성하여 죄로 말미암아 왜곡된 모든 영역의 회복과 대안적인 역할을 감당 한다(Pazmiño, 2008; 73-74). 개혁주의 기독교교육은 단순히 교육적 활동에서 하나님에 대해서 언급하는 것만으로, 성경구절을 인용하는 것만으로, 기독교적 요소를 가미하는 정도만으로 이루어지는 것이 아니다. 개혁주의 기독교교육은 기독교적인 어떤 프로그램이나 내용을 첨가한다고 해서 완성되는 것이 아니라 '교육의 모든 활동과 전 영역' 속에서 하나님의 주권을 인정하면서 철저한 성경적 세계관에 근거하여 교육을 수행해나가는 것이다.

3. 개혁주의 기독교교육의 기초

3.1. 성경적 세계관

기독교교육의 핵심적인 기초는 정확무오한 하나님의 말씀에 근거한 성경적 세계관이다. 성경은 기독교 신앙의 근간이 되며, 기독교교육은 철저한 성경적 가치와 바른 신앙 위에서 이루어질 때 참된 기독교교육으로서 역할을 감당 할 수 있을 것이다. 전술한 의미를 담보하기 위해서 전제되어야 할 사항이 바로 철저한 성경적 세계관이다. 성경적 세계관은 기독교 공동체가 성경에 비추어 해석하고 역사와 상황 안에서 형성해 온 세계관(조성국, 2007)으로 볼 수 있다. 흥미롭게도 해당 세계관은 특정한 기독교 공동체의 성경 이해 정도, 성경 해석 및 신학적 입장에 따라 다양하게 존재하여 왔다는 것이며, 실제로 학자들은 그것들을 다양한 유형들로 구분하여서 탐색하기도 하였다. 대표적으로 리차드 니버(Richard Niebuhr)와 같은 학자는 『Christ and Culture』(1975)를 통해 그 유형들을 분류해 보았는데, 이를테면 문화와 대립하는 그리스도(Christ against culture), 문화에 속한 그리스도(The Christ of culture), 문화 위에 있는 그리스도(Christ above culture), 문화와 역설적 관계에 있는 그리스도(Christ and culture in paradox), 문화를 변혁하는 그리스도(Christ the transformer of culture)와 같은 형태로 구분한 것이다.[2] 이러한 명확한 구분 자체가 학문적인 논의이기는 하지만 기독교적인 세계관들의 유형과 그것들의 특징을 설명함에는 유용함이 틀림없다. 각각의 유형들은 성경에 대한 이해와 신학적 입장에 따라 분명한 차이와 다른 늬앙스를 가지고 있으며, 때론 영역의 경향성에 있어서는 입장에 따라 유사한 부분도 확인할 수 있는 흥미로운 논의 사항을 던져주는 내용들이다. 우리가 관심을 가지는 대목은 개혁주의 기독교교육이 취하는 세계관의 유형은 어디에 가까운 것인가 하는 것이다. 단순하게 개혁주의 기독교교육이 특정한 유형에 의해서 완전하게 설명된다거나 꼭 맞는다고는 할 수 없을 것이며, 그것은 불가능할 것이다. 하지만 개혁주의 기독교교육이 가지는 정체성으로 인해 특정한 세계관의 유형에 부합하거나 설명될 수 있는 부분은 분명 존재할 수 있을 것이다.

이러한 맥락에서 조심스럽게 논의를 발전시켜 본다면 개혁주의 기독교교육의 정체성 자체가 종교개혁자들의 입장에 따라 세상을 향한 적극적인 변

---

2. 5가지 유형에 대한 상세한 사항은 Niebuhr, H. R. (1975). Christ and culture (1st Harper pbk., Ser. Harper torchbooks). Harper & Row.를 참고하기 바란다. 더불어 기독교철학자 판델발트(B.J. van der Walt)와 같은 학자도 기독교 세계관의 유형들을 흥미롭게 제시하고 있기에 살펴볼 것을 추천하는 바이다.

화, 치유, 회복, 치료와 같은 변혁을 지향하고 있으며, 궁극적으로 하나님께 영광을 돌리는 것을 추구한다는 점에서 문화를 변혁하는 그리스도(Christ the transformer of culture)와 같은 유형과 일맥상통한다고 볼 수 있다. 개혁주의 기독교교육이 해당 유형을 지향한다는 것은 개혁주의 전통 안에서 성경적인 세계관을 철저히 구현함을 강조한다는 의미도 될 것이며, 그러한 이들이 지향하는 세계관을 '성경적 세계관' 또는 '개혁적 세계관'으로 표현할 수도 있을 것이다(조성국, 2007). 이때의 '성경적 세계관' 또는 '개혁적 세계관'은 그 용어 자체가 특정한 입장의 성격과 유형을 내포하고 있는 개념이며, 개혁주의 기독교교육은 그러한 '특정한 입장의 성격과 유형을 내포하고 있는 성경적 세계관'을 핵심적인 기초(foundation)로 구현되는 기독교교육으로 볼 수 있을 것이다. 따라서 개혁주의 기독교교육은 '성경적 세계관'이라는 기초 위에 인간관과 실재 및 인식관을 통해서 구현해나가는 교육적 활동인 것이다.

3.1.1. 개혁주의 기독교교육과 인간

교육적 활동은 인간에 대한 활동이기에 인간을 어떻게 이해하고 바라보는가가 이후 전개되는 교육적 활동의 본질적인 전제될 수 있을 것이다. 이는 개혁주의 기독교교육학이 다른 접근과 구별되는 가장 명확한 요소일 것이며, 특별한 부분이 될 수 있다. 개혁주의 기독교교육에서 전제하는 '성경적 인간과 인간관'을 살펴보면 다음과 같다(이현철, 2018; 53-56).

첫째, 인간은 하나님의 형상이다. 성경적 인간관의 대전제는 바로 인간이 하나님의 형상이라는 것이다. 창세기 1장에서 분명히 밝히고 있듯이 인간은 하나님의 형상으로 지음을 받은 존재이다. 이는 다른 어떤 피조물과는 다른 차원인 것이며, 하나님의 형상으로 지음 받은 피조물은 오직 인간밖에 없다.

개혁주의 기독교교육자는 학생들을 하나님의 형상이라는 인식과 그 맥락 속에서 바라보아야 한다. 개혁주의 기독교교육자로서 학생들을 존귀히 여기며, 학생들을 사랑해야 하는 이유는 본질적으로 그 학생들이 하나님의 형상으로 지음을 받은 소중하고 아름다운 존재들이기 때문이다.

둘째, 인간은 전인적 존재이다. 개혁주의 기독교교육자들에 있어 학생에 대한 이해는 전인적인 차원 그리고 총체적인 차원에서 이해되어져야 한다. 성경적 인간관에서 가장 중요한 것은 바로 인간의 전체적인 맥락을 강조하고, 이분법적으로 이를 구분하지 않는다는 것이다. 성경은 인간에 대하여 신체적인 몸으로써 인간에 대하여서도 강조하며, 동시에 영혼으로써 인간도 하나님께 의존하여 살아있는 존재임을 강조한다. 성경에서는 항상 인간에 대하여 전인적인 관점에서 이야기하고 있으며, 인간을 구분하여 파편화된 체제 속에서 절대 바라보고 있지 않다. 개혁주의 기독교교육자는 학생들이 전인적인 존재임을 잊지 말고 학생들을 대해야 할 것이다. 학생들의 영혼과 육체를 모두 중요하게 생각하며, 그들의 전인적 삶이 온전히 하나님께 의존하여 그분 안에서 안정감과 평안을 누릴 수 있도록 지도하며 나아가야 할 것이다.

셋째, 인간은 다차원적 존재이다. 성경적 인간관은 다차원적인 존재로 인간 이해를 기본으로 한다. 하나님께서 창조하신 모든 만물 중에서 인간은 가장 복잡하고 다차원적인 존재이다. 인간은 다른 어떤 피조물들이 가지지 못한 특성들이 있으며, 이는 인간의 존귀함을 더욱더 드러내어 주는 요소들이다. 인간은 문화를 창조할 수도 있고, 역사를 만들어가기도 하며, 이성적/논리적으로 사고하며, 고차원적인 법을 만들며, 윤리/도덕적인 삶을 구현해나가기도 하는 다차원적인 존재들이다. 특정한 하나의 측면으로 환원할 수 없는 복잡한 존재들인 것이다. 개혁주의 기독교교육자는 학생들이 이처럼 다차원적인 존재임을 기억하고, 학생들을 섬기며 봉사해야 할 것이다. 그 과정에서 학생들의 고차원적인 측면은 더욱 자극이 될 것이고, 다차원적인 측면의 개발을 통해서 하나님 나라의 확장을 추구해나갈 수 있을 것이다.

넷째, 인간은 종교적인 존재이다. 21세기 한국사회에서 종교는 지극히 개인적인 수준으로만 이해되고 있지만 본질적으로 종교는 개인적인 차원에서만 제한되는 요소가 될 수 없다. 인간의 삶 자체가 종교적이며, 인간의 개인적 영역 그리고 공동체적 영역 모두에서 이 종교적인 성격이 전제되어 삶이 영위되고 있다. 좀 더 구체적으로 표현하면 인간은 그가 하나님을 섬기는가 아니면 다른 무언가를 섬기는가로 구분되는 것이다. 인간에게 있어 종교적으로 중립적인 자리와 위치는 절대로 존재하지 않는다. 하나님을 섬기든지 아니면 다른 어떤 것을 섬기기는 존재이기 때문이다. 개혁주의 기독교교육자는 학생들이 종교적인 존재임을 기억하고, 그들이 온전히 하나님께만 집중하고 살아갈 수 있도록 지도해야 한다. 그리고 모든 교육적 가르침 역시 중립적인 것이 있을 수 없음 기억하고, 이를 유념하며 교육의 모든 과정을 바라보아야 할 것이다. 심지어는 공교육의 영역에서 가르쳐지는 내용들 역시 중립적인 것이 아니며, '특정한 관점과 견해'를 바탕으로 이루어지고 있음을 기억해야 한다.

3.1.2. 개혁주의 기독교교육과 실재 및 인식

인간은 세계 속에서 살아가는데, 그 세계는 인간의 의식에서 내면적으로 구성되는 세계가 아닌 실제로 존재하는 실재 세계이다. 실재로서 세계는 공간, 법칙, 언어, 윤리, 미학, 역사, 수학, 생물, 경제 등을 통한 사물이나 현상의 상태 즉, 양상으로 구성된다. 특별히 인간은 이 양상들의 연결 안에서 독특한 기능을 수행하면서 살아가며(조성국, 2007), 양상들에 대한 이해와 경험을 확장해나간다. 중요한 것은 그러한 양상을 인간이 어떻게 이해하는가이다. 인간이 특정한 실재관을 가지고 세계의 본질과 양상을 이해한다면 그 특정한 실재관에 따라 교육의 방향과 내용이 영향을 받는 것은 설명하거나 증명하지 아니하여도 충분히 상상될 것이다. 더불어 인간의 인식은 실재에 대한 직관적인 인식과 논리적이며 분석적인 인식을 통해서 실재와 관련된 원리와 법칙들에 대한 지식을 구성케 만든다. 그렇기 때문에 어떠한 인식적 방향 속에서 설정되고 있는가는 실재에 대한 이해뿐만 아니라 인간의 삶의 구성에 있어서 핵심적인 내용이 될 것이다.

그러므로 기독교교육은 '성경적인 실재관 및 인식관'에 기초해야 한다. 실재로 세계에 대하여 그것이 어떻게 시작되었으며, 어떠한 법칙성을 가졌으며, 누구에 의해 통치 받고 있는가를 명확하게 정립하여 그것에 기반두고 교육이 수행되어야 하는 것이다. 다시 말하면, 세계에 대한 하나님의 천지창조, 하나님의 창조세계 질서와 원리, 하나님의 절대적인 주권과 하나님 나라에 대한 의미를 전제한 실재관을 통해서 교육이 수행되어야 한다는 것이다. 실재에 대한 '반-성경적'이고, '비-신앙적'인 관점은 인간으로 하여금 실재에 대한 왜곡되고 오류가 있는 판단을 하게 한다. 그리고 특정한 측면만이 강조된 훼손된 내용에 대한 선택을 하게 한다. 성경적 실재관이 바라보는 통전적인 세계에 대한 인간의 이해와 경험을 제한케하는 것이다. 또한 인식에 있어서도 기독교교육은 참된 진리에 대한 정확한 인식과 지식을 갖출 수 있도록 성경의 조명과 성령의 지도 아래에서 바르게 바라볼 수 있도록 살펴주어야 한다. 특별히 세속적인 인식 및 학문적 전제들이 가진 편협성과 한계를 지적하며, 모든 지혜와 지식의 근본이신 하나님 안에서(잠언 9:10)의 통전적인 인식을 갖출 수 있도록 해야 한다. 개혁주의 기독교교육은 성경적 실재관 및 인식관을 바탕으로 인간으로 하여금 실재에 대한 포괄적이고 온전한 이해를 선사하고, 그로 말미암아 성경에서 가르치는 실재의 참된 본질을 제대로 파악하고 경험케해야 할 것이다.

4. 개혁주의 기독교교육의 실천 방향: '오직 영광, 분석과 비평, 공적 가치'

개혁주의 기독교교육은 성경적 세계관을 기초로 인간을 이해하며, 성경적 실재 및 인식을 구현해 갈 수 있도록 이끄는 교육적 활동으로 볼 수 있다. 이러한 개혁주의 기독교교육은 전적으로 타락한 인간과 세상을 바라보며, 예수 그리스도의 구속적 사역을 삶의 전 영역에서 구현해야 하는 교육적 과업을 지닌다. 이 과업은 구체적으로 세상이라는 현장과 그 속에서 마주하는 실제적인 이슈들을 포함하며, 죄로 왜곡된 삶의 전 영역의 근본적인 회복과 본질적인 대안을 추구하는 형태로 표출될 수 있다. 구체적으로 개혁주의 기독교교육의 실천 방향은 다음과 같다.

첫째, 개혁주의 기독교교육은 오직 하나님의 영광을 위한 실천을 수행해야 한다. 기독교교육을 통한 모든 활동의 궁극적인 목적은 오직 하나님의 영광이어야 하며, 영광스러운 그 하나님만이 드러나는 방향으로 구성되어야 한다. 교육주체들이 교육의 장면에서 진행되는 모든 활동들 이를테면, 교사들이 설정하는 교육목표, 특정한 교과에서 수행되는 교육내용과 교육과정, 학생의 성취와 관련된 평가 지표, 학생들이 경험하는 교수-학습의 과정, 교육상황에서 이루어지는 잠재적인 활동에 이르기까지 모든 교육적 활동들이 온전히 하나님께 집중되어 하나님께만 영광을 돌리고 집중하는 교육이 되어야 한다. 교육적 활동 가운데 종교적이지 않거나, 중립적인 영역이 절대로 존재할 수 없음을 유념하고, 교육적 활동의 처음과 끝이 하나님께만 영광이 될 수 있도록 계획을 세우고 실천해 나가야 할 것이다.

둘째, 개혁주의 기독교교육은 세상을 향한 분석과 비평을 실천해야 한다. 우리가 살아가는 세상은 비신앙적이며, 세속적인 세계관에 영향을 받고 있으며, 그에 기초한 왜곡된 가치들이 범람하고 있다. 문제는 우리가 그러한 세상 속에서 살아가는 연약한 존재라는 것이다. 개혁주의 기독교교육은 세상을 향한 분석과 비평을 통하여 '무엇이 신앙적으로 옳은 것이며, 무엇이 잘못된 것인가'에 대한 명확한 기준을 제시할 수 있어야 한다. 개혁주의 기독교교육은 이 세상 속에서 우리가 무비판적으로 수동적으로 끌려만 가는 것이 아니라, 적극적으로 분별하며 세상을 살아갈 수 있는 힘을 길러줄 수 있어야 한다는 것이다.

셋째, 개혁주의 기독교교육은 공적 가치를 위한 방향으로 실천되어야 한다. 현대사회의 교육은 지나치게 사적 가치를 중요시 다루며, 개인을 위한 도구화된 '수단적 교육'으로 전락한 것이 사실이다. 하지만 교육은 사적 가치만큼이나 공적인 가치를 소홀하게 다루어서는 안 된다. 교육은 공동체와 사회의 발전에 기여해야 하며, 공공의 문제를 해결함으로 사회적 정의가 실현될 수 있도록 노력해야 한다. 니콜라스 월터스톨프(Nicholas Wolterstorff)는 『Unitil Justice and Peace Embrace: the Kuyper Lectures for 1981 Delivered at the Free University of Amsterdam』(1983)을 통해 현대사회가 직면한 구조적 문제에 대하여 논의하였다. 월터스톨프의 맥락에서 개혁주의 기독교교육은 사회적 차원의 공적 가치를 중요하게 다루어야 하며, 공동체 속 교육이 감당해야 할 책임과 의무에 집중해야 한다. 그러므로 개혁주의 기독교교육은 특정한 영역의 주제에만 함몰되는 것이 아니라 우리 사회가 직면하고 있는 양극화 문제, 세대 간 갈등, 국가 정치, 환경 문제, 다문화 현상, 인권 등의 문제에도 관심을 가지고 성경적 세계관에 근거하여 어떠한 방향으로 그러한 이슈들을 풀어가야 할 것인가 혹은 어떠한 방향으로 그것들을 회복 및 치유해야 할 것인가에 대한 심도있는 논의도 책임감 있게 수행해주어야 할 것이다.

5. 나가며: '개혁주의 기독교교육, 지금 우리가 걸어가야 할 길'

우리는 우리가 무엇을 선택하고 결정하는가에 따라 교육의 모습이 달라질 수 있음을 잘 알고 있다. 교육과 사역의 현장은 우리의 선택과 결정의 연속으로 구성되어 끊임없이 진행된다. 그때 우리는 핵심적 가치로 무엇을 둘 것인가? 우리는 어떠한 것을 양보하지 말아야 할 것인가? 우리는 어느 방향으로 나아가야 할 것인가? 이 질문들에 답을 하는 우리의 모습에 따라 그 선택과 결정이 좌우될 것이다.

개혁주의 기독교교육은 그 질문들 그리고 그 선택과 결정 앞에 우리의 머리를 분명하고도 맑게 만들어 줄 것이다. 교육자로서 직면하는 여러 문제와 딜레마 앞에 우리가 어떠한 존재와 사역자로 살아갈 것인가를 결정짓는 가장 핵심적인 가치가 될 것이다. 우리가 살펴본 개혁주의 기독교교육의 개념과 맥락, 성경적 세계관, 인간론, 실재 및 인식론, 실천 방향들은 하나님 앞에서 우리가 걸어가야 할 길이 어디인가를 너무나도 분명하게 제시하고 있다. 처참하게 무너진 교육의 상황 속에서 지금 우리가 걸어가야 할 길, 바로 개혁주의 기독교교육이다.

참고문헌

강용원(2004). 기독교교육의 과제와 전망. 서울: 한국기독교교육학회

강용원·이현철(2010). 기독교교육연구를 위한 질적연구의 필요성과 활용. 고신신학 12권. 223-251.

김성수(2007). 기독교교육의 정체성, 강용원 편, 기독교교육학개론. 서울: 생명의양식.

김성수(2013). 개혁주의 기독교교육의 원리와 과제. 개혁논총 제28권. 9-42.

문병호(2013). 개혁주의란 무엇인가?: 신학과 신앙의 요체. 개혁논총 27. 61-93.

이상규(2010). 개혁주의란 무엇인가? 부산: 고신대학교 출판부.

이현철(2015). 칼뱅 이후 개혁파 정통주의자들의 신앙교육: Zacharias Ursinus와 Caspar

Olevianus를 중심으로. 고신신학 15권. 263-290.

이현철(2018). 교회학교 교사, 어떻게 가르칠 것인가? 서울: 생명의양식.

조성국(2007). 기독교 세계관과 교육철학, 강용원 편, 기독교교육학개론. 서울: 생명의양식.

Anthony, M. J., & Benson, W. S.(2011). Exploring the history & philosophy of christian education : principles for the 21st century. Wipf & Stock.

Kim, B.(2021). Calvinism and reformed confessions in the Korean Presbyterian church(pp.544–559). in Gordon, B., & Trueman, C. R. (Eds.), The oxford handbook of calvin and calvinism (First, Ser. Oxford handbooks online). Oxford University Press.

Lawson, K. E.(2001). Historical foundations of Christian education(pp.17-25) in Anthony, M. J. (2001). Introducing Christian education: foundations for the twenty-first century. Baker Academic.

Niebuhr, H. R.(1975). Christ and culture (1st Harper pbk., Ser. Harper torchbooks). Harper & Row.

Oberman, H. A.(2004). The Reformation: roots and ramifications(translated by Andrew Colin Gow). T&T clark academic paperbacks.

Pazmiño, R. W.(2008). Foundational issues in christian education : an introduction in evangelical perspective (3rd ed.). Baker Academic.

Plantinga, C.(2002). Engaging God's world: a Christian vision of faith, learning, and living. W.B. Eerdmans.

Wolterstorff, N.(1983). Until justice and peace embrace: the kuyper lectures for 1981 delivered at the free university of amsterdam. William B. Eerdmans Publishing Company.

Wolterstorff, N.(2019). Religion in the University. Yale University Press.

제2장

기독교교육의 성경적 기초와 세계관

홍성수(고신대학교)

1. 들어가며

교육은 교육과정과 교육원리 그리고 교육실천에 이르는 일련의 과정이라 할 수 있다. 이 세 가지 주요 영역을 둘러싼 세 가지 토대가 있는데, 첫째는 성경적, 신학적, 그리고 철학적 기초이고, 둘째는 역사적, 사회학적 기초이며, 셋째는 심리학적 기초이다(Robert W. Pazmiño, 1988, 11). 이 장에서는 첫 번째 기초인 성경적이고 세계관적인 기초를 다루고자 한다. 성경과 세계관 두 영역은 밀접하게 연결되어 있다. 여기서 세계관은 성경에 대한 신앙과 고백을 기초하는 기독교 세계관을 말하기 때문이다.

성경은 교회를 위시하여 기독교 전체 그리고 기독교 신앙인들 전체에게 있어서 단 하나의 기준으로 삶의 표준이기에 기독교교육에 있어서 성경은 언제나 중요한 위치를 차지한다. 마찬가지로 교리는 다른 것이 아니라 성경의 가르침을 역사를 통해 해설하고 정리한 것이라서 성경에서 이탈하지 않는다면 공적인 고백으로 받아들여진다는 점에서 기독교교육의 중요한 내용이 된다.

한편 기독교 세계관은 성경에 기초하는 관점으로 다양한 학문을 하기 위해 점검하고 성찰하게 하는 데 중요한 역할을 담당한다. 세계관은 전(前)이론적이고 전학문적이며 모든 인간과 문화 안에 자리하고 있다. 그래서 기독교교육은 그 세계관이 어떠한 것인지, 그리고 성경에 부합하는지 진지하게 묻고 그 답을 찾아야 할 과제를 가진다. 이제 본 장에서는 기독교교육의 기초로 성경과 세계관에 대해 이 점을 고려하면서, 언약, 교리교육, 기독교 세계관을 논의하고자 한다.

2. 기독교교육의 기초: 성경

기독교 신앙의 출발은 성경을 믿는 것이다. 이때 성경을 믿는다는 것은 성경이 하나님의 기록된 말씀으로 오류가 없다는 것과 이를 토대로 성경이 최상의 독특한 권위를 가짐을 받아들이는 것이다. 기독교는 하나님의 말씀을 통해 자기를 드러내시는 창조자 하나님을 믿는 믿음에서 출발한다. 그 말씀은 창조의 말씀이고, 예수 그리스도 안에서 생생하게 살아 있는 말씀이며, 신구약 성경에 계시 된 기록된 말씀이다(Richard J. Edlin, 2014, 81).

성경을 기독교교육의 유일한 원천과 권위로 받아들인다고 하면 두 가지 사항을 고려할 필요가 있다. 첫째로 기독교교육은 교육을 통해 대대로 믿음의 공동체의 신앙을 온전하게 계승하게 한다는 목적적인 차원으로 이것은 성경의 핵심 주제인 언약이며 언약교육에 해당한다. 둘째로 기독교교육은 성경이 가르치는 핵심을 전수하는 내용의 차원으로 이것은 성경을 체계 있게 풀어 설명하는 기독교교리 또는 전통적인 신앙고백문서가 이에 해당한다. 이것을 교리교육이라 할 수 있다.

2.1. 기독교교육의 목적으로서 언약교육

성경에서 언약은 관계적인 용어이다. 이 단어는 본질적으로는 하나님과 인간의 관계에 사용되었는데, 당시 문화권 안에서 부족들간에 그리고 군주와 종속된 하인들 사이를 비롯하여 친구 관계나 결혼 관계 등에서도 사용되었다 (BDB, 136). 이 단어는 아카디아어의 *baru*와 *biritu*에서 확인되는데, 그 의미는 연결하다(bond), 족쇄를 채우다(fetter)이다. 이런 맥락에서 언약이란 용어는 각각 다른 이들을 하나로 묶어서 연결한다는 것, 그리고 하나로 연결되는 자연스러운 표식으로 상호 교제의 식사로 함께 먹는 행위를 의미한다(G. L. Archer Jr., 2005, 299).

고대 사회에서 언약의 식사는 화기애애한 자리이긴 하지만 마냥 밝고 긍정적인 분위기만은 아니었다. 이는 언약의 의식이 엄숙한 약속과 맹세로 채워졌기 때문이다. 따라서 상호 간 약속이 지켜지지 않을 때 그에 대한 응분의 처벌이 언약 의식에 포함되었고 이는 대개 종교적인 성격을 나타냈다는 점에서 그에 대한 처벌은 이들이 숭배하는 신에게 의탁되는 것이 통상적이었다. 그러므로 언약은 단지 형식적인 선언으로 그쳐서는 안 되었고 그에 따른 의무 조항을 준수할 것이 요구되었다(G. E. Mendenhall, 714).

로버트슨(Robertson, O. Palmer, 3-15)은 언약이 담고 있는 신적인 특성으로부터 특별히 피의 결속(bond-in-blood)에 주목한다. 피의 결속은 완전하신 하나님과 인간 죄인 사이의 관계가 어떤 성격을 지니는지 보여준다. 이런 결속은 피상적으로 혹은 형식적으로 별 의미가 없는 관계가 아니라 피가 상징하는 바 생명과 죽음이라는 궁극적 문제들에 깊숙하게 개입하시는 하나님과 이에 합당한 반응을 보일 것을 요청 받는 인간 사이 관계를 그려준다. 한편 피의 결속은 '언약을 벤다'(to cut a covenant)는 의미를 가진다(창 15장, 렘 34장).

창세기 15장은 아브람과 언약을 체결하시는 하나님이 이야기의 핵심이다.

아브람은 하나님의 명령을 따라 인간 편에서 언약 체결을 위한 준비를 나름 대로 하게 된다. 삼 년 된 암소, 암염소, 숫양이 준비물이다. 그는 하나님의 지시에 순응하여 새를 제외한 각 짐승의 중간을 쪼개었고 이것들을 각각 마주 보게 배치한다. 아브람의 준비가 마쳐졌고 캄캄함이 임할 때 하나님은 횃불과 같이 등장하셔서 언약의 말씀과 함께 쪼갠 고기 사이를 지나가셨다.

예레미야 34장은 과거 하나님께서 아브람과 맺어주신 언약 장면을 상기시켜 준다. 오랜 역사의 흐름 가운데 이스라엘은 언약의 후손이며 백성이면서도 언약에 불충한 것으로 지적된다. 하나님은 주권과 은혜로 친히 쪼갠 고기 사이를 지나가면서 언약을 맺어주셨지만 정작 이스라엘은 언약를 깨뜨려버렸다는 것이다. 이것은 곧 이스라엘이 하나님의 형벌을 받아 바벨론 포로 생활로 들어감을 피할 수 없음을 설명해 준다. 이 점에서 언약은 짐승을 나눈다(to cut)는 실제적인 행위로부터 죽음을 향하게 하는 엄중한 서약임을 확인할 수 있다. 이와 같은 언약 의식의 이미지는 충실할 때에는 생명을 보장받으나 그 반대의 경우에는 죽음을 피할 수 없음을 참여자들에게 강하게 심어준다.

구약에서 언약에 대한 이와 같은 이미지는 하나님의 뜻에 불충한 인간들에게 그들이 당하는 형벌을 납득하게 하고 반성하게 유도는 하지만 이것을 극복할 단초를 제공해 주지는 못한다. 인간 편에서는 언약에 대한 충성과 헌신을 감당할 능력이 없는 것이다. 그렇다면 언약이 담고 있는 피의 결속은 짐승의 제사가 아니라 신약에서 성취된 예수 그리스도의 십자가 사건으로 눈을 돌리게 만든다. 여기에서 이 언약은 비로소 은혜언약으로 이해될 수 있다.

웨스트민스터신앙고백서 제7장은 언약을 하나님과 인간이란 두 당사자로 설명하면서도 이 둘을 엄격하게 구분 짓는다. 그러면서 언약을 도무지 지킬 수 없는 죄인들에게 하나님께서 친히 찾아오셔서 일방적으로 언약을 맺어주셨음을 강조한다. 이 언약은 인간의 행위언약이 아니라 예수 그리스도 십자가 구속 사역을 기초로 한다(G. I. Williamson, 1964, 62-68). 그래서 인간 편에서는 예레미야 34장에서와 같이 언약을 깨뜨린 자가 되었지만 그리스도의 피로 말미암아 언약은 성취되었고, 이를 믿음으로 받아들이는 모든 이들은 이방인이든 유대인이든 아무런 차별이 없이 언약의 상속자가 되고 언약의 혜택을 누릴 수 있다.

이처럼 무력한 인간들에게 언약의 혜택을 받을 수 있는 길이 열렸다. 그러나 이것이 단지 하나의 사실적 지식으로만 남게 되면 정작 그 혜택을 누릴 수는 없다. 그러므로 하나님은 언약교육을 통해 이 지식이 계승되게 하셨다. 바로 이 점에서 기독교교육은 언약교육이며, 언약의 속성이 갖고 있는 바와 같이 하나님의 주권과 예수 그리스도의 피의 결속에 기초하여 신앙이 끊어지지 않고 계승되게 해야 하는 사명과 본질적인 목적을 위해 존재하는 것이다.

따라서 언약은 신학적인 의미로 국한 되는 것이 아니라 그 자체로 교육적인 용어이다. 언약은 관계적인 용어이기에 하나님과 인간의 관계를 담고 있는데, 조성국(2000a)에 따르면, 하나님은 인간에게 언약교육을 지속적으로 이루어가기 위해서 신적인 대리자들을 세우셨다. 이들이 곧 제사장, 선지자, 지혜자였으며, 가장 우선적인 언약교육의 신적 대리자는 부모였다. 이 점을 고려할 때, 기독교교육의 주체자요 주권자는 언약을 체결하시고 언약교육을 통해 대대로 하나님의 백성을 삼게 만드시는 하나님이 가장 우선이 되며, 그 다음은 하나님께서 세우시는 신적인 대리자들이라 할 수 있다. 성경시대에는 신적 대리자들이 제사장, 선지자, 지혜자였는데, 교회역사와 현대 사회에 이르러 언약교육을 담당하는 목사, 교사, 그리고 교육에 관계하는 직분자들이 이에 해당한다고 할 수 있다.

2.2. 기독교교육의 내용으로서의 교리교육

기독교교육의 두 번째 기초로 교리교육이다. 언약에 대해 신학적으로 이해하였던 것과 유사하게 과거에는 교리에 대해서 역시 신학적 차원에서 접근하였다. 그러나 신앙고백서와 교리문답서 같은 공적 문서들은 다분히 교육적인 성격을 내포하고 있다. 그래서 교리교육서 혹은 신앙교육서라고 부를 수 있다(조성국, 2000b).

기독교교육의 기초에 대해 이처럼 언약과 교리 두 가지로 이해하는 것은 이 두 가지 주제가 성경적인 동시에 본질적으로 교육적인 특성을 가지고 있다는 점을 상기시켜 준다. 언약이 단지 선언적인 형식에 그치지 아니하고 하나님의 주권과 예수 그리스도의 피의 결속으로 은혜언약으로 믿는 자들에게 자리하는 것처럼, 그리고 언약이 한 세대에 그치지 아니하고 대를 이어 가면서 하나님의 신적대리자인 부모와 교사 그리고 교육 관련 직분자들의 수고로 세대적 포괄성을 나타내는 교육적인 측면이 있다고 한다면, 교리 역시도 신앙고백서와 교리문답서 등을 통해 신앙의 핵심 내용이 중단되지 아니하고 세대를 이어가게 하는 세대 포괄성을 의도한다고 할 수 있다. 이 점에서 언약과 교리는 모두 성경적이면서 교육적이고 그런 의미에서 양자는 기독교교육의 성경적 기초라 할 수 있다.

교리는 성경과의 관계에서 성경이 가르치는 언약을 체계적으로 정리하여 제시하는 것이므로 성경교육의 핵심내용이다. 사실 언약이 하나님의 주권과 예수 그리스도의 십자가 구속에 직접적으로 기대어 믿는 자들에게 주어지는 은혜를 말하는 데 사용되는 관계적 용어라 한다면, 교리는 같은 사안에 대해 체계적인 내용 진술 혹은 고백을 정리한 것이다. 따라서 언약은 기독교교육의 목적과 본질에 관하여, 그리고 교리는 기독교교육의 내용에 대한 것이다. 그렇다면 기독교교육의 목적과 내용 그리고 실천에 이르는 일련의 교육과정은 공히 언약과 교리, 그리고 이것의 실천으로 정리할 수 있다.

조성국(2003)에 의하면, 기독교교육 특히 교리교육의 주요 목적은 칼뱅이 추구하였던 것과 같이 참된 경건에 있다. 복음의 본질을 벗어나서 주지주의나 신비주의라는 극단으로 흘러가는 경우가 있는데, 이에 대응하는 교리교육의 목적은 하나님에 대한 참다운 신지식을 깨닫고 이를 통해 그리스도를 닮아가는 참된 경건에 이르게 하는 데 있다. 기독교강요(1559년 판) 서문에서와 당시 프랑스의 왕 프란시스 1세에게 전하는 헌사에서 칼뱅은 공통적으로 경건의 목적을 밝히고 있다. 칼뱅이 기독교강요를 집필하게 된 목적은 순수한 경건의 교리(the pure doctrine of godliness)를 보존하여 교회에 유익을 주려는 것에 있다는 것, 그리고 종교에 열심을 내는 이들에게 참된 경건의 생활을 이룰 수 있게 기초적인 원리를 서술하였다는 것이다(J. T. McNeil ed., 3-5; 9).

그러나 한국적 상황에서 경건은 이따금 오해를 일으키기도 하였다. 이를테면 경건과 학문을 각각 독립적으로 생각하여 이분법적으로 접근하였던 것이다. 그래서 경건은 신비주의 성향을 나타내는 뜨거운 기도의 훈련을 통해 영성을 함양하는 것으로, 학문은 이성을 활용하여 부단하게 연마하는 주지주의 성향의 지적 과업으로 간주하였다. 여기에는 오랜 교회 역사 속에서 성경의 전통에 더하여 이원론적인 헬라적 전통이 영향을 주게 되면서 불가피하게 일어난 현상이라 할 수 있다(조성국, 2007).

이와 같은 정황에서 경건은 마치 지적인 영역과는 무관한 신비주의적인 영성을 함양하는 것으로 오해된 면이 있다. 그런데 칼뱅은 경건을 하나님을 바르게 알아가는 신지식으로 보았고, 순전한 경건의 교리를 체계화하여 가르칠 의도에서 기독교강요를 집필한 것이다. 그러므로 경건은 신비주의와 주지주의라는 양극단 가운데 신비주의에 기우는 것이 아니라 참된 그리스도인이 마땅히 추구해야 하는 통전적 인간성의 지향점이라 할 수 있다. 이런 점에서 경건은 기독교교육의 지향점이 되고, 교리는 경건을 지향하게 만드는 그러한 교육의 핵심 내용이다(홍성수, 2022).

한편 교리교육이 기독교교육의 핵심 내용이라고 하면, 이것의 의미는 인간 편에서 학문적 활동을 통해 주도적으로 내용을 생산하는 것이 아니라 계시의 말씀인 성경을 신앙으로 듣고 성경의 뜻인 교의(敎義)가 무엇인지 헤아리며 그 뜻을 알기까지 기다리며 그 뜻에 순종하게 교육한다는 것을 생각하게 된다. 이것은 마르틴 루터가 이해했던 것과 같이 인간의 이성은 자발적이고 생산적인 과업을 무한대로 생산하는 것이 아니라 성찰하고 회개하고 그래서 순종하는 이성으로 기능해야 한다는 의미이다(유해무, 1998, 59-61).

그렇다면 기독교교육에 있어서도 인간이 주도권을 갖고 기독교교육의 내용을 선별하고 생산하고 발전시키는 것이 아니라 성경으로 돌아가서 성경이 무엇을 의미하는지 그 교의를 헤아려야 하고 거기에 순종하는 방식으로 교육을 실천해야 한다. 물론 교의는 단순하게 성경의 것을 그대로 가져와서 적용하는 것은 아니다. 모든 원천은 성경에서 나오는 것이지만, 그럼에도 하나님의 뜻을 알기 위해 부단하게 성찰해야 하고, 그것을 역사 속에서 교회가 합법적으로 그리고 공적으로 정의해야 한다(유해무, 1998, 67-68). 이런 절차를 따라 교회사는 신앙고백문서와 교리문답서를 산출하였고, 이것을 교리교육서 혹은 신앙교육서라 부른다.

2.3. 성경을 기초로 삼는 기독교교육

성경을 기초로하는 언약교육과 교리교육은 직접적으로 신앙교육과 연결된다. 그런데 문제는 교회를 벗어난 학교나 일반 사회에서 언약 및 교리교육은 어떤 의미를 가지는가이다. 또는 기독교와 거리를 두고 있는 '세속' 사회에서 교육은 어떻게 접근할 것인가에 대한 문제이다. 이 부분은 기독교 세계관과 학문철학의 주요 관심 영역이다. 기독교교육에 있어서 기독교 세계관을 다루기 앞서서 기독교교육에 있어서 성경의 역할을 먼저 생각해 보자.

에들린(R. J. Edlin, 2014, 89-95)은 모든 진리가 성경에 기초해야 함을 토대로 하면서, 성경의 기초적 기능과 이것의 침투적 기능을 설명한다. 모든 교육활동은 성경에 기초해야 한다. 기독교교육을 단순하게 언약과 교리에 국한된 형태로 교회와 가정 또는 기독교학교에서의 신앙교육으로 제한하지 않아야 한다. 물론 성경과 기독교에 직결된 교과목 이외의 여타 교과목들이 신앙과 무관한 것은 전혀 아니다. 중립적이고 객관적인 것은 없으며 하나님을 향해 순종의 방향인지 아니면 거역의 방향인지가 있다.

기독교교육이 성경을 기초로 삼을 때 단순하게 교회 안에서의 삶이 아니라 모든 영역에서 예수 그리스도를 주로 모시고 그에 합당하게 살아가게 할 수 있다. 또한 현 시대는 다양한 종교들이 한 곳에서 영향력을 주고받는 종교복수주의 내지는 종교다원주의 상황을 당연시하고 있다. 그렇지만 성경을 기초로 삼는 기독교교육은 모든 종교가 정당하고 동등하며 그래서 각기 나름대로 구원에 이르는 길을 안내한다는 식으로 가르치지 않는다. 오히려 세상의 다양한 종교들이 계시된 말씀인 성경의 기준에 근거하여 어떻게 평가되는지에 초점을 맞춘다.

무엇보다 이 사회에서 기독교교육이 올바른 방향을 고수하기 위해서는 성경의 침투적 기능을 펼칠 수 있게 해 주어야 한다. 언급한 바와 같이 중립은 허구이기에 인본주의에서 전제하는 객관적이고 중립적이며 공적인 영역은 존재하지 않는다. 인본주의는 인간을 자율적 존재로 그리지만 실상 진실은 이것도 하나님의 주권 아래 있다. 에들린(2009, 87)은 성경의 침투적 기능을 설명하면서 이것이 모든 교과목에서 성경을 교재로 채택하는 것을 의미하지는 않는다고 하였다. 오히려 성경은 하나님의 빛을 비추는 등불이다. 만약에 성경을 교과서로 혹은 교과 내용의 한 부분의 보조 자료로만 활용한다면 그것은 인본주의를 정답으로 하고 그 위에 기독교라는 케이크를 장식으로 올릴 뿐이다. 이는 아무런 변화도 가져다 주지 않는다. 성경은 교육이라는 빵 안에서 등불이며 동시에 효모가 되어 인본주의를 진실인 것처럼 여기는 이 사회 안으로 침투하여 이를 걷어내고 참된 변화를 일으키는 원천이다.

3. 기독교 세계관과 교육

기독교교육의 기초로서 세계관은 적지 않은 세월을 거치면서 연구되어 왔다. 이 주제는 창조, 타락, 구속, 완성이라는 공식과 같은 틀을 가진다. 월터스 (A. M. Wolters, 1993)는 「창조 타락 구속」(Creation regained)에서 이 세 가지를 소개하면서 구조와 방향을 다루었다. 모든 것은 창조되었고, 여기서 제외되는 것은 없다. 오직 하나님 외에는 그 어떤 것도 스스로 존재하지 않는다. 모든 피조된 것은 타락으로 나아갔다. 이것은 죄의 영향인데 여기서 벗어나는 것 또한 없다. 구속은 죄 아래 놓인 모든 것이 구속의 대상이 되어 예수 그리스도의 십자가 복음으로 회복된다는 것이며, 이를 위해 변혁의 사명이 중생한 그리스도인에게 주어진다. 이렇게 되면 창조와 타락 그리고 구속의 지평은 동일하다. 그리스도인은 피조세계 중에서 일부에 대해서만 소명을 갖는 것이 아니라 모든 피조세계를 향하여 회복의 사역을 담당하는 청지기이다. 그러므로 기독교교육은 기독교 세계관을 기초로 성경의 가르침을 따라 모든 영역에서 참다운 변혁자의 삶을 살게 만드는 교육이다.

3.1. 성경과 기독교 세계관

세계관은 모든 인간에게 그리고 모든 문화 사회 전 영역에 가장 기초적인 근원으로 자리하고 있다. 다음의 그림은 그 점을 보여준다.

[그림 II-1] 세계관과 문화의 상호관계

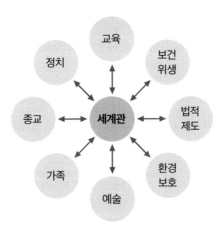

자료출처: B. J. Walsh & J. R. Middelton, 1984, 33

　세계관은 철학적 작업을 거쳐 정교하게 형성된 것이 아니고 본래 인간을 비롯한 모든 영역과의 관계 안에 스며들어 있으므로 이를 주의 깊게 살펴보지 않는다면 그 세계관이 어떠한지 판단하기 쉽지 않다. 또한 세계관은 나라와 지역과 문화 전반에 깊숙하게 스며들어 있어서 광범위하게 영향을 주고 있다. 바로 이 점에서 객관적이고 중립적이고 공적인 영역이라는 인본주의의 전제는 정당하지 않다. 오히려 이 세계관이 어떠한 것인지 분별하는 작업이 필요하고, 이를 위해 성경에 기초한 성경적 세계관 곧 기독교 세계관의 역할이 중요하다.

　스마트(Ninian Smart, 2006, 16)는 '세계관 분석'(wolrdview analysis)이라는 용어를 사용하여 다양한 종교를 비롯하여 여러 이데올로기에 이르기까지 그 근저에 자리하는 세계관의 문제를 지적한다. 겉으로 드러나는 종교와 이데올로기의 피상적 면만을 가지고는 거기에 영향을 받는 인간들을 제대로 이해하지 못하기 때문에 상호 이해와 협력을 원한다면 세계관 분석이 필요하다는 것이다. 그런데 안점식(2020, 19-20)은 세계관 분석을 '세계관 구조의 분석'이라는 용어로 재정의한다. 이렇게 하는 이유는 여러 종교들과 이데올로기에 뿌리 깊게 자리하는 세계관의 구조를 분석할 때 오히려 기독교의 독특성과 예수 그리스도의 유일성이 보다 선명하게 들어날 것이라 기대하기 때문이다.

인간이 활동하고 관계하는 모든 것들은 언어와 문화로 표현되며 이것들은 그 시대의 사회를 형성한다. 사회는 단 하나의 사회가 아니라 여러 사회가 존재하고 여기에는 다양한 언어와 문화가 그 안에 들어 있다. 그리고 머나먼 고대 사회에는 이들 사회가 비교적 독립적으로 제각각 자리하면서 그들의 독특성을 세대를 넘어가며 물려주었다. 하지만 근대와 현대 사회로 갈수록 고립이 아니라 융합과 통합의 성향을 나타내게 되었다. 이에 오늘날 종교와 문화는 마치 종교다원주의문화가 진실인 것처럼 공공연하게 받아들인다.

그런 상황 속에서 세계관을 분석하되 그 기준을 다른 어떤 것이 아니라 계시의 말씀인 성경에 두어야 한다. 여기서 성경에 기초한 세계관을 기독교 세계관이라 한다. 앞서 논의한 바아 같이 기독교교육은 절대진리의 계시인 성경 말씀을 바탕으로 하되 특별히 언약교육과 교리교육으로 구성된다. 마찬가지로 기독교교육은 성경에 확고하게 뿌리를 내린 기독교 세계관을 통하여 사회와 문화 전반에 접근할 수 있다. 이와 같은 기독교 세계관에 기초한 기독교교육은 자기 자신과 이웃과 온 피조세계에 대하여 성경의 진리를 탐구하고 그 진리 안에서 참된 청지기를 세워가는 역할을 한다.

3.2. 기독교 세계관과 교육

기독교교육은 '기독교 세계관 교육'으로 풀어서 말할 수 있다. 사실 '기독교교육'이란 단어는 '기독교'와 '교육'이 연결된 복합어(Christian education)로 이 두 가지 명사를 어떻게 연결하느냐에 따라 상이한 의미를 가질 수 있는 복잡한 뜻을 내포한다. 조성국(2010, 15-18)은 기독교교육이란 용어가 세 가지 상이한 의미를 갖고 있다고 하였다. 첫째로 교육과 교육학의 관계처럼 기독교교육은 기독교교육이라는 활동이 일어나는 현상에 대한 용어이고, 기독교교육학은 그런 현상에 대해 학문적으로 교육하고 연구하는 것이라 보는 것이다. 둘째로 기독교를 형용사로 해서 '기독교적'이라고 이해하면서 모든 것들에 대해 기독교적으로 교육하는 것이라 보는 것이다. 그렇다면 기독교적인 교육이란 기독교 세계관과 교육을 연결시켜서 모든 것들에 대해 계시의 말씀인 성경에 기초하여 그렇게 바라보고 탐구하고 실천하는 교육이다. 셋째로 기독교교육에서 기독교를 명사로 보는 것이다. 그렇게 되면 이때의 교육은 기독교를 내용과 가치로 또한 덕으로 삼아 가르치는 교육이 된다. 이런 경우에 교육은 기독교를 전수하는 도구, 방법, 기능으로 이해된다. 이러한 예는 사범계열 제 학과를 아우르는 사범대학에서 확인된다. 예를 들면 국어교육, 영어교육, 수학교육, 과학교육, 예술교육 같은 것들이다.

기독교 세계관은 교육 전반에 대해 깊이 관여한다. 이는 인본주의와 합리주의 그리고 현대 포스트모더니즘에 이르는 세상의 사상과 문화에 대응하여 성경을 기준으로 삼고 접근하며 실천하는 기독교적 교육을 지향한다. 따라서 기독교 세계관은 창조와 타락과 구속이라는 주요 틀을 기초로 성경적 인간성을 찾고 회복하는 교육으로 나아가게 한다. 이러므로 기독교교육은 기독교 세계관을 기초로 이루어지는 교육 실천이다,

3.3. 기독교 세계관을 기초로 하는 기독교교육

세계관 연구가 지난 세기말 지나치게 주지주의로 흐르는 것에 대해 비판이 있어왔다. 이론적이고 철학적인 연구가 중요한 것임에 분명하지만 그럼에도 불구하고 교육은 언제나 현장을 중시한다는 특성을 생각할 때 이는 균형에 맞지 않는 것이다. 월터스와 고힌(A. M. Wolters, & M. W. Goheen 2007, 37-39)은 동일 책의 개정판(2판)을 기술하면서 20년 간의 발전된 논의를 담

앉다. 2판 저작에서 저자는 헤르만 바빙크를 따라서 개혁주의 세계관(기독교 세계관)을 화목케 함, 창조, 타락, 세계, 새롭게 함, 하나님의 나라 등 전 우주 적인 범위로 이해한다. 이렇게 함으로 기독교 세계관이 지나치게 학문이론적 으로 접근한 결과 본래의 선교적 목적과는 별 관계 없이 지식적인 혹은 주지 주의적인 차원에 머무른다는 비판을 넘어서는 면모를 보인다. 사실상 세계관 은 이론철학적인 결과물이라기보다는 전(前)이론철학적인 것이다.

21세기 기독교 세계관 연구는 톰 라이트(N T, Wright, 2006, 317-318)가 했던 것과 같이 예수 그리스도를 이야기의 중심으로 하여 전 우주 역사에 대 한 성경이 이야기에 기초하면서 전진한다. 성경이 가르치는 세계관에 집중 한다는 것은 중요한 재발견인데, 이것은 세계관 연구가 주지주의에 갇히지 아니하고 본래의 목적인 선교적 소명을 거듭 깨닫게 만들어 주었다. 뉴비긴 (Lesslie Newbigin, 1998, 20-25)은 18세기 이후 근대 이성(reason)이 절대 적인 자리를 차지하면서 이성과 경험으로 모든 것을 판단하려 들었다는 점을 잘 지적하였다. 이렇게 되면서 계시의 말씀인 성경조차도 이성과 경험을 통 과해야 하는 것처럼 여기게 된 것이다. 이때부터 과학자들과 철학자들은 신 학 혹은 성경을 다루지 않게 되었고, 다루더라도 비평적인 방식으로 접근하 였으며, 이들은 이성과 경험에 기초하여 '세속'의 학교를 통해 세속적인 지식 을 확산시키게 되었다.

그러므로 현대인은 성경의 이야기와 세상의 이야기가 지나가는 교차로에 서 있는 것과 같다. 한쪽은 계시의 진리에 따라 창조와 타락과 구속과 완성을 향하는 신적인 역사의 흐름에 동참하면서 하나님께 합당하게 반응하는 청지 기요 참 그리스도인으로 살도록 촉구하는 이야기이다. 또 다른 한쪽은 이성 과 경험을 기준으로 하여 모든 것을 판단하며 인간 스스로 세상의 주인, 인생 의 주인으로 간주하면서 자아를 실현하도록 촉구하는 세상 이야기이다(M. W. Goheen & C. G. Bartholomew, 2011, 47-50). 이런 상황 속에서 기독교 세계관에 기초한 교육은 성경의 가르침을 유일하고 궁극적인 지침으로 삼고 세상이 주장하는 이야기에 대응하여 진정한 기독교적 이야기, 성경적 이야기를 통해 빚어내는 인간과 그런 사회를 꿈꾼다.

따라서 기독교 세계관에 기초한 기독교교육은 언제나 현재를 타락한 정황 가운데서 파악하며 여기서부터 그리스도 십자가 복음이 가져온 구속과 회복을 깊이 탐색한다. 그리고 성경이 가르치는 소망 충만한 미래의 완성을 내다보게 한다. 이를 단순화한다면 기독교 세계관은 네 가지 질문으로 정리할 수 있다(B. J. Walsh & J. R. Middelton, 1984, 35). (1) 나는 누구인가? (2) 나는 어디에 있는가? (3) 무엇이 잘못되어 있는가? (4) 그 치료책은 무엇인가?

기독교 세계관 교육은 본래의 인간의 본성, 사명 그리고 목적을 찾게 한다. 이는 창조 시 인간의 모습이다. 또한 현재 타락한 실상에 정직하게 직면하게 한다. 여기서 세속화되어 왜곡된 시각과 가치관을 세계관 구조 분석으로 걸러낸다. 다음으로 무엇이 잘못되어 있는지 진단 평가하면서 성경이 가르치는 복음을 진지하게 성찰한다. 그리고 현재를 극복하고 구원으로 이끄는 하나님의 구원사역을 성경 안에서가 아니라 현실 세계에 연결하여 바라보고 이에 따라 사명을 깨닫고 헌신하게 한다.

4. 나가며

본 장에서는 기독교교육의 가장 기초가 되는 영역이라 할 수 있는 성경과 세계관에 대해 논의하였다. 언약교육은 기독교교육의 목적 차원에서, 그리고 교리교육은 기독교교육의 내용 차원에서 필수적인 요소이다. 그리고 기독교 세계관은 언약교육과 교리교육을 아우르는 교육을 위해 그 방법이 어떤 것인지 생각하게 한다. 또한 기독교 세계관과 교육을 줄여서 기독교교육이라 할 수 있고, 어떤 분야의 학문이든지 그리고 어떤 문화이든지 기독교 세계관을 통해 분별하고 그것을 토대로 할 때 참다운 기독교학문과 기독교교육이 가능하다.

언약교육의 주된 특성은 하나님의 주권적 권위와 예수 그리스도의 피로 결속된 십자가에서 발견된다. 이것이 없다면 이는 진정한 신앙이 되지 못하고 참된 기독교교육이 되지 못한다. 하나님은 언약교육을 통해 죄인들에게 하나님의 교육 곧 기독교교육를 베푸신다. 또한 교리교육은 그 핵심과 토대가 확고하게 계시의 말씀인 성경에 놓인다. 교리교육은 언약교육과 마찬가지로 세대적 포괄성을 가지고 믿음을 전수하기 위해 중요하다. 이처럼 기독교교육은 성경을 철저하게 기초하면서 성경의 핵심 요소인 언약교육과 교리교육으로 접근할 수 있고, 이것이 기독교교육의 제반 과정을 구성하게 된다. 아울러 기독교 세계관은 전(全)분야에 걸쳐서 참된 기독교학문을 수행하게 하고 그러한 교육을 가능하게 하는 방법이 된다. 따라서 언약교육과 교리교육 그리고 기독교 세계관에 기초하는 교육과 연구는 기독교교육의 기초가 된다고 할 수 있다.

참고문헌

안점식(2020). 복음과 세계종교. 서울: 죠이선교회.

유해무(1998). 개혁교의학: 송영으로서의 신학. 서울: 크리스챤다이제스트.

조성국(2000a). 기독교교육의 원형으로서의 구약성경의 언약과 교육. 고신대학교논문집 제 25집. 69-80.

조성국(2000b). 칼뱅의 신앙교육서들을 통해 본 기독교신앙교육. 한명동박사구순기념논문집. 203-226.

조성국(2003). 칼뱅의 신앙교육에 있어서의 경건. 기독교교육논총 9. 61-76.

조성국(2007). 개혁교회 신앙고백서 및 예배문서에 나타난 인간의 이원론적 표현들의 함의. 고신신학 9. 192-225.

조성국(2010). 기독교교육학의 길. 부산: 기독교사상연구소.

홍성수(2022). 조성국교수의 신학: 언약에서 경건으로 나아가는 성화의 여정. 개혁교회연구회 편. 개혁주의 기독교교육학자 조성국. 87-112.

Archer Jr., G. L.(2005). Covenant. Elwell, Walter A. ed. Evangelical Dictionary of Theology (2nd edition). Michigan: Baker Academic, 299-301.

Brown, F., Driver, S., Briggs, C.(1999). The Brown-Driver_Briggs Hebrew and English Lexicon: coded with Strong's concordance numbers. Massachusetts: Hendrickson publishers, Inc.

Edlin, R. J.(2009). 기독교교육의 기초(The Cause of Chritian Education). 기독교학문연구회 교육학분과 역. 서울: 도서출판 그리심.

Edlin, R. J.(2014). The Cause of Chritian Education. 4th ed. Iowa: Dordt College Press.

Goheen, M. W. & Bartholomew, C. G.(2011). 세계관은 이야기다(Living at the Crossroads). 윤종석 역. 서울: IVP.

McNeil, J. T. ed.(no date). Calvin: Institues of the Christian Religion. vol. 1. Philadelphia: The Westminster Press.

Mendenhall, G. E.(1962). Covenant. Buttrick, G. A. ed. The Interpreter's Dictionary of the Bible: an illustrated encyclopedia. New York: Abindon press. 714-723.

Newbigin, L.(1998). 다원주의 사회에서의 복음(The Gospel in a Pluralist Society). 허성식 역. 서울: IVP.

Robert, O. Palmer(1980). The Christ of the Covenants. Philadephia: Presbyterian and Reformed publishing co.

Robert W. Pazmiño, R. W.(1988). Foundational Issues in Christian Education. Michigan: Baker Book House.

Smart, N.(2006). 종교와 세계관(Worldviews: Crosscultural Explorations of Human Beliefs). 김윤성 역. 서울: 이학사.

Walsh, B. J. & Middelton, J. R.(1984). The Transforming Vision: shaping a Christian worldview. Illinois: Inter Varsity Press.

Williamson G. I.(1964). The Westminster Confession of Faith: for study classes. Philadephia: Presbyterian and Reformed publishing co.

Wolters, A. M.(1993). 창조 타락 구속(Creation Regained). 양성만 역. 서울: IVP.

Wolters, A. M. & Goheen M. W.(2007). 창조 타락 구속(Creation Regained). 2nd ed. 홍병
룡 역. 서울: IVP.

Wright, N.T.(2006). 예수와 하나님의 승리(Jesus and the Victory of God). 박문재 역. 서울:
크리스챤다이제스트.

제3장

기독교교육의 철학과 역사

이현민(고신대학교)

1. 들어가며

교육은 의도적이고 계획적인 인간 형성 활동으로 모종의 가치 있는 것을 전수하여 바람직한 인간상을 구현하려는 활동이다. 인간은 마음을 가진 존재로 자신의 총체적 자아를 하나님을 향한 경배로 봉사하든지 아니면 우상에 대한 경배로 봉사하는 종교적 존재이다. 모든 교육활동은 종교적 존재인 인간의 활동이기에 본질상 종교적이다. '기독교교육'이란 기독교 신앙에 일치하는 교육으로, 하나님과 그분이 인간에게 주신 하나님의 법(law)에 순종의 방향으로 반응할 수 있는 인간을 형성해가는 과정이다. 기독교교육은 시대에 따라 의미가 다르게 이해되어 왔다. 과거에는 기독교교육을 좁은 의미에서 교회나 가정에서 기독교 신앙을 전수하는 것을 직접적인 목적으로 하는 교육으로 한정하여 이해하였다. 그러나 지금은 그 의미가 확장되어 삶의 모든 영역에서 기독교신앙에 일치하는 삶을 살아가는 사람을 형성하는 교육이라는 견해가 널리 받아들여지고 있다. 개혁주의 관점에서 기독교교육은 "교육의 장에 관계되는 모든 요소들과 행위들이 성경적인 종교적 동인과 세계관을 바탕으로 조직되고 추진되며 실행되는 교육"을 의미한다(김성수, 2007:18).

　교육의 철학과 역사는 교육현상을 탐구하는 교육학의 여러 하위 분과학문들 중에서 기초학문에 해당한다. 교육철학과 교육사는 교육 현장에서 적용할 수 있는 실제적인 지식이나 문제 해결의 구체적인 방법을 제공해주지 않는다. 그럼에도 불구하고 이 두 학문 영역은 온전한 교육을 위해서 필수적이다. 교육철학과 교육사는 교육현상의 전모를 파악하여 갈피를 잡게 해주며 다양한 요인들이 복잡하게 얽힌 문제 상황 속에서 교육의 본질적 문제를 식별할 수 있는 통찰을 제공한다. 견실한 기초 위에 튼튼한 건축물이 세워지듯 온전한 기독교교육을 구현하기 위해서는 기독교교육의 철학과 역사에 대한 분명한 이해를 기초로 삼고 이론적 탐구와 실천이 이루어져야 한다. 이 장에서는 기독교교육의 이론적 정립과 실천을 위한 준비작업으로써 기독교교육의 철학과 역사의 학문적 정체를 탐색하고 우리에게 주어진 학문적 과제에 대해서 살펴보고자 한다.

2. 기독교교육의 철학

　기독교교육철학은 기독교적 관점에서 교육의 원리와 방향을 체계적으로 제시하고 설명하며, 문제를 진단하고 처방하는 기초학문이다. 기독교교육철학은 교육현상과 관련된 철학적 탐구로 기독교 신앙과 세계관, 기독교철학의 토대 위에 구축된 학문이다(조성국, 2019:13). 따라서 기독교교육철학의 정체는 그 토대가 되는 기독교 세계관과 철학에 대한 이해를 바탕으로 규명되어야 한다. 여기서는 기독교교육철학의 정체와 함께 주요한 탐구 주제와 방법론, 그리고 현재 우리가 책임져야 할 학문적 과제에 대하여 간략히 살펴본다.

2.1. 학문으로서 철학의 정체

철학은 세계와 인생 전반에 대해서 일관되고 체계적인 전체적 전망을 가지려는 학문적 노력이다. 개혁주의 철학자들의 표현에 따르면, 철학은 창조세계 전체의 구조나 질서를 파악하려는 시도이자 그 질서에 종속된 것들을 체계적이고 논리적으로 기술하려는 시도이다(Kalsbeek, 1981:38). 개혁주의 철학자 트로우스트(Andree Troost)는 철학을 "피조된 사물들의 응집성과 통일성, 전체성에 대한 이론적 사유"라고 정의한다(2012:2). 철학은 세계와 인간 삶에 관한 다양한 세부 사항들을 하나의 포괄적인 전체로 모으는 것에 목적을 둔다. 철학은 인간의 경험에 관하여 가능한 한 통합되고 일관되고 완전한 전망을 추구하는 학문이다(Bartholomew & Goheen, 2019:19; Dewey, 2015:464).

따라서 철학은 여타의 분과학문과 달리 창조세계 안에서 직접적인 탐구의 대상을 가지지 않는다. 다른 분과학문들은 창조세계의 특정한 양상에 탐구의 초점을 맞추고 그 양상 안에 하나님께서 설정하신 창조의 법을 알아내고자 노력한다. 가령 물리학은 창조세계의 물리적 양상에 초점을 맞추고 그 양상 안에 하나님이 설정하신 창조의 법을 알아내고자 노력한다. 경제학은 인간 사회에서 나타나는 경제적 양상 안에 설정된 하나님의 법을 탐구한다. 그러나 철학은 그런 사실적 문제를 탐구의 대상으로 삼지 않는다. 대신에, 각 분과학문이 탐구의 결과로 얻은 지적 성취를 인생과 세계에 관한 가장 폭넓은 전망 안에 정치(定置)하고 그 의미를 해석하려고 한다. 따라서 여타의 분과학문들을 '1차 질서'의 학문이라고 한다면, 철학은 '2차 질서'의 학문이라 할 수 있다.

철학은 구체적이고 다양한 경험을 포괄하는 인식의 틀을 만들려고 한다. 또한 변화하는 다양한 현상들을 넘어서 변화를 해석할 수 있는 원리를 발견하는 일에 관심을 가진다. 인간의 모든 경험을 체계화하여 하나의 포괄적인 전체 안에서 통합적으로 인식하기 위한 철학적 탐구 주제를 다루다 보면 몇 가지 근본적인 질문에 도달한다. 어떤 분과학문이건 특정한 주제에 대한 탐구를 진행하다 보면 공통의 근본적 질문과 만나게 된다. 이 질문들이 철학의 하위 영역을 형성한다(Bartholomew & Goheen, 2019:26-27).

- 우리의 세계는 어떤 본성을 지니고 있는가? 존재의 본질은 무엇인가?
  - 존재론(ontology) 혹은 우주론(cosmology)
- 인간은 어떤 존재인가? 인간됨의 본질은 무엇인가?
  - 인간론(anthropology)
- 앎의 본질은 무엇인가? 지식을 어떻게 신뢰할 수 있는가?
  - 인식론(epistemology)
- 가치 있는 것(선과 악, 아름다움과 추함)의 본질은 무엇인가?
  - 가치론(axiology)

이것들은 기초적인 철학적 질문이다. 모든 개별 학문들은 스스로는 인식하지 못하고 인정하지 않을지라도 이런 철학적 근본적인 질문에 대한 답을 전제로 두고 이루어진다. 이런 근본적인 질문은 학문 활동의 출발점일 뿐만 아니라 일상적 삶에서도 인식과 판단, 행동의 토대가 된다. 모든 사람은 이론적 차원이 아니라 무의식적인 수준에서 이런 질문에 대한 답을 근거로 살아간다. 그런 무의식적 수준에서 작동하는 인생의 근본적인 질문에 대한 신념의 포괄적인 틀을 '세계관'이라 부른다. 철학은 세계관과 밀접한 관련을 가지고 있다.

2.2. 세계관과 철학

개혁주의 철학자들은 세계관으로부터 철학이 형성된다고 보았다. '세계관'에 대한 많은 정의들 중에서 몇 가지를 살펴보자. 먼저, 사이어(James Sire)는 "세계관이란 이 세계의 근본적 구성에 대해 우리가 (의식적으로든 무의식적으로든, 일관적이든 비일관적이든) 견지하고 있는 일련의 전제(전체적으로 혹은 부분적으로 옳거나, 아니면 전적으로 틀릴 수도 있는 가정)들"이라고 정의한다(1995:20). 월터스(Albert Wolters)는 세계관을 "한 사람이 사물들에 대해 가지는 근본적 신념들의 포괄적인 틀"이라 규정한다(Wolters & Goheen, 2007:25). 남아프리카공화국의 저명한 기독교 철학자 베니 반더 발트(Bennie van der Walt)는 "세계관이란 인간 활동의 기저를 이루고, 그 활동을 형성하고, 동기를 부여하며, 방향과 의미를 제공해 주는 실재에 관한 일련의 종합적이고 해석적이며 고백적인 관점"이라고 말한다(2002:38). 이상의 세계관 정의에서 볼 수 있듯이 세계관은 "일련의 전제"이고 "근본적 신념"이며 "신앙고백적 관점"이다.

학자마다 세계관에 대한 정의가 다르지만 세계관이 가지는 본질적인 특성에 대해서는 의견의 일치를 이루고 있다. 세계관은 인간 삶 전체를 포괄하는 관점(혹은 신념)이며, 단지 보는 것(seeing)이 아니라 헌신을 요구하고, 우리 삶을 인도하며, 내적인 일관성을 가지려는 경향이 있다(Van der Walt, 2002:39-41). 이에 덧붙여 우리가 명심해야 할 세계관의 또 다른 근본적인 특징은 세계관이 본성적으로 품고 있는 '모호성'(vagueness)이다. 세계관은 우리 내면의 의식 심층(무의식적 수준)에서 작동하는 신념의 틀이다(양희송, 2019:68-69). 그렇기에 이것을 의식적 수준에서 분명하게 포착하여 규명하기는 매우 어렵다. 왜냐하면 무의식적 수준에서 존재하는 세계관을 제대로 알기 위해서 그것을 의식적 수준으로 끌어올려서 분석하는 순간, 그 세계관은 이미 사라져버리기 때문이다. 의식적 수준에서 분석된 세계관은 실제 그 세계관이 아니다. 클랍베이그(J. Klapwijk)는 "만약 당신이 어떤 세계관을 제대로 파악하려고 한다면, 그것을 죽이게 될 것이다"라고 경고한 펄훅트(J.

Vergooht)의 말을 빌어서 "있는 그대로의 세계관"에 접근할 수 없는 세계관의 본질적인 모호성에 대해서 우리의 주의를 환기시킨다(1989:42). 이런 세계관의 특성을 철학자들은 세계관의 전-이론적(pre-theoretical), 혹은 전-과학적(pre-scientific) 성격이라고 표현하기도 한다.

무의식적 수준에서 작동하는 전-이론적 신념체계인 세계관의 내용을 의식적 수준에서 논리적이고 체계적으로 명료하게 정리하면 철학이 된다. 철학은 특정한 세계관에 근거하여 전체 사물에 대한 포괄적인 이해를 학문적 수준에서 추구한다. 철학은 사물들의 구조에 초점을 맞추어 전체 창조세계의 통일성과 다양성에 관한 학문이라 말할 수 있다(Wolters & Goheen, 2007:36).

2.3. 기독교철학

기독교철학이란 기독교 세계관에 근거한 철학이다. 중세 이후 서양은 오랜 기간 기독교가 지배적인 종교였던 사회였으므로 많은 철학자들이 자신의 철학적 학문 활동을 기독교철학으로 여겼다. 오늘날에도 스스로를 기독교철학으로 여기는 여러 형태의 학파들이 있다. 그러나 우리가 인정하는 기독교철학은 19세기 중반이후 칼뱅의 신학 사상을 토대로 철학의 이론 체계를 새롭게 구축한 소위 '개혁주의 철학'(a Christian Reformational Philosophy)이다. 이 개혁주의 철학은 네덜란드의 철학자 도예베르트(Herman Dooyeweerd)와 폴런호번(Dirk H. Th. Vollenhoven)이 신칼뱅주의(Neo-Calvinism) 운동의 주창자였던 아브라함 카이퍼(Abraham Kuyper)의 사상을 이어받아 그것을 체계적이고 정교한 철학 이론으로 발전시킨 것이다. 이 철학은 이성의 자율성을 부인하고 성경적 계시의 조명과 인도에 따른 이론적 사유의 필요성을 주장한다. 또한 새롭게 고안한 독특한 철학적 개념을 통해 인간의 이론적 사유가 종교적일 수밖에 없음을 입증하고, 이론 속에 들어있는 종교적 신념과 세계관적 전제를 분석할 수 있는 방법을 제시한다. 특히 사물의 존재 양식으로 '양상'(modal aspect)이라는 개념을 통해 사물이나 현상을 환원주의적 왜곡에 빠지지 않고 전체적으로 균형 있게 인식할 수 있게 해준다. 이 기독교철학은 모든 학문 영역에서 기독교신앙과 일치하는 이론적 사유가 가능할 뿐만 아니라 반드시 이루어야 할 문화적 과업의 일부라는 것을 설득력 있게 제시한다. 이 철학은 서양 기독교 역사에서 오래 지속되어 온 성·속 이원론적 세계관과 그에 따른 생활 방식에서 벗어나 삶의 모든 영역에서 기독교 신앙에 일치하는 실천이 있어야 한다는 점을 잘 설명해준다.

2.4. 기독교교육철학

기독교 신앙과 일치하는 실천이 이루어져야 할 인간 삶의 영역에는 교육도 포함된다. 기독교 신앙에 일치하는 교육을 구현하기 위해서는 성경적 계시에 의거하여 교육현상 전체를 통합되고 일관되게 인식하고 이해할 수 있어야 한다. 기독교교육철학은 기독교철학의 이론적 사유의 틀을 가지고 교육현상을 탐구함으로써 교육에 대한 전체적 전망을 얻으려는 학문이다. 철학이 학문의 토대에 대한 기초적이고 포괄적인 반성적 탐구인 것과 같이 기독교교육철학은 기독교적 관점에서 교육현상의 토대에 대한 기초적이고 포괄적인 반성적 탐구를 수행한다.

2.4.1. 기독교교육철학의 탐구 주제

교육현상 전체를 통일되게 인식하고 체계적으로 이해하려는 학문의 특성상 기독교교육철학이 관심을 가지는 학문적 주제나 영역은 다양하다. 요하네스 반더 발트(J. L. van der Walt)는 기독교교육철학이 기독교철학의 이론적 틀을 활용하여 탐구하는 학문적 탐구 주제를 다음의 네 가지로 분류한다(조성국, 2019:30-31에서 재인용).

(1) (기독교)교육학의 본질과 정체성을 규명하고 학문적 정당성을 확립하

며, 교육학의 하위 분과학문 영역을 구별하고 그것들 간의 상호관계에 대해 탐구한다.

(2) 한 사회가 가지고 있는 근본적인 이념(인간, 종교, 세계관, 이데올로기, 문화 등) 및 그 사회의 환경과 기독교교육과의 관계에 대해 탐구한다.

(3) 기독교교육의 실천을 바르게 인도하고 촉진하기 위한 기반으로 기독교교육이론을 체계적으로 정립한다.

(4) 일반교육학의 다양한 이론과 교육사상을 기독교적 관점에서 심층적으로 분석하고 평가하며 기독교적으로 전유한다.

기독교교육철학은 교육현상과 관련된 다양한 요소들을 철학적으로 성찰한다. 필윤(C. T. Viljoen)은 기독교교육철학에서 철학적 탐구의 대상이 되는 것을 다음과 같이 유목화하여 정리한다(1997:18-20).

(1) 모든 가르치는 활동과 현상들, 즉 '교육', '양육', '가르침', '활동', '실천', '놀이', '학문' 등으로 칭해지는 행위들의 본질과 성격

(2) 교육활동에 개입하는 사람들, 즉 교사, 학생, 부모, 교육행정가의 역할과 과업

(3) 가르치는 활동의 계획, 내용, 도구라고 할 수 있는 교육과정과 지식의 본질과 성격

(4) 교육활동에 관련된 사회적 기관들, 즉 유치원, 학교, 대학교, 사회교육기관, 그런 기관들을 지원하는 기관들, 이 기관들 상호간의 관계 구조와 성격

이들 탐구대상에 대한 개별적 연구는 철학의 하위 영역들(존재론, 인간론, 인식론)에서 정립된 이론과 연결된다. 그러므로 기독교교육철학은 기독교철학의 사유 체계와 이론에 근거하여 교육과 관련한 주제와 문제를 탐구하는 학문임을 다시 한번 확인할 수 있다.

2.4.2. 기독교교육철학의 연구방법

개혁주의 철학자들은 독특한 연구방법들을 발전시켜 왔으며 교육철학연구에도 활용되어 왔다. 대표적인 연구방법으로는 '일관된 문제-역사적 방법', '선험적 비판의 방법', '구조 경험적 방법' 등이 있다. 이 중에서 개혁주의 철학의 대표적인 연구방법이자 이 철학의 독특성을 잘 보여주는 것은 '선험적 비판의 방법'이다.

선험적 비판의 방법(The method of transcendental criticism)은 도예베르트의 철학 비판의 방법을 발전시킨 것이다. 그는 하나님과의 관계가 단절된 모든 인간적 사유는 창조세계의 특정한 양상을 절대화하고 이것으로 다른 양상들을 대체함으로써 환원주의적 오류에 빠질 수밖에 없다고 주장한다. 기독교교육철학은 성경적 계시에 근거한 기초 원리들과 '창조의 법' 이념에 의거하여 탐구의 대상이 되는 일반 교육사상에 숨겨진 종교적 동인과 환원주의적 왜곡을 밝혀내고 그 오류를 제거한 후에 변혁적으로 전유하기 위한 목적으로 이 비판의 방법을 사용한다. 이 방법은 네 가지 단계의 비판으로 나누어진다.

(1) 선험적 비판(transcendental critique)의 단계: 연구 대상이 되는 이론의 선험적 전제가 되는 종교적 신념이나 초이론적 가정 등을 드러낸다.

(2) 초월적 비판(transcendent critique)의 단계: 선험적 비판으로 드러난 이론의 종교적 신념이나 선험적 전제들을 기독교 신앙을 가진 연구자의 세계관, 종교적 신념과 비교하여 이론이 가진 문제를 드러낸다.

(3) 내재적 비판(immanent critique)의 단계: 연구 대상이 되는 이론의 정합성, 즉 그 이론의 선험적 전제에 근거하여 내적인 일관성과 타당성이 있는지 검토하고 논리적 비약이나 모순점을 드러낸다.

(4) 탈이교적 비판(ex-heretic critique)의 단계: 이전의 세 단계의 비판을 토대로 연구 대상이 되는 이론이 가진 오류들, 논리적 모순, 내적인 비일관성,

환원주의적 왜곡 등을 기독교 관점에서 수정 보완하며, 유용한 통찰들은 적극적으로 수용하여 연구자의 이론 형성과 확장을 도모한다.

그리스도인 학자가 학문 연구의 과정에서 비기독교적 신념에 근거한 교육이론을 대할 때 자신의 신앙적 정체성을 유지하면서도 건설적인 상호작용을 하려면 적절한 학문연구 방법이 있어야 한다. 이 선험적 비판의 방법은 그리스도인 학자들이 학문의 영역에서 자신의 종교적 신념을 유보하거나 양보하지 않으면서도 일반 이론들과 선교적 대면(missional encounter)을 가능하게 해준다.

2.5. 기독교교육철학의 필요성과 이론적 정립을 위한 과제

기독교 신앙에 일치하는 교육을 구현하기 위해서는 반드시 그에 맞는 교육이론이 구비되어야 한다. 교육현장에서 신실한 기독교교육의 실천을 인도할 교육학 이론의 영역은 다양하다. 우선, 기독교적 교육과정과 교육방법, 평가방법에 대한 이론을 비롯하여 각 교과 영역을 기독교적 관점에서 가르칠 수 있는 교육과정을 개발하여 가르치고 평가할 수 있는 이론들이 필요하다. 또한 최근에 등장한 기독교 대안학교의 건실한 발전을 위하여 기독교 학교의 존재 이유를 정당화하는 이론과 학교 운영 및 조직에 관한 이론도 있어야 한다. 학교가 교육을 담당하는 사회기관이지만 가정과 교회도 기독교교육의 중요한 주체이다. 따라서 가정교육과 교회교육에 대한 이론도 기독교적 관점에서 재정립될 필요가 있다. 가정과 교회의 독특한 교육적 사명과 역할을 이 시대의 상황에 맞게 체계적으로 설명해주는 이론적 연구도 계속 이루어져야 한다. 기독교교육이론은 우리 사회의 교육을 주도하는 일반교육 이론에 대해서도 관심을 가진다. 기독교교육의 실천이 시대의 유행에 따라 경도되지 않도록 일반교육 이론에 숨겨진 종교적·세계관적 신념을 드러내고 이를 기독교적 관점에서 비판하고 대안을 제시하는 이론적 탐구도 필요하다(김성수,

2007:40-44).

　유감스럽게도 우리나라에서는 지난 40년간 많은 기독교교육 종사자들이 '기독교 세계관'에 열광하면서 '기독교 세계관'에 근거한 새로운 기독교교육을 실천하고자 하였다. 그러나 세계관은 교육에 대한 이론적 탐구나 실천에 활용할 수 있는 직접적인 도구가 될 수는 없다. 세계관은 인간과 세계에 대한 하나의 총체적 관점이기 때문에 교육에 관한 포괄적인 관점을 제공해줄 수는 있어도 교육 현상을 체계적이고 이론적으로 설명하는 이론적 도구는 아니다. 현재 기독교교육의 여러 영역에서 성과가 미흡하고 시행착오를 반복하는 것은 잘 정립된 기독교교육이론과 기독교교육철학의 부재가 가장 큰 원인이라고 할 수 있다. 따라서 지금 우리에게 필요한 것은 기독교 신앙에 합치된 교육, '기독교 세계관에 근거한 교육'의 실천을 가능하게 해 줄 기독교교육이론의 정립이다.

　이런 기독교교육이론을 정립하기 위해서 먼저 갖추어야 할 것이 기독교교육철학이다. 기독교교육철학은 기독교적 관점에서 교육의 영역을 전체적으로 조망하되 세계와 인간 삶의 전체 국면을 이론적 차원에서 정합적으로 설명하고자 한다. 교육의 각 영역별 이론적 탐구 활동은 교육철학이 제공하는 교육에 대한 전체적인 전망과 함께 세계의 본질과 인간에 대한 이론, 지식에 대한 이론 등에 기반을 두고 이루어진다. 효과적인 교육실천을 이끄는 유능한 교육이론을 정립하기 위해서는 건실하고 균형 잡힌 교육철학을 먼저 확립할 필요가 있다.

　기독교교육철학은 기독교철학의 이론 체계와 학문적 성과를 근거로 성립된다. 지금까지 개발된 기독교철학 이론들 중에서 기독교교육의 영역에서 활용할 수 있는 가장 효과적인 것은 앞에서 언급했던 '개혁주의 철학'이라 할 수 있다. '우주법적 이념의 철학'(The Philosophy of Cosmonomic Idea)라고 불리는 이 철학은 하나님의 창조세계의 다양성과 통일성, 법칙성, 창조세계를 향한 하나님의 법적 통치(규범성)을 가장 잘 설명해 주고 있다(김성수, 2007:40; Greene, 2000:102). 이 개혁주의 철학에 근거한 교육철학은 북미와 호주, 남아프리카공화국 등에서 활발히 연구되어 왔다. 한국에서도 고신대학교를 중심으로 학문적 탐구가 이어져 오고 있으나 아직 많은 그리스도인들에게 널리 알려져 있지 않고 생소한 이론이다. 개혁주의 기독교교육철학의 저변이 넓지 않은 탓에 지금까지 이루어진 이론적 탐구는 거의 대부분 서론적이고 기초적인 수준에 머무르고 있다. 이런 현실에서 볼 때 우리에게 주어진 학문적 과제는 현재까지 이루어진 연구 성과를 바탕으로 교육의 영역 전체를 조망하고 조명하는 개혁주의 교육철학 이론을 구축하는 것이다. 전체적으로 균형 잡힌, 체계적인 교육철학을 정립하기 위해서 그 모체가 되는 개혁주의 기독교철학에 대하여 철저한 이해와 이를 교육적으로 해석하는 성실한 탐구와 이론 작업이 요구된다. 현재 답보상태에 빠져있는 '기독교 세계관에 근거한 교육'의 실천에 활로를 찾기 위해서는 전체적으로 균형 잡힌 기독교교육철학이 무엇보다 시급하게 요구되고 있다.

3. 기독교교육의 역사

이 세상에 존재하는 모든 것은 역사적 국면을 가지고 있다. 창조세계의 자연물뿐만 아니라 관념이나 제도를 포함한 인간의 문화적 산물도 시간의 흐름에 따라 변화한다. 어떤 것을 안다는 것은 그것의 역사적 국면에 대한 지식을 포함한다. 현재 우리가 실천하는 교육도 과거로부터 현재에 이르는 변화의 과정, 즉 역사적 국면을 가지고 있다. 기독교신앙이 존재하는 곳에는 언제나 기독교교육이 존재했으므로 기독교교육의 역사는 기독교신앙만큼 오래된 것이다. 우리가 실천하는 기독교교육을 제대로 알고 미래의 발전을 위해서는 기독교교육이 어떤 과정을 거쳐 현재에 이르렀는지 그 역사에 대해 분명한 이해를 가져야 한다. 여기서는 기독교교육의 역사에 대한 새로운 이해와 정립을 위하여 기독교교육사 연구의 목적과 교육사연구에서 중요한 개념, 기독교교육사의 새로운 접근방법에 대해 고찰한다.

3.1. 기독교교육사 연구의 목적

사람들은 대체로 다음 두 가지 이유에서 교육사를 연구한다. 하나는 과거를 이해하기 위해서이고, 다른 하나는 과거에 대한 지식을 기반으로 현재의 문제를 해결하기 위해서이다. 전자가 교육사 연구를 통해 역사적 사건이 가지는 그 자체의 가치를 탐구하는 것을 목적을 둔다면, 후자는 현재 당면한 실제적인 교육문제를 해결하는 데 필요한 지식과 참고할 만한 사례를 찾는 것에 목적을 둔다. 이를 좀 더 자세하게 구분하여 정리하면 다음과 같다.

3.1.1. 교육의 역사에 대한 역사적 사실 자체의 가치 탐구

역사를 연구하는 이유 중 하나는 과거를 복원하여 그 시대에 실제로 일어났던 사건을 이해하는 데 있다. 과거의 역사적 사건을 이해하기 위하여 역사연구자들은 그 사건의 원인과 진행 과정을 규명하고 그 사건이 가지는 의미를 밝히려고 노력한다. 역사가는 지적 호기심을 가지고 과거 사건의 진실을 알기 위하여 사료를 발굴하고 사건의 원인을 규명하는 일에 지적 희열과 환희를 느낀다.

3.1.2. 현재의 교육문제를 해결하기 위한 지혜의 획득

교육의 역사를 연구하는 또 다른 목적은 현재 당면한 교육의 문제를 해결하고 개선하는 데 있다. 역사를 연구하면 현재의 교육문제를 해결할 수 있는 지혜를 얻을 수 있다. 현재의 교육 문제는 역사적 배경과 맥락을 가지고 있다.

문제를 제대로 해결하기 위해서는 그 문제의 역사적 맥락을 이해하는 것이 필수적이다. 문제의 원인을 정확히 규명하고 그것이 어떤 과정을 통해 현재의 모습에 이르게 되었는지 그 과정을 추적하면 효과적인 해결책을 도출하는 데 중요한 통찰을 얻을 수 있다.

3.1.3. 교육현상을 예견하고 통제할 수 있는 규범의 발견

과거의 역사를 살펴보면 인간 삶이나 사회 안에서 비슷한 현상이나 문제가 반복적으로 되풀이되는 것을 발견한다. 교육사 연구를 통해 역사 속에서 되풀이되는 교육과 관련한 문제나 현상이 가지는 변화의 패턴을 알아낸다면 미래에 일어날 수 있는 일을 예측하고 변화를 통제할 수 있는 규범이나 전략을 발견할 수 있다. 자연과학과 달리 교육과 같은 인간 삶의 문제는 다양한 변인들이 총체적으로 관련되어 있기에 모든 변인을 낱낱이 통제하여 의도하는 결과를 얻어낼 수 없다. 그럼에도 불구하고 역사연구는 인간 삶과 사회의 현상에서 볼 수 있는 변화의 패턴, 역사의 법칙을 찾아낼 수 있다. 이 법칙과 규범은 변화를 예측하거나 변화의 추세를 바람직한 방향으로 유도하는 데 유익하게 사용될 수 있다.

3.2. 역사 연구에서 중요한 개념들

기독교교육의 역사를 연구할 때도 역사 연구의 보편적인 원리와 규칙을 따라야 한다. 역사를 연구하거나 학습할 때는 역사에 대한 기본 개념을 정확하게 이해하는 것이 중요하다. 다음은 역사적 사실에 접근하거나 역사적 자료를 읽고 해석할 때 유의해야 할 사항들이다.

3.2.1. 사료

역사 연구는 역사적 사실을 알 수 있는 자료들을 대상으로 한다. 이것을

'사료'라고 하며, 과거에 관한 정보를 제공해 주는 문자 기록물을 비롯하여 유물과 전설, 설화 등을 포함한다. 사료가 없다면 역사 연구가 불가능하므로 과거의 사실을 알 수 있는 다양한 사료를 확보하는 것은 역사 연구의 가장 중요한 조건이 된다.

역사 연구의 자료에는 1차 사료(직접사료)와 2차 사료(간접사료)가 있다. 1차 사료는 역사적 사건이나 경험에 직접 관여했거나 목격한 동시대인에 의해 만들어진 기록이나 유물이다. 연구 대상인 역사적 사실과 직접적인 관계를 가지고 있는 사료이며, 관련 주제에 대한 직접적인 정보를 제공하는 원자료를 의미한다. 2차 사료는 그 주제와 연관되면서 간접적 정보를 제공해 주는 동시대의 자료 혹은 관련 연구물들을 의미한다. 2차 자료들을 통해서도 광범위한 정보를 얻을 수 있지만 역사적 이해를 위해서는 신뢰할 만한 1차 자료의 확보가 절대적으로 중요하다(이길상, 1999:66-67) .

3.2.2. 인과관계와 상관관계

역사는 과거의 사실 그 자체가 아니며 과거의 사실을 있는 그대로 기록한 것도 아니다. 역사는 사료를 통해 역사적 사실을 드러내고 그것을 해석한 것이다. 역사가에 의해서 사료가 해석됨으로써 비로소 역사가 성립된다. 그러므로 역사 연구에는 사료에 대한 해석이 중요하다. 대개 역사적 사실에 대해 원인을 규명하려는 목적에서 역사적 탐구가 이루어지지만 실제로 원인을 밝히는 것은 쉽지 않다. 어떤 역사적 현상이 도출된 배경을 설명해 주는 변수 간의 상관관계를 추정할 수밖에 없는 경우가 대부분이다.

역사 연구는 자연과학의 연구처럼 변인들을 엄격하게 통제한 상태에서 이루어지는 인과관계에 관한 연구가 될 수 없다. 제한된 사료의 범위 안에서 드러나는 역사적 과정을 설명하기 위하여 역사적 사실 간의 상관관계를 밝히는 경우가 대부분이다. 사료가 충분할 때는 역사적 사실에 대한 인과관계를 해석하는 것이 어렵지 않으나 사료가 충분하지 않을 때는 역사 연구자나 학습자는 상상력을 발휘하여 상관관계를 추정한다. 역사 연구에서는 사료를 해석하는 것이 사료를 확보하는 것만큼이나 중요하다.

3.2.3. 관념과 실제

역사 연구의 대상은 과거의 사건, 제도, 이념, 문화 등을 비롯하여 그 대상이 포괄적이다. 역사에 접근할 때 흔하게 범하는 오류 중 하나는 관념과 실제를 혼동하는 것이다. 특정 사상가의 교육 사상이나 이념이 그 시대의 실제 상황을 설명해 줄 수 있는 것으로 해석하는 것이 그 대표적인 예이다. 관념이나 이념이 그 시대를 반영할 수는 있지만 그 시대의 실제 모습은 아니다. 예를 들어, 마르틴 루터(Martin Luther)가 국가 주도의 보편의무교육 제도에 대한 이념을 주장한 것은 역사적으로 중요한 사건이지만 그 시대에 루터의 사상이 널리 받아들여지고 실천되었던 것은 아니다. 관념이 주창된 시기와 그 관념이 실천되고 일반화된 시기 사이에는 시대적 간격이 있을 수 있다. 역사에서 새롭게 등장한 사상이나 관념이 그 시대의 실제 모습과는 차이가 있음을 늘 명심해야 한다.

3.2.4. 과거와 현재

역사에 대한 연구와 학습은 지나간 과거의 사실을 밝히는 것을 일차적 목적으로 하지만 궁극적으로는 과거의 역사적 사실이 현재의 우리에게 주는 의미를 찾는 것을 최종 목적으로 한다. 역사는 "과거와 현재의 대화"라는 역사학자 카(E. H. Carr)의 말은 역사가 이미 죽은 과거의 사실을 그대로 밝히는 일 자체에 국한되는 것이 아니라 현재의 관심 속에서 재조명되는 것임을 알려준다. 현재의 관심으로 역사에 접근한다는 것은 현재의 관점이나 필요에 의해 역사가 변형된다는 것을 의미하지 않는다. 역사 연구는 관점 혹은 '사관'에 의하여 역사적 사실들이 일정한 방식으로 해석하는 것이며, 궁극적으로 현재의 교육 현실을 이해하기 위한 목적을 가지고 있다. 그런 의미에서 역사 연구는 과거를 통해 현재를 이해하려는 노력이며 과거와 현재를 맥락적으로 연결하여 미래를 향한 방향을 가늠해 보려는 노력이다.

3.3. 기독교교육사에 대한 새로운 접근 방법

오늘날 기독교 신앙 공동체 안에서 기독교교육의 역사에 대한 관심은 거의 없다. 기독교교육에 종사하는 사람들도 교육사에 대한 지식이 없어도 교육을 실천하는 데 아무런 어려움이 없다고 생각하고 교육사를 그저 '장식적인 과목'으로 여긴다. 이렇게 교육사의 위상이 낮아진 이유는 기독교교육의 영역에서도 과학적 실증주의와 현장 효용성을 중시하는 현대의 학문 정신이 영향을 끼쳤기 때문이다. 실증주의적 측면을 강조하는 현대의 지적 경향성은 과학적 성격을 갖춘 교육학을 추구하게 하였고 교육 현장에서 직접적인 효용성을 추구하는 실용주의적 교육학을 강조한 것도 교육사를 소홀히 여기게 된 원인이다.

기독교교육사의 위상이나 가치가 낮게 평가되고 있는 것은 시대적 요인뿐만 아니라 지금까지 이루어진 기독교교육사의 연구에서도 그 원인을 찾을 수 있다. 기독교교육사에 대한 단행본 저작은 거의 대부분 구약 시대로부터 현재에 이르기까지 인류 역사의 전 시대에 걸쳐 신앙교육의 이념과 실천을 개관하는 내용으로 구성되어 있다. 이런 개관은 현재 교육의 상황을 이해하거나 당면한 교육문제를 해결하는 것과는 상관이 없는 기독교교육에 대한 교양을 쌓는 데 약간의 도움이 될 뿐이다. 기독교교육사와 관련된 연구에서도 기독교교육의 다른 분과 영역에 비해 연구의 양이 적을 뿐 아니라 다루는 주제도 현재의 교육적 이슈와 크게 관련되지 않은 경우가 많다.

이런 현실에서 기독교교육사의 가치와 의의를 드러내기 위해서는 기존과 다른 새로운 접근 방법을 모색할 필요가 있다. 기독교교육에 종사하는 사람들에게 다른 교육학의 분과학문이 제공할 수 없는 교육사만의 독특한 유익을 제공하기 위해서 우선적으로 고려할 만한 방법들은 다음과 같은 것이 있다.

3.3.1. 실증주의적 서술에서 서사 중심의 역사 서술로 전환

역사는 시간의 흐름 속에서 일어난 사건이나 제도, 상황에 대한 서술이다. 역사가는 시간의 흐름 속에서 인간 행위에 의해 일어난 사건에 관련된 자료와 증거를 수집, 분석하고 의미를 부여하여 진술한다. 이런 서사에 의해 각각의 사건들은 일정한 질서 위에 놓이게 되고, 이를 통해 우리는 과거의 사건이 가진 의미와 가치를 이해할 수 있게 된다. 역사의 진술은 본질상 서사적이며 역사가의 역할은 모종의 서사를 서술하는 것이다(김대식, 2014).

근대의 실증주의적 역사학은 역사의 연구나 기술에 있어서도 엄밀하고 객관적인 진술과 과학적 증명이 가능한 서술을 추구하였다. 사료의 객관성과 진술의 중립성을 중시하며 역사 연구를 통해 과거의 역사적 사실을 객관적으로 규명하고자 하였다. 그러나 역사의 진술도 시간의 흐름 속에서 이루어진 인간 행위에 관한 서사의 일종이라면 역사적 서술에 대해 자연과학적 객관성을 요구할 수 없다. 서사에 대해서 물을 수 있는 질문은 서술의 관점이 타당한지, 서사의 구성 요소인 인간 행위나 사건 등에 대한 진실성과 관점의 타당성이다. 서사를 구성하는 이야기 구조 자체에 대해서 실증주의적 객관성과 과학성이라는 기준을 적용할 수는 없다.

서사는 인간의 경험을 전달하고 이해할 수 있는 가장 자연스럽고 손쉬운 방식이다. 따라서 서사는 다양한 교과에서 교수방법으로 활용가능하며 교육적인 가치를 가진다. 서사는 기억하는 데 도움을 주고, 학습자들이 타인의 삶을 간접적으로 경험할 수 있게 하며, 이야기가 제공하는 조직적 구조를 통해 의미를 구성하게 한다. 또한 단편적인 내용들에 맥락을 부여하여 전체적인 이해를 가능하게 하고, 개인차를 극복할 수 있게 하며, 서사를 공유하는 타인들과 공동체적 의식을 가지게 한다(강현석, 2011:43-48). 서사의 공유를 통해 인간은 공동체의 일원이 되며 도덕적 책임 의식을 자각하게 된다(MacIntyre, 1997).

교육사의 목적은 과거의 사건을 발견하거나 검증하는 데 있지 않다. 과거의 사건들이 교육사적 흐름에서 어떤 의미가 있는지 확인하고 가치를 부여하는 것이 중요하다. 기독교교육의 역사를 서사적으로 이해하는 것은 역사적 사건과 요소들을 하나의 주제와 관점으로 시간의 흐름에 따른 변화를 인식하는 것이다. 이런 서사적 인식은 기독교교육의 영역에서 분명한 역사의식 즉, 역사적 정체성과 도덕적 책임 의식을 불러일으킨다. 서사에 의한 도덕적 책임 의식은 기독교교육 현장에서 전통에 충실하되 새로운 교육의 미래를 향해 적극적이고 역동적인 변화의 주체를 만들어 낼 수 있다.

3.3.2. 거시적 일반사로부터 미시적 지역사로의 전환

지금까지 우리가 접하는 기독교교육사 관련 저작들은 대개 구약시대로부터 현대에 이르기까지 신앙교육의 역사를 모두 담아내고 있다. 인류 역사 전체에 걸친 긴 시간 동안 이루어진 신앙교육을 다루기 때문에 서술되는 역사적 사건의 내용이 매우 개략적일 뿐만 아니라 중요한 역사적 사건이라도 생략되는 경우가 많다. 다루어지는 내용들도 역사적 맥락 안에서 연결되기보다는 각각의 사건들이 파편적으로 다루어진다. 이런 거시적이고 개괄적인 역사 진술에서는 현재 우리가 당면한 교육 문제의 해결에 도움이 될 만한 통찰이나 함의를 찾기 어렵다. 파편적인 사건들이 시대순으로 나열된 역사 기술에서 우리의 현실에 지침이 될 만한 의미를 찾기 어려우며 이를 통해서 역사의식을 가질 수도 없다.

거시적인 일반사가 가진 한계를 극복하기 위해서는 역사 탐구의 주체를 현재 우리가 속한 공동체라는 점을 분명히 하고, 주체적 입장에서 역사를 탐구하고 진술하려는 자세가 요구된다. 이와 관련하여 최근 역사학계에서 새롭게 부상하고 있는 '지역사'는 기존의 기독교교육사의 대안을 모색하는 데 중요한 시사점을 제공한다. 지역이란 일정한 시간과 공간 안에서 같은 경험을 공유하는 공동체라고 할 수 있다. 그 안에 거주하는 지역민들이 상호 작용을 하며 일상을 영위하는 기본적인 생활 단위이자 역사적으로는 중앙의 지배와 통제를 받는 대상이었다. 지역은 국가나 민족 전체와 구별되는 구체적이며 독자적인 정체성을 가지는 공동체 단위이다. 이 지역사를 통해 사람들은 지역 공동체에 속한 자신의 지역적인 정체성을 형성하며 역사적 사건에 대한 주체적 시각을 확보할 수 있다(하영란, 2017:350-363; 허은철, 2019:1715-1716).

기독교교육의 역사를 지역사의 이념과 관점으로 접근하면 기존의 거시적이고 일반적인 역사 진술의 피상성을 극복할 수 있다. 지역으로서 독자적인 정체성을 가진 교회나 교단, 학교, 단체의 교육 활동을 대상으로 한 역사적 탐구는 그 공동체의 교육적 상황을 역사적 맥락 안에서 이해할 수 있게 한다. 이런 지역사적 연구는 과거의 역사적 사건을 현실과 연결시키고 각 개인은 역사적 맥락 속에서 도덕적 책임 의식을 가질 수 있게 한다. 또한 동일한 역사적 서사를 공유하는 사람들은 공동체의 일원으로 교육에 대한 공동의 이해를 가질 수 있으며 문제해결을 위해서 공동의 보조를 취할 수 있게 한다. 기독교교육의 역사가 지역사적 관점에서 탐구되고 서사의 형식으로 진술된다면 교육을 위한 적극적인 헌신과 참여를 이끌어낼 수 있을 것이다.

한 교회 혹은 한 학교, 가정, 학과, 단체 등에서 이루어진 교육의 역사를 자체적인 완결성을 갖춘 서사로 풀어내는 것은 교육적 가치를 지닐 수 있다. 공동체 단위의 교육에 대한 역사적 탐구와 서사는 구성원들에게 공동체가 가진 교육적 전통과 가치를 인식하게 하고 새로운 교육의 미래 방향성에 대해 판단할 수 있게 한다. 이런 역사적 맥락과 서사 위에 이루어지는 교육은 고유한 공동체적 정체성에 근거한 영속적 가치를 소홀히 하지 않으면서도 현재의 상황 변화에 적절하게 반응할 수 있다.

3.3.3. 연구 주제의 다변화

지역사의 관점으로 역사를 탐구하면 자연스럽게 연구 주제가 다변화된다. 거시적 일반사의 연구에서는 관심의 대상이 될 수 없었던 문제들이 지역사의 연구에서는 중요한 탐구 주제가 된다. 이런 연구 주제들은 지역의 구체적이고 실천적인 문제들을 대상으로 정해지기 때문에 역사 연구의 결과가 당면한 교육의 문제를 해결하는 데 적합성과 시의성을 가질 수 있다.

지역사의 관점이 아니더라도 기독교교육의 역사 연구는 현재의 교육 문제와 관련하여 다양한 주제들을 발굴하여 탐구할 필요가 있다. 지금까지 기독교교육사에서 다루는 주제는 교회교육이나 학교교육과 관련된 내용이 대부분을 차지하였다. 그러나 과거의 역사 속에는 분명히 인간의 다양한 삶의 양상 가운데 하나인 고유한 특징과 결을 지니고 있는 교육 활동이 존재해 왔다. 이것을 교육에 대한 새로운 눈으로 포착하지 못했기 때문에 풍성한 교육의 역사가 드러나지 않고 있을 뿐이다. 기존의 협소한 관점에서 벗어나 교육 현상에 대한 참신하고 창의적인 연구의 주제를 설정하여 탐구한다면 역사 연구를 통해서도 교육 현실을 보는 새로운 안목을 얻을 수 있다.

교육의 역사로부터 풍성한 의미와 가치를 얻기 위해서는 예리한 문제의식을 가지고 현재의 교육 상황을 관찰하여 역사 연구의 주제를 도출하여야 한다. 교육 현장에서 관찰되는 새로운 경향이나 흐름, 대두되는 갈등이나 현상 등을 주의 깊게 관찰함으로써 연구의 주제를 포착할 수 있다. 역사적 연구의 주제가 정해지면 이와 관련된 다양한 역사적 자료를 조사하여 새로운 사료를 발굴하고 기존의 사료를 비판적으로 검토하여 재해석한다. 사료에 대한 해석을 바탕으로 연구 주제와 관련한 중요한 역사적 의미를 찾아낸 후 그것에 대해 구조를 부여하면 역사적 설명, 혹은 서사가 만들어질 수 있다. 기독교교육사 연구의 주제가 다변화되면 시대의 다양한 자료들이 기독교교육사의 연구 영역으로 편입될 수 있다. 그렇게 된다면 기독교교육의 역사를 탐구하는 것은 교육에 관한 다양하고 풍성한 담론을 담아내는 흥미진진한 학문 활동이 될 것이다. 그리고 기독교교육사가 현실의 교육 상황을 인식하고 개선할 수 있는 공동의 이해와 관점을 가지게 하는 중요한 학문으로서 자리매김해 나갈 수 있을 것이다.

4. 나가며

교육철학이나 교육사는 교육학의 분과학문들 중에서 가장 기초적이고 근본적인 학문이다. 기독교교육철학은 기독교적 관점에서 교육에 대한 전체적인 전망을 얻으려는 학문으로 기독교철학의 이론적 사유의 틀을 기반으로 교육현상을 탐구한다. 기독교교육사는 현재 우리가 실천하는 기독교교육의 역사적 국면을 탐구함으로써 교육을 시간적 흐름 속에서 맥락적으로 이해하려는 학문이다. 교육철학을 통해서 교육에 대한 전체적 전망을 가지게 되면 교육현실에 대한 규범적 기준을 설정할 수 있게 된다. 이 규범적 기준은 현재 우리가 실천하는 교육이 안고 있는 문제를 규정하고 이를 해결하기 위한 방향을 제시한다. 그런 의미에서 교육철학은 논리적 차원에서 '갈피'를 잡을 수 있게 한다. 한편, 교육사를 통해서 교육현실의 역사적 발전 과정을 알게 되면 현재 교육현상에 대한 이해와 함께 시간의 흐름 속에서 현재 교육이 전개될 방향을 가늠할 수 있게 된다. 교육사는 시간적 계열에서 '갈피'를 잡을 수 있게 한다. 따라서 교육철학과 교육사는 상보적 관계에 있다. 교육사의 진전을 위해서는 교육철학에 의한 교육적 통찰이 필요하고, 교육철학 역시 교육사적 조예를 바탕으로 한 지혜가 필요하다(한기언, 1987:10).

기독교교육, 즉 창조세계에 두신 하나님의 창조법칙을 신실하게 준행하는 온전한 교육을 구현하려면 성경적 원리에 따른 교육이론과 그 이론을 현실에 효과적으로 실현해내는 숙련된 교육적 실천이 필요하다. 지난 40년간 우리나라에서는 기독교교육을 '기독교 세계관에 근거한 교육'으로 해석하고 그 실현을 위해 노력하였다. 그러나 기독교 세계관은 무의식적 수준에서 작동하는 신념체계로 기독교교육의 이론이 될 수는 없다. 기독교교육이론은 기독교 교육철학을 기반으로 하여 만들어진다. 기독교교육 이론이 아닌 기독교 세계관으로 기독교교육을 실천하려고 했던 과거의 시도는 그리 좋은 성과를 내지 못하고 난관에 봉착하였다. 그것은 당연한 결과이다. 현재 우리가 처한 기독교교육의 이론적, 실천적 한계를 극복하기 위해서는 기독교 세계관을 넘어서 기독교교육철학과 기독교교육사에 대한 분명한 이해를 가지고 이를 바탕으로 기독교교육 이론을 구축하여야 한다. 기독교교육철학과 기독교교육사의 체계를 정립하고, 이 학문들에 대해 일정한 수준의 지식과 소양을 갖춘 교사를 양성하는 것은 우리에게 주어진 중요한 과업이다.

참고문헌

강현석(2011). 교과교육에서 내러티브의 의미와 가치. 역사교육논집 46(4). 3-59.

김대식(2014). 교육사, 어떻게 가르쳐야할까-서사로의 전환. 한국교육사학 36(1). 161-182.

김성수(2007). 기독교교육의 정체성. 강용원 편, 기독교교육학 개론. 생명의양식.

양희송(2018). 세계관 수업. 서울: 복 있는 사람.

이길상(1999). 사료론적 관점에서 본 교육사학의 현실. 교육학연구 37(1). 59-77.

조성국(2019). 기독교 세계관 형성을 위한 기독교학교 교육의 역사와 철학. 서울: 생명의양식.

한기언(1987). 교육사학의 이론과 전망-교육사학의 학문적 구조. 한국교육학회 교육사연구회 창립20주년 기념 학술연차대회 기조강연. 한국교육학회 교육사연구회.

허영란(2017). 지방사를 넘어, 지역사로의 전환. 지방사와 지방문화 20(2). 347-379.

허은철(2019). 초등 지역사 교육과정의 변화와 방향 모색. 인문사회21 10(5). 1713-1726.

Bartholomew, C. G. & Goheen, M. W.(2019). 그리스도인을 위한 서양 철학사 이야기. 서울: IVP.

Dewey, J.(2015). 민주주의와 교육. 파주: 교육과학사.

Greene, A. E.(2000). 기독교 세계관으로 가르치기. 서울: CUP.

Kalsbeek, L.(1981). 기독교인의 세계관. 서울: 성광문화사.

Klapwijk, J.(1989). "On Worldviews and Philosophy", in Marshall, P. A. Sander Griffioen·Richard J. Mouw. eds. Stained Glass: Worldviews and Social Science. Lanham, MD: University Press of America.

MacIntyre, A.(1997). 덕의 상실. 서울: 문예출판사.

Sire, J.(1995). 기독교 세계관과 현대사상. 서울: IVP.

Troost, A.(2012). What is Reformational Philosophy? An Introduction to the Cosmonomic Philosophy of Herman Dooyeweerd. translated by Anthony Runia. Grand Rapids MI: Paideia Press.

Van der Walt, B. J.(2002). Liberating Message: A Christian Worldview for Africa. Potchefstroom: ICCA.

Viljoen, C. T.(1997). Philosophy of Education. Potchefstroom: PU for CHE.

Wolters, A. M., & Goheen, M. W.(2007). 창조 타락 구속. 서울: IVP.

제2부

기독교교육의 과정

제4장

기독교교육 목적론

소진희(고신대학교)

1. 들어가며

고대 소크라테스로부터 현대 교육학자까지 교육을 연구하고 가르치는 자들은 교육의 목적을 진술한다. 소크라테스는 덕 있는 인간 형성, 아리스토텔레스는 행복한 삶, 코메니우스는 자연법칙에 일치는 인간 형성, 루소는 선한 천성을 보존하면서 자유와 권리를 인정하는 사회 건설, 프뢰벨은 신적인 본질을 함양하고 그것을 인간 삶 속에서 표현하는 것, 듀이는 민주주의 사회에 기여할 수 있는 시민 육성이다. 교육을 국가가 주도하는 국가주의 교육, 일명 공교육의 등장 이후부터는 교육의 목적에 대한 진술이 교육학자마다 조금씩 상이할 수는 있지만 그 이면에는 국가가 필요로 하는 인간 형성이라는 목적이 내재 되어 있다.

교육에 관한 현실적인 질문의 대부분은 '어떻게 교육해야 하는가'임에도 불구하고 그 시대의 대표적 철학자나 교육학자는 '왜 교육을 해야 하는가'를 먼저 진술하는 이유는 무엇인가? 기독교교육의 목적은 무엇이며 일반교육의 목적과는 어떤 차이가 있는가? 본 장에서는 이러한 질문에 답하기 위해 교육에서의 교육목적의 역할과 범주를 정리하고, 기독교교육의 목적을 기독교철학자와 기독교교육자의 정의를 중심으로 살펴보려고 한다.

2. 교육과 교육목적

'교육'이란, '학습자를 어떤 사람으로 형성하기 위해 무엇을 어떻게 가르칠 것인가?'라는 질문에 대한 답을 실천하는 활동이다. 교육을 연구하는 사람마다 교육에 대한 다른 정의를 내리는데 그 정의는 위의 질문에 대한 교육자의 견해라 할 수 있다. 위 질문에는 교육의 기본요소인 교육목적, 교육내용, 교육방법이 내포되어 있다. '학습자를 어떤 사람으로 형성할 것인가?'는 교육목적이다. 그러한 사람을 형성하기 위해 '무엇을 가르칠 것인가?'는 교육내용이다. 그 내용을 '어떤 방법으로 가르칠 것인가?'는 교육방법이다. 교육의 또 하나의 기본 요소인 교육평가는 교육활동으로 교육목적이 성취되었는지 확인하는 것이다.

교육이란,
학습자를 어떤 사람으로 형성하기 위해 ⇨ 교육목적
　　　　　　　무엇을　　　　　⇨ 교육내용
　　　어떻게 가르칠 것인가?　　⇨ 교육방법

　　　　　　　　　　　　　　　⇨ 교육평가

교육은 학습자를 가르치는 목적을 명확하게 설정하고 목적을 달성하기 위해 교육내용을 선정해야 하며 교육내용의 성격과 학습자의 발달단계를 고려하여 효과적인 교육방법을 선택하여 교육활동에 임해야 한다.

교육목적을 정하는 것, 그 목적을 달성하기 위해 교육내용을 선정하는 것, 적절한 교육방법을 사용하는 것은 개인 의견에 의해 결정되는 것은 아니다. 사적인 영역이 아닌 공적인 영역에서 교육활동을 할 때에는 더욱 그렇다. 교육의 전공 유무에 관계없이 교육에 관해 누구나 정의 내릴 수 있다. 그렇다면 교육을 체계적으로 연구한 사람과 그렇지 않은 사람의 차이는 무엇인가? 그것은 교육활동을 위한 교육목적 설정에서 교육평가까지 개인적 의견이 아닌 전문적인 관점에 근거하여 진술하고 실천할 수 있는 것이라 하겠다. 따라서 교육에 관한 전문성을 위해 기초적으로 연구해야 할 분야가 있는데 이것은 교사자격증 취득을 위해 이수해야 하는 교직필수 과목의 구성과도 연관이 있다.

교육이란,	교육의 내적요소	연구영역(교직필수 과목)
학습자를 어떤 사람으로 형성하기 위해 무엇을 어떻게 가르칠 것인가?	⇨ 교육목적 ⇨ 교육내용 ⇨ 교육방법 ----------- ⇨ 교육평가	/ 교육철학 및 교육사 / 교육과정 / 교육방법 및 교육공학,교육심리 / 교육평가

교육목적을 설정할 때 개인적 의견이 아닌 전문적 관점으로 교육목적을 설정하기 위해 교육철학 및 교육사를 연구한다. 교육내용도 개인적 관점이 아닌 전문적인 관점으로 선정하기 위해 교육과정을 연구한다. 인간의 다양한 측면의 발달을 과학적으로 연구한 심리학은 교육방법 및 교육공학과 함께 교육방법 선택에 필요한 연구분야이다. 교육평가 또한 마찬가지이다.

교육에서 교육목적부터 교육평가까지 교육의 각 요소들은 서로 유기적인 관계를 가지고 있는데, 교육목적은 교육내용부터 평가까지 교육활동을 이끄는 전제이다. '무엇을 가르칠 것인가?', '어떻게 가르칠 것인가?'는 '왜 가르치는가?'에 근거해야 한다. 교육목적 없이 교육내용을 선정할 수 없고, 교육목적 없이 교육방법만 있을 수 없다. 목적 없이 어떠한 내용을 독특한 방법으로 가르칠 수 있다해도 도달하고자 하는 목적이 없는 한 그 가르침이 올바로 시행되고 있는지 평가할 수 없을 것이다. 특히 교육내용은 교육목적에 의해 선정된다. 다시 말해 교육과정은 교육철학에 의해 결정된다. 예컨대, 전통교육을 체계화한 본질주의 교육철학은 교육목적을 인류의 문화유산을 전수하는 것에 두기 때문에 문화유산을 모아놓은 교과서를 만들어 교과중심 교육과정을 강조한다. 현대교육을 이끈 진보주의 교육철학은 교육목적을 학습자의 자발적 자기실현에 두기 때문에 아동의 경험을 강조하는 아동중심교육과정 혹은 경험중심교육과정을 선정한다.

교육은 의도성, 계획성, 가치지향적 성격을 지닌다. 이것은 명확한 교육목적(의도성)이 없거나 계획적인 교육내용(계획성)이 아니거나 무가치한 내용(가치지향적)은 교육이라 할 수 없다는 것이다. 교육은 목적을 지닌 의도적인 활동이며 그 목적을 성취하기 위한 계획적인 활동이며 개인과 사회에 가치있는 활동이다. 어떤 의도로, 즉 어떤 목적으로 교육하느냐에 따라 계획이 설정되기 때문에 교육에 있어 교육목적은 교육의 출발이며 교육 활동을 이끄는 핵심이다.

교육에 있어 교육목적은 교육을 통해 성취하고자 하는 상태를 명확하게 제시하고 목적을 성취하기 위한 과정을 객관적으로 평가할 수 있게 한다. 명확한 교육목적은 지금 시행되고 있는 교육활동이 그 목적을 향해 가고 있는지 혹은 오류를 범하고 있는지 평가하여 오류를 범하고 있다면 바른 방향을 향하게 하는 나침반과도 같다.

교육이 학습자를 어떠한 사람으로 형성할 것인가에 관한 활동이라면, 인간관은 교육목적 진술에 지대한 영향을 준다. 인간은 왜, 무엇을 위해 존재하는가에 대한 답은 그러한 인간으로 형성하고자 하는 교육활동으로 연결된다. 인간관은 적극적으로는 인간의 존재 근원에서부터 소극적으로는 그 시대와 사회가 요구하는 인간까지 포함하는 것으로, 인간 존재에 대한 다양한 관점에서부터 각 시대와 사회가 요구하는 다양한 인간상은 교육목적이 달라지는 이유이다. 고대사회부터 현대까지 교육목적은 변천되어 왔고, 교육철학자혹은 교육학자마다 교육목적이 다른 배경에는 인간에 대한 이해의 차이가 있다. 예컨대, 성숙이론은 인간을 미성숙한 존재로 보고 교육을 통해 인간을 모든 측면에서 성숙한 사람으로 형성하고자 하는 이론이다. 사회화이론은 인간을 사회적 존재로 인식하고 자신이 속한 사회에서 합당한 역할을 하는 사람으로 형성하고자 하는 이론이다. 이처럼 교육활동의 출발이 되는 교육목적은 인간관에 의해 제시되는 것으로, 교육자들은 인간은 왜 존재하며, 무엇을 위해 살아야 하는가에 대해 진지한 답이 필요하다.

3. 교육목적의 범주

교육목적은 작게는 교과의 한 단위 수업에서 성취해야 할 목표부터 크게는 홍익인간 형성이라는 목적까지 포함한다. 통상적으로 국가의 교육이념, 교육이념을 구현하기 위한 각 단계 학교의 교육목적, 교육목적의 실현을 위한 각 교과의 교과목표 등으로 분류한다. 아이즈너는 교육과정에 관한 그의 책, '교육적 상상력'에서 교육을 통해 달성하고자 하는 목표를 행동 목표와 표현 결과를 강조한다(Eisner, 이해명 역, 2009, 141-161 참고). 행동 목표는 학습을 통해 측정 가능한 지식과 기술의 습득을 의미하며, 표현 결과는 비처방적이고 측정할 수 없는 목표를 의미한다. 표현 결과가 다양성 내지는 창의성을 북돋는 반면에 행동 목표는 획일화를 강조하는데, 교육의 목적은 단지 행동 목표에 머물기 보다는 훨씬 넓고 열린 것이어야 한다. 그것은 행동 목표인 교육내용의 습득과 함께 표현 결과인 그 교육을 통해 성취하고자 하는 인간상의 실현인 것이다. 지식이 이성적 이해를 넘어 표현되어야 하는 것이라는 점에서 표현 결과는 교육이념과 유사한 맥락으로 볼 수 있다. 이와 같이 교육목적의 범주는 교과지식의 습득 이상이며, 형성하고자 하는 인간상까지 포함한다.

이 글에서는 위와 같은 분류를 인정하면서도 교육목적을 좀 더 명확하게 하기 위해 교육목적의 범주를 단순화하여 광의의 목적과 협의의 목적으로 나누고자 한다. 홍익인간이라는 광의의 목적을 달성하기 위해 각 단계의 학교에서는 주어진 교육과정에서 성취해야 하는 협의의 목적을 달성해야 한다. 이것이 의미하는 바는 각 단계의 학교에서 교육과정을 이수한 학습자는 더 홍익인간으로 형성되어 가야 한다는 것이다.

혹자는 현대교육의 문제를 교육의 무목적성에 두고 있다. 목적이 없는 교육이란, 목적이 없다는 의미라기보다 광의의 목적이 상실된 교육이라 할 수 있다. 광의의 목적은 상실된 채 협의의 목적만이 남은 교육이다. 협의의 목적 달성에만 치우치는 이유는 암묵적으로 합의된 역기능적인 교육목적 때문으로 해석할 수 있다. 암묵적으로 합의된 교육목적, 즉 입시중심의 교육은 광의의 목적은 외면한 채 협의의 목적 달성에만 집중하게 한다. 높은 교육열로 인해 고학력자가 더 많아지고 있지만 광의의 목적인 홍익인간이 구현되고 있다고 할 수 있는가? 사회뿐 아니라 교육현장에서 벌어지는 일련의 사건들은 우리나라 교육이념을 과연 홍익인간이라 할 수 있는가라는 질문을 야기한다.

교육목적의 범주 중 지나치게 협의의 목적 달성에만 치우치는 것은 교육평가와도 무관하지 않다. 교육평가는 단순히 점수화하고 등급을 나누는 것 이상의 목적이 있는데, 그것은 교육목적 달성여부를 확인하는 것이어야 한다. 따라서 교육평가를 통해 광의의 목적과 협의의 목적 달성여부를 확인해야 한다. 그러나 교육평가 내용은 모두 교과 내용에 대한 것으로 협의의 목적 달성 여부만을 확인할 수 있다. 교육목적에 따라 교육내용이 선정된다면 교육내용을 알게 되면 교육목적이 성취되었다고 가정할 수 있다는 점에서 교육평가의 주된 영역이 교과 내용일 수는 있다. 그러나 교과 내용과 구현하고자 인간상의 연결이 없는 교육활동은 교과 내용 달성 여부만으로 광의의 목적을 달성했다고 할 수 없다. 따라서 교육자는 교육목적의 범주를 염두에 두고 가르치는 교육내용과 형성하고자 하는 인간상을 잠재적교육과정을 통해 지속적으로 연결시키는 전문성이 요구된다.

4. 기독교교육과 성경적 인간관

기독교교육이란 무엇인가? 기독교교육은 기독교인을 대상으로 기독교 장소에서 행해지는 교육인가? 기독교교육은 자연과학이나 사회과학, 그리고 인문과학에서 정리한 이론-중력, 심리학, 다양한 철학 등-보다 성경을 중심으로 하나님의 통치하심과 섭리만을 언급하는 것인가? 기독교교육이 교육의 대상이나 장소에 따른 교육이 아니라면, 그리고 기독교교육이 가르치는 내용에 따른 교육이 아니라면 기독교교육은 공교육과 어떤 차별성을 지니는가, 혹은 지녀야 하는가?

교육의 목적과 방향은 가르치는 자가 견지한 교육관에 의해 결정되는데, 가르치는 자가 교육을 해석하는 방식이 교육활동을 인도한다. 따라서 가르치는 자는 모두 교육에 대한 관점을 가지고 있다. 간혹 자신이 견지한 교육관을 객관적으로 인식하지 못하고 있을 수는 있으나 교육관이 없을 수는 없다. 때로는 교육관이 있음에도 시대나 사회가 요구하는 교육관을 수동적으로 따르기도 한다. 교육관에 따라 교육활동이 실시된다는 것은 기독교교육과 공교육의 차이는 대상이나 장소의 차이, 혹은 교육내용의 차이가 아닌 교육관의 차이로 정리할 수 있다. 교육을 어떤 관점으로 해석하는가의 문제로, 기독교교육은 교육을 기독교적 관점으로, 공교육은 합리성 혹은 과학중심으로 해석하는 것이다.

그렇다면 교육관이란 무엇인가? 교육이란, '인간에게 무엇인가를 가르쳐 알게 하는 것'이라고 정의할 때, 교육은 인간에 대한 관점, 실재에 대한 관점, 그리고 지식에 대한 관점이 작동한다고 할 수 있다. 인간은 왜 존재하며 왜 교육받아야 하는가, 존재하는 모든 것은 왜, 어떻게 존재하며 왜 배워야 하는가, 지식은 무엇인가, 그 지식을 알았다는 것은 어떤 상태인가에 대한 관점이다. 즉 인간관, 실재관, 지식관을 포함한 것을 교육관이라 할 수 있다. 인간, 실재, 지식을 기독교적으로 해석하여 교육하는 것이 기독교교육이다. 교육관 중 인간관은 교육목적 설정의 기준이 되며 실재관은 교육내용 구성의 기준이 되고 지식관은 교육평가의 기준이 된다고 할 수 있다. 따라서 기독교교육의 목적을 진술하기 위해서는 성경적 인간관이 전제되어야 한다.

성경은 인간의 시작과 목적을 명료하게 밝히고 있다.

'하나님이 가라사대 우리의 형상을 따라 우리의 모양대로 우리가 사람을 만들고 … 모든 것을 다스리게 하자 하시고' (창세기 1:26)
'하나님이 그들에게 복을 주시며 그들에게 이르시되 생육하고 번성하여 땅에 충만하라, 땅을 정복하라, … 모든 생물을 다스리라 하시니라' (창세기 1:28)

인간은 하나님의 창조 세계를 하나님 대신 다스리는 자로 지음을 받았다. 인간의 궁극적 삶의 목적은 하나님의 세계를 대신 '다리스는 것'이다. 생육하고 번성하여 땅에 충만한 것은 출산에 국한된 것이 아니다. 하나님은 세상이 번성하여 충만하도록 인간에게 다스리라 명령하셨고 창조 세계의 다스림의 결과는 문화의 등장이다.

하나님의 창조 사역은 마침이 아니라 완성을 예견하는 시작(신국원, 2005: 60)이었다. 하나님은 이것을 인간에게 맡기셨다. 에덴동산에서 쉼이 아니라 에덴동산에서 일을 통해 에덴동산은 발전되고 문화가 등장하여 인간의 역사가 끝나고 영원한 나라는 더는 동산이 아닌 성이 되어 있는 이유이다. 요한계시록에 기록된, 요한이 환상 중에 본 '새 예루살렘 성'은 현대의 기준으로는 과거의 모습이라 생각할 수 있지만 현대의 문화가 없는 과거로 회귀한 상태를 묘사한 것이 아니다. 요한은 지금보다 더 발전된 먼 미래의 도시(Romanowski, 정혁현 역, 2004 참고)를 환상 중에 보고 있으나 그 시대에 현대 혹은 미래의 언어를 사용할 수 없기 때문에 자신의 시대에 가장 발전되고 큰 건물을 일컫는 '성'으로 표현했을 것이다. 요한의 시대에 빌딩, 우주선, 고속열차 등의 단어가 있을리 만무하지 않은가. 이것은 새 예루살렘 성이 현대문명이 없는 과거의 모습을 묘사한 것이 아니라 현대보다 훨씬 발전되어 있는 것을 묘사한 것으로 해석되어야 한다. 성경의 저자들은 동산에서 삶이 아니라 도시에서 삶을 우리의 궁극적 운명으로 그리고 있다(Wolterstorff, 홍병룡 역, 2007: 270).

성경적 인간관의 핵심은 '인간은 하나님의 창조세계를 다스리는 자'이다. 하나님의 창조세계는 완성을 예견한 시작이라는 것, 인간은 창조 세계를 다스리는 책임 있는 존재라는 관점, 이 세상은 다스림으로 더 다양하고 복잡한 문화를 만들어간다는 것은 교육목적 설정의 기준이 된다.

5. 기독교교육의 목적

하나님의 창조세계를 다스리기 위해 하나님의 형상대로 창조된 인간은 이 세상을 하나님의 말씀대로 다스리는 상태가 존재 의미에 가장 합당한 상태이며 이러한 상태를 하나님을 찬송하는 것이고 하나님의 영광을 드러내는 상태라 할 수 있다. 기독교교육의 목적에 대한 다양한 관점은 이러한 인간관에 기초하고 있는데 몇 가지 견해는 다음과 같다.

기독교교육학자인 존 반 다이크는 기독교교육의 목적을 '제자도'에 두었다(Van Dyk, 박상호 역, 2012 참고). 그에 의하면 기독교적 가르침은 본을 보이고 격려하며 좋은 환경을 제공하고 회복의 삶으로 안내하여 하나님의 멋진 창조세계와 타락 및 구속의 의미를 가르치고 서로 섬기는 학급 분위기를 조성하여 주님의 제자가 되게 하는 것이다. 제자도란 분명한 선을 갖춘, 쉽게 구별되는 종류의 것은 아니지만, 교육목적으로 제자도는 하나님의 새롭게 하시는 능력을 보이기 위한 통로로 쓰임 받는 삶으로 새롭게 회복시키기 위한 사역에 동참하는 것을 말한다. 따라서 완전한 제자도는 이 세상에서 하나님의 영광을 위해 창조된 인간이 제 몫을 다하는 것이다. 이러한 삶은 들음과 행함으로 구성되기 때문에 학습자를 하나님의 창조세계로 안내하고, 그 세계의 상태를 펼쳐보이고 그 세계에서 제자도를 가능케 하는 것이 교육활동이다. 따라서 기독교교육의 목적은 섬기는 제자도를 인식하는 것이며, 학생들을 섬길 수 있는 인재로 준비시키는 것이다.

제네바 대학의 교수이자 기독교 세계관과 학문적 소명에 관한 연구를 하는 도널드 오피츠는 교육의 목적을 신실함에 두고 있다(Opitz & Melleby, 이지혜 역, 2014 참고). 오피츠가 명시적으로 기독교교육의 목적을 제시하고 있지는 않지만 그리스도인 학생들, 특히 고등학교 졸업을 앞두고 있거나 이제 막 대학에 입학한 새내기를 위한 그의 책을 통해 볼 때 대학에서 공부하는 목적을 학문적 신실함을 강조하며 그리스도인의 삶이 학문적 신실함보다 훨씬 포괄적이라 강조한다. 삶의 모든 영역은 그리스도의 주 되심 아래 있기에 신실함은 삶의 모든 측면에서 드러나야 하는데 존 반 다이크와 동일하게 이것이 제자도라고 한다. 학문적 신실함이라는 제자도의 한 측면을 개발하기 시작하면 삶이 다른 영역에서도 신실함을 더 깊이 있게 추구할 수 있다는 견해에서 오피츠는 기독교교육의 목적을 교육을 통한 삶의 전 영역을 신실함으로 인도하는 것이라 유추해 볼 수 있다.

기독교철학자이자 교육자인 니콜라스 월터스톨프는 기독교교육의 목적을 좀 더 구체적으로 제시하고 있다. 그는 우리가 교육하는 삶은 기독교 문화와 씨름하는 삶인 동시에 샬롬이 없는 세상에서 정의를 추구하고 자비를 보여주는 삶이어야 한다고 강조한다. 이것은 기독교교육의 두 가지 차원인 발전의 과업과 실질적인 고통을 해결할 수 있는 치유의 과업이다. 이러한 관점에서 월터스톨프는 기독교교육의 목적을 책임성 있는 행동을 위한 교육, 감사를 위한 교육, 그리고 샬롬을 위한 교육으로 정의한다(소진희, 강연정, 2013 참고).

책임성 있는 행동을 위한 교육: 인간은 본질적으로 하나님의 형상으로 창조되었으며 하나님은 오직 인간에게만 생육하고 번성하여 땅에 충만하라, 땅을 정복하라는 명령을 내렸다. 이 명령에 내포된 의미는 하나님의 모든 창조물 중 책임감 있는 존재는 유일무이한 인간이라는 것이다. 이러한 인간에게 필요한 것은 모든 하나님의 명령에 대한 책임 의식을 가지는 것이다. 창조세계에 대해 책임감을 가진다는 것은 예술, 과학, 기술, 공예 등 삶의 모든 영역에서 정당한 성취감을 향유함과 동시에 모든 문화 발전에서 나타나는 타락의 심각성에 대해서 분명한 감각을 가지고 그리스도의 이름으로 회복과 변혁을 위한 구속적 활동을 수행할 수 있어야 한다는 것이다(소진희, 2006, 118).

감사를 위한 교육: 기독교교육이 길러내고자 하는 인간은 감사하는 존재 (Wolterstorff, 2002, 267)이다. 감사는 그리스도인이라는 존재와 삶의 방식의 가장 기초에 놓여있어야 하며 여기서부터 모든 것이 흘러나와야 한다. 책임성 있는 행동을 위한 교육목적이 법과 명령, 책임과 의무, 그리고 순종 등과

같은 삶의 차원을 반영한다면, 감사를 위한 교육은 기쁨과 즐거움, 번성, 그리고 평안 등과 같은 차원을 반영한다. 개혁주의 전통에서 문화 명령을 단순히 명령이 아닌 하나님의 축복으로 인식한 월터스톨프는 하나님의 명령에 대한 인간의 순종을 강조하는 교육보다는 하나님의 축복에 대한 인간의 감사를 가르치는 교육으로 나아가야 함을 주장한다. 그리스도인의 신앙의 표현으로 순종은 하나님의 명령에 대한 순종이라기보다는 하나님의 은혜에 대한 감사로써 순종이어야 한다. 즉 감사가 순종의 행위라기보다는 순종이 감사를 표현하는 행위이며, 따라서 교육은 이 순서가 뒤바뀌도록 가르쳐서는 안 되는 것이다. 여기서 감사의 개념은 절대적인 것이지, 상대적인 것이 아니다. 당면한 현실에 만족함으로 감사가 아니라, 궁극적인 하나님의 축복과 인도하심에, 소망할 수 없을 때에도, 절망 가운데서도 결국 축복으로 인도하시는 하나님의 계획과 사랑하심에 감사하는 삶, 진정한 하나님 은혜에 대한 감사로써 순종은 그리 아니 하실지라도 그때도 감사하는 것이다.

샬롬을 위한 교육: 우리가 사는 세상은 하나님이 통치하고 계신 하나님의 나라이다. 하나님께서 자신의 나라를 통치하시는 원리는 샬롬(Wolterstorff, 1987, 72)이며, 인간의 기본적인 소명은 샬롬으로 부르심이다. 인간이 본질적으로 하나님의 형상으로 창조되었으며 하나님의 축복에 감사하는 존재인 것은 결국 샬롬으로 부르심에 신실히 응답하는 것으로 드러난다. 평화는 이 세상 속에서 일하는 하나님의 이유이며, 우리 인간의 소명이다. 그리스도의 제자는 압제와 고통이 있는 사회구조를 샬롬이 넘치는 사회구조로 바꾸도록 명령 받았으며 이것을 책임감을 가지고 순종적으로 수행해 나가야 한다. 고전적 신칼뱅주의자들의 이해방식에는 정의를 위한 투쟁의 중요성에 대한 인식이 없으며, 기쁨과 환희에 대한 인식이 거의 없다고 지적한 월터스톨프는 하나님 나라의 삶에 대한 우리의 관점을 확대하여 부정의를 향한 투쟁과 하나님의 선하심이 나타나는 모든 것에 대한 축제적 기쁨을 포함하여야 한다면,

이 모든 것을 결합시킬 수 있어야 한다고 말한다. 이 모든 것의 결합은 바로 이 세상에서 하나님의 사명과 우리의 사명을 파악하는 가장 중요한 개념인 샬롬이라는 것이다.

요컨대, 월터스톨프는 교육은 믿음을 지키는 것이라고 주장하면서 그것은 하나님을 기억하고, 기대하고, 주의를 기울이는 것이라고 한다. 그러나 하나님을 기억하고, 기대하고, 주의를 기울이기 위해서는 하나님이 누구이며 그의 목적이 무엇인지 알아야 하는데 월터스톨프는 그것을 샬롬을 내용으로 하는 하나님의 통치가 있는 왕국의 건설이라는 것이다. 이를 위해 믿음을 지키는 교육, 즉 책임성 있는 교육과 감사의 교육과 함께 샬롬의 교육을 말한다.

나는 기독교교육의 목적을 '소명에 응답하는 교육'이라 정의한다. 인간은 분명한 목적을 가지고 창조되었고 그 목적은 하나님이 창조세계를 다스리는 것이다. 인간을 만드신 목적, 즉 창조세계를 다스리라는 부르심에 응답하는 인간으로 형성하는 것이 교육이다. 소명에 응답하는 교육을 위해서는 창조세계의 범위와 소명에 대한 이해가 전제되어야 한다.

소명으로서 신분: 하나님의 창조세계는 특정한 시간 혹은 특정한 장소에 국한된 그 무엇이 아닌 사적 영역에서부터 공적 영역까지, 모든 세계와 세계를 경작한 결과인 모든 문화-정신문화, 물질문화, 대중문화 등-까지 포함한다. 보이는 것과 보이지 않는 것 중 하나님의 것이 아닌 것은 없다. 그렇다면 모든 상황 모든 시간에서 하나님의 세계를 다스리는 것은 어떻게 가능한가? 인간에게 주어진 신분은 그것을 가능하게 한다. 모든 것이 그리스도의 주 되심 아래 있다는 것은 '우연히' 혹은 '어쩌다'를 거부한다. 어느 가정에 태어나서 누군가의 자녀가 된 것이 아니라 자녀로 부르셔서 누군가의 자녀 된 것이다. 공부를 하니까 학생이 아니라 학생으로 부르셔서 공부할 수 있는 환경에 태어난 것이다. 자녀이든 학생이든 인간에게 주어진 신분은 어쩌다 된 것이 아닌, 그곳을 다스리는 자로 부르신 소명이기에 자녀의 영역을, 학생의 영

역을 하나님의 방법대로 다스려야 한다. 누군가의 어머니라는 신분은 자녀양육의 영역이 하나님이 통치하는 영역이 되도록 다스리라고 부르신 소명이다. 학생들의 선생님이라는 신분도 학교라는 기관과 교육이라는 영역에 하나님의 통치가 임하도록 다스리도록 부르신 소명이다.

소명에 응답하는 교육: 창조세계를 다스리도록 부르심 바 되었다는 것은 인간 삶의 모든 영역에서 순종해야 하는 전 생애에 걸친 임무이다. 기독교교육이란 그곳이 어디이든 자신에게 주어진 모든 시간과 상황을 다스리도록 부르신 부르심에 응답하는 인간으로 형성하는 것이다. 인간이 개현해야 하는 세계는 어느 한 영역에 국한될 수 없고 직업이나 특정한 상황에만 국한될 수도 없다. 따라서 기독교교육은 현재 주어진 하나님의 창조세계를 다스릴 수 있도록 함과 동시에 이후에 주어질 영역을 다스리기 위해 준비시키는 것을 포함한다. 이를 통해 볼 때 교육은 현재와 미래에 하나님의 부르심에 응답하는 인간을 형성하는 활동이다. 예컨대, 대학생으로 어느 한 분야를 전공한다는 것은 현재 대학생으로서 공부하는 목적에 하나님의 통치가 임하도록 해야 하고, 미래에 전공영역을 하나님의 통치가 임하도록 다스리기 위해 전문지식을 신실하게 연구해야 한다.

6. 나가며

교육활동의 전제이며 전 교육활동을 이끄는 교육목적은 교육의 방향을 결정하며 교육의 결과를 평가한다. 이러한 교육목적은 교육의 대상인 인간관에 지대한 영향을 받는다. 기독교는 인간을 목적을 가지고 피조된 존재로 인식하며, 그 목적은 하나님의 창조세계를 다스리는 것이다. 이러한 인간 이해에 근거하여 기독교학자나 기독교철학자는 저마다 기독교교육의 목적을 선정한다. 명시적으로 진술하는 교육목적은 차이가 있는 듯하지만 그 저변에는 성경적 인간관에 근거하고 있음은 명백하다.

기독교교육은 학습자를 하나님의 부르심에 응답하는 자로 교육하는 것이다. 이러한 교육을 위해서는 신분을 소명으로 인식하는 것이 필요하다. 신분을 소명으로 인식하는 것은 모든 신분은 모두 중요하고 의미 있음을 내포한다. 어떤 신분은 자신의 가치를 반영하는 것이고 어떤 신분은 자신의 가치를 쇠퇴시킨다는 인본주의적 발상을 교정해 준다. 자녀라는 소명과 학생이라는 소명에 신실하게 응답하는 청소년을 상상해 보라. 어머니라는 소명에 감사함으로 반응하는 여성을 상상해 보라. 교육 영역에 부르신 바 된 자라는 인식이 있는 교사를 상상해 보라. 하나님의 부르심에 신실하게 응답하는 사람이 있는 모든 문화를 상상해 보라.

존재하는 모든 것, 보이는 것과 보이지 않는 모든 세계가 하나님의 세계라는 사실은 생의 전 영역에 다스려야 할 영역이 있으며 그 영역으로 하나님은 인간을 부르신다. 기독교교육을 통해 형성하고자 하는 인간은 전 생애에 걸쳐 그 부르심에 감사함으로 신실하게 응답하는 존재이다.

참고문헌

소진희(2006). 파울로 프레이리와 니콜라스 월터스톨프의 정의교육 사상 비교 연구. 미출판 박사학위 논문. 고신대학교 대학원.

소진희, 강연정(2013). 기독교교육에서의 교육평가에 관한 한 연구-Nicholas Wolterstorff의 기독교교육 사상을 중심으로. 기독교교육논총 33. 1-29.

소진희(2019). HERE and NOW-학문 소명 진로. 부산: ReEd.

신국원(2006). 니고데모의 안경. 서울: IVP.

Berkhof, L. & Van Til, C.(2017). 개혁주의 교육학(Foundations of Christian Education: Addresses to Christian Teachers)(이경섭 역). 서울: 개혁주의신학사.

Blomberg, D.(1980). If life is religion, can school be neutral? Journal of Christian

Education Papers 67. 5-11.

Edlin, R. J.(2009). 기독교교육의 기초(The cause of Christian education)(기독교학문연구 회 교육학분과 역). 서울: 그리심.

Kalsbeek, L.(1995). 기독교인의 세계관(Contours of a Christian philosophy)(황영철 역). 서울: 성광문화사.

Kuyler, K.(2020). 아브라함 카이퍼의 영역주권(Souvereiniteit in eigen kring)(박태현 역). 군포: 다함.

Opitz, D.·Melleby, D.(2014). 공부하는 그리스도인(The Outrageous Idea of Academic Faithfulness, The: A Guide for Students)(이지혜 역). 서울: IVP.

Plantinga, A.(2015). Knowledge and Christian Belief. Mi: Eerdmans Publishing Co..

Smith, D. I.(2018). On Christian Teaching. Mi: Wm B. Eerdmans Publishing Co..

Smith, J. K. A.(2009). Desiring the Kingdom. Mi: Baker Academic.

Smith, J. K. A.(2013). Imagining the Kingdom. Mi: Baker Academic.

Van Dyk, J. V.(2012). 기독교적 가르침, 그게 뭔가요?(Letters to Lisa)(박상호 역). 서울: 교육과학사.

Wayne, I.(2017). Education: Does God Have an Opinion?. Master Books.

Wolterstorff, N. P.(1987). Until Justice and Peace Embrace. Mi: Eerdmans Publishing Co.

Wolterstorff, N. P.(2002). Educating for life. Mi: Baker Academy.

제5장

기독교 교육과정의 과정론[1]

이기룡(총회교육원, 고신대학교)

1. 들어가며

현대교육에 있어 교육과정은 매우 중요하다. 왜냐하면 교육과정이 없이는 어떠한 교육도 일어날 수 없기 때문이다. 이는 미션스쿨이나 교회학교 현장에서 이루어지고 있는 기독교교육에도 동일하게 적용되며 더 중요하기도 하다. 그러나 실상 "교육과정이란 무엇인가?"라는 질문에 대해 "바로 이것이 교육과정이다"라고 주장할 만큼 뚜렷한 개념이 정립되어 있지 않다. 교육과정의 개념은 학자들마다 다르게 정의할 정도로 다양성을 띄고 있기 때문이다. 한 사람의 교육과정 전문 학자조차도 경우에 따라 그 의미를 달리하고 있다. 예컨대, 지식과 문화에 대해 논의할 때는 교육과정을 '교과'로, 광범위한 활동을 다룰 때는 '경험'으로, 교육과정을 개발을 다룰 때는 '계획안'으로, 교육과정 평가에서는 '결과'로, 어디까지나 연구자의 편의에 따라 그 의미를 다르게 사용하고 있다. 그 외에도 교육과정의 개념을 학습 프로그램, 코스(과정)의

---

1. 이 글은 이기룡 「교회학교 교사교육 비교분석 및 교사양성 교육과정 개발」(2015) 고신대학교 일반대학원 박사 논문의 일부를 발췌하여 증보한 글이다.

내용, 계획된 학습경험, 학교의 지도하에 학생들이 갖는 경험, 의도된 학습결과 등 매우 다양하게 표현한다(Zais, 1976).

이처럼 교육과정 분야에서 그 개념체계가 확립되기 어려운 이유는 여러 가지가 있지만[2] 이 글에서는 교육과정 연구자인 지로(Herry A. Giroux)가 「Curriculum and Instruction」에서 제시한 교육과정 연구의 세 가지 변화의 단계 즉 전통주의적 입장, 개념-경험주의적 입장, 재개념주의적 입장을 기본 개념으로 살펴보고자 한다. 다시 말해 교육과정을 첫째, 수업을 위한 사전의 계획된 문서 교과목으로 보는 개념, 둘째, 학습 경험 혹은 의도된 학습 결과로 보는 개념, 셋째, 교사와 학습자 그리고 교육과정 참여자들의 관계 속에서 생성되는 삶의 한 형식이라는 개념을 토대로 논의하려고 한다(손원영, 2005).

더 나아가 세 가지 입장에서의 교육과정이 기독교 교육과정에 어떤 영향을 미쳤는지 중요학자들을 중심으로 논의하고자 한다. 그리고 이를 통해 궁극적으로 기독교교육학도로서 우리가 지향해야하는 기독교교육과정이 무엇인가를 살펴보고자 한다.

2. 일반 교육과정

일반 교육학에서 교육과정에 대한 학문적 연구와 논의는 20세기 초 보비트(Franklin Bobbit)의 두 권의 저서 The Curriculum(1918), How to Make a Curriculum(1923) 그리고 차터스(W. W Chaters)의 저서 Curriculum

---

2. 고용수는 이러한 교육과정 분야에서 그 개념체계가 확립되기 어려운 이유를 네 가지로 보았다. 이를 간략히 요약하면 다음과 같다. 첫째는 교육과정 관계자들이 실제 지향적 사고방식에 기인한다는 것이고 둘째는 '교육과정'이라는 말 자체의 개념적인 문제라는 것이다. 그리고 셋째는 근본적으로 교육을 보는 시각, 인간과 지식 그리고 사회를 보는 시각, 즉 사물을 보는 철학적 견해의 차이에서 오기 때문이며 넷째는 교육자의 피교육자의 개념도 학자에 따라 차이가 있기 때문으로 보았다.

*Construction*이 출판되면서 시작되었다. 그리고 이후 오늘날까지 교육학에서 교육과정에 대한 연구는 수많은 학자들과 연구자들에 의해 다양한 관점에서 논의가 진행이 되고 있다. 그러나 여기에서는 앞서 언급한 것과 같이 지로(Herry A. Giroux)가 분류한 전통주의적(Traditionalists) 교육과정, 개념-경험주의(Conceptual-Empiricism)적 교육과정, 재개념주의(Reconceptualism)적 교육과정으로 나누어 살펴보고자 한다.

2.1. 전통주의적(Traditionalists) 교육과정

교육과정이 교육학의 전문적인 연구 분야의 하나로 등장한 것은 앞서 언급한 대로 1918년 보비트(F. Bobbitt)의 *The Curriculum*이 출판된 이후로 알려져 있다. 보비트의 책이 출간되기 이전에는 교육과정에 대한 관심은 거의 '교과를 가르치는 일'에 관련된 '교수요목(敎授要目)'에 국한되어 있었다(고용수, 2005). 보비트는 일반기업의 경영원리를 교육과정의 기본적 구성 원리로 받아들였고, 학교교육의 효과를 증대시키기 위해서는 무엇보다도 교육과정이 체계적으로 구성되고, 조직되어야 하다고 주장하였다(이성호, 1999).

이러한 교육과정 원리에 관한 보비트의 주장은, 30여 년 뒤인 1949년 타일러(Tyler)에 의해서 구체적으로 실현되었다(Tyler, 1949). 타일러는 실제 과업이나 교육과정을 설명하려고 하기보다는 교육목적을 달성하기 위한 체제설계에 중점을 두었다. 체제는 다양한 사회적 구성요소와 인적자원으로 구성되며, 역동적 메커니즘 속에서 효과적으로 운영될 수 있도록 설계되어야 한다(고용수, 2005)고 주장하였다.

그러므로 타일러는 교육과정이란 교육 프로그램에 대한 일련의 계획을 의미하며, 교육과정 개발은 교육목표의 규명, 학습경험의 선정과 조직, 교육 프로그램의 평가 등으로 구성되는 교육 프로그램에 대한 체제적 계획의 개발을 의미하는 것이라고 말했다(Tyler, 1949).

타일러는 그의 저서 *Basic Principles of Curriculum and Instruction*을 통해 교육과정의 체계성을 지향하는 새로운 이론을 제시하였다. 타일러를 중심으로 한 전통주의자들이 연구한 교육과정의 구성 원리는 첫째, 교육목적과 구체적인 교육목표의 설정, 둘째, 목표의 성취를 위한 교육내용(학습경험) 선정, 셋째, 교육내용(학습경험) 조직 즉 효과적인 가르침을 위한 기준으로 연속성과 통합성 선정, 넷째, 교육과정의 평가라고 하는 4단계로 요약할 수 있다.[3] 이러한 전통주의 교육과정의 대표적인 학자들은 Hilda Taba, J. G. Saylor, W. M. Alexander, W. W. Charters 등이 있다.

요약하자면 전통주의 학파는 교육과정의 개념을 학습자가 이수해야 할 교과목으로 정의하는 20세기 이전의 입장을 비판하고, 주로 교육과정의 체계적 구성과 조직에 대한 기본적인 '이론'을 제시하면서 교육과정의 개념을 수업을 위한 문서화된 "계획"(plan)으로 정의하고 있다(Zais, 1976). 즉 전통주의 학자들은 교육과정의 개발과 실천이 마치 공장에서 생산품 향상을 위한 노력과 같다고 주장하면서, 표준화된 행동(규범적 행동)의 변화를 교육의 목표로 삼고 있다. 이들은 교육과정 이론자체를 개발하려는 관심보다는 학교교육의 당면 문제를 효과적으로 개선하기 위한 방안이나 원리를 개발하는 데 치중했다(고용수, 2005). 전통주의적 교육과정을 도식화하면 다음과 같다.

---

3. 이를 보다 더 구체적으로 이야기를 한다면 다음과 같다. 첫째, 학교교육에서 추구해야 할 구체적인 목표를 설정한다. 둘째, 그 목표의 실현을 위해 학습자들에게 제공될 교육내용을 선정한다. 셋째, 선정된 교육내용이나 학습경험을 체계적으로 구성하고 조직하는 데 필요한 교육내용의 선정원리 및 조직 원리를 결정한다. 넷째, 교육목표가 적절하게 성취되었는지 여부를 확인할 수 있는 평가방법을 발견한다.

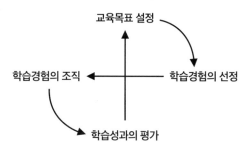

[그림 V-1] Tyler의 교육과정 모형[4]

교육목표 설정

학습경험의 조직 ← 학습경험의 선정

학습성과의 평가

2.2. 개념-경험주의(Conceptual-Empiricism)적 교육과정

1960년대로 들어서면서 교육과정은 전문적이고 기술적인 언어가 분명한 개념으로 정의되어야 한다는 입장과 교육과정의 구성과 조직은 검증된 사회과학적 경험을 근거로 마련되어야 한다는 경험론적 입장이 논의되었다. 이 두 입장을 개념-경험주의학파라 부르는데, 이는 분석적 교육철학 및 사회과학적 이론에 기초한 탐구방법에 의존하면서 경험적 검증과정을 통한 교육과정의 효율성 증대라는 방법론적 특징을 지닌 연구형태다(이성호, 1999). 개념-경험주의가 교육과정의 엄밀한 개념정의에 초점을 둔 이유는 교육과정이 구체적으로 무엇을 지칭하며, 어떠한 내용을 내포하는지를 명백히 규정하는 학문적 개념정의가 선행되어야만 교육내용의 선정과 조직이 가능할 수 있기 때문이었다.

교육과정이란 전통적으로 학교에서 가르치는 교과내용과 동일시되어 왔다. 그러나 브룸(Bloom), 뷰챔프(Beauchamp), 존슨(Johnson) 등과 같은 개념-경험주의 대표학자들은 새로운 교육과정의 개념정의를 시도하여, 교육과정의 선정과 조직에 관한 새로운 이론을 제시하였다(강희천, 1996). 그들에

---

4. 타일러가 강조한 네 가지 요소의 상관관계를 도식화하면 그림 2와 같다. 그는 교육목표 설정, 학습경험의 선정, 학습경험의 조직, 학습 성과의 평가를 강조하였다(고용수, 2005).

의하면, 교육과정이란 다음의 세 가지, 즉 첫째, 학습지도를 위한 문서화된 교수내용, 둘째, 계획된 학습경험, 셋째, 구조화된 일련의 의도적 학습결과 등으로 정의된다(강희천, 1999).

교육과정을 학교가 설정하는 전반적인 계획, 시행, 평가의 프로그램으로 본다는 점에서는 개념-경험주의와 전통주의는 유사하다(안병창, 2011). 그러나 개념-경험주의와 전통주의 사이에는 두 가지 차이점이 있다. 하나는 개념-경험주의는 교육과정 연구에 있어서, 학습자들에 의해 습득될 수 있는 학습결과를 먼저 설정하고 그 결과를 이끌어낼 수 있는 효과적인 교육내용을 사회과학적 검증과정을 통해 선정, 조직하는 구체적인 방법을 제시했다는 점이다. 다른 하나는 교육내용을 체계적으로 구성함에 있어 학습자의 능력을 인지적 능력, 정서적 능력, 심리 운동적 능력으로 세분화하고 그 '학습내용의 세분화'와 '학습능력의 세분화'를 병립시켜 놓은 뒤, 그 둘 사이를 적절하게 연결시키는 것이 효과적인 교육구성원리라고 본 점이다(강희천, 1999). 여기에 속한 대표적인 학자들은 B. S. Bloom, George A. Beauchamp, Maurits Johnson, Joseph J. Schwap 등이 있다.

요약하자면 개념-경험주의자들은 교육과정을 자연과학에서처럼 관찰과 실험이 가능한 연구대상으로 환원될 수 있다는 가정을 내세우면서, 과학적 교육과정 이론을 정립하는 데 주안점을 두었다. 또한 이들은 교육을 지식의 전달로 보기보다는 지식을 다루는 과정 자체로 볼 것을 주장하기 때문에, 학습방법에서도 자연히 이를 충족시킬 수 있는 탐구학습법이나 발견학습법 등을 강조하고 있다(고용수, 2005).

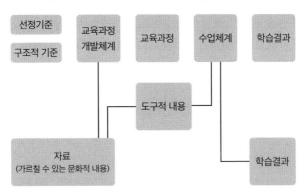

[그림 V-2] M. Johnson의 교육과정 체제 모형[5]

선정기준
구조적 기준
교육과정 개발체계
교육과정
수업체계
학습결과
도구적 내용
자료 (가르칠 수 있는 문화적 내용)
학습결과

2.3. 재개념주의(Reconceptualism)적 교육과정

재개념주의는 1973년 로체스터에서 개최된 교육과정 이론학회에 참여한 피나(Pinar), 그린(Greene), 애플(Apple), 휴브너(Huenbner) 등의 학자들을 통해 탄생했다(손원영, 2005). 재개념주의는 교육과정의 문제를 처방적 입장에서 연구했던 전통주의와 그를 실증적 차원에서 탐구하려 했던 개념-경험주의의 이념적 부적절성과 이론적 한계점을 지적하는 입장을 표명하기 시작하였다.

우선 재개념주의 연구에서 돋보이는 대표적 특징은 교육과정의 문제를 학교 바깥 사회와 연계성 아래서 파악하자는 것이었다(안병창, 2011). 곧 학교에서 전수하고 있는 지식, 문화 등은 보편적인 지식이나 비정치적인 성격의 문화자산이 아니라, 특정 계층이나 범주에 소속된 집단의 이익을 옹호하는 정치적 성격을 띠고 있다는 것이다(손원영, 2005). 다른 말로 하면, 재개념주의는 공교육 교육과정을 이미 주어진 불변의 것이 아니라, 특정한 상황 속에

---

5. M. Johnson은 교육과정 이론화에서 교육과정의 정의와 모형의 사용에 관한 깊이 있는 분석을 실시하였다. 그리고 교육과정은 교육과정 체제의 소산(output)이며, 수업체제의 투입(input)이라고 규정한다. 그가 제시하는 이러한 교육과정 모형은 개념-경험주의 교육과정에 있어 교육과정의 이론적 정의와 논리적 체제에 대한 특징을 잘 보여준다(송문규, 2013).

서 형성되어 온 지배계층의 이익과 관심이 반영되어 있다고 본다. 이러한 입장 때문에 재개념주의는 지배계급에 의해 형성된 교육내용, 이를테면 보편적 지식으로 간주되어 온 교육내용의 타당성에 대한 문제제기를 통해, 교육과정, 학교, 사회 간의 상호관계를 비판적으로 살펴보고자 했다(강희천, 1999). 대표적인 학자들은 Michael W. Apple, R. Bernstein, Henry A. Giroux, Anthony N. Penna, Wiliam F. Pinar, Dwayne Huebner, Maxxine Greene, Denis Lawton 등이 있다.

요약하면 재개념주의자들은 기존의 교육과정 연구가 제대로 이루어지지 않았다는 비판에서 출발한다. 이들은 이전에 전통주의자들이나 개념-경험주의자들이 간과되었던 분야를 새롭게 제시하는 한편, 다양한 연구방법을 채택하고 있다. 특히 교육과정과 관련된 이데올로기나 도덕적 쟁점을 분석하는 데 초점을 맞추었다(고용수, 1984).

[그림 V-3] D. Lawton의 교육과정 계획[6]

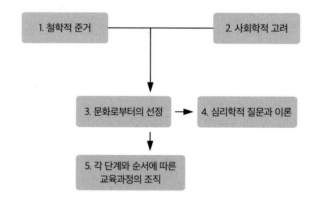

---

6. Denis Lawton이 제시하고 있는 교육과정 이론은 교과 내지 지식중심의 이론들을 모두 포괄하려는 종합적인 관점에서 교육과정 이론을 탐구한다. 이 이론의 초점은 학생이 학교를 떠나서 사회에 나가 성인의 상황에 처하게 되었을 때에 다른 사람이나 사건에 종속되거나 지배되지 않고 스스로 올바르게 대처할 수 있도록 자율성을 준비케 하는 것이다. 이러한 맥락에서 그가 제시하는 교육과정 계획 - 내용선택의 단계를 도식화하면 그림과 같다(송문규, 2013).

3. 기독교 교육과정

앞에서 살펴본 일반 교육과정의 전통주의적, 개념-경험주의적, 재개념적 교육과정은 이후 기독교 교육과정에도 많은 영향을 미쳤다. 이에 이러한 일반 교육과정이 기독교 교육과정에 어떠한 영향을 미쳤는지를 살펴보고자 한다.

3.1. 기독교 전통주의 교육과정

타일러에 의해서 체계화된 전통주의는 와이코프(Wyckoff)에 의해 기독교에 적용되었다. 프린스턴대학교 기독교 교육학과 교수였던 와이코프는 1959년에 출판된 그의 저서 *Theory and Design of Christian Curriculum*에서 교육과정의 체계적인 구성과 조직을 위해 제시된 타일러의 '4단계 교육과정의 구성과 조직원리'를 기독교 교육과정의 구성과 조직원리에 적용하였다. 와이코프는 기독교 교육과정의 구성을 위하여 기초훈련 분야를 일곱 가지로 규정했으며, 그 중에서 신학과 교회생활 및 봉사 두 분야만 기독교적인 분야이고 철학, 역사, 심리학, 사회학, 언론학 등 다섯 분야는 '인간탐구'에 관한 것이었다(Wyckoff, 김국환, 1998).

타일러의 4단계 이론을 기독교 교육과정의 구성 원리로 접목시킨 와이코프는 기독교 교육의 구체적인 목표 설정과 학습 내용의 구성을 위해서 고려해야 할 항목 중의 하나로 인간 행동의 발전적 과정을 포함시켰다(강희천, 1999). 와이코프는 인간행동의 발전적 측면에 관한 목표를 설정하기 위해 Hall과 Allport의 성격심리학 이론을 근거로 인간 성장의 모습을 진술한다거나, 혹은 인생주기를 중시하는 발달심리학 이론을 토대로 연령별로 세분화된 성숙의 형태를 진술함으로써, 기독교 교육과정에 관한 기존의 연구 형태에서는 찾아볼 수 없었던 이론적 근거를 제시했다.

뿐만 아니라 와이코프는 기독교적 사회운동의 필요성을 사회학 이론에 입각하여 설명하려 했으며, 더 나아가 기독교 신앙을 가진 개인과 집단 사이에서 생겨나는 인지적, 정서적, 행동적 상호작용의 영향력을 분석하고, 그와 같은 상호작용적 효과를 기독교 교육의 현장에서 증진시키기 위하여 언론학의 이론을 기독교교육에서 '목표설정'의 기초자료로 포함시켜야 한다고 주장하였다(Wyckoff, 김국환, 1998).

신정통주의 신학적 기반 위에서 기독교 교육과정 이론을 정립했던 와이코프는 교회교육의 목적, 교회교육의 과제, 교회교육의 내용을 규명할 때에는 하나님의 은총, 복음으로서 하나님 말씀, 예배, 선교 및 신앙성숙 등을 최우선적으로 강조했다. 이것은 일반학교 교육과정의 이론에 관한 전통주의학파의 이론을 부분적으로 차용하여 기독교 교육과정의 구성 원리로 제시하려고 했던 것으로 볼 수 있다(강희천, 1996).

와이코프는 교육과정 구성요소로 목적(Purpose), 범위(Scope), 과정(Process), 현장(Context), 조직원리(Organizing principle)를 제시하였다. 조금 더 상세하게 설명하면 아래와 같다.

첫째, 와이코프는 교육목적(Purpose)을 명백히 규정해야 한다고 주장한다. 목적은 교육과정의 전반적인 방향성과 통일성을 제공한다. 와이코프가 제시한 교육목적은 '인식'과 '반응'이다. 기독교 교육과정은 학습자가 계시와 복음을 인식하고, 그 인식에 대한 신앙과 사랑으로 반응하는 것을 목적으로 하여한 한다고 주장한다(Wyckoff, 김국환, 1998).

둘째, 와이코프가 말한 범위는 교육과정의 실질적인 내용을 의미하는데, 기독교교육은 그리스도 안에 있는 개인들의 공동체가 예배하고, 증거하며, 사역하는 곳에서 발생한다고 보았다. 와이코프가 제시하는 교육내용의 범위는 하나님(성부, 성자, 성령), 인간, 자연(우주), 역사(사회)의 네 가지 영역이었다(Wyckoff, 김국환, 1998).

셋째, 와이코프는 교수-학습과정이란 학습자를 신앙공동체로 초대하는 것

이며, 학습자가 기독교 공동체의 생활과 사역에 참여하게 하는 과정이라고 보았다.[7]

넷째, 와이코프는 교육현장에서 성경, 교리, 기독교적 삶, 교회생활, 봉사에 관한 학습이 진행된다고 하였다. 기독교교육의 현장은 교회학교, 교회기관, 가정, 놀이집단, 청년집단, 방학을 이용한 교회활동 등을 말한다. 이러한 장소에서 학습자와 환경 간에 상호작용이 있을 때 기독교교육이 이루어진다고 하였다.

다섯째, 와이코프는 교육과정의 조직 원리로 상황, 영역, 목적, 구성 원리, 구성매체 사이에 일관성이 있어야 한다는 것과 교육현장, 방법, 개인차, 지역사회 차이, 문화적 차이를 고려하는 융통성이 전제되어야 한다고 했다.[8]

2) 기독교 개념-경험주의 교육과정

컬리(Cully)는 교육과정에 관한 개념-경험주의 입장을 기독교 교육과정에 관한 연구로 발전시켰다. 그는 *Planning and Selecting Curriculum in Christian Education*에서 교수-학습 과정의 본질이란, 기독교 교육의 현장이나 일반 학교교육의 현장이나 관계없이 '경험'의 반복과 '강화'라고 전제하고, 기독교 교육과정의 계획과 선정에 관한 입장을 제시했다(Cully, 1983).

이런 기본 전제 위에서 컬리는 효율적인 기독교 교육과정의 구성을 제안

---

7. 학습과정의 내용은 다섯 가지로 요약할 수 있다. 첫째, 학습자는 공동체의 예배에 참여함으로써 교훈을 받고, 참회, 생각, 헌신한다. 둘째 학습자는 증거, 봉사, 사회 참여 속에 활동하는 공동체에 참여한다. 셋째, 학습자는 공동체의 음악, 문화, 드라마, 조각 등을 창조적으로 표현하는 활동에 참여한다. 넷째, 학습자는 사랑이 있는 공동체 안으로 참여한다. 다섯째, 학습자는 청지기직을 실천하는 공동체에 참여한다.
8. 와이코프는 세 가지 조직원리를 기독교 교육과정을 위한 지침으로 제시한다. 첫째, 교육과정 안에서 행해지는 모든 것이 학습자의 정신세계, 마음, 그리고 영혼에서 일어나는 경험과 관심이어야 한다. 둘째 학습자의 변화하고자 하는 욕구를 충족시키고, 그 경험을 통하여 학습자가 성장하도록 기독교교육이 지속되어야 한다. 셋째, 이 모든 경험이 응답되어지게 하는 것이 복음이라는 것을 분명히 하여야 한다는 것이다.

했는데, 그것은 다음에 세 요소 즉 '교육환경'[9], '교육시간'[10], '참여자의 연령'[11]에 관한 구체적인 분석 위에서 수립된 경험과 과학적 교육과정이다. 즉 이 세 항목에 관한 사회과학적인 이론과 그 이론을 수용했을 때 기대할 수 있는 교수-학습과정의 효율성을 검증하는 맥락에서 기독교 교육과정의 자료가 선정되고, 조직되어야 한다고 컬리는 주장했다(Cully, 1983). 측정 가능한 '교육목표의 수립'과 그 목표성취 여부에 대한 '평가'라는 두 가지 과업 사이를 가장 효율적으로 연결시키는 행동과학적 수행과정을 교육내용의 선정, 조직과정으로 동일시했다는 점에서 개념-경험주의의 특성을 지니고 있다.

전통주의 입장에 있던 와이코프의 경우에는 교회학교 공과 책과 그 책을 사용하는 학습자 사이에서 긍정적 혹은 부정적 영향력을 발휘할 수 있는 제3의 요소로서 교사만을 전제했음에 반해, 컬리는 교사 이외에도 여러 가지 개연성 있는 제3의 요소들을 제시했다. 아무리 학습자들의 교육환경, 교육기간 및 연령의 차이를 충분히 고려하여 바람직한 교회교육용 공과 책을 출판하고 사용하려고 계획하더라도, 그 책에 관한 출판 계획으로부터 시작하여 학습자가 사용하기까지의 전체 과정에 관련되어 있는 여러 부류의 사람들에 의해 실제적 효율성은 달라질 수 있다는 것이다(강희천, 1999).

개념-경험주의자들은 교육과정의 엄밀한 학문적 개념 정의와 학습 경험과정의 연계성이 학습의 효율성에 크게 기여한다고 주장한다. 이들의 교육과정 입장을 기독교 교육과정에 접목시킨 컬리는 '교육환경', '교육시간', '참여자의 연령'에 관한 구체적인 분석을 통하여 수립된 경험 과학적 교육과정을 주

---

9. 여기서 말하는 교육환경이란 학습자의 다양한 학습능력이나 학습동기를 포함한 제반 상황을 총칭하는 것이다.
10. 여기서 말하는 교육기간이란 효율적인 교육내용의 구성과 조직을 위해 미리 조사되어야 할 교회학교의 분반 공부 시간, 1년 즉 52주 단위로 구성되는 전체 수업시간, 그리고 3년 내지 6년 단위로 조직되는 총 교수-학습 시간을 가리킨다.
11. 여기서 말하는 참여자의 연령이란 인지, 정서, 행동적 측면의 변화와 발달과정을 반영한 학습자의 연령을 말한다.

장하여 전통주의와 차별화하였다. 그러므로 개념-경험주의는 기독교 교육에 도움을 주는 시각은 반드시 복음적이어야 하고 교회 전통을 중요시 해야만 한다는 시각에서 벗어나, 비신앙적이라고 생각할 수 있는 사회과학적 시도와 자연 과학적인 방법에도 눈을 돌려 경험론적 교육과정에 적용할 수 있게 하였다(안병창, 2011).

3.3. 기독교 재개념주의 교육과정

강희천(1999)에 의하면 기독교 교육과정에서 재개념주의를 제시한 사람은 예일대학교의 기독교 교육학자인 휴브너(Huenbner)다. 휴브너는 미국 종교교육학회지 「*Religious Education*」(1982)에서 문화적 자산으로 축적되고 분배되는 성격의 교육과정에 관한 재개념주의적 해석을 주장하였다. 그는 "의미 있고, 가치 있다고 여겨지는 것"으로 인간 사회에서 전수되고 있는 전통이란 대부분의 경우 '역사적인 것'이기 때문에 그 '의미와 가치'는 지속적으로 재해석되고 재구성될 필요가 있다고 보았다. 휴브너는 무엇보다 전통의 역동적 특성을 강조함으로써 기독교회에 전수되고 있는 전통적 교육내용에 관한 비판적 성찰의 필요성을 강조했다.

특히 그는 '제도적 통제'를 통하여 선정되어 온 전통적 교육내용 중에는 당대의 정치·경제적 이념은 물론, 사회·문화적 가치관이 반영되어 있기 때문에, 만일 그 같은 이념이나 가치관에 대한 비판적 분석이 시도되지 않는다면, 비록 의도적이 아닌 것이라 할지라도 비기독교적 교육 내용이 함께 전수될 수 있음을 지적했다. 이 같은 기본 전제 위에서 휴브너는 기독교 교육과정과 밀접하게 연계되어 있는 '통제'(control)와 '권력'(power)의 영향에 관심을 두면서, 기존의 교육과정에 관한 '비판적 성찰과 재개념화'의 필요성을 강조했다(양희만, 2001).

휴브너는 구체적으로 '언어'(language) 속에 잠재되어 있는 규범적인 삶의 방식 그리고 다양한 '의사소통'(communication)의 형태와 더불어 형성되어 온 '해석'(interpretation)의 유형에 관한 성찰의 필요성을 지적했다. 그는 교육 내용을 소개될 '전통' 그 자체와 그에 대한 학습자들에게 주어져야 한다고 보았고, 그 '전통'에 대한 학습자들의 '의미파악'이나 '전통을 변형시킬 수 있는 가능성'과 관련된 활동을 가리켜 '해석적(hermeneutical) 행위라고 지칭했다(강희천, 1999).

이처럼 교육에 대한 휴브너의 중점은 해석학에 있다. 휴브너의 사상을 요약하면 교육적 행위는 대부분의 경우 해석적 행위이며, 그러므로 전통적 교육과정 역시 비판적 해석의 대상이 되어야 한다는 것이다. 그리고 이러한 해석학적 접근은 기독교 교육과정의 재구성이라는 시도를 사회변혁적 차원과 전통에 대한 비판적 해석이라는 측면에서 더 나은 기독교 교육과정의 구성 가능성을 제시했다는 점에 의의를 둘 수 있다.

4. 기독교 교육과정의 지향점

앞서 살펴본바 대로 일반 교육과정이나 기독교 교육과정이나 공통된 요소들을 가지고 있음을 알 수 있다. 파즈미뇨(2002)는 이를 다섯 가지 정의로 요약한다. 첫째, 교육과정은 학생들이 이용할 수 있도록 만든 내용이다. 둘째, 교육과정은 학생들을 위해 계획되고 인내하는 학습 경험들이다. 셋째, 교육과정은 학생 혹은 학습참여자의 실제적인 경험들이다. 넷째, 교육과정은 일반적으로 학습을 위한 자료와 경험을 포함한다. 다섯째, 교육과정은 행동을 변화시키기 위하여 교사에 의해 지도되는 학습 활동의 조직이다. 교육과정에 관한 이 다섯 가지의 정의를 다시 두 단어로 요약하면 계획(교육하는 사람의 설계)과 실행(배우는 사람의 경험)으로 정의할 수 있다. 따라서 기독교 교육과정을 한 문장으로 정의하면 "기독교 교육과정이란 학생들에게 사용할 수 있는 내용과 교사에 의해 실제적으로 지도되는 학습의 경험들이다"라고 할 수 있다. 이는 일반교육과 달리 "기독교 교육과정은 교사의 가르침을 강조"하는 것으로 교사가 가르침의 계획, 실행, 평가에 있어서 내용과 경험에 책임을 지도록 해야 한다. 그리고 학생들의 경험에 의해 결과가 나타나는 것이 아니라 교사가 학생의 참여를 권유함으로써 체험하도록 돕고 학생은 체험을 통해 학습과 함께 변화된 삶을 살게 해야 한다. 따라서 기독교 교육과정에 구성에 있어 교사는 "학습자의 정신과 삶이 하나님의 진리에 의해 영향을 받거나 변화되도록 최선을 다해야 한다." 또한 효과적인 교육과정을 위해 기독교의 내용과 경험을 결합시켜 잠재적으로 삶을 변화시킬 수 있도록 노력해야 한다. 이를 위해서 기독교 교사는 전통주의 방식의 교과 내용의 구체적인 계획과 함께 개념-경험주의 방식의 학생들의 다양한 경험을 이해하고 재개념주의 방식의 사회적 문제까지도 기독교 세계관에 입각하여 어떻게 다루어야 할지를 알아야 한다.

이를 위해서 교사는 기독교 교육과정으로 수업을 준비할 때 기독교 세계관에 기초한 진리와 학생을 향한 사랑, 그리고 기독교 가치에 관한 민감성을 가지고 있어야 한다. 즉 사랑과 진리의 균형이 필요하다. 자칫 교사가 진리에 방점을 두면 무정(無情)하게 되고 사랑에 방점을 두면 방종(放縱)하기 쉽다. 따라서 균형 잡힌 기독교 교육과정이 필요하다. 이를 위해 파즈미뇨(2002)는 기독교 교육과정을 세우기 전에 일곱 가지 기본적 질문에 관한 구체적인 대답이 있어야 함을 강조한다. 첫째, 학생에게 특별하게 가르쳐야 할 것은 무엇인가? 학생에게 가르칠 성경적 지식, 이해, 가치관, 태도, 기술에 관한 분명한 지식이 있어야 한다. 둘째, 이 분야들을 가르쳐야 할 이유는 무엇인가? 학생의 필요에 대한 주의 깊은 분석을 통해 교육에 필요한 구체적인 목표를 세워야 한다. 셋째, 어디에서 학습이 이루어지는가? 학생의 문화적, 사회적, 경제적, 관계적 등 다양한 요소들을 고려해야 한다. 넷째, 어떻게 학습이 이루어져야 하는가? 학생에게 가장 적당한 학습이 이루어질 수 있는 다양한 교수 방법을 고려해야 한다. 다섯째, 다양한 분야들을 언제 가르쳐야 하는가? 학생이 기독교 신앙의 다양한 분야를 배울 준비(연령, 영적성숙도)가 되었는지를 고려해야 한다. 여섯째, 누구를 가르쳐야 하고 누가 가르쳐야 하는가? 학생의 삶과 함께 교사 자신의 은사, 장단점까지도 이해하고 좋은 상호관계를 유지해야 한다. 일곱째, 이 모든 것을 상호 유지하기 위한 체계적인 원리는 무엇인가? 기독교 교육에 있어 성경적인 답, 기독교 세계관이 체계적인 원리가 되어야 한다.

결론적으로 기독교 교육과정을 세움에 있어 지향해야 할 점은 앞에서 살펴본 대로 전통주의 관점에서의 교과내용인 성경교육에 관한 구체적 계획과 개념-경험주의 관점에서의 교사와 학생의 말씀에 기초한 삶의 경험과 재개념주의 관점에서의 부조리한 사회 가운데 기독교 세계관으로 세상을 바라보는 올바른 눈을 가지도록 만드는 것이다. 즉 기독교 교육과정의 계획과 수행에 있어 성경에 기초한 말씀과 기독교 세계관을 통해 기독교 가치관이 들어날 수 있도록 해야 한다. 이를 통해 성경지식 전달 수준으로서의 교육을 넘어 성경적 삶으로 나아가게 하고 일방적인 지식 전달이 아닌 신앙적 대화가 이루어지고 교육의 내용과 함께 교육적 활동이 반드시 제시되어야 할 것이다.

참고 문헌

강희천(1996). "기독교 교육과정의 개선에 관한 연구유형". 신학논단 24권, 연세대학교신과대학.
고용수(1984). 교육과정 이론의 최근동향 재개념주의 학파를 중심으로. 신학사상 46집. 서울: 한국신학연구소.
고용수(2005). 교회의 기독교 교육과정. 서울 : 한국기독교교육학회.
손원영(2005). 프락시스와 기독교 교육과정. 서울 : 한국장로교출판사.

안병창(2011). 청소년부 교육과정 변천과 발달. 서울 : 요단.

이성호(1999). 교육과정과 평가. 서울 : 양서원.

Cully, I. V.(1983). Planning and Selecting Curriculum in Christian Education, Valley Forge: Judson Press. 고용수 역(1993), 커리큘럼의 계획과 선택. 서울 : 한국장로교출판사.

Pazmiño. R. W.(2002). 기독교교육의 기초. 박경순 역. 서울 : 디모데출판사.

Wyckoff. D. C.(1988). 기독교 교육과정의 이론과 실제. 김국환 역. 서울 : 성광문화사.

Tyler, R. W.(1949). Basic Principle of Curriculum and Instruction. London: The University of Chicago Press.

Zais, R.(1976). Curriculum: Principles and Foundation. New York : Harper & Row.

제6장

기독교교육의 방법론: 다음 세대를 위한 기독교 교육방법론

함영주(총신대학교)

1. 교육방법의 정의와 중요성

교육은 '무엇을 어떻게 가르치느냐'와 관련되어 있다. 교육의 내용인 '무엇을' 가르칠 것인가에 해당하는 것이 교육과정이라면 그 내용을 '어떻게' 가르칠 것인가에 해당하는 것이 교육방법이다. 교육방법은 광의적으로 교육내용을 가르치기 위한 "모든 수단적 방법적 조건을 통칭"하며 협의적으로는 "가르치는 방식"으로 정의할 수 있다(백영균 외, 2010, 19). 교육과정과 교육방법은 서로 밀접하게 관련되어 있는데 교육의 내용을 정확하게 전달하기 위해서는 교육방법이 효과적이어야 하기 때문이다. 즉 아무리 좋은 교육내용이라고 할지라도 그것을 전달하는 방식이 적절하지 않으면 긍정적인 교육의 효과는 기대할 수 없으며 반대로 교육방법이 아무리 좋아도 교육내용이 좋지 못하면 교육을 통한 변화와 성장은 기대하기 어렵다. 이점에서 교육과정과 교육방법은 상호 밀접한 관계가 있으며 교수설계 시에 이 두 사항을 잘 고려해야 한다.

교육방법은 기독교교육에서도 매우 중요한 위치를 갖는다. 기독교교육의 기본적인 교육내용은 성경이다. 성경은 기독교 교육과정의 핵심으로 인간의 구원과 신앙인의 삶의 원리를 다루고 있다. 성경은 인간이 태어나서 무덤에 이를 때까지 나이에 상관없이 평생동안 배워야 하는 교육내용이다. 그러나 성경을 가르치고 배우는 방식은 학습대상의 연령, 학습의 강점, 교육적 상황, 교육문화 등에 따라 달라진다. 특히 인간발달의 핵심적 특징에 따라 성경 교수방법은 달라야 한다. 윌리엄 프랑케나(William Frankena, 1966, 8-13)는 교육의 실천이 효과적으로 이루어지기 위해서는 교육의 궁극적인 목적과 더불어 학습자의 삶과 문화적 맥락에 대한 이해가 전제되어야 한다고 보았다. 같은 맥락에서 로버트 파즈미뇨(Pazmiño, 2002, 8)도 기독교 교육과정을 효과적으로 설계하기 위해서는 성경과 신학과 같은 초문화적인 요소와 학습자의 발달심리나 문화와 같은 문화적인 요소를 고려해야 한다고 보았다. 이러한 개념을 종합하면 교육방법이라고 하는 교육실천을 효과적으로 하기 위해서는 교육과정인 성경에 대한 이해와 더불어 학습자의 발달심리적인 특징과 문화적인 특수성 등을 동시에 고려해야 한다는 사실을 알게 된다. 이처럼 교육방법은 교육의 목표를 달성하는 중요한 영역임에 틀림없다.

그러나 교육에 있어서 교육방법이 차지하는 위치가 매우 중요함에도 불구하고 그동안 한국교회에서 성경교육방법은 성경 내용을 강조하는 것에 비해 크게 중요하게 여기지 않았던 것이 사실이다. 그 결과 교회학교의 성경교육방법은 수십 년 전 교회학교에서 학생들을 가르치던 방식과 같은 방법으로 가르치고 있다. 오랫동안 한국 교회학교에서 사용되고 있는 성경교육방법은 대부분 교수자 중심의 연역적 교육방법이라 할 수 있다. 즉 교수자가 중심이 되어 성경 지식과 신앙적 정보를 학습자에게 일방적으로 주입하는 강의 형식의 교육방법이 대부분이다. 물론 신앙의 기초가 형성되는 데 있어서는 성경의 내용을 연역적으로 설명하고 가르치는 교수자 중심의 교육방법이 필요하다. 다만 지속적인 신앙의 성장과 성숙을 위해서는 연역적인 방법과 더불어 학습자가 경험과 체험을 통해 교육과정에 능동적으로 참여할 수 있는 귀납적인 교육방법도 조화롭게 활용해야 한다. 이점에서 한국교회의 교육방법은 다양화될 필요가 있다. 그리고 학습자의 인간발달의 특징과 교육적 상황에 적합한 교수방법을 효과적으로 사용하면 학습자의 전인적 신앙성장을 이루는 데 크게 기여할 수 있다.

2. 기독교 교육방법 선정 기준

기독교교육에서 사용하는 교육방법은 일반교육의 영역에서 활용하는 교육방법의 상당수를 차용하고 있다. 즉 일반교육에서 사용하는 강의법, 토론법, 체험학습, 협동학습 등을 기독교교육에서도 활용하고 있으며 특히 과학기술의 발달이 가져다 준 최신 교수매체는 기독교교육 현장에서 활발하게 사용되고 있다. 이처럼 일반 교육방법과 기독교 교육방법에는 기본적인 교집합이 있다. 그러나 그럼에도 불구하고 전달하는 내용, 교육전달자 특징, 사용하는 교육방법, 궁극적으로 성취하고자 하는 교육의 목적 등의 영역에 있어서 일반교육과는 본질적인 차이점이 있다(함영주, 2017, 42-43). 특히 기독교교육은 교육방법과 관련하여 다음의 몇 가지 중요한 특징을 가지며 결국은 이 특징들이 기독교교육에서 교육방법을 선정하는 기준이 된다.

[그림 VI-1] 기독교 교육방법 선정기준

성경내용 전달 적합성 / 전인적 변화 유도 / 신앙과 인간 발달 수준 고려 / 교수자 중심과 학습자 중심 통합 / 성령의 역사를 통한 인간 변화

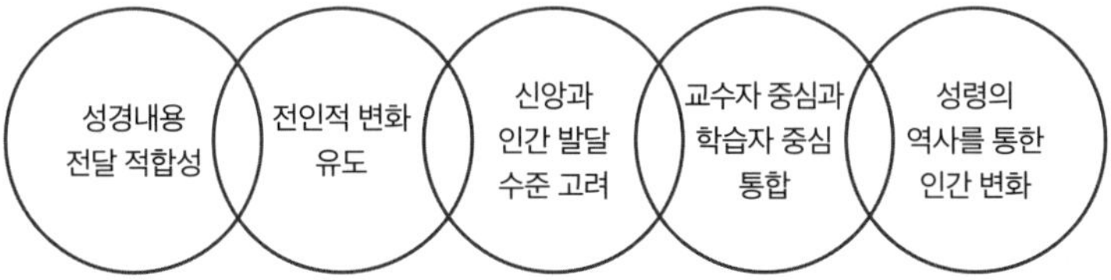

첫째, 기독교 교육방법은 성경의 내용을 효과적으로 전달할 수 있어야 한

다. 교육방법은 그 자체가 목적이 아니라 기독교교육의 내용인 성경의 내용을 전달하기 위한 중요한 수단이다. 따라서 교육방법이 그 자체로 학습자들에게 흥미롭고 관심을 끈다고 할지라도 전달하고자 하는 교육의 내용인 성경과 기독교 진리를 충실하게 전달하지 못한다면 기독교 교육방법으로 적합하지 않다. 이점에서 기독교 교육방법은 흥미와 의미를 동시에 성취시켜줄 수 있는 것을 선택해야 한다. 흥미도는 높은데 의미도가 낮은 교육방법은 신앙적 성장을 유발하지 못하는 교육방법이 될 수 있다. 반대로 흥미도는 낮고 의미도만 높은 교육방법은 집중력이 길지 않은 학습자들에게는 적합하지 않은 방법이 될 수 있다. 따라서 성경의 내용을 효과적으로 잘 전달하기 위하여 흥미도와 의미도를 고려하여 교육방법을 선정하는 것이 필요하다.

둘째, 기독교 교육방법은 학습자의 전인적 변화를 지향해야 한다. 교육은 변화를 목표로 한다. 신앙교육은 그 교육을 통해 예수 그리스도를 닮은 성숙한 신앙인으로 변화되어 가는 것을 그 목표로 한다. 이러한 신앙교육의 목표를 달성하기 위하여 다양한 종류의 교육방법을 활용한다. 어떤 교육방법은 인지적인 변화에 초점을 맞춘 방법이 있다. 또 다른 교육방법은 정서적인 변화에 초점을 맞추기도 하고 행동적인 변화에 초점을 맞추기도 한다. 그러나 기독교 교육방법은 인지, 정서, 행동 등 모든 영역에서 변화를 가져오는 방법을 활용해야 한다. 단순히 인지적인 생각만 바뀌는 지식은 타인을 판단하는 신앙지식이나 삶이 변화되지 않는 지식이 될 수 있다. 정서적인 반응에 초점 맞추어진 교육방법은 감정만 자극하는 교육방법이 될 수 있다. 활동에만 초점이 맞추어진 교육방법은 성경의 깊은 의미를 깨닫지 못하거나 기독교 세계관을 형성하지 못하는 교육방법이 될 수 있다. 그러므로 기독교교육의 목표를 달성하기 위해서는 인지, 정서, 행동의 전인적 변화를 이끄는 교육방법을 활용해야 한다.

셋째, 기독교 교육방법은 학습자의 신앙수준과 인간발달의 단계를 고려해야 한다. 성경은 모든 학습자가 배워야 하는 공통적인 신앙교육의 내용이다. 그러나 그 내용을 구성하는 것은 신앙수준 및 인간발달의 수준에 따라 다르게 구성해야 한다. 같은 맥락에서 교육방법도 이점을 고려해야 한다. 특히 신앙교육에서 교육방법은 발달의 키워드에 따라 교육해야 한다. 미취학 아동의 경우 발달의 키워드가 '애착'이기 때문에 교육방법 설계 시 교사와 아동이 신앙적인 유대감을 확대할 수 있는 방향으로 구성하는 것이 좋다. 유초등부와 같은 취학아동의 경우 발달의 키워드가 '활동'이기 때문에 교육방법 설계 시 학습자의 활발한 참여가 가능한 체험형 교육방법을 활용하는 것이 좋다. 청소년의 경우 발달의 키워드는 '정체성'이다. 따라서 교사와의 대화 및 토론을 통해 자신이 누구인지, 하나님과의 관계는 어떠해야 하는지에 대하여 정체성을 확립할 수 있도록 하는 것이 좋다. 더불어 기독교 교육방법을 활용할 때에는 신앙수준도 함께 고려해야 하는데 신앙수준이 낮은 학습자에게 고차원적인 신앙활동을 요구하거나 반대로 신앙수준이 높은 학습자에게 흥미위주의 신앙활동만 제시할 경우 교육참여 동기가 낮아질 수 있으므로 유의해야 한다.

넷째, 기독교 교육방법은 교수자 중심과 학습자 중심 방법을 함께 활용해야 한다. 일반적으로 교수자 중심을 연역적 방법이라고 하고 학습자 중심을 귀납적 방법이라고 규정할 수 있다. 연역적 방법은 원리와 법칙을 먼저 제시한 후에 특수한 사례에 적용하는 방법이다. 반면에 귀납적 방법은 개별적이고 특수한 사례들을 통해 일반적인 원리를 도출하는 방법이다. 교수법과 관련하여 연역적 방법은 교수자가 중심이 되어 교과 내용을 학습자에게 강의하거나 주입하는 형식의 교육을 의미하며 귀납적 방법은 학습자가 중심이 되어 개인의 실천과 경험을 나누면서 의미를 재구성해 가는 방법이라 할 수 있다. 기독교교육에서 믿음은 들음에서 출발(롬 10:17)하기 때문에 우선적으로 교수자가 중심이 되어 선포하거나 가르치는 방식이 필요하다. 그러나 동시에 지속적인 신앙의 성장을 위해서는 자신이 알고 깨달은 성경의 진리와 내용을 자신의 삶에 적용하면서 그것을 통해 신앙의 의미를 반추하고 되새기는 학습의 과정도 필요하다. 이점에서 기독교 교육방법은 교수자 중심과 학습자 중심의 방법을 함께 사용해야 한다.

다섯째, 기독교 교육방법은 교수자와 학습자의 한계를 인정하며 성령교사의 탁월한 교수법을 의지해야 한다. 모든 인간은 죄인이다. 그러므로 인간은 하나님 의존적인 삶을 살아야 한다. 교수학습의 과정도 마찬가지이다. 가르치는 자가 아무리 탁월한 교수법을 가지고 있으며 학습자가 아무리 열정적으로 배우고자 하는 의지가 있어도 사람을 변화시키시는 성령 하나님의 은혜가 없으면 사람은 절대로 변하지 않는다. 따라서 교수자는 탁월한 교수를 위하여 자신이 할 수 있는 최선의 방법을 찾아 학습자를 가르쳐야 하며 동시에 성령께서 학습자를 변화시켜 주시도록 간절히 기도해야 한다. 학습자 역시 다양한 교육방법을 통해 적극적으로 교육에 참여해야 하지만 자신의 변화는 성령의 능력으로 가능하다는 사실을 인지하며 교육에 참여해야 한다.

3. 기독교 교육방법 개발의 원리

기독교교육에서 어떤 교육방법을 어떻게 활용할 것인지는 매우 중요하다. 특히 성경을 가르치는 교육적 상황에서 어떠한 교수법을 선택하고 교수학습 과정을 어떻게 진행할 것인지를 결정하는 것은 기독교교육자의 중요한 임무 중 하나이다. 일반적으로 수업개발이론에 의하면 분석, 설계, 제작, 평가의 단계로 수업개발이 이루어진다(박인우, 2015, 647). 즉 수업개발은 학습자 및 교육 현장에 대한 분석을 기초로 수업 전체를 어떻게 진행할 것인지 설계하는 것으로부터 출발하며 이를 기반으로 수업활동에 필요한 실제적인 교육자료 및 교육방법을 제작하고 수업을 진행한 후에 그 수업 및 교육자료와 방법에 대한 평가를 실시한다. 이와 관련하여 하인리히와 그의 동료들(Heinich, Molenda, Russel, Smaldino, 1996)은 효과적인 교수매체 활용을 위한 수업 설계모형인 ASSURE모형을 제시하였다. 이들이 제시한 ASSURE모형은 학습자 분석(Analysis learners), 목표진술(State objectives), 방법, 매체, 자료의 선정(Select method, media and materials), 매체와 자료의 활용(Utilize media and materials), 학습자 참여유도(Require learner participation), 평가와 수정(Evaluate and revise materials)으로 구성되어 있다. 이 모형은 수업매체를 어떻게 사용할 것인지에 대한 시사점을 주는 모형으로 기독교 교육방법을 개발하는 데 있어서도 중요한 참고사항이 될 수 있다.

첫째, 학습자 분석(Analysis learners)이다. 기독교교육에서 적절한 교수매체 및 교수방법을 활용하기 위해서는 학습자의 나이, 인지발달 수준, 사회문화적 배경, 신앙발달 단계, 교회의 문화 등을 고려해야 한다. 또한 학습자가 가진 학습의 강점인 학습형태(learning styles)도 고려해야 한다. 아무리 좋은 교육방법이라고 할지라도 그 교육방법이 교수자가 현재 특정한 곳에서 가르치는 학습자에게도 보편적으로 적용될 수 있을 것이라고 생각해서는 안 된다. 왜냐하면 모든 학습자는 학습과 관련하여 개별적인 특수성을 가지고 있으며 교육동기, 교육몰입, 교육결과 등에 있어서 독특성을 가지고 있기 때문이다. 그러므로 신앙교육에서 교수매체와 교수법을 선택할 때 학습자의 연령과 그에 따른 인간발달의 상태를 고려해야 한다. 또한 학습자가 처해 있는 문화적인 상황도 고려해야 한다. 무엇보다 기독교교육에서는 교회의 문화도 고려해야 한다. 어떤 교회는 교수자 중심의 기초적인 성경지식 이해교육을 추구하는 문화가 있고 또 어떤 교회는 학습자 중심의 참여적 교육방법을 장려하는 문화가 있다. 따라서 교육매체 및 교육방법 활용에 대한 교회의 문화를 고려하여 교수방법을 선택하는 것이 필요하다. 한편 학습자 분석에서 중요한 부분 중 하나가 바로 학습형태(learning styles)에 대한 분석이다. 개별 학습자는 하나님께서 부여하신 독특한 학습의 강점을 가지고 있다. 그리고 그 학습의 강점에 따라 학습동기와 몰입도, 그리고 학습결과가 달라진다. 따라서 학습자의 학습형태를 면밀히 조사하여 어떤 교수매체와 방법을 신앙교육에 사용할 것인지를 선정해야 한다.

둘째, 목표진술(State objectives)이다. 목표진술이란 이 학습을 통하여 학습자가 성취해야 할 요소가 무엇인지를 분명히 하는 것이다. 일반적으로 전인교육을 지향하는 기독교교육은 지정의에 해당하는 교육목표를 설정한다. 즉 학습을 통하여 학습자에게 인지적으로, 정서적으로, 행동적으로 어떠한 변화를 가져올 것인가에 대한 사항이다. 중요한 것은 학습목표에 따라 사용되는 교수매체와 교수방법이 달라질 수 있다. 가령 짧은 시간에 대규모 학습자를 대상으로 성경에 대한 인지적 지식전달과 이해를 목표로 한다면 교수자 중심의 교육방법이 효과적이다. 반면에 소집단 학습을 통하여 신앙에 대한 열정을 불러일으키고 신앙적 행동을 촉발하기 위해서는 학습자 중심의 참여적 교육방법이 보다 효과적이다. 기독교교육의 경우 학습자의 전인적 성숙을 목표로 하기 때문에 교수자 중심과 학습자 중심의 교육방법을 적절하게 혼용할 필요가 있다. 즉 교수자가 강의나 설명을 통해 기독교의 핵심 진리를 학습자에게 전달하고 프로젝트와 같은 학습자 참여 방식의 교육을 통해 깨달은 진리를 내면화하고 실천할 수 있도록 해야 한다.

셋째, 교육방법, 교육매체, 교육자료의 선정(Select method, media, and materials)이다. 앞서 학습자에 대한 분석과 교육목표에 대한 설정이 이루어졌다면 이 단계는 실제로 어떤 교육매체 및 교수법을 활용할 것인지를 결정하는 단계이다. 기독교교육에서도 이 부분은 실질적으로 중요한 부분이다. 교수자는 기존에 사용하던 자료를 사용할 것인지 혹은 성경내용에 해당하는 새로운 교육자료를 제작할 것인지를 결정해야 한다. 특히 우리나라 교회교육의 경우 대부분 각 총회에서 발간한 교육과정을 사용하거나 또는 문서선교단체가 만든 성경공부교재를 사용하는 경우가 많다. 이처럼 이미 제작된 성경교육과정의 경우 대부분 교재 내에 교육활동과 관련된 자료들이 첨부되어 있어서 새롭게 제작하지 않고 사용하는 경우가 많다. 그러나 이 경우라고 할지라도 학습자의 개별적인 특성 및 교회의 교육문화를 고려하여 추가적으로 교육매체나 교육자료를 제작할 필요가 있고 특히 교수법은 사용하는 교육매체와 자료에 따라 혁신적으로 바꾸어 사용할 필요가 있다. 한편 기존에 출판된 성경공부 교재가 아닌 자체 제작하는 교재를 활용할 경우 교육방법, 매체, 교수법 등은 심도있게 고민하여 개발해야 한다. 즉 해당 성경본문과 가장 적합한 교육매체, 자료가 무엇인지 고민하여 개발해야 하고 그 내용을 가르치기 위하여 사용하는 교수방법을 교수자 중심으로 할 것인지 학습자 중심으로 할 것인지를 고려하여 선택해야 한다.

넷째, 매체와 자료의 활용(Utilize media and materials)이다. 기독교교육에서 매체와 자료를 적절하게 사용하는 것은 매우 중요하다. 왜냐하면 한국교회교육의 현실을 고려할 때 성경공부가 진행되는 공간과 시간의 문제가 중요한 이슈이기 때문이다. 즉 성경공부 진행시간이 20분 남짓이며 교육공간역시 소집단에 적합한 공간이 아닌 예배실에서 다중그룹이 동시적으로 성경공부를 진행하기 때문에 매체와 자료의 활용은 매우 신중하게 고민해야 한다. 매체와 자료를 적절히 사용하기 위해서 교수자는 자신이 진행할 성경교수의 내용과 흐름을 충분히 숙지해야 한다. 그리고 성경공부가 진행되는 각단계에서 활용할 교수매체, 자료, 교수법 등을 미리 익혀 놓아야 한다. 또한학습자들에게도 성경공부가 진행되는 각 단계에서 어떤 교수방법을 사용할것인지에 대하여 충분히 설명할 필요가 있고 필요하다면 매체 및 자료 사용법 자체를 교육할 필요가 있다.

다섯째, 학습자 참여유도(Require learner participation)이다. 성경을 가르칠 때 교수자가 아무리 좋은 교육매체와 자료를 선정하고 탁월한 교수법을 익혀서 수업을 진행했다고 할지라도 그에 맞는 학습자의 참여가 없다면 신앙교육은 기대한 효과를 얻을 수 없다. 일반적으로 학습자가 교육에 적극적으로 참여할 경우 학업성취도가 높다. 신앙교육도 마찬가지이다. 예배와 성경공부에 적극적으로 참여한 학습자들이 신앙의 성숙도가 높다. 한편 성경공부에 학습자의 적극적인 참여를 유도하는 좋은 방법은 피드백이다. 즉 교수매체와 자료 등을 활용하여 성경공부를 진행한 후에 교수자가 그 교육적 경험에 대한 개별적 피드백을 주면 학습자의 적극적인 교육참여를 유도할 수 있다. 따라서 교수자는 학습참여도가 낮은 학생이나 학습성취도가 낮은 학생들에게 보다 더 적극적으로 피드백을 주어 학습동기 및 교육성취도를 높여줄 필요가 있다.

여섯째, 평가와 수정(Evaluate and revise materials)이다. 사실 기독교교육 영역에서 평가는 적극적으로 이루어지고 있지 않다. 그러나 교수학습 과정에 대한 적절한 평가가 있어야 보다 개선된 교육활동을 수행할 수 있다. 교수자는 교수매체와 교육자료를 활용한 이후에 이것이 신앙교육의 목적에 부합하였는지를 평가해 보아야 한다. 또한 교수자가 진행한 성경 교수법이 학습자의 신앙발달과 성장에 어떠한 영향을 주었는지를 점검해야 한다. 이를 통해 보다 적실성 있고 발전된 교수매체, 자료, 교수법을 적용할 수 있게 된다.

4. 기독교 교육방법의 종류

교육방법은 학습자의 특성, 교수자의 역량, 교육환경의 조건, 동원할 수 있는 매체의 종류 등에 따라서 다양하게 나눌 수 있다. 기본적으로 교수-학습의 방법에 따라 다음과 같이 6가지 유형으로 구분할 수 있다(조성일 외, 2006,

107-137).

<표 VI-1> 교수-학습방법 유형에 따른 구분

교수-학습방법 유형	교수방법
고전적(설명적) 방법	강의법/질문법
토의 방법	단기적 토의(버즈학습, 브레인스토밍, 질문상자법)/ 토의(원탁식, 배심, 공개, 심포지움, 대화식)
창의력 개발을 위한 방법	문제해결 학습/구안학습/발견학습(탐구학습)
리더십 함양을 위한 방법	상호학습법/협의회의 방법/세미나/사례연구
사회성 및 인성발달을 위한 방법	팀티칭/ 협동학습법/분단학습/역할연극/모의학습
현장경험을 통한 방법	견학학습/현장학습/개인경험 나누기

고전적인 교수방법으로 강의법과 질문법을 꼽을 수 있다. 이 방법들은 주로 설명식의 교육방법으로 대집단에서 지식과 정보를 전달하고 이해하는 데 효과적이다. 토의방법은 대화와 토론을 통해서 의견을 조율하고 지식을 구성해 가는 방법으로 단기적 토의와 일반 토의 방식이 있다. 단기적 토의는 단시간에 걸친 토의를 통해 아이디어를 나누는 방법을 의미하며 일반 토의는 비교적 형식을 갖추고 특정 사안에 대하여 전문적으로 토론하는 방법이라고 할 수 있다. 창의력 개발을 위한 방법은 주로 구성주의적 방법에 해당하는데 학습자에게 주어진 문제를 창의성을 발휘하여 다양한 방법으로 해결하도록 돕는 방법을 의미한다. 문제해결 학습, 구안학습(project learning), 발견학습 또는 탐구학습(inquiry learning) 등이 여기에 해당한다. 리더십 함양을 위한 방법은 학습자가 주도적으로 연구하여 발표하거나 가르쳐 보는 방식을 의미하는데 상호학습법, 협의회의 방법, 세미나, 사례연구 등이 여기에 속한다. 사회성 및 인성발달을 위한 방법은 협력적인 교수학습 방법으로 팀티칭, 협동학습, 분단학습, 역할연극, 모의학습 등이 포함된다. 현장경험을 통한 방법은 교

육주제와 관련된 지역 및 장소를 탐방하는 방식으로 진행되는 것으로 견학학습, 현장학습, 개인경험 나누기 등이 이 방법에 속한다.

한편 집단의 크기에 따라 교수방법이 달라질 수 있다. 교육은 50명 이상의 대집단, 30-40명 수준의 중집단, 20명 이하의 소집단, 그리고 개인학습 등으로 다양한 집단을 배경으로 실행되는데 집단의 규모에 따라 활용하는 교수방법에 차이가 있다. 대집단의 경우 지식과 정보를 명료하게 전달할 수 있는 강의형식의 전달법이 유용하며 소집단으로 갈수록 실습, 실험, 토론, 체험 등과 같은 탐구형식의 교수법이 유용하다. 다음은 학습집단의 규모에 따른 교육방법이다(이성흠 외, 2017, 183).

<표 VI-2> 집단의 크기에 따른 교육방법

집단의 규모	교육방법
50명 이상의 대집단	수용학습, 강의법, 협동수업(team teaching)
30-40명 수준의 중집단	시범, 실습, 동료교수(peer teacing) 소집단학습 / 협동학습 /사례연구 / 문제중심학습
20명 이하의 소집단	모의실험 / 게임 / 역할극 / 토론 / 발견학습 / 탐구학습
개별학습	개인교수 / 컴퓨터보조수업(computer-assisted instruction) / e-학습(e-learning)

기독교교육에서 활용가능한 교수방법도 일반교육에서 사용하고 있는 방법과 비교해 볼 때, 교육의 내용을 전달한다는 측면에 있어서는 큰 차이는 없다. 물론 일반교육은 일반 교과지식을 전달하는 수단이지만 기독교교육은 성경과 신앙생활과 관련된 지식을 전달한다는 명확한 차이가 존재한다. 따라서 비록 기독교교육은 일반교육에서 사용하고 있는 교육방법을 사용할지라도 그 교육의 목적성을 명확히 하여야 교육방법이 의미를 가질 수 있다. 성경 교

수법과 관련하여 강용원(2018, 131-204)은 창의적 교수방법으로 기본 교수방법, 그룹을 통한 교수방법, 창조적 활동을 통한 교수방법 등 세 가지 영역으로 구분하였다.

　기독교교육에서 활용가능한 교수방법도 일반교육에서 사용하고 있는 방법과 비교해 볼 때, 교육의 내용을 전달한다는 측면에 있어서는 큰 차이는 없다. 물론 일반교육은 일반 교과지식을 전달하는 수단이지만 기독교교육은 성경과 신앙생활과 관련된 지식을 전달한다는 명확한 차이가 존재한다. 따라서 비록 기독교교육은 일반교육에서 사용하고 있는 교육방법을 사용할지라도 그 교육의 목적성을 명확히 하여야 교육방법이 의미를 가질 수 있다. 성경 교수법과 관련하여 강용원(2018, 131-204)은 창의적 교수방법으로 기본 교수방법, 그룹을 통한 교수방법, 창조적 활동을 통한 교수방법 등 세 가지 영역으로 구분하였다.

<표 VI-3> 성경교수방법

교수법	세부방법
기본 교수방법	강의법, 질문법, 이야기법
그룹을 통한 교수방법	순환응답, 세미나, 패널, 심포지움, 버즈그룹, 콜로퀴
창조적 활동을 통한 교수방법	마임, 드라마, 글쓰기, 놀이, 미술, 음악

　기본 교수방법은 현재 기독교교육의 현장에서 가장 많이 활용되는 방법들로 강의법, 질문법, 이야기법 등이 있다. 강의법은 성경교사가 성경의 내용을 주도적으로 전달하는 것으로 주로 대그룹에 적합한 방법이다. 질문법은 강의 내용에 대하여 학습자가 궁금한 점을 질의응답 형식으로 풀어 나가는 교수법이다. 주로 학습자가 성경 내용에 대하여 궁금한 사항이나 실제 삶에 적용을 어떻게 해야 할지에 대한 궁금증을 해결하는 데 유용한 방법이다. 이야기법은

성경스토리, 예화, 경험 등을 이야기 형식으로 풀어서 전달하는 교육방법이다.

그룹을 통한 교수방법은 집단 및 공동체의 상호관계성을 기반으로 실행되는 교수법이다. 대표적인 교육방법으로 순환응답, 세미나, 패널, 심포지움, 버즈그룹, 콜로퀴가 있다. 순환응답은 원탁회의 형식으로 참여자들이 돌아가면서 성경의 내용 및 적용사항에 대하여 자신의 생각을 이야기 하고 다른 사람의 이야기를 들으며 교육내용을 정리하는 방법이다 세미나는 소집단 내에서 각 사람들이 성경의 내용이나 적용사항 등 특정 주제에 대하여 각각 연구하여 발표하고 함께 토론하여 지식을 습득하는 방법이다. 패널은 사회자의 진행 하에 특정 주제에 대한 전문가들이 역할을 정하여 토론하는 방법으로 성경의 내용 및 적용사항에 대한 심층적인 토론이 가능한 방법이다. 심포지움은 특정주제에 대하여 전문성을 가진 발표자가 발제를 하고 그 내용에 대하여 질의응답하는 형식으로 이루어지는 교육방법이다. 주로 신앙생활과 관련된 내용에 대하여 전문가로부터 강연을 듣고 궁금한 점을 질문하는 방식으로 이루어진다. 버즈그룹은 성경 및 신앙생활과 관련된 주제에 대하여 소집단이 모여서 역동적으로 토론하고 또 다른 새로운 소집단으로 흩어져 다시 토론하는 방식으로 진행된다. 이는 성경과 관련된 주제에 대하여 사람들의 다양한 관점을 들을 수 있다는 점에서 유익하다. 콜로퀴는 일종의 질의응답 방법인데 집단의 대표자가 전문가들에게 대표로 질문하고 답을 듣는 방식이다. 이 방식은 집단의 대표 및 구성원이 토론에 참여할 수 있다는 것과 전문가가 집단의 질문에 대하여 맞춤형 답을 줄 수 있다는 장점이 있다.

창조적 활동을 통한 교수방법은 다양한 예술활동을 기반으로 하는 교수법이다. 마임, 드라마, 글쓰기, 놀이, 미술, 음악 등이 여기에 속한다. 마임은 몸동작을 통해 의사를 표현하는 방법이다. 드라마는 성경과 관련된 간단한 역할극이나 꽁트를 활용하는 방법이다. 글쓰기는 신앙적인 통찰을 글로 표현하는 것으로 일기, 독후감, 시, 수필 등의 형식으로 표현할 수 있다. 놀이는 자율성과 흥미성을 기반으로 하며 성경의 내용이나 신앙적 개념을 놀이를 통해 습득하는 방법이다. 미술과 음악 역시 성경의 내용을 표현하거나 신앙적 다짐을 하는 방법으로 성경 교수법으로 활용할 수 있다.

이 외에도 교육방법을 매우 다양하며 과학기술의 발달로 인해 디지털 미디어 매체를 이용한 교육방법들도 계속해서 등장하고 있다. 중요한 것은 어떤 하나의 교육방법이 모든 상황에 다 적합한 것은 아니라는 것을 인식하는 것이다. 아무리 좋은 교육방법이라고 할지라도 학습자의 발달상태, 교육환경의 구비, 교수자의 역량, 활용 가능한 비용 등이 현재의 신앙교육 현실에 맞지 않으면 그 방법은 사용하기 어렵다. 따라서 교수자는 다양한 교수방법을 익히되 현실과 상황에 따라 적절히 사용할 수 있는 수용력과 적응력을 길러야한다.

5. 다음 세대를 위한 미래 기독교 교육방법

기독교교육의 목표는 변화하는 시대에 변하지 않는 하나님의 말씀을 학습자에게 가르쳐 예수 그리스도를 닮은 성숙한 신앙인을 만드는 것이다(함영주, 2017, 205-207; 함영주, 2021, 198-199). 여기에서 교육과정은 변하지 않는 하나님의 말씀이다. 반면에 교육방법은 변화하는 시대와 관련되어 있으며 변화하는 시대의 문화 및 교육 트렌드를 반영해야 한다. 이점에서 기독교 교육방법 역시 변화하는 미래사회 문화와 그 사회에서 요구하는 핵심적인 역량을 반영하여 실행해야 한다. 본 장에서는 미래시대의 키워드를 기술, 역량, 체험, 소통, 반추, 본질이라는 6가지로 규정하고 그에 맞는 미래 기독교 교육방법을 제시하고자 한다.

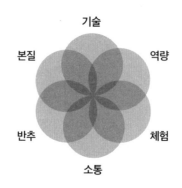

[그림 VI-2] 미래 기독교 교육방법 키워드

기술

본질   역량

반추   체험

소통

5.1. 기술: 에듀테크 활용 스마트 신앙학습

미래 기독교교육은 첨단과학기술의 발달에 따른 다양한 학습도구를 활용하는 에듀테크(EduTech)를 적극적으로 이용할 필요가 있다. 에듀테크란 말 그대로 교육을 뜻하는 '에듀'(Education)와 기술을 뜻하는 '테크'(Technology)가 결합된 합성어이다(홍정민, 2021, 5). 이는 인공지능, 사물인터넷, 빅데이터 등 다양한 기술을 교육에 활용하는 것이다. 이미 일반교육의 영역에서는 에듀테크가 본격적으로 활용되고 있다. 특히 인공지능을 활용하여 '단계별 맞춤형 학습을 가능하게 하는 지능형 튜터링 시스템, 맞춤형 대화를 통해 교육하는 대화형 튜터링 시스템, 탐구과제를 중심으로 시스템 학습을 하는 탐구학습 시스템, 업로드 평가 방식의 에세이 자동 피드백과 채점, 학교차원의 교육체계인 지능형 튜터링 시스템+' 등을 실시하고 있다(웨인 홈즈, 마야 비알릭, 찰스 페델, 2020, 198). 뿐만 아니라 빅데이터를 기반으로 학습자 분석, 수준별 교육, 개인 맞춤형 튜터링 등 학습자 지원과 교수자 지원을 위한 다양한 미래형 교육방법을 활용하고 있다.

기독교교육의 영역에서도 이러한 에듀테크 방법을 활용하여 신앙교육을 더욱 활성화할 필요가 있다. 특히 미래형 교육을 가능하게 하는 기초기술인 인공지능, 사물인터넷, 빅데이터, 미래형 교육을 구현하는 기구인 스마트 기기, 로봇, 미래형 플랫폼 및 응용기술인 클라우드 컴퓨팅, 블록체인 및NFT기술, 메타버스, XR 확장현실 등을 활용하여 기독교교육을 더욱 다양하게 실행할 수 있다. 구체적으로 미래 기독교교육의 활성화를 위해 "가상현실을 활용한 올스페이스 교육, 사물인터넷을 활용한 마을공동체 연계교육, 빅데이터를 활용한 개인맞춤형 신앙교육, 인공지능을 활용한 신앙 프로젝트 기반학습(PBL), 원스톱 공유플랫폼을 활용한 크리스천 프로슈머 교육" 등을 도입할 필요가 있다(함영주, 2021, 190). 가령 메타버스를 활용하여 주일에 배운 신앙교육의 내용을 주중에 실천해 보는 방법, 사물인터넷을 활용하여 지역사회 노인을 돕거나 마을과 연결하여 봉사활동을 하는 방법, 빅데이터를 활용하여 개인의 신앙활동을 분석하고 신앙성장을 위한 신앙교육활동 제안하는 방법, Chat GPT를 활용하여 프로젝트 기반 학습에 필요한 지식과 정보를 습득하는 방법 등 다양한 교육활동을 전개해 볼 수 있다.

5.2. 역량: 창의적 신앙문제해결학습

미래 기독교교육은 문제풀이 방식에서 문제해결 역량을 길러주는 방식으로 전환되어야 한다. 전통적으로 기독교교육은 성경지식과 내용을 습득하고 이해하는 것에 초점이 맞추어져 왔다. 실제로 많은 성경공부 교재가 '정답 맞추기 방식'으로 구성되어 있다. 그러나 미래 기독교교육은 정답을 맞추는 인지적인 이해 측면을 넘어 그 지식을 기반으로 실제 삶에서 벌어지는 다양한 신앙적 문제를 창의적으로 해결하는 역량 중심교육(Competence-centered learning)이 이루어져야 한다. 그리고 그것을 구현하는 구체적인 교육방법으로 문제중심의 학습법(Problem-based learning), 프로젝트 기반학습(Project-based learning)을 활용할 필요가 있다. 문제중심의 학습법이란 "문제를 활용하여 학습자 중심으로 학습을 진행하는 교수학습 방법"이다

(장경원, 이미영, 김정민, 박문희, 전미정, 이수정, 2019, 15-16). 즉 실제 현실에서 일어날 수 있는 문제를 시나리오 형식으로 학습자에게 제시하고 그것을 학습자들이 대화와 토론을 통해 문제를 해결해 가는 방식의 교육방법이다(장경원, 성지훈, 2012, 233). 이는 전통적으로 교수자가 중심이 되어 '정답'을 가르치는 방식과 대조를 이루는 것으로 이론적 지식이 적용가능한 지식으로 전이될 수 있다는 장점이 있다. 창의적 신앙문제해결 학습의 또 다른 예로 프로젝트 기반 학습을 꼽을 수 있다. 프로젝트 기반 학습은 소집단이 함께 모여 주어진 문제를 해결하면서 구체적인 결과물을 만들어 내는 교육방법이다(함영주, 2019, 355-356). 가령 선교에 대한 주제로 설교와 성경공부를 하였다면 그에 대한 프로젝트로 '선교비 마련을 위한 발표회'를 기획하고 '일일 바자회'나 '미션발표회'를 통해 모금활동을 하여 선교지로 보내는 프로젝트를 실시할 수 있다. 또한 '우리가 가야 할 선교지 알아보기'라는 프로젝트를 기획하여 해당 선교지의 종교분포 살펴보기, 구글 지도를 통한 선교지 지형 이해, 선교사 인터뷰 등을 실시하여 선교지 정보를 얻을 수 있는 포트폴리오를 만들어서 발표하는 프로젝트를 수행할 수도 있다. 창의적 신앙문제해결 방법의 핵심은 정답 맞추기 방식의 성경공부 방법을 탈피하고 학습자에게 주어진 해결해야 할 실제 문제를 해결해 가면서 신앙이 성장하도록 돕는데 있다.

5.3. 체험: 능동적 참여와 경험학습

미래 기독교 교육방법은 수동적인 학습에서 학습자의 능동적인 학습참여를 촉진하는 것이어야 한다. 전통적으로 기독교교육의 주요한 교수방법은 교수자 중심의 방법이었다. 즉 성경과 신앙생활에 대한 고급 지식과 정보를 더 많이 알고 있는 교사가 학습자에게 강의방식이나 스토리텔링의 방식을 통해 일방향으로 전달하는 형식이었다. 그러나 미래 기독교교육은 학습자들의 능동적인 참여가 이루어지는 방식으로 전환되어야 한다. 에드가 데일(Edgar

Dale, 1969, 107)은 학습의 원뿔에서 상징적 경험(언어적 상징, 시각적 상징), 시청각적 경험(녹음, 라디오, 사진, 영화, 텔레비전, 전시, 견학, 시범), 행동적 경험(극화 경험, 고안된 경험, 직접 경험) 등 다양한 방식의 학습방법을 제시하였다. 이 분류기준에 따르면 그동안 한국 기독교교육에서 활용된 교수방법은 대부분 상징적 경험과 일부 시청각적 경험이라고 할 수 있다. 그리고 그 상당수는 비교적 수동적인 교수방법으로 학습자의 능동적 참여 보다는 교수자 중심의 교육이라고 할 수 있다. 따라서 미래 기독교 교육방법은 그동안 상대적으로 덜 활용되었던 행동적 경험에 속하는 교육방법을 적극적으로 활용할 필요가 있다. 물론 기독교교육의 목표를 달성하기 위해서는 교수자 중심과 학습자 중심의 방법을 모두 사용해야 하며 이점에서 상징적 경험, 시청각적 경험, 행동적 경험 등 다양한 교육방법을 활용해야 하는 것이 맞다. 다만 그동안 상대적으로 도외시 되어 왔던 경험과 참여 방식의 학습방법을 보다 적극적으로 사용할 필요가 있다.

기독교교육에서 이러한 교육방법을 구현하는 방법으로 액션러닝이 있다. 액션러닝은 "조직 내에서발생하는 실제적인 문제를 소집단에 속한 팀원들이 개인적이고 집단적인 성찰을 통해 주어진 문제를 현실적으로 해결하도록 돕는 교육방법"으로 실재성, 현실성, 참여성, 경험성, 문제해결 지향성 등을 기반으로 하는 교육방법이다(함영주, 2016, 419). 즉 단순히 강의를 듣는 방식이 아닌 학습자의 직접적인 경험을 기반으로 문제를 해결해 가는 교육방법이라 할 수 있다. 이러한 액션러닝의 방법을 기독교교육에서 적극 활용할 필요가 있다. 즉 학습자들에게 소집단을 구성해 주고 학습자들이 현재 겪고 있는 해결해야 할 과업을 부여하여 활동적이고 참여적으로 그 문제를 해결하도록 교육활동의 장을 마련해 줄 필요가 있다.

5.4. 소통: 공동체적 소통과 협력학습

미래 기독교 교육방법은 신앙공동체 내에서 협력학습(Collaborative learning)이 이루어지도록 설계해야 한다. 신앙은 개인적인 것이면서 동시에 공동체적인 특성을 갖는다. 또한 신앙교육도 개인적인 활동을 통해서 성취될 수도 있지만 공동체적인 협력학습을 통해서도 성취된다. 그동안 한국교회에서 신앙교육이 주로 개인으로 예배와 교육에 참여하는 차원이었다면 공동체가 함께 소통하며 협력하는 방식으로 진행해야 할 필요가 있다. 특히 성경교수방법과 관련하여 협동학습(Cooperative learning)과 같은 교육방법을 적극적으로 활용할 필요가 있다. 협동학습은 "협력적 배움을 촉진하는 원리와 구조화된 기법"으로 정의할 수 있다(김성은, 백선아, 백수연, 이규대, 2019, 19). 협동학습은 학습을 위해 모인 소집단이 상호의존적 자세와 개별적 책무성을 갖고 서로 소통하며 학습해 가는 교육의 과정을 중요시한다. 소집단은 이질적인 성향을 가진 학습자들로 구성하여 상대방으로부터 다양한 관점을 배울 수 있도록 하는 것이 좋다.

기독교교육에서도 이러한 방법을 적극적으로 활용할 필요가 있다. 현재 기독교교육 현장에서 활용되고 있는 교육방법은 주로 개인중심의 문제풀이 방식이다. 신앙교육이 주로 이루어지는 교회와 가정 모두에서 개인적 차원의 교육방법이 활용되고 있다. 그러나 협력학습을 통해 개인이 바라보지 못하는 새로운 시각을 배울 수 있고 책임성을 가지고 다른 사람을 가르쳐 볼 수 있는 기회도 얻을 수 있다. 이를 통해 공동체적인 학습이 활성화되어 건강한 배움의 신앙공동체 형성에 기여할 수 있다.

5.5. 반추: 신앙적 반추를 위한 자기주도학습

미래 기독교 교육방법으로 자신의 신앙을 깊이 반추할 수 있는 자기주도학습(Self-directed learning)을 적용할 필요가 있다. 자기주도학습이란 "타인의 도움 없이 스스로 자기주도적으로 학습목표를 설정하고, 효율적인 학습전략을 사용하여 학습결과를 자기 스스로 평가하는 일련의 과정"으로 정의한다(Knowles, 1975; 이수미, 2017, 15에서 재인용). 즉 자기주도학습은 학습자 스스로가 학습목표 설정, 학습전략 수립, 학습결과 평가 등을 하는 교육의 방법이라 하겠다. 이 방법은 학습자가 스스로 학습에 대한 동기가 명확해야 하며 자기조절능력과 학습습관형성 능력이 있어야 효과를 발휘할 수 있다.

한국 기독교교육은 그동안 집단을 대상으로 하는 교육에 초점 맞추어 왔다. 교회에서 드리는 예배와 반별로 진행되는 성경공부 역시 집단을 대상으로 교수자가 중심이 되어 교육을 인도하는 방식이 대세였다. 그러나 집단교육을 통해서 배운 신앙교육의 내용을 개인이 스스로 내면화 하는 기회를 갖지 않으면 신앙성장은 제한적이 될 수밖에 없다. 이점에서 학습자가 자신의 신앙을 스스로 반추할 수 있는 기회를 제공해 주어야 한다. 그 중 하나가 신앙습관을 형성하도록(Spiritual formation & Character formation) 돕는 방법이다. 가령 주기적 성경읽기, 저널링, 개인기도, 말씀묵상, 개인 큐티, 신앙서적 읽기 등을 통해 자신의 신앙생활을 자발적으로 반추할 수 있는 기회를 갖도록 할 필요가 있다. 이를 통해 타인에 의해 주도되는 신앙이 아닌 자기 스스로 성찰과 반성을 통해 신앙이 성장할 수 있도록 해야 한다.

5.6. 본질: 신앙의 본질을 세워주는 기초 신앙학습

미래 기독교 교육방법은 신앙의 본질을 세워주는 기초신앙학습에 충실해야 한다. 기독교교육은 신앙의 형성(formation)과 성장(transformation)을 목표로 한다(이영운, 2014, 170-171). 그런데 신앙이 형성되고 성장하기 위해서는 반드시 기본적인 신앙교육이 전제되어야 한다. 기초 신앙교육이란 성경, 기독교교리, 기독교 세계관 등을 알고 이해하는 것이다. 성경은 인간의 모든 생각과 행동의 기준을 제시한다. 기독교교리는 성경의 내용을 논리적으로 요약해 놓은 것으로서 정통 기독교 사상이 무엇인지 알게 하며 각종 이단사상으로부터 대응할 수 있는 힘을 길러준다. 기독교 세계관은 학습자의 삶에서 벌어지는 다양한 현상들을 해석하는 틀을 제공해 준다. 바로 이러한 기초 신앙교육을 위하여 전통적으로 강조해왔던 교육방법인 암송, 문답, 강의 방식을 활용한 신앙교육이 이루어져야 한다. 이러한 교육방법은 기독교 교육역사에서 가장 전통적으로 활용되던 방식이다. 그러나 기초적인 신앙교육을 위해 현대 기독교 학습자들에게도 이와 같은 방법을 활용하여 교육해야 한다. 다만 같은 암송, 문답, 강의 방식이라도 교육적 환경이 과거와 다르기 때문에 이러한 문화적 변수를 고려하여 효과적으로 방법을 활용해야 한다. 가령 스마트 기기를 활용한 성경암송, 일정한 시간을 주기로 정기적으로 말씀카드를 보내는 방식으로 하는 성경암송, 하브루타 방식을 활용한 교리문답 등의 창의적인 방법으로 기초 신앙학습을 할 수 있다.

한국 기독교교육은 미래 세대를 위하여 기독교 교육방법을 다양화하고 정교화할 필요가 있다. 기독교교육의 핵심이 무엇을, 어떻게 배울 것인가에 있기 때문에 '무엇'에 해당하는 성경교육을 더욱 강화해야 하고 '어떻게'에 해당하는 교육방법을 현시대에 맞게 고안하고 활용해야 한다. 이렇게 다양화되고 적실성있는 기독교 교육방법을 통해 우리의 다음 세대가 믿음의 세대로 건강하게 세워지기를 기대한다.

참고문헌

강용원(2018). 유능한 교사의 성경 교수법. 서울: 생명의양식.
김성은, 백선아, 백수연, 이규대(2019). 알고 나면 누구나 할 수 있는 협동학습. 서울: 함께교육.
로버트 파즈미뇨(2002). 기독교교육의 기초. 박경순 역. 서울: 디모데.
박인우(2015). 교수와 수업, 수업이론, 수업설계이론에 대한 개념적 분석. 교육공학연구, 31(3), 633-653.

백영균·박주성·한승록·김정겸·최명숙·변호승·박정환·강신천·김보경(2010). 유비쿼터스 시대의 교육방법 및 교육공학. 서울: 학지사.

웨인 홈즈·마야 비알릭·찰스 페델(2020). 인공지능 시대의 미래교육. 정제영·이선복 역. 서울: 박영스토리.

이성흠·이준·구양미·이경순(2017). 교육방법 및 교육공학. 서울: 교육과학사.

이수미(2017). 자기주도학습개론. 서울: 아마존북스.

이영운(2014). 교육목회에 대한 성경적 근거. 횃불트리니티 저널 17(1). 149-182.

장경원·성지훈(2012). 문제중심학습의 소집단 구성방식에 대한 대학생들의 인식. 학습자중심교과교육학회 12(4). 231-260.

장경원·이미영·김정민·박문희·전미정·이수정(2019). 알고 보면 만만한 PBL수업. 서울: 학지사.

조성일·김숙의·신재흡·최혜영·김희인(2006). 교육방법과 교육공학. 서울: 동문사.

함영주(2016). 기독교 교육방법으로서의 액션러닝에 대한 이해와 활용 가능성에 대한 연구. 신학과 실천 48. 415-441.

함영주(2017). 다음 세대를 위한 개혁주의 기독교 교육방법. 개혁주의 기독교교육학 연구 3(1). 35-57.

함영주(2017). 한국교회 신앙교육의 내용과 방법에 대한 실태분석과 기독교교육의 방향성 연구. ACTS신학저널 32. 185-213.

함영주(2019). 교회학교에서 프로젝트 기반 학습(PBL)을 활용한 성경교수 실행모형 연구. 신학과 실천 66. 351-381.

함영주(2021). 전통과 혁신을 활용한 미래형 교회교육방법의 방향성에 대한 연구. ACTS신학저널 48. 173-204.

홍정민(2021). 에듀테크의 미래. 서울: 책밥.

Dale, E.(1969). Audio-visual methods in teaching(3rded.). New York: Dryden Press.

Heinich, R., Molenda, M., Russell, J., & Smaldino, S.(1996). Instructional media and technologies for learning. New York, NY: Macmillan.

Knowls, M.(1975). Self-directed learning: A guide for learners and teachers. Chicago, IL: Follett Publishing Company.

Frankena, W.(1966). A model for analyzing a philosophy of education. The High School Journal 50. 8-13.

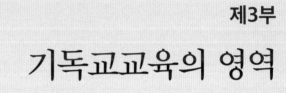

제3부

기독교교육의 영역

제7장

신앙교육, 가정에서부터!

노성현(해운대소명교회)

1. 들어가며

1.1. 월화수목, 금금금

교회당 옥상에 올라가면 바로 앞에 위치한 대단지 아파트의 놀이터가 한 눈에 들어온다. 한참 어린이들이 붐빌 오후 시간인데 놀이터에는 유치원 어린이들 몇 그리고 그 어린이들의 부모들이 전부다. 방과 후, 정작 놀이터에서 놀아야 할 어린이들은 차가운 시멘트벽 속에서 하나 둘 얼굴을 내민다. 학원 가방을 들고서 말이다. 어린이들의 얼굴은 어딘지 모르게 회색빛이고 어깨는 을씨년스럽게 움츠러져 있다. 어린이들이 마냥 행복하지는 않은 것 같다.

그렇다면 청소년들의 상황은 좀 더 나을까? 아침 6시 기상, 아침을 먹는 둥 마는 둥 서둘러 등교하면 7시 30분. 개인학습 후 이어지는 정규수업 4시 40분까지. 다시 야간자율학습 내지는 학원 수강 10시 혹은 11시, 독서실을 이용하는 학생들은 12시 혹은 1시에 집으로 귀가. 새벽 1시 혹은 1시 30분 드디어 취침, 하루 4-5시간의 수면. 반에서 1, 2등 하는 학생의 일과표가 아니라 보편적인 고등학생의 하루 일과표이다. 이 나라 대한민국의 청소년들은 과도

한 입시경쟁과 세계 최고의 학업 노동에 시달리고 있다. 이와 같은 살인적 일정은 주말이라고 크게 다르지 않다. 월화수목 금금금! 청소년들의 달력에는 토·일이 없다. 대한민국 근로기준법에 규정된 시간조차 훌쩍 뛰어넘는 세계 최장 시간의 학습 노동시간. 좀 더 좋은 대학 간판을 따기 위한 쉼 없는 무한 경쟁. 이것이 이 땅에 태어나서 살아가는 우리 청소년들이 감당해야 할 무자비한 현실이다. 이 속에서 청소년들은 지친 몸과 정신으로 어쨌든 쉼없이 버텨내야만 한다. "다 하는 거잖니, 조금만 참자, 대학 가서 너 하고 싶은 것 다 해…" 온갖 회유와 함께 모종의 거래를 한다. 대한민국 군대에서도 칼같이 보장하는 휴식, 우리는 군대보다 못한 삶을 우리 다음 세대에게 강요하고 있는지도 모른다. 세계 최고의 청소년 자살률은 이처럼 숨 쉴 틈 없이 돌아가는 현실의 사생아이기도 하다.

대한민국 통계청 자료에 의하면 2022년 10대 20대의 사망 원인 첫 번째는 고의적 자해(자살: 10대 42.3%, 20대 50.6%)로 나왔다. OECD 국가 간 연령표준화 자살률로 비교했을 때 OECD 평균 10.6명(2022년)에 비해, 한국은 22.6명으로 가장 높은 수치이다. 뿐만아니라 다음 세대 자살 원인 1위는 질병이나 사고가 아니라 과도한 학업 스트레스 즉, 성적과 진학 문제였다.[1]

비록 자살이 아니라 하더라도 학교 중도 탈락자가 늘고 있다는 사실도 무시할 수 없다. 언제부터인가 이 땅에서의 교육은 자기개발의 수단이나 삶의 축복이 아니라 고통이 되어 버렸다. 2014년 4월에 있었던 세월호 사건이 특히 우리에게 큰 아픔이 되었던 것은 이처럼 고단한 일상을 살다가 채 꽃피워 보지도 못하고 쓰러져갔던 아이들에 대한 애틋함과 미안함 때문이었을 것이다. 하지만 고된 입시경쟁의 터널만 통과하면 다 끝난 것인가? 학생들 앞에는 또 다른 경쟁이 기다리고 있다. 그런데 학생들은 예선전에서 너무 많은 기력

---

1. https://www.kostat.go.kr/board.es?mid=a10301060200&bid=218&act=view&list_no=427216

을 쏟았기에 오히려 본선 경쟁력이 떨어지는 역설을 겪어야 한다. 창조의 원리를 벗어난 쉼 없는 극기 훈련을 이제 마쳐야만 한다.

1.2. 그리고 주일

브레이크가 고장 난 폭주 기관차처럼 쉼없이 달리던 다음 세대들이 주일 예배의 자리에 나온다. 표정이 없다. 어딘지 모르게 눈동자는 풀려있고, 집중력은 상실되어 있다. 선행학습으로 다 끝낸 재미없는 수업을 다시 들어야 하는 것처럼 마치 의욕 상실증에 걸려 있는 것 같다. 머리를 푹 숙인 채 도무지 예배에 집중하지 않는 무기력증에 걸린 다음 세대들, 대신 손으로 끊임없이 스마트폰을 만지작거린다. 정말 모든 것을 스마트폰으로 해결한다고 하는 포노 사피엔스(phono sapience)의 시대가 도래한 것 같다(최재봉, 2019). 소니의 워크맨(Walkman)이 사라진 자리에 애플의 아이폰(iPhone)이 자리한 것이다. 문명은 귀에서 눈과 손으로 내려왔고, 이제 스마트폰은 다음 세대들의 '손'과 '뇌'로 기능하고 있다. 이런 상황에서 "예배에 집중 좀 해라, 찬양 좀 따라 불러라. 성경공부 할 때 말 좀 해라. 좀, 좀, 좀…" 교회학교 교사들의 답답한 마음이야 알겠는데 어쩌면 그것을 요구하는 것은 부모 세대의 탐욕인지도 모르겠다. 아마도 청소년들은 이렇게 발끈할지도 모르겠다. "예수님도 수능의 고통을 아실까요? 수능세대 아니잖아요. 성적이 안 좋아서 죽고 싶은 마음 예수님도 아실까요?"

너무 어두운 면만 보았는지도 모른다. 그럼에도 불구하고 간과할 수 없는 사실은 앞으로 특단의 조치를 취하지 않은 채 이 상태로 다시 10년을 더 지나간다면, 그래서는 안 되고 그럴 수도 없겠지만, 교회와 가정 안에서 믿음의 계대(系代)는 거의 붕괴되고 말 것이다. 물론 일반화의 위험은 있겠지만 전반적으로 다음 세대의 신앙이 예전에 비해 하향평준화 곡선을 그리고 있다는 것은 부모들뿐만 아니라 교회학교 교사들도 분명히 인지하고 있을 것이다. 세속화의 물결에 휩쓸리지 않고 그 물결을 거슬러 살아갈 수 있는 자녀로 양육해서 세상에 내보내야 하는데 현실은 단순히 교회와 신앙을 떠나지 않는 것을 염려해야 하는 실정이다. 물론 이런 경고성의 이야기조차 원체 빈번하게 듣다 보니 이젠 면역이 되어 그다지 충격도 되지 않을지도 모른다. 하지만 분명한 것은 다음 세대들이 마음으로도 교회를 뛰쳐나가고 있지만, 몸으로도 교회를 떠나는 출애굽이 진행되고 있다는 점이다. Covid-19는 이 흐름에 기름을 부은 역할을 하기도 했다.

2. 천덕꾸러기로 전락한 교회학교

2.1. 우린 다 공범인데

상황이 이러다 보니 많은 교회의 교회학교(주일학교)가 제대로 기능을 발휘하지 못하고 있는 실정이다. 역량 감소를 떠나 아예 교회학교가 사라진 교회가 늘어나고 있다는 것도 주지의 사실이다. 교회학교, 버리자니 큰일 날 것 같고 잡자니 돈만 먹는 하마 같고. 한국교회 부흥과 신앙 성장의 일등 공신이었던 교회학교가 이제는 이러지도 저러지도 못하는 천덕꾸러기 신세, 계륵의 신세로 전락한 것만 같다. 물론 그 속에 각 교육부서를 담당하고 있는 사역자들과 교사들의 처절한 몸부림이 있음은 부인할 수 없는 사실이다. 사실 작금의 교회학교 붕괴 현상에 대한 모든 책임을 각 교육부서의 사역자들과 교사들에게 전가하는 것은 옳지도 않거니와 지나치게 잔인하다는 생각을 하게 된다. 왜냐하면 교회와 교육부서 그리고 부모는 이 모든 사태의 공범이기 때문이다.

2.2. 교회학교만이 답은 아닌데

교회학교[2]의 태동은 성경에 바탕을 두었다기보다는 상황에 바탕을 두었다고 말할 수 있다. 18세기 산업혁명의 기계 소리는 가정의 부모로부터 자녀들을 앗아가 버렸다. 산업혁명의 부속품이 되어 지쳐 가던 신앙의 부모들은 자녀 신앙교육이라는 신성한 의무를 대수롭지 않게 여기게 되고 결국 포기하게 된다. 하루 벌어 하루 사는 그들에게 자녀들의 신앙교육은 한낱 배부른 소리에 지나지 않았던 것이다. 자녀 신앙교육의 책임을 회피한 부모들도 문제였지만, 어린이들이 처한 상황도 만만치 않았다. 빈곤층 어린이들은 하루 16시간씩 공장이나 탄광에서 일하도록 내몰리기도 했고, 일요일에는 어린이들이 갈 곳이 없어 무리를 지어 몰려다니며 싸움을 벌이기도 했다. 부모를 따라 교회에 온 어린이들조차도 교회당 건물 모퉁이에서 의미없이 시간을 허비하고 있었다. 이렇게 무방비 상태로 방치된 어린이들의 모습을 예사롭게 보지 않은 한 사람이 영국의 언론인이자 오늘날의 주일학교 창시자라고 알려진 로버트 레이크스(Robert Raikes, 1736년-1811)였다.

그는 주일조차도 대책없이 방치된 어린이들을 보며 그들을 돕기 위해 학교를 개설하는데 이것이 소위 주일학교(Sunday School)의 모태가 된다. 이곳에서 성경읽기와 기독교 교리문답(Catechism)이 가르쳐졌다. 로버트 레이크스에 의한 주일학교 운동은 영국 전역으로 퍼지게 된다. 1831년 당시 전 인구의 25퍼센트에 해당하는 백 이십 오만여명의 어린이들이 주일학교에서 교육을 받은 것으로 알려진다. 이처럼 주일학교 교육은 영국 학교 교육의 출발점이 된다. 주일학교라는 이 시스템은 영국을 거치고 미국을 거쳐 다시 한국에서 엄청난 반향을 불러일으킨 것이 사실이었고, 한국교회 부흥과 다음 세대

---

2. '주일학교'와 '교회학교' 사이의 명칭 논쟁이 있어 왔다. 주일만 성경을 배우는 것이 아니니까 다른 대체 용어가 필요하다는 취지였다. 이 글에서는 역사적인 맥락을 제외하고는 '교회학교'라는 용어로 통일하여 사용하고자 한다.

들의 신앙 성장에 중요한 단초가 된 것은 부인할 수 없다. 그러나 이 시점에서 분명히 지적하고 싶은 것 두 가지는 첫째 주일학교의 출발 자체가 성경에서 출발하였다기보다는 산업혁명 시대의 사회적 상황과 부모의 책임이 회피되었을 때 사회적 필요에 의해 고안된 운동이었다는 점이다. 둘째 18세기 산업혁명 시대에 탄생한 주일학교 시스템이 21세기 4차 산업혁명(4IR; Fourth Industrial Revolution) 시대를 살아가는 다음 세대들의 신앙의 꼴을 잡아주는데 제대로 기능을 하고 있느냐는 점이다.

2.3. 피리를 불어도 춤추지 않는데

다시 산업혁명의 시대로 돌아간 것일까? 오늘 이 시대처럼 다음 세대의 신앙교육에 있어서 교회와 가정이 철저하게 분리된 적이 있었을까 싶다. 교회의 각 부서에서는 부모들의 역할에 대한 말들은 하지만 그것은 어디까지나 자조 석인 말이고 사실상 다음 세대 신앙교육에서 부모들을 마음으로 배제한 지는 오래인지도 모르겠다. 피리를 불어도 춤추지 않기에 교사들끼리 고전분투의 길을 택한 것 같기도 하다. 이것은 부모 역시 마찬가지다. 자녀 신앙과 관련해서 교회학교로부터 큰 것을 기대하는 대신 그저 막연한 것을 기대한다. 저기 보내면 일단 내 책임은 다한 것이겠지, 신앙이 자라겠지 라는 안도의 한숨을 내쉬면서 말이다. 그런 모호한 기대감과 함께 잠이 덜 깬 아이들을 교육관 안으로 밀어 넣는다. 그러니까 신앙 부모의 정체성이 '가르치는 자'가 아닌 '보내는 자'가 되어 버린 것이다. 그래서 '가정교육 설명서'의 저자는 아이를 교회에 보내 놓으면 '저절로' 신앙이 자랄 것이라고 기대하는 부모의 착각과 무책임함을 꼬집으며 가정신앙교육의 '의도성'을 강조한다(박신웅, 2018: 47-48).

3. 신앙교육, 가정에서부터! 왜?

이런 상황에서 현재 대부분 교회들이 보여주고 있는 다음 세대 신앙교육의 방향성은 성경이 말하고 있는 것과는 상당히 거리가 있어 보인다. 다음 세대 신앙교육에 대한 의무와 책임의 상당 부분을 여전히 교회와 각 개체 부서(교사)에 전가하고 있는 것처럼 보이기 때문이다. 이것은 결코 다음 세대를 세우기 위한 성경적인 모습은 아니다. 근본적으로 신앙교육은 하나님께서 부모에게 위탁하신 거부할 수 없는 책임이자 의무임이 분명하다. 그렇다면 다시금 다음 세대 신앙교육을 본 궤도로 올려야 할 때가 되지 않았을까. 이제 교회는 신앙교육의 책임과 의무를 다시 부모에게 돌리는 작업을 서둘러야만 한다. 물론 이 말은 지금부터 교회와 교육부서는 다음 세대 신앙교육에 손을 떼도 된다는 말이 아니라 부모들과 손을 맞잡아야 한다는 말이다. 그렇다면 왜 그리해야 할까?

3.1. 성경이 그렇게 명령했기 때문이다

많은 부모들이 다음 세대들의 신앙교육은 교회를 중심으로 이루어져야 한다고 생각한다. 때문에 교회학교에서 자녀들의 신앙교육을 책임지는 것을 너무나도 당연하게 여긴다. 그러면서 부모들은 슬그머니 뒷전으로 물러난다. 지금은 교회의 신앙교육을 너무 신뢰해(?) 오히려 가정에서의 신앙교육이 거의 이루어지지 않는지도 모르겠다. 그러나 성경에서는 자녀들의 신앙교육의 일차적인 책임과 사명을 교회에 맡긴 것이 아니라 분명히 부모에게 맡겼다(신 6:4-9, 시 22:30, 엡 6:4). 이것은 재론의 여지가 없는 사실이다. 특별히 좋은 시설과 다음 세대를 위한 체계적인 신앙교육 시스템을 갖춘 교회에 출석하는 부모라면 반드시 한 번쯤 더 곱씹어야 할 사실이다.

우리는 역사를 통해 아주 분명하게 배우는 사실이 하나 있다. 하나님께서 부모들에게 허락하신 신성한 신앙교육의 의무를 대수롭지 않게 여기게 되었을 때 다음 세대의 가치관은 속절없이 세속에 녹아들기 시작했다는 사실 말이다. 신앙교육, 가정에서부터 다시 시작하자는 말은 사실 그다지 새로운 말도 아니다. 이것은 성경에 명시된 원안으로 돌아가자는 말이다. 모세는 자녀 신앙교육에 관해 부모들에게 신신당부하며 이렇게 부탁한다.

> "내가 오늘 당신들에게 명하는 이 말씀을 마음에 새기고, 자녀에게 부지런히 가르치며, 집에 앉아 있을 때나 길을 갈 때나, 누워 있을 때나 일어나 있을 때나, 언제든지 가르치십시오. 또 당신들은 그것을 손에 매어 표로 삼고, 이마에 붙여 기호로 삼으십시오. 집 문설주와 대문에도 써서 붙이십시오."(신명기 6장 6-9절)

바울은 에베소의 아비들을 향해 이렇게 권면한다.

> "또 아비들아 너희 자녀를 노엽게 하지 말고 오직 주의 교훈과 훈계로 양육하라"(엡 6:4)

에베소서가 기록될 당시 가정은 틀림없이 오늘날처럼 부모가 자녀들의 비위를 맞추어야 하는 상황은 아니었다. 당시는 부모들이 자식을 한 인격체로 생각하기보다는 소유물로 생각해서 아무렇게나 부모 기분 내키는 대로 대했던 시대였다. 특히 자녀를 노엽게 하지 말라는 이 부분에서는 '부모'라는 단어를 쓰지 않고 '아비들'이라는 단어를 사용한 것도 주목할만하다. 이것은 당시 가정에서 아버지가 가지고 있던 절대적인 권위를 염두에 두고 한 말씀일 것이다. 그런 절대 권위를 행사하던 부모들에게 특별히 아버지들에게 너의 자녀를 노엽게 하지 말고 오직 주의 교훈과 훈계로 신앙교육을 하라고 권면하는 것이다. 자녀의 마음이 상하고 닫히면 그 어떤 말도, 심지어 주의 교훈과 훈계 조차 아이의 마음 밭에 심겨지지 않을 것이니까 아버지로서 각별히 조심하며 책임감을 가지고 신앙교육을 하라는 권면이다.

초창기 한국교회의 부흥과 성장, 그리고 신학을 형성하는 데 지대한 역할을 했던 곽안련 선교사(Charles Allen Clark, 북장로교 선교사, 1878-1961)는 자녀들의 신앙교육과 관련해서 교회와 부모들에게 뼈있는 일침을 남겼다.

> "주일학교는 그 부모의 가르치는 것을 보충하는 것이니 부모가 그 책임
> 을 내려놓고 그 선생이 다 할 수 없느니라"(곽안련, 1919: 269).

주일학교 시스템이 들불처럼 번지던 시대에 곽안련 선교사는 신앙교육의 일차적 책임은 엄연히 부모에게 있음을 한 번 더 상기시킨다. 만약 부모들이 건네주는 믿음의 바통(baton)을 다음 세대들이 손톱 밑의 때처럼 하찮게 여기고 귀찮게 생각한다면, 또 부모들이 자녀들과 믿음의 바통 터치를 실패한다면 그때부터 그 가정에는 참담한 사사기 시대가 재현될 것이다.

요즘 기성세대들은 다음 세대가 무섭다고 입버릇처럼 말하는데 왜 다음 세대들이 무섭고 위험할까? 수십 만 원짜리 패딩을 아무렇지도 않게 사 입고 다니는 경제 관념 때문에, 폭탄 맞은 것 같은 외모를 하고 다녀서, 아니면 태도와 사용하는 언어가 불량해서? 그렇지 않다. 다음 세대가 위험한 것은 궁극적으로 한 가지 이유에서 비롯된다. 그들이 하나님을 모를 때, 하나님을 떠날 때이다. 다음 세대들이 하나님을 모르면 그들은 정말 무서운 세대, 파괴적인 세대가 될 것이다. 그렇게 되어선 안 되겠지만 만약 그런 사사기 시대가 가정에서 재현된다면 하나님께서 그 책임을 누구에게 가장 먼저 물으실 것이라고 생각하는가? 교회에게? 교사들에게? 자녀 당사자에게? 분명히 하나님은 그 책임을 부모에게 가장 먼저 물으실 것이다. 신앙교육의 일차적 책임소재가

그만큼 분명하다는 말이다.

> "어머니께서 가시는 곳에 나도 가고 어머니께서 머무시는 곳에서 나도 머물겠나이다 어머니의 백성이 나의 백성이 되고 어머니의 하나님이 나의 하나님이 되시리니"(룻 1:16).

자녀들이 부모의 영향력 아래 있을 때 신앙교육은 매듭을 지어야 한다. 그래야 자녀들의 입에서 "어머니의 하나님이 나의 하나님이 될 것"이라는 룻의 고백이 가능할 것이다. 부모의 영향력이 작아질 때 신앙교육을 하겠다는 말은 어불성설이다. 자녀 신앙교육은 결코 기다리거나 차일피일 미루어서 될 일이 아니다. 자녀들의 입에서 룻의 고백이 나올 수 있도록 부모는 자녀 신앙교육에 있어서 후보선수가 아니라 주전선수가 되어야 한다. 왜냐하면 "부모는 자녀 신앙교육의 주체적 교사(the primary discipliner in the home)이기 때문이다(신형섭, 2020: 28).

3.2. 현실적인 이유 때문이다

교회에서 다음 세대들의 신앙교육에 할애되는 시간은 일주일 168시간 중 겨우 1시간 남짓이다. 지금의 교회학교들은 천편일률적으로 1시간 안에 한 주간 신앙교육을 끝장내려고 한다. 예배 30분, 분반공부 30분, 그리고 플러스 알파. 하지만 새친구 환영, 생일 축하, 광고 등 차(車) 포(砲)를 다 떼고 나면 정작 교사들에게 주어지는 분반 공부 시간은 길어야 20분 남짓 남는다. 교사들은 번개불에 콩 구워 먹는 심정으로 피교육생들을 독려하여 성경을 가르친다. 특히 청소년의 경우 중간고사와 기말고사 기간만 되면 썰물처럼 교회를 빠져나갔다가 시험이 끝나면 연어처럼 회귀한다. 분위기가 이러다보니 고등학교 3학년의 경우는 많은 부분에서 프리패스(free pass) 이용권을 부여받는다. 교회에 늦게 와도, 성경공부를 생략한 채 조퇴하여 학원으로 발걸음을 옮겨도 이해의 대상이 된다. 대도시의 상황은 더욱 심각하게 묘사된다. "수도권이나 대도시 교회들에서는 고3의 경우 교회 내에서 아무런 봉사도 시키지 않는 것이 관례다. 왜냐하면 고3 수험생이기 때문이다"(이정현, 2021: 59).

수영을 배우거나 태권도를 배우려고 하더라도 주 2-3회 이상은 수영장과 도장에 꾸준히 나가서 땀을 흘려야 실력이 향상되는 법인데, 보편적 교회학교는 일주일에 한 시간짜리 싸움으로 승부를 걸고 있으니 안타까울 따름이다. 현재 청소년이나 청년들에게 있어서 '신앙의 연수'와 '신앙의 깊이'가 정비례하지 않는 이유가 바로 이것이다. 물론 교사들이 최선을 다해보지만 이렇게 짧은 시간으로 세상의 골리앗과 맞서 싸우는 것은 사실상 도박에 가깝다고 할 수 있다. 그러다보니 대학에 입학한 학생들은 전신갑주로 무장한 이단들의 밥이 되고 마는 것이다. 이에 대해 박신웅(2018: 58)은 '신앙의 노출 빈도의 법칙'을 주장한다. 노출 빈도가 증가할 때 모방을 하게 되고, 모방함에 따라 교정과 연습, 성숙과 독자적 신앙훈련의 단계로 나아간다는 것을 도식화해서 보여 준다. 결국 신앙교육은 시간을 담보하는 것이고, 신앙교육에 있어서 모자라는 시간을 확보하려면 주일을 넘어서야 한다는 자명한 결론에 이른다.

이제 다음 세대 신앙교육은 주중에 얼마만큼의 의미 있는 시간을 더 확보할 수 있느냐의 싸움으로 전개되어야 한다. 결국 문제해결의 키(key)는 부모에게 있다. 그런데 부모들도 바쁘고 다음 세대들은 더 바쁘기 때문에 이것은 현실적이지도 않다고 말할 수 있다. 무엇보다 더 심각한 문제는 부모들의 세속화된 가치관인데, 부모의 교육관이 성경적이지 않고 지나치게 세속적이라는 것이다. '한국교회 교회교육 위기 유발요인'을 조사한 결과, 위기를 조장하는 1위 요인이 부모 요인이었다는[3] 점이 그 사실을 반영한다. 이런 상황 속에

---

3. http://gdknews.kr/news/view.php?no=11870

서 부모를 자녀 신앙교육 현장으로 불러내는 것은 지나치게 이상론적이라고 꼬집을 수도 있다. 그렇다면 어떻게 할 것인가? 문제를 알면서도 가장 편한 길만 고수한 채 곁가지만 살짝살짝 쳐가면서 나아갈 것인가? 이렇게 세상에 우리 자녀를 무기력하게 뺏길 수만은 없기에 가정과 부모들은 자녀 신앙교육의 일선으로 나와야만 한다.

3.3. 하나님 나라의 확장 때문이다

한국갤럽조사연구소(2015)에서 실시한 '한국인의 종교 1984-2021' 조사에 의하면 대한민국 안의 종교인구가 2014년에는 50%까지 내려왔는데 2021년에는 다시 40%로, 10%나 줄어들고 있음을 발견할 수 있다. 이것은 이미 우리 사회에 탈종교화가 시작되었다는 것을 의미한다. 특별히 20대(2014년 31%, 2021년 22%)와 30대(2014년 38%, 2021년 30%)의 탈(脫)종교 현상은 점점 가속화되고 있음을 알 수 있다.

그런데 현시점에서 더 심각한 것은 향후 종교인구에 지대한 영향을 미치는 우리 사회의 출산율(Total Fertility Rate)이다. 대한민국 통계청 자료에 의하면 2020년 한 여성이 평생 가임기간 동안 낳을 수 있는 출산율이 0.837명, 2021년 0.808명, 2022년 0.778명, 그리고 2023년에는 0.72명으로까지 떨어졌다. 이것을 좀 더 피부에 와닿게 표현한다면 1970년에 101만명의 신생아가 태어났다면 2011년에는 471,265명의 신생아가 태어났고, 2021년에는 260,562명이 태어났으며, 2023년에는 229,971명이 태어난 셈이다. 50년이 지나는 동안 출생아 수가 1/4로 줄어든 것이다.[4] 현재 전세계 UN 가입국 중 출산율이 1명 미만인 나라는 오직 한국뿐이니 "생육하고 번성하여 땅에 충만하라"(창 1:28)는 하나님의 말씀이 참으로 무색할 지경이 되었다. 이와 같은

---

4. https://namu.wiki/w/%EB%8C%80%ED%95%9C%EB%AF%BC%EA%B5%AD/%EC%B6%9C%EC%82%B0%EC%9C%A8

사회적 현상들이 교회 안으로도 직간접적으로 영향을 미치기 시작했다.

신앙인들의 감소 현상도 현저하게 눈에 들어온다. 2015년 4월 한국갤럽 조사에 의하면 한국 전체 성인 인구 중 기독교인 비율은 21%였다. 비슷한 시기 한국대학생선교회(C.C.C)에서 조사 발표한 바에 의하면 중고등학생 복음화율은 3.8%였다. 그리고 2016년 한국에서 가장 큰 교단인 대한예수교 장로회 예장통합교단 총회에 보고된 청년보고서에 의하면 교회 내 청년인구가 2.19%에 불과했다(신형섭, 2020: 64). 그런데 그 후로 코로나 상황까지 보냈으니 상황은 더 나빠졌을 것이라고 보는 것이 상식적이다.

아래의 도표(표1)는 2010-2020년 학령인구와 교회학교(예장통합) 인구 변화 추이를 드러낸 표인데 우리의 마음을 더욱 어렵게 한다. 표에서 보듯이 지난 10년 동안 초등학교 1학년에서 고등학교 3학년 때까지 일반사회의 학령인구 감소율이 -26%인데 반하여, 교회학교는 지난 10년 동안 초등학교 1학년에서 고등학교 3학년까지의 학령인구 감소율이 자그마치 -42%를 기록하고 있다. 최소한 이 연구 결과에 의하면 교회학교 학생들의 감소 속도가 일반 학령인구 감소율보다 자그마치 1.6배나 빠르다는 충격적인 사실을 발견할 수 있다.

<표 VII-1> 2010-2020년 학령인구 vs 교회학교(예장통합) 인구 변화 추이(단위: 1,000명)

학교급	초등학교			중고등학교			합계		
학령인구	2010	2020	증감율	2010	2020	증감율	2010	2020	증감율
교회학교	3,280	2,717	-17%	4,069	2,740	-33%	7,349	5,457	-26%
인구	228	130	-43%	188	110	-41%	416	240	-42%

*자료출처-학령인구: 통계청, 장래인구추이 2019.03. 교회학교 인구 추이: 예장통합교단 교세 통계

그렇다면 교회 안에 남아있는 다음 세대는 안전한가?『2021 크리스천 중고생의 신앙생활에 관한 조사연구』(2021)와『코로나 시대, 기독 청년들의 신앙생활 탐구』(2020) 조사에 의하면 더 충격적인 결과를 보게 된다. 연구 결과에 의하면 크리스천 청소년 중 '이런 추세로 간다면 앞으로 10년 후 나는 교회 나올 것 같지 않다'고 답한 비율이 자그마치 40%였고, 청년은 36%를 차지했다.

연구 결과가 보여주는 것처럼 교회 안에 다음 세대가 현저히 줄고 있다. 아니, 줄어도 너무 줄었다. 예전, 콩나물시루 같았던 교회학교 공간을 생각한다면 격세지감을 느끼게 된다. 이것이 전 세계에 선교사를 두 번째로 많이 파송하는 나라의 부끄러운 자화상이다. 이제 우리가 복음을 전해야 할 미전도 종족은 산을 넘고 물을 건너 먼 곳에 위치한 백성들이 아니라, 우리가 살고 있는 곳 근처에 위치한 초등학교와 중학교, 고등학교와 대학교가 바로 미전도 종족인 셈이다. 선교학자 루이스 부시(Luis Bush)는 30년 전 미전도 종족이 북위 4도에서 40도 사이(4/40 Window)에 몰려 있다고 주장했다. 하지만 이제 미전도 종족의 개념은 지역이 아닌 연령의 개념으로, 즉 만 4세에서 14세(4/14 Window)로 전환해야 한다고 말한다(신형섭, 2020: 65). 이렇게 숫자마저 줄어든 상황에서 부모를 통한 신앙교육마저 부실해진다면 하나님 나라 확장은 그야말로 진퇴양난을 맞이하게 될 것이다. 이런 현실적인 요구 때문에 부모들의 능동적인 신앙교육 개입이 절실히 필요한 것이다.

3.4. 다음 세대 교육은 전인을 위한 교육이어야 하기 때문이다

진정한 신앙교육은 다음 세대들의 전인에 관심을 갖는다. "기독교 신앙교육은 좁은 의미의 신앙생활 또는 교회생활 만을 의미하지 않는다. 모든 삶의 영역에서 주님의 주님 되심(Lordship)을 인정하는 것을 의미하고, 전인(whole person)을 포함하는 것이다."(박상진, 2012: 28). 누가는 그의 복음서에서 예수의 자람을 이렇게 묘사한다. "예수는 지혜와 키가 자라가며 하나님과 사람에게 더욱 사랑스러워 가시더라."(눅 2:52) 이 말씀은 우리가 추구해야 할 다음 세대 신앙교육이 단지 영적 차원을 넘어서서 지적, 신체적, 정서적, 관계적 차원까지 나아가야 한다는 사실을 간명하게 드러내고 있다.

팔머(1993)는 그의 책 『To Know as We Are Known』에서 지식의 두 가지 근원에 대해서 언급한다. 한 가지는 호기심과 지배욕에서 출발한 지식이고, 다른 하나는 사랑으로부터 출발한 지식이다. 후자의 지식은 다른 사람들을 섬기고 사랑하고 책임지는 일에 사용되는 지식인 반면 전자의 지식은 많이 가지면 가질수록 다른 사람을 누르고 통제하고 착취하는 삶을 살게 되는 지식 자체가 목적인 지식이다. 결국 사랑으로 출발한 지식을 획득하고 다음 세대의 전인을 교육하는데 최적의 장소는 가정이며 최고의 스승은 부모가 될 수밖에 없다. 왜냐하면 전인적 신앙은 구구단처럼 단순 암기해서 배울 수 있는 성질의 것이 아니라 가정과 공동체 안에서 배울 수 있는 것이기 때문이다. 분명한 것은 신앙과 가치관은 삶과 동떨어져 있는 것이 아니라는 사실이다. 자녀는 책을 통해 주어지는 지식이 아니라 부모와 신앙공동체의 산 경험을 통해 세계관과 삶의 가치관을 형성하고 신앙을 자각하게 된다. 존 웨스터 호프는 주일학교는 이미 죽었음을 강조하며, 다음 세대가 부모 세대의 믿음을 대물림하기 위해서는 주일학교가 아닌 신앙공동체 안에서 자라야 함을 강조한다.(기독교개혁신보, 2021년 5월 6일). 고대 그리스와 로마의 교육도 가정교육으로 시작되었고 자녀교육의 책임을 가족이 졌다는 것을 본다면 (Estep, Kim, Kuest, & Maddix, 2003) 처음부터 전인을 위한 교육의 답은 가정이었다.

이와 관련하여 크리스천 중고생의 신앙생활에 관한 의미 있는 연구가 코로나 전과 코로나 시기에 있었다(지용근. 2022b: 124). 질문 속에 '학생은 학생의 신앙생활에 가장 영향을 보여준 사람이 누구입니까?'라는 문항이 있었다. 설문 결과 압도적 1순위는 '어머니'였는데 이 수치는 코로나 전(53%)과

코로나 시기(54%)가 거의 동일했다. 이것은 다음 세대 신앙교육에서 어머니의 역할이 얼마나 중차대한지를 분명하게 보여 준다. 그 다음 순위가 '아버지'인데 2019년 30%에서 2021년 33%로 수치가 상승했다. 코로나 전에는 2순위가 '목회자'(33%)였는데 코로나 후에는 2순위가 '아버지'로 바뀐 것이다. 코로나가 안겨 준 의미 있는 긍정적 변화라고 할 수 있다. 어쩌면 코로나는 좀체 본 궤도로 돌아오기를 거부하는 다음 세대 신앙교육을 원상태로 복귀시키기 위한 하나님의 지혜였는지도 모른다. 앞의 연구는 결국 신앙은 가르쳐지는 것이라기보다 붙잡혀지는 것이고, 기본기는 보여줌으로 가르쳐진다는 것을 여실히 보여 준다. 그리고 부모는 자녀에게 최고의 인플루언서(Influencer, 영향력을 행사하는 사람)임을 보여 준다. 부모만큼 아이와 하나님의 관계를 주의 깊게 살필 수 있는 사람은 없다. 전인교육으로서 신앙교육이 가정에서부터 시작되어야 할 네 번째 이유이다.

3.5. 전략적 제휴가 필요하기 때문이다

다음 세대들의 신앙교육을 위해 너무나 진부한 얘기를 다시 할 수밖에 없는 듯하다. 가정과 교회가 이렇게 따로국밥으로 기능한다면 이 시대를 살아가는 우리 자녀 세대들의 생각과 삶의 세속화를 막아낼 도리가 없다. 어쩌면 부모들은 마땅히 다른 대안이 없어서 지금껏 흘러오는 대로 자녀들을 교회학교에 맡기고 신앙 부모의 책임을 다했다는 믿음의 대범함을 보이는 것은 아닌지, 또 교회학교는 현상 유지라는 어쩌면 가장 손쉬운 방법만을 붙잡고 나가는 것은 아닌지 모르겠다. 더 이상 서로 대책 없이 손을 놓거나 미루어서는 안 된다. 부모는 신앙교육의 첫 번째 책임을 지고 교회와 부서는 부모와 자녀들을 책임있게 섬김으로 다음 세대를 세워나가야 한다. 그런데 부모는 자녀 신앙교육의 첫 번째 책임자임에는 분명하지만 그렇다고 해서 전지전능하지는 않다. 그래서 동역자인 교회와 교사들이 반드시 필요하다. 앞서 이야기한 것처럼 이제 부모나 교회가 단지 신앙의 전수자라는 역할을 넘어 선교사의 역할을 감당해야만 한다면 부모와 교회의 전략적 제휴는 선택이 아니라 필수인 것이다. "신앙교육에 있어서 가정과 교회의 연합은 이미 20여 년 전부터 주목받고 강조되어온 다음 세대 교육목회의 패러다임이었다. 하지만 Covid-19를 겪으면서 가정에서의 부모교육의 필요성이 더 강조되고 있다"(지용근 등, 2022a: 204). 이에 신형섭은(2020: 24) "성경은 다음 세대를 세우는 일은 먼저 부모 세대의 믿음을 회복시키는 것부터임을 일관되게 증언하고 있습니다"라며 '부모 세우기'를 역으로 제안한다.

'가정신앙 및 자녀 신앙교육에 관한 조사'(한국 IFCJ 가정의 힘, 2021)도 이 필요를 뒷받침한다. '자녀 신앙교육에 대해서 구체적인 방법을 알고 있습니까?'라는 질문에 응답한 부모의 48%는 모른다는 부정 대답을 했다. 2명 중 한 명의 부모는 자녀 신앙교육에 관한 구체적 방법을 모른다는 말이다. 그렇다면 '귀하가 출석하는 교회에서 자녀 신앙교육훈련을 받은 경험이 있습니까?'라는 질문에 '없다'라고 대답한 응답자가 73%나 된다. 그렇다면 그 방법을 배우는 것에 대해서 필요성을 느끼는지 질문하니, '매우 느낀다 + 약간 느낀다'라고 대답한 부모가 무려 82%였다. 이 연구에서 보듯이 부모들은 자녀 신앙교육의 구체적 방법을 배우고 싶어 한다는 것이다. 다음 세대를 신앙으로 교육하는 문제에 있어서 단순한 열정과 헌신만으로는 안 된다. 다음 세대에 대한 문화적 이해도 있어야 하고, 자녀들 개개인에게 다가가고 접근할 수 있는 상담 기법도 어느 정도 갖추어야 하며, 관계를 맺는 소통의 기법도 알아야 한다. 이런 부분에 대한 도움이 절실한데 부모들이 그것을 요구하고 있다는 것을 교회가 알아야 한다. 그래서 교회와 교육부서는 각 가정이 신앙교육의 현장이 될 수 있도록 구체적으로 또 실천적으로 도와야 한다. 미국 노스포인트 교회(North Point Community Church)의 사역자인 조이너(2011: 89)는 『싱크 오렌지, Think Orange』라는 그의 책에서 이 원리를 빨간색, 노란색,

그리고 오렌지색으로 설명한다. 빨간색은 가정에서 이루어지는 뜨거운 사랑의 가르침을 상징하고 노란색은 교회에서 이루어지는 진리의 가르침을 상징한다. 오렌지색은 앞의 두 기본 색깔이 만나 새롭게 창조되는 이차색인데, 다음 세대 신앙교육에 있어서 오렌지색의 양육 환경이 조성될 때 가장 효율적으로 또 성경적으로 신앙교육이 이루어짐을 주장하며 다음 세대 신앙교육에 있어서 가정을 최상의 파트너로 인정하며 그들을 세워나가고 있다.

4. 가정 신앙교육 프로그램

아래는 각 가정과 교회에서 가정신앙교육을 실천할 수 있는 몇 가지 방안을 제안하고자 한다. 사실 많은 교회들은 가정에서 부모를 통한 신앙교육이 좀 더 효과적으로 이루어질 수 있도록 다양한 프로그램을 기획하여 시행하고 있다. 물론 단회성이나 이벤트성으로 끝나는 경우가 비일비재하지만 문은 두드려야 열리는 법이다. 월별 혹은 분기별로 드려지는 '온세대 통합예배', '온 가족 새벽기도회' 혹은 온 가족이 함께하는 절기 예배나 기념 주일 예배 등은 이미 여러 교회들이 가정신앙교육을 세우기 위해 실시하고 있는 프로그램들이다. 자녀와 함께하는 '국내 선교지 탐방'이나 아기와 엄마가 함께하는 '아기학교' 혹은 자녀 신앙교육에 있어서 직접적인 도움을 얻을 수 있는 '부모학교'도 몇몇 교회들을 중심으로 진행되고 있다.

부모가 자녀에게 신앙을 전수할 수 있는 가장 대표적인 프로그램은 역시 가정예배이다. 가정예배는 그 가정이 누구에게 속해 있는지를 간명하게 확인시켜 준다. 청교도 신학자인 비키(Beeke, 2009: 7)는 "하나님께서 가정의 부모들에게 그들의 자녀들로 하여금 살아 계신 하나님을 예배하도록 인도하는 것은 의심할 바 없는 의무다"라고 말한다. 여러 신앙교육 간증집들을 보면 가정예배의 긍정적 효과는 자녀들의 공예배 참석과 진정한 예배자로 세워지는 것으로 자연스럽게 이어지는 것을 볼 수 있다 (최에스더, 2012).

첫째, 변형된 형태의 가정예배 프로그램이 있었으면 좋겠다. 지소영(2020; 73)은 월터 헨릭슨(Walter A. Henrichasen)의 말을 인용하여 가정신앙교육의 문제점을 이렇게 드러낸다. "지금 수많은 기독교 가정이 있다. 하지만 가정에서 자녀들을 영적으로 양육하는 가정은 거의 없다. 또한 가정에서 예배를 드리는 가정도 별로 없다. 그 이유는 모두가 너무 바빠서 그렇다." 이처럼 바쁜 이유로 가정예배를 피하기도 하겠지만 어쩌면 그에 못지않게 큰 이유는 자녀들의 기억 속에 있는 가정예배에 대한 부정적 경험과 그로 인한 심리적 부담감 때문일 것이다. 이전에 가정예배를 경험한 적이 있는 다음 세대들에게 가정예배는 또 하나의 격식화된 주일 예배의 연장선 혹은 아류라는 것이다. 자녀들의 이런 부담감을 완화 시키려는 여러 의미있는 시도들이 있다. 예를 들어 상당교회(www.sangdang.org)는 가정예배를 변형하여 '10·10 QT 패밀리'를 시행하고 있다. 이것은 밤 10시에 10분간 가족들이 모여 말씀을 묵상하며 나누는 가족 모임이다. 이외에도 'Family Fun Time', '하브루타 타임', '부모와 자녀의 30일 대화' 등 변형된 형태의 가정예배를 통해 부모는 자녀들의 신앙에 의미있는 영향력을 끼칠 수 있을 것이다. 임경근의 책『콕 집어 알려주는 가정예배 가이드』와 존 맥스웰과 브래드 루이스의 공저인 『주님과 함께하는 푸짐한 밥상 : 365일 가정예배 지침서』가 도움이 될 것이다.

둘째, 세례(입교)식은 세례받는 당사자만의 축제가 아니라 온 가족의 축제로 의미있게 만들 수 있을 것이다. 보편적으로 세례식 때는 세례 대상자가 강단으로 올라와서 의식을 치르게 된다. 하지만 이것을 온 가족의 축제로 승화시킨다면 훨씬 더 의미심장한 신앙교육의 장이 될 수 있을 것이다. 그러니까 당사자의 모든 가족들이 함께 나와서 자녀나 손주의 세례식에 능동적으로 참여하는 것이다.

셋째, 가족 단위로 단기선교나 비전트립에 참여하는 것도 신앙교육에 큰 도움을 얻을 수 있을 것이다. 아무래도 선교의 현장은 우리 자녀 세대들이 생활하는 곳보다 상대적으로 열악하다. 그런 복음 선교의 현장을 자녀들이 보는 것도 도전이 되겠지만, 그곳에서 부모들이 땀 흘리며 섬기는 모습을 보는 것은 자녀들의 가치관 형성에 말할 수 없이 큰 도움이 될 것이다. 삶은 언제나 말보다 더 크게 말하기 때문이다.

넷째, 부모들이 좀 더 능동적으로 참여하는 수련회나 캠프를 구성하면 좋을 것이다. 수련회 중 부모들이 잠시 들러서 자녀들을 격려하거나 함께 저녁 예배를 드리는 것도 의미가 있겠지만 그 단계를 넘어설 수 있다면 좋겠다. 예컨대 '아빠 찬양팀'이나 '엄마 찬양팀'을 구성해서 좀 더 능동적으로 참여할 수 있다면 좋겠고, 어떤 비중있는 프로그램을 부모들이 맡아서 준비하고 진행한다면 훨씬 더 의미있는 시간이 될 것이다. 이런 프로그램을 통해 발견된 부모자원은 곧바로 교사자원으로 연결될 수 있는 잠재적 장점도 있을 것이다.

다섯째, 교회적으로 모든 세대의 성도들이 함께 참여할 수 있는 의미있는 프로그램이 있었으면 좋겠다. 새들백교회(Saddleback Community Church)에서는 한 해에 한 번씩 모든 성도들이 참여하는 프로그램을 시행한다. 공동체 40일(Community 40 Days), 피스 플랜 40일(PEACE Plan 40 Days), 목적 40일(Purpose Driven Life 40 Days) 등이 대표적인 예이다. 예컨대 '피스 플랜 40일' 중에는 소그룹별로 각 지역의 가난한 사람을 섬기는 행사가 있는데 그때는 각 소그룹의 모든 구성원들이 함께 참여한다. 그래서 자연스럽게 다음 세대에게 살아있는 신앙교육을 전수하는 현장이 되는 것이다. 거듭 말하지만 부모의 첫 번째 사명은 가르치는(teaching) 것이 기보다는 보여 주는(showing) 것이다. 사실 신앙교육을 포함하여 모든 형식적(formal) 교육과정은 교실에서 발아하지만 가정이나 공동체와 같은 무형식(nonformal) 혹은 비형식(informal)의 터전에서 꽃을 피우고 열매를 맺는 법이다.

여섯째, 부모헌신예배를 기획하는 것은 어떨까? 교사와 학부모와의 만남, 학부모-교사 기도회, 부모 세미나, 교사 헌신예배 등은 이미 차고 넘치지만 정작 자녀 신앙교육에 대한 동기부여를 받으며 또 한번 부모로써 하나님 앞에 재헌신을 다짐하는 시간은 딱히 없는 듯하다.

일곱째, 믿음의 조부모는 손주들의 신앙교육을 직간접적으로 후원할 수 있음을 활용할 수 있다. 최근 조부모의 조건없는 사랑과 신뢰가 '친사회적 행동'(pro-social behavior)을 강화한다는 연구 결과도 있다(신형섭. 2020에서 재인용). 교회에서 시니어 모임 때 '조부모의 신앙 전수, 어떻게 할 것인가?' 그 방법을 교육하는 것도 손주들 뿐만 아니라 시니어 본인들을 위해서도 좋은 영적 프로그램이 될 수 있을 것이다.

마지막으로 가정신앙교육을 실천하고 있는 교회들은 부모가 가정에서 자녀를 교육할 수 있는 자료들과 노하우들을 홈페이지 등을 통해 다른 교회나 가정들이 사용할 수 있도록 공유할 수 있다면 좋겠다. 다음 세대 신앙교육 문제는 비단 어느 특정화된 교회나 가정이 직면한 문제가 아니다. 오늘 이 시대 대부분의 교회와 부모들이 직면한 지극히 현실적인 문제이다. 하지만 상기한 바와 같이 부모는 전능하지 않고 교회도 여력이 안 되는 곳들이 대다수이다. 다음 세대를 세워가는 이 부분에서도 '우리는 거룩한 공교회를 믿습니다'라는 신앙고백의 공교회성이 우리 안에서 이루어지길 소원한다. 아울러 여력이 되지 않는 교회들은 하늘만 올려다 보거나 먼 산만 쳐다볼 일이 아니라 몇 교회들이 연합(connection)을 이루어 서로 상생할 길을 찾아야 할 것이다.

5. 가치관 전쟁

5.1. 맹모(孟母)와 'SKY 캐슬' 안의 여인들

맹모삼천지교라는 말이 있다. 맹자의 어머니가 자녀교육을 위해 쏟은 정성과 지혜를 일컫는 고사성어이다. 맹모는 아들의 교육을 위해서 세 번 이사를 한다. 먼저 묘지 근처로, 다음엔 시장 근처, 그리고 마지막에는 학교 근처로 이사를 한다. 묘지 근처로 이사한 까닭은 아들이 그곳에서 인간의 가장 본질적인 문제 즉, 삶과 죽음에 대해 깨닫고 인생의 의미를 깊이 습득하도록 함이었다. 시장 근처로 이사한 것은 삶의 현장과 그 속에서 치열하게 부대끼며 살아가는 경쟁의 원리를 체험하도록 하기 위함이었다. 마지막 학교 근처로 이사한 것은 그곳에서 학문의 깊음과 소중함을 깨닫도록 하기 위함이었다고 한다. 오늘 같은 포장이사의 손쉬운 개념이 없었던 시절이라 한 번 이사를 결심하는 것도 상당한 용기가 필요했을 텐데, 비록 맹모는 문맹이었다고는 하나 보통 어머니가 아니었음은 분명했던 것 같다.

좋은 학군이 있는 곳으로 혹은 활성화된 학원가가 밀집된 지역으로 거주지 이전도 마다하지 않는 현대의 과열 학부모들을 맹모에 빗대어 말하기도 한다. 하지만 맹자나 맹모가 이 말을 들었다면 상당한 불쾌감을 표시했을 것이다. 왜냐하면 적어도 맹모가 가졌던 이사의 동기나 목적은 'SKY 캐슬'[5] 안에서 살아가던 어머니들의 동기와 목적과는 달라도 너무 달랐기 때문이다. 난세에 세상을 구할 인재로 키우겠다던 맹모의 교육열과 아이를 더 높은 곳에 세우기 위해서라면 수단 방법을 가리지 않는 캐슬 여인들의 교육열은 본질에서부터 너무 큰 차이가 난다.

---

5. 'SKY 캐슬'은 2018년 11월 23일부터 2019년 2월 1일까지 방영한 JTBC 드라마이다. 대한민국 상위 0.1%가 모여 사는 'SKY 캐슬'이라는 장소 안에서 남편은 왕으로, 자녀들은 천하제일 왕자와 공주로 키우고 싶은 명문가 출신 사모님들의 처절한 욕망을 낱낱이 들여다본 풍자 드라마였다.

맹모삼천지교는 교육에 있어서 교육환경도 얼마나 중요한 요소인지, 그리고 그런 환경에 자녀를 노출 시키는 것이 얼마나 소중한지를 알게 해 준다. 하지만 맹모가 보여준 더 중요한 가르침은 부모에게는 분명한 교육철학이 있어야 한다는 것이고 그 교육철학은 흔들지 말아야 한다는 사실이다. 신앙인에게는 신앙인다운 교육철학이 있다. 하나님께서 한시적으로 맡겨주신 이 아이들에게 부지런히 성경을 가르쳐서 세상과 열방을 축복하는 아이로 키우는 것이다. 그러기 위해선 부와 명예, 권력의 꼭대기를 보도록 은근히 부추기는 대신 하나님 나라를 보고 품을 수 있도록 그리고 주위를 축복하며 살 수 있도록 시선과 생각의 물꼬를 자꾸만 그쪽으로 틀어 주어야 한다. 엄마의 능력이 아이의 미래를 좌우한다며 무한 열정과 정보력으로 무장하고 있는 세속 어머니들의 틈바구니 속에서 신앙의 부모들은 절대 흔들지 말아야 한다. 결국 집과 성을 세우는 자는 하나님이시기 때문이다(시 127:1).

5.2. 결국은 가치관 전쟁

상황이 이렇다면 프로그램 하나 둘 잘 개발한다고 지금의 문제가 해결되는 것은 아니다. 절대 그렇게 되지 않을 것이다. 이렇게 속단하는 것은 좋은 신앙교육프로그램의 개발이 무의미하다는 것을 말하는 것이 아니다. 이것은 본질적으로 가치관의 싸움이기 때문이다. 만약 프로그램 싸움이라면 그렇게 크게 염려할 것은 아니다. 그러나 가치관의 싸움이기에 힘도 들고 요원해 보인다.

한국교회의 미래가 점점 어두워진다고 할 때 그 말은 단지 교회 안에 줄어들고 있는 다음 세대의 숫자 때문이 아니라 신앙의 부모들 사이에 흐르는 영적 분위기 즉 자녀교육에 관해서 만큼은 세상과 전혀 다름이 없는 가치관 때문이다. 특별히 공부와 대학입시 문제에 관련해서 만큼은 많은 신앙의 부모들도 철저하게 세속적인 가치관을 가지고 있다. 그래서 획일적인 경쟁주의에 자녀를 내몰며 다른 사람의 자녀보다 내 자녀가 앞서기만을 바라는 그릇된 교육열에 사로잡히기도 한다. 한 연구 조사에 의하면 시험 기간과 예배 시간이 겹칠 경우 '예배보다 학원을 우선한다'고 응답한 학부모 중 57.4%가 중직자였다는 것은 가정 신앙교육과 신앙의 부모들이 가진 가치관의 적나라한 현실이기도 하다(기독일보. 2021년 2월 8일). 그렇다면 결국 이것은 교육을 통해 신분 상승을 꾀하는 가치관 전쟁에 관한 것이다.

우리 사회는 시험과 교육을 통해서 자신의 신분을 변화시킬 수 있다는 600년 넘은 전통을 가지고 있다. 조선 시대 과거시험은 자신의 신분을 변화시킬 수 있는 합법적인 유일한 통로였다. 조선이라는 사회에서는 사농공상(士農工商)이라고 해서 엄연한 신분의 높낮이가 있었다. 그런데 그 신분의 벽을 합법적으로 깰 수 있는 유일한 방법이 과거시험이었다. 시험을 통해 자신의 신분을 업그레이드할 수 있었던 것이다. 대학입시도 크게 다르지 않다. 그래서 죽을힘을 다해서 학업에 매달리는 것이다. 일류대학 아니, 인 서울(in Seoul) 대학을 꿈꾸며 말이다. 이처럼 신앙인 부모들이 싸워야 할 세상의 시스템(특히 대학입시라는 시스템)이 너무 거대하다. 결국 해답은 '교육 = 입시'가 아니라고 온몸으로 시대의 가치관에 저항하는 부모의 거듭남에 달려있다(주경훈, 2022: 19-22).

6. 나가며: 잠깐 찾아온 손님

자식은 부모에게 잠깐 찾아온 손님과 같다고 한다. 때문에 부모들은 그 손님들인 우리 자녀들이 잠시 우리 가정에서 잘 쉬고 먼 여행길을 떠날 수 있는 근력을 키워 주어야 한다. 그래서 하나님께서 우리에게 자녀들을 맡겨주신 시간 동안 따뜻한 성품의 사람으로, 하나님의 선하시고 기뻐하시고 온전하신 뜻이 무엇인지 분별할 수 있는 능력을 지닌 사람으로, 세속에 물들지 아니하고 세속과 거슬러 싸울 수 있는 분명한 가치관을 지닌 사람으로 양육하는 것이 부모에게 주신 과제이다.

하지만 가정에서의 자녀신앙교육은 부모의 힘만으로는 너무 벅찰 수밖에 없다. "어린이 하나를 가르치는 데 온 마을이 필요하다"(It takes a whole village to teach a child)라는 아프리카 속담이 있다. 그런데 이 속담은 아프리카 오지의 어느 부족에 국한된 이야기가 아니라 바로 오늘 우리들의 이야기이기도 하다. 자녀를 신앙으로 양육하는데 '마을 전체'는 각 가정뿐만 아니라 교회와 교육부서를 총괄할 것이다. 원석을 보석으로 바꾸는 이 일에 교회학교 중심(Sunday school-centered)의 신앙교육에서 가정 중심(home-centered)의 신앙교육으로, 그리고 교회가 적극적으로 후원하는(church-supported)형태로의 전환이 필요하다(Strommen & Hardel. 2009: 23). "한 사람이면 패하겠거니와 두 사람이면 맞설 수 있나니 세 겹줄은 쉽게 끊어지지 아니하느니라"(전 4:12)는 전도자의 말씀이 이 시점에서 우리 모두가 기억해야 할 말씀일 것이다.

참고문헌

곽안련(1919). 목사지법, 조선예수교서회

나무위키(2024년 3월 6일). 대한민국/출산률 https://namu.wiki/w/%EB%8C%80%ED%9 5%9C%EB%AF%BC%EA%B5%AD/%EC%B6%9C %EC%82%B0%EC%9C%A8 2024년 3월 7일 검색

박상진(2012). 기독학부모교실. 서울: 예영커뮤니케이션.

박신웅(2018). 가정신앙교육. 서울: 생명의양식.

방현철(2022년 1월 26일). 교회학교 교육패러다임 전환 절실, 존폐위기에 내몰린 교회가 늘고 있다. 기독교신문 http://gdknews.kr/news/view.php?no=11870 2024년 2월 25일 검색.

최재봉(2019). 포노 사피엔스. 서울: 샘앤파커스.

한국갤럽조사연구소(2015). 한국인의 종교 1984-2014. 서울: 한국갤럽조사연구소.

신형섭(2020). 자녀 마음에 하나님을 새기라 교회와 부모가 함께하는 신앙교육 매뉴얼. 서울: 두란노.

양승헌(2021년 5월 6일). 주일학교가 환골탈태해야 교회가 산다. 기독교개혁신보. repress. kr/24967/ 2024년 2월 22일 검색

이정현(2021). 주일학교 체인지. 서울: 생명의 말씀사

지소영(2020). 153 가정예배. 서울: 두란노.

지용근 et al(2022a). 한국교회 트렌드 2023. 서울: 규장

지용근(편)(2022b). 2021 통계로 보는 한국 사회 그리고 한국 교회(Vol. 3). 목회데이터연구소.

주경훈(2022). 부모 거듭남 메타버스 세대를 교육하기 위한 30가지 부모 질문. 서울: 꿈미.

최에스더(2012). 성경으로 키우는 엄마. 서울: 규장

통계청(2023). 2022년 사망원인통계 결과 https://www.kostat.go.kr/board.es?mid=a10301 060200&bid=218&act=view&list_no=427216 2024년 3월 2일 검색

한국 IFCJ 가정의 힘(2021). 가정신앙 및 자녀 신앙교육에 관한 조사

Beeke, R. J(2009). Family Worship, Grand Rapids: Reformation Heritage. 7

Estep, J. R., Kim, J. H., Kuest, A. W., & Maddix, M. A.(2003). The Heritage of Christian Education College Press Publishing Company.

Parker J. P. (1993). To Know as We Are Known: Education as a Spiritual Journey. HarperOne.

Strommen, M. P., & Hardel, R. A.(2000). Passing on the faith: A radical new model for youth and family ministry. Saint Mary's Press.

제8장

교육목회의 현장: 가음정교회 사례를 기초로

제인호(가음정교회)

1. 들어가며: 교육목회란?

교육목회가 무엇인지를 잘 보여주는 두 곳의 성경구절을 소개한다. 첫째는 에베소서 4장 11-12절이다.

그가 어떤 사람은 사도로, 어떤 사람은 선지자로, 어떤 사람은 복음 전하는 자로, 어떤 사람은 목사와 교사로 삼으셨으니 이는 성도를 온전하게 하여 봉사의 일을 하게 하며 그리스도의 몸을 세우려 하심이라(엡 4:11-12)

"어떤 사람은 목사와 교사로 삼으셨으니"라는 표현은 마치 목사와 교사가 별개인 것처럼 생각할 수 있는 여지가 있지만 원래 의미는 목사와 교사는 구분되는 직분이 아니라 목사가 곧 교사라는 사실을 가리킨다. 이는 곧 목사에게는 성도들을 가르치고 훈련하는 교사의 역할이 주어져 있다는 것을 뜻한다. 근래에는 교육이라는 말보다는 '훈련'이라는 말을 선호한다. 교육과 훈련이라는 두 개념은 의미가 다르지만 유사한 점도 많다. 이런 점에서, 성도들을 교육하고 훈련해서 그리스도의 제자로 세워나가는 것을 교육목회라고 정의하고 싶다.

두 번째 성경구절은 디모데후서 2장 2절이다.

또 네가 많은 증인들 앞에서 내게 들은 바를 충성된 사람들에게 부탁하라
저희가 또 다른 사람들을 가르칠 수 있으리라(딤후 2:2)

이 말씀에는 사도 디모데가 바울에게서 들은 것, 즉 사도적 가르침이 어떻게 다른 사람들에게로 흘러가야 하는지가 잘 나타나 있다. 그것을 정리하면 아래 그림의 좌측과 같다.

[그림 VIII-1] 신앙교육의 계대성

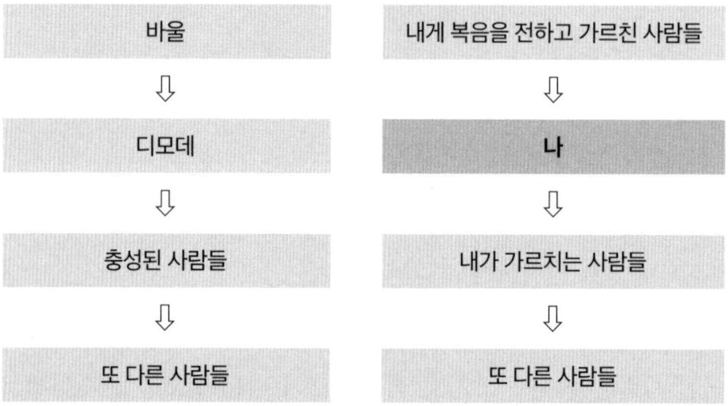

바울	내게 복음을 전하고 가르친 사람들
⇩	⇩
디모데	**나**
⇩	⇩
충성된 사람들	내가 가르치는 사람들
⇩	⇩
또 다른 사람들	또 다른 사람들

"바울 → 디모데 → 충성된 사람들 → 또 다른 사람들"이라는 구조 속에서 복음이 전수되는 것처럼 교회 안에서 세대를 거치면서 신앙이 전수되어야만 하는 것이다. 필자는 이것을 '계대성(界代性)'이라고 부른다. 복음의 계대성은 오늘도 계속되어야 한다.

위에서 소개한 그림의 우측에서 보듯이 '디모데'의 자리에 목회자로서의 자신을 넣어 보자. 분명 나에게 복음을 전했거나 은혜를 끼쳐 믿음의 삶을 살게 하고 목회자로 헌신하도록 영향을 끼친 분이 있을 것이다. 그러면 그분이 나의 '바울'이 된다. 목회자로서의 나 자신에게는 다음 세대를 비롯한 모든 성도들을 가르치고 훈련해야 하는 책임이 있다. 그들이 바로 '충성된 사람들'

이 되는 셈이다. 목회자인 나에게는 그들이 영적으로 잘 성장하여 또 다른 사람들을 가르치도록 지도해야 하는 책임도 있다. 이렇게 사도적 가르침이, 올바른 복음적 신앙이 대를 이어 흘러가게 하는 것, 그것이 바로 교육목회이다.

이러한 교육목회를 목회 현장에서 구현하는 길은 크게 보면 두 가지가 있다. 첫째는 장년 성도를 위해서 체계적인 양육 과정을 준비하여 신앙교육에 힘쓰는 것이며, 둘째는 교회학교를 통하여 다음 세대를 위한 신앙교육에 힘쓰는 것이다.

2. 장년 성도를 위한 양육 과정

2.1. 장년 성도를 위한 양육 과정 계발의 원리

교회에는 가르치고 훈련하는 프로그램이 반드시 필요하다. 성도들이 가지고 있는 다양한 지적 호기심과 요구를 채워주려는 의지와 노력이 필요하다는 점에서도 그렇지만 장년 성도들을 그리스도의 제자로 세워가기 위한 점에서도 그렇다. 따라서 목회자는 장년 성도를 위한 양육 과정을 체계적으로 준비해야 한다.

장년 성도를 위한 체계적인 양육 과정을 준비하려면 아래의 세 가지 단계를 따르는 것이 유익하다.

- 발견하라(Find): 시중에 나와 있는 양육 과정 중에서 교회와 목회자의 상황이나 목표에 적합한 것이 있는지 찾아보고 있으면 그대로 채택하면 된다.
- 수정해서 적용하라(Modify): 바로 적용하기 어렵지만 일부 수정하면 즉시 사용할 수 있는 양육 과정이나 교재가 있으면 수정해서 적용하면

된다.

- 계발하라(Develop): 교회나 목회자의 상황이나 목표에 적합한 것을 찾기 어려우면 직접 계발하여 사용해야 한다.

2.2. 가음정교회의 사례

가음정교회의 양육 과정은 크게 보면 아래의 그림과 같이 동화(assimilation)과정, 필수과정, 사역훈련과정, 선택과정, 가정사역과정으로 구성되어 있다.

[그림 VIII-2] 가음정교회의 양육과정

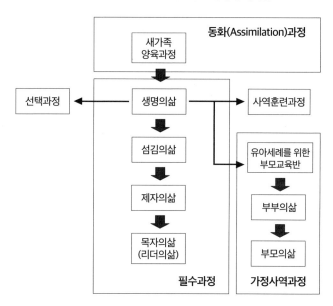

동화(assimilation)과정은 새가족 양육과정을 가리키는데 굳이 동화과정이라고 말한 것은 새가족 양육과정을 통해서 교회의 비전과 사명, 가치 등을 공유하게 함으로써 새가족을 가음정교회의 구성원으로 바로 동화하기 위한

목적을 가지고 있다.

필수과정은 생명의삶, 섬김의삶, 제자의삶, 목자의삶으로 구성되어 있다. 가음정교회에서는 생명의삶을 수료하지 않으면 교회에서 섬길 수 없다. 생명의삶은 학습세례교육을 대신하기도 한다. 생명의삶을 수료하면 학습세례교육을 받지 않아도 되는 것이다.

섬김의삶은 서리집사를 양성하기 위한 과정이라고 할 수 있다. 원래 가음정교회에서는 제자의 삶을 수료하지 않으면 중직자 선출을 위한 공동의회에서 피선거권을 가질 수 없었다. 지금은 완화해서 섬김의삶만 수료해도 피선거권을 주지만 오랫동안 제자의삶이 피선거권의 조건이었기 때문에 가음정교회 대다수 성도들은 그 사실을 인지하고 있고 제자의삶을 수료하지 않은 사람이 피택이 되면 반드시 제자의삶을 수료해야만 한다.

목자의삶은 소그룹 공동체를 중시하는 목장교회로서의 가음정교회의 정체성과 관련된 것으로서 목자를 양성하는 과정이다. 리더의삶은 괄호 안에 들어가 있는데 성도들을 영적 리더십을 구비한 그리스도인으로 양성하기 위한 목표를 가지고 있지만 아직 준비되지 않았다.

사역훈련과정은 가음정교회가 감당해야 할, 혹은 성도들이 가음정교회에서 감당해야 할 사역을 위한 훈련이다. 교사들을 위한 교사세미나, 전도 훈련을 위한 EDI 전도제자훈련, 중보기도훈련 등이 여기에 포함된다.

선택과정은 부교역자들이 자원해서 개설하는 강좌이기 때문에 해마다 조금씩 달라진다. 여러 부교역자들이 다양한 과정을 개설했었는데 2024년 상반기에는 '은혜 안에 거하는 삶'과 '유니게학교'가 개설되었다.

가정사역과정은 성도들의 가정이 하나님이 기뻐하시는 가정이 되게 하려는 목적으로 개설했는데 유아세례를 위한 부모교육반을 수료한 부부가 출산하면 아이가 처음 교회 오는 날 유아세례를 주고 있으며, 부부의삶은 성경적으로 건강한 부부관계에 관한 내용, 부모의삶은 그리스도인 부모가 자녀들을 어떻게 양육할 것인지에 관한 내용을 담고 있다. 부부의삶과 부모의삶은 코로나19 이후로는 중단되어 있다.

3. 주일학교를 통한 다음 세대의 신앙교육

다음 세대의 신앙교육이 교회학교를 통해서만 이루어지는 것은 아니지만 주로 교회학교를 통해서 이루어지는 것이 사실이다. 교육목회적 관점에서 주일학교를 통한 다음 세대의 신앙교육과 관련한 원리를 살펴보자.

3.1. 교회교육의 책임은 궁극적으로 담임목회자에게 있다

교회교육보다 큰 개념이라고 할 수 있는 기독교교육 혹은 신앙교육은 크게 가정에서의 신앙교육과 교회에서 이루어지는 신앙교육 즉 교회교육이라는 두 가지 영역에서 이루어진다. 가정에서의 신앙교육의 책임은 가정에 주어져 있으며, 교회교육의 책임은 전 교회에 주어져 있다. 그리고 가정에서의 신앙교육의 일차적인 책임이 부모에게 있듯이 교회교육의 궁극적 책임은 담임목회자에게 있다. 그것은 마치 교회를 하나님이 기뻐하시는 건강한 교회로 성장·성숙시키는 것이 전교회적인 사명이지만 그것의 궁극적인 책임이 담임목회자에게 있는 것과 동일한 원리이다. 교회교육을 비롯한 목회의 모든 영역이 담임목회자에게 맡겨진 책임이지만 담임목회자가 모든 것을 다 직접적으로 수행하지는 못하기 때문에 교육부서를 부교역자에게 위임하는 것이다.

이러한 원리를 기억한다면 담임목회자가 교육부서를 부교역자에게 위임한 채 그 운영과 성장에 대한 책임을 부교역자에게만 돌린다는 것이 결코 바람직하지 않다는 것을 알게 될 것이다. 담임목회자는 교회교육에 대한 궁극적 책임을 자신이 가지고 있다는 사실을 결코 회피하지 말아야 하며, 교회적으로도 그 사실을 충분히 인식할 수 있도록 노력할 필요가 있다. 그러므로, 설교를 통해서든 당회나 제직회 등 공식적인 회의를 통해서든 기회 있는 대로 교회교육의 중요성을 강조하고 교사들을 격려하는 메시지를 전달해야 한다.

3.2. '위임, 점검, 격려'라는 큰 틀 안에서 부교역자를 대한다

크리스천 슈바르츠는 육대주에 산재한 32개의 교회를 대상으로 한 설문조사를 분석해서 얻은 결과를 토대로 해서 '자연적 교회 성장'이라는 책을 썼다. 그 책에서 그는 전 세계적으로 성장하는 교회가 여덟 가지의 질적 특성을 가지고 있다는 사실을 발견했다. 그 가운데 첫 번째 질적 특성이 '사역자를 세우는 지도력'이다. '사역자를 세우는 지도력'이라고 번역된 표현은 영어로는 'Empowering Leadership'이다. 이 표현은 단지 사역자를 세우는 것만을 가리키는 것이 아니라 세워진 사역자에게 권한을 위임하고 격려하는 일까지 포함한다. 담임목회자 혼자 모든 권한을 독점하지 않고 많은 동역자들을 세워서 사역과 권한을 위임하고 그들이 사역을 잘 감당할 수 있도록 격려하는 교회가 건강하게 성장한다는 사실을 크리스천 슈바르츠는 증명한 것이다.

담임목회자가 교회교육을 위해서 부교역자를 세우고 그에게 교회교육을 맡겼다면 부교역자를 '고용된 일꾼 혹은 노동자'로만 보지 말고 동역자요 협력자로 인식하는 것이 무엇보다도 중요하다. 그래야만 (사역과 권한의) 위임이 실제로 이루어졌다고 말할 수 있다.

하지만 실질적인 측면에서 위임만으로는 충분하지 않다. 담임목회자는 부교역자가 교회의 비전과 사명, 목회방침 등과 조화를 이루면서 교육부서를 이끌어 가고 있는지를 점검해야만 한다. 이것이 점검의 원리이다. 부교역자의 사역을 점검한다는 것은 "부교역자로 하여금 창조적으로 사역하게 하되 독단적으로 일하게 해서는 안 된다"는 말로 요약할 수 있다.

점검은 반드시 격려로 이어져야 한다. 부교역자의 사역을 점검하되, 부교역자의 사역이 잘 이루어지고 있다면 격려하는 것을 잊어서는 안 된다. '칭찬은 고래도 춤추게 한다'는 책도 있듯이, 부교역자를 칭찬하고 격려하는 것은 그로 하여금 더욱 헌신적으로, 더욱 창조적으로 사역하게 하는 방법이 된다. 필자의 생각으로는, 한국인들은 칭찬과 격려에 약하다. 그렇기 때문에 담임목회자는 의도적으로, 노력해서 부교역자를 칭찬하고 격려해야만 한다.

위임과 점검, 격려가 제대로 이루어지게 될 때 담임목회자와 부교역자 사이의 인격적 관계도 형성된다. 인격적 관계가 성립되면 담임목회자와 부교역자 사이의 시너지 효과는 크게 상승된다.

부교역자들은 주님이 담임목사에게 맡기신 목회적 사명 가운데 교육/훈련에 대한 책임을 공유한다고 생각해서 최선을 다해야 한다. 뿐만 아니라 독단적으로 일하지 말고 담임목사에게 보고하고 점검을 받으면서 사역에 임해야 한다. 교사들을 대할 때도 담임목사를 대신한다는 생각으로 영적 권위를 잃지 말아야 하며, 동시에 교사들이 진심으로 고개를 숙여 존경할 만큼 신앙과 실력과 인품을 가져야 한다.

부장 및 교사들은 적어도 교육적 영역에서는 담임목사를 대하듯 부교역자를 대해야 한다. 부교역자를 신뢰해야 하며, 부교역자가 의도하는 것이 전혀 엉뚱하거나 잘못된 일이 아니라면 힘을 다해서 협조해야 한다. 부교역자를 격려하는 것도 절대적으로 필요하다.

3.3. 소통의 중요성을 인식한다

두 번째 원리와 상당한 연관성을 갖는 원리로서, 담임목회자는 부교역자와의 소통이 원활하게 이루어지도록 노력해야 한다. 담임목회자가 '위임, 점검, 격려'라는 큰 틀 안에서 부교역자를 대한다 하더라도 실제 사역 영역에서 교회 전체의 일과 교육부서의 일이 충돌하는 경우가 비일비재하다. 작은 교회의 경우에는, 교육부서에 집중하려는 부교역자와 교회 전체 사역에 부교역자가 동참해 주기를 바라는 담임목사 사이에 끊임없는 갈등이 발생한다.

이러한 문제들을 미연에 방지하고 문제가 발생했을 경우에는 신속하게 그 것을 해결할 수 있는 방법은 효과적인 소통이다. 담임목회자와 부교역자 사이의 커뮤니케이션이 효과적으로 이루어지기 위한 방법을 두 가지만 소개하고자 한다.

첫째는 담임목회자가 부교역자와 생각과 경험을 공유하기 위해 노력해야 한다는 것이다. 소통의 원칙은 송신자가 전달하는 메시지를 수신자가 송신자가 원하는 대로 받아들이는 것이며, 수신자와 송신자의 역할은 소통이 이루어지는 상태에서 수시로 바뀐다. 어떤 경우에는 송신자가 되지만 즉시 수신자로 바뀌기도 하는 것이다. 소통이 효과적으로 이루어지는 최선의 길은 서로의 생각과 경험의 교집합이 커지는 것이다. 생각과 경험을 공유하게 되면 소통이 매우 효과적으로 이루어진다. 그러므로 담임목회자는 부교역자와 함께 하는 시간을 자주 가지면서 자신의 생각과 경험을 나누고, 부교역자의 생각과 경험을 들어주고 인정해 주어야 한다. 그럼으로써 담임목회자와 부교역자 사이의 갈등이 최소화될 수 있다. 이를 위해서는 교역자 회의와 같은 공식적인 모임을 통한 관계 형성 못지않게 식사, 목욕, 운동 등 비공식적인 활동들을 통한 관계 형성도 모색할 수 있어야 한다.

둘째는 송신자와 수신자가 상호 간에 정서를 읽기 위해 노력해야 한다는 것이다. 소통에 있어서 비언어적 메시지의 중요성은 대단히 크다. 표정이나 안색, 어조, 자세 등이 대표적인 비언어적 메시지인데, 어떤 점에서는 비언어적 메시지가 언어적 메시지보다 더 큰 의미를 담고 있다. 비언어적 메시지는 주로 정서와 관계되어 있다. 이런 점에서 담임목회자는 부교역자와 소통할 때 부교역자가 보내는 비언어적 메시지에 주의함으로써 그의 정서를 파악해야 한다.

위에서 소개한 두 가지의 방법만으로도 담임목회자와 부교역자 간의 소통의 효과는 상당히 신장될 것이다. 그리고 소통이 효과적으로 이루어지면 갈등은 최소화되고 효율성은 최대화된다.

3.4. 교육부서 담당 교역자가 부장, 교사들과 좋은 관계를 맺을 수 있도록 돕는다

대부분의 교회에서, 그리고 대부분의 교육부서에서 교역자와 해당 부서의 부장과 교사들 사이에는 미묘한 갈등과 알력이 존재한다. 대부분의 경우는 나이도 적고 경험도 부족하지만 교역자이기 때문에 교육에 대한 책임을 맡은 교역자와 그 반대의 경우인 부장과 교사들 간에 인격적 관계가 형성되지 못하기 때문에 나타나는 현상이다.

이러한 갈등을 극복하고 교역자 - 부장/교사 사이에 좋은 관계를 맺는 것의 일차적 책임은 담당 교역자에게 있다. 교역자는 신분이 보장해 주는 리더십에 만족하지 말고 부장과 교사들이 인정해 줄 수 있는 리더십을 확보해야만 한다. 그러한 리더십을 보장해 주는 중요한 토대 가운데 하나가 부장/교사와 맺는 인격적 관계이다. 교역자는 그 인격적 관계에 기초하여 자신의 영적 리더십을 구축하고, 그것을 토대로 사역할 수 있어야 한다.

하지만 많은 경우에 부교역자가 효과적으로, 그리고 가급적 빠른 시간 안에 리더십을 확보하기 위해서는 담임목회자가 도와줄 필요가 있다. 특히 부교역자와 부장/교사 사이에 갈등이 있을 때는 더더욱 그렇다. 담임목회자는 자신이 감당해야 할 교육적 책임을 부교역자에게 위임했다는 사실을 교회 앞에서 분명하게 밝혀야 한다. 그 사실에 기초하여 부교역자의 리더십을 세워주고 적극적으로 부교역자와 부장/교사 사이의 갈등을 중재해야 한다.

혹 부교역자에게 심각한 문제가 있어서 부장/교사가 불평할 때는 부교역자를 설득하고 권면해서 자신의 문제를 직시하고 그 문제를 해결할 수 있도록 도와야 한다. 이런 노력들을 통해서 부교역자와 부장/교사 사이의 관계를 원만하게 형성하고 유지할 수 있도록 돕는 것이 교육목회에서 매우 중요한 영역 가운데 하나이다.

3.5. 교회 전체의 목회방침과 교육부서의 교육목표가 일관성을 가질 수 있게 한다

많은 경우에 교회 전체의 목회방침과 교육부서의 교육목표, 담임목회자가 전 성도들에게 강조하는 바와 부교역자가 학생들에게 강조하는 바가 서로 조화를 이루지 못한다. 많은 교회에서 교회 전체의 행사와 교육부서의 행사 간에 일정이 겹치는 경우를 종종 발견하는데, 이러한 현상 역시 교회의 목회방침과 교육부서의 교육목표 사이의 불일치로 인해 발생하는 것이다.

교회적인 목회방침과 교육부서의 교육목표가 일관성을 가지면 놀라운 시너지 효과를 가져오게 된다. 그 가운데서도 가장 중요한 유익은 성도들의 가정에서 부모와 자녀들이 동일한 주제에 집중할 수 있다는 것이다. 담임목회자와 부교역자들로 이루어진 교역자 팀('목회 리더십 팀'이라고 부를 수 있을 것이다) 안에서도 동일한 방향을 향해서 일관성 있게 매진할 수 있다는 것도 중요한 유익이다.

예를 들면, 만약 말씀 위에서 견고한 신앙을 세우는 것이 교회 전체의 목표이고 그 가운데서도 성경 통독을 강조하는 것이 중요한 방침이라면 교육부서 역시 성경읽기를 강조해야 한다. 그래야만 부모와 자녀들이 가정에서 함께 성경읽기를 시행할 수 있고, 그럼으로써 교회가 추구하는 목표가 보다 효율적으로 이루어질 수 있는 것이다. 교역자 회의에서도 성경읽기가 어떻게 진행되고 있는지를 교육부서별로, 또 교회 전체적으로 체크하면서 그 성취도를 높일 수 있게 되는 것이다.

교회적인 목회방침과 교육부서의 교육목표가 일관성을 가지게 하려면 다음과 같은 몇 가지 점을 염두에 두어야 한다.

- 담임목회자가 늦어도 11월초까지는 교회적인 목회방침을 발표하여 부교역자들로 하여금 그 목회방침에 기초하여 교육부서의 교육목표를 정할 수 있게 해야 한다.
- 본 고에서 밝힌 두 번째 원리 즉 '위임, 점검, 격려'의 원리에 충실하면서 부교역자들이 교회 전체의 조화로움을 깨트리면서까지 교육을 시행하지 않도록 해야 한다.
- 담임목회자가 부교역자와의 지속적인 소통을 통해서 교육부서의 교육목표와 실제적인 교육활동을 지도해 주어야 한다.

3.6. 학부모들을 교회교육의 파트너로 이끌어 들인다

쉐마 본문(신 6:4-9)을 통해서도 명백하게 볼 수 있는 것처럼, 성경적으로 보면 신앙교육의 일차적 책임은 가정에 주어져 있다. 현대 사회에서 가정이 이 책임을 다하지 못하기 때문에 교회가 신앙교육을 맡고 있기는 하지만, 가정의 책임을 무시할 수는 없다. 그렇지만 오늘날 대부분의 그리스도인의 가정에서 신앙교육이 거의 이루어지지 않을 뿐만 아니라, 부모를 비롯한 기성세대가 교회에서 이루어지는 신앙교육에 대해서 거의 관심을 가지고 있지 않다. 이는 곧 교회에서 이루어지는 신앙교육이 곧 교회의 어린이·청소년들이 받을 수 있는 신앙교육 전체와 동일시되었고, 열악한 교회교육의 현실은 신앙교육의 질적 저하를 초래하게 되었다. 신앙교육에 대한 가정의 무관심과 교회교육의 열악한 현실이 상호간에 부정적인 시너지 효과를 일으켜서 악순환이 반복되었고, 이로써 오늘날 교회교육의 암울한 모습이 빚어진 것이다.

교회교육이 대단히 중요한 신앙교육의 장인 것만은 분명하지만, 교회교육만으로는 어린이·청소년들을 온전한 신앙인으로 양육할 수 없다. 이제는 신앙교육에 대한 본질적인 책임을 가지고 있는 가정과 교회가 협력해야 할 때이다. 어린이·청소년들의 신앙교육을 위한 가정과 교회의 협력은 시대적, 성경적으로 시급한 요청이라고 하겠다.

바로 이 일을 위해서 학부모들이 교회교육의 파트너가 되어야 함은 자명한 사실이다. 무엇보다도 가정이 신앙교육의 '실천의 장'이 되어야 하고, 부모가 교사들의 동역자가 되어야 한다. 교회와 가정이 자녀들의 신앙교육을 위해서 비전과 기도제목을 공유해야 한다. 이를 위해서 학부모 협의체를 구성하거나 학부모와 함께 하는 모임을 만들어서 운영하는 것이 필요하다.

이러한 일들을 부교역자에게 전적으로 맡겨두기보다는 담임목회자가 주선하는 것이 더욱 효과적이다.

3.7. 평가의 중요성을 과소평가하지 않는다

목회현장이나 교육현장에서 평가는 종종 간과되어 왔다. 여기에서 말하는 평가란 '어린이 대회'처럼 시험을 치르게 하거나 경연대회를 가지게 하면서 그 결과를 가지고 학생들의 순번을 매기는 것을 말하는 것이 아니다. 또한 연초에는 몇 명이었는데 연말에는 몇 명이 되었다는 식으로 숫자만을 가지고 교육의 성공 여부를 가늠하는 것을 말하는 것도 아니다. 여기에서 말하는 평가는 연초에 세운 교육목표가 얼마나 수행되었는지, 만약 그 목표가 달성되지 못했다면 그 이유는 무엇인지 등에 대해서 체계적으로 분석하여 그 결과를 토대로 더 나은 교육을 지향하는 것을 가리킨다.

실제 대부분의 교회교육 현장에서 체계적인 평가가 이루어지기를 기대한다는 것은 대단히 어려운 일이다. 하지만 간략하게라도 반드시 평가를 해야 하며, 담임목회자, 교육부서 담당교역자, 부장 등이 주체가 되어서 평가를 시행하는 것이 좋다. 평가의 방법으로는 설문조사, 인터뷰, 관찰 등이 사용될 수 있을 것이다. 평가의 준거는 항상 교육목표에서 비롯되어야 하며, 교육활동 이외의 항목들 즉 교육환경이나 교사들의 문제 등도 평가의 기준이 될 수 있다. 담임목회자는 연 일회 정도의 정기적인 평가를 통해서 부교역자의 사역과 교육부서의 교육활동의 성취도를 점검하고, 그 결과로서 더 나은 교육활동이 이루어지게 할 수 있다.

4. 맺으며

교육목회란 그 말이 함의하고 있는 중요성만큼이나 중요하다. 담임목회자가 교육목회적 관점을 가지고 분명하고 체계적인 양육 과정을 제시할 뿐만 아니라 부교역자를 세워서 교육부서를 지도하게 한다 해도 다음 세대 신앙교육의 최종 책임자로서의 사명을 신실하게 감당하려고 할 때 교육목회는 성공적으로 이루어질 수 있을 것이라고 믿는다.

제9장

기독교교육과 공교육

전영헌(브니엘예술고등학교, 고신대학교)

1. 들어가며

사전적 의미로 기독교 학교는 "기독교의 가르침을 교육 이념으로 하거나 기독교 단체에 의해 운영되는 학교"[1]로 간단히 정의될 수 있다. 그런 점에서 기독교교육이 구체화 되는 현장은 당연히 기독교 학교여야 한다. 그러나 한국사회에서 공/사립 학교를 총망라하여 기독교학교 비율은 얼마나 될까? 혹은 미션스쿨은 전국에서 얼마나 있으며 그 중에 제대로 된 종교교육이나 그것을 위한 종교교사 혹은 교목을 두고 있는 학교는 얼마나 될까? 결국 대부분의 한국사회에서의 교육현장은 공교육이라는 틀 안에서 이루어지고 있다. 우리가 기독교교육의 이상에 대해 아무리 많은 고민을 한다해도 그 교육을 구현할 수 있는 장의 대부분은 공교육 현장이라는 것을 부정할 수 없고 외면할 수도 없는 것이다. 그런 점에서 기독교교육자는 이분법적인 관점으로 공교육을 세속교육으로 규정하는 우를 범해서는 안 된다. 그것은 다시 수도원 운동으로 돌아가는 것과 다름이 없기 때문이다.

---

1. https://ko.wikipedia.org/wiki/%EA%B8%B0%EB%8F%85%EA%B5%90_%ED%95%99%EA%B5%90

기독교 학교의 중요성이나 필요성은 여전히 유효하고 교단과 총회가 앞으로도 고민하고 준비해야 함은 분명한 사실이다. 기독교 학교의 기독교교육은 여전히 우리에게 숙제이자 꿈이다. 그러나 위에서 언급한 바와 같이 한국 사회에서의 교육의 현장은 공교육의 장이고, 공교육의 현장은 기독교교육이 결코 포기할 수 없는 자리임도 분명한 사실이다. 위와 같은 이유로, 본 글에서는 현재 필자가 몸을 담고 있는 공교육에서의 미션스쿨 현장의 관점으로 기독교교육, 그리고 학원선교에 대한 고민을 정리해보고자 한다.

2. 공교육의 현재

2.1. 학생인권조례와 교권

2010년 경기도교육청에서 처음으로 제정된 학생인권조례는 학교 교육과정에서 학생의 존엄과 권리가 보장될 수 있도록 제정되었다. 이후 광주, 서울, 전북, 충남, 제주 순으로 조례가 제정되었고 인천에서는 인권증진조례라는 이름으로 조금 더 포괄적인 범주로 시행되었다. 그 외 충북, 경남, 세종, 울산, 부산, 전남, 강원은 추진이 진행되었으나 시행이 되지는 않고 있고, 대구, 대전, 경북의 교육청은 아직까지는 시행의사가 없음으로 알려져 있다.

학생인권조례는 분명하게 법률이 아닌 조례이기에 헌법을 초월하는 권한을 가진 것은 아님에도 학교 현장에 지대한 영향을 주었다. 대표적인 내용은 체벌 금지, 야간자율학습, 보충수업 강제 금지, 복장, 두발 단속 금지, 휴대전화 자율화, 반성문 작성 금지, 양심의 자유와 종교의 자유 등이다. 물론 조례의 취지와 방향은 학생 혹은 아동에 대한 보호라고 하는 큰 줄기를 가지는 것을 이해하지만, 그럼에도 학교 현장에서 학생을 지도함에 있어서 많은 변화가 생긴 것은 사실이다.

현장에 있는 교사들은 한국 교육의 패러다임 전환이 학생의 인권을 신장하는 것에 대해 기본적으로 찬성하지만, 그것이 교사의 교육권을 제한하거나 후퇴시키는 것이 되어서는 안 된다고 생각한다. 안타깝게도 현재의 학생인권조례는 그런 점에 대한 세밀함이 부족하지 않았는가 하는 아쉬움이 남는다. 그것은 특히 공교육에서의 기독교교육과 종교교육을 목적으로 하는 미션스쿨과 기독교 학교에 걸림돌이 되었다. 학생의 인권을 보장하는 조례가 기독교 종립학교에 걸림돌이 되었다는 것이 무슨 말인가? 종립학교가 그 건학이념에서 가지는 학원선교와 기독교교육이라는 설립취지가 학생의 인권, 특히 종교의 자유와 수업권이라는 큰 권리와 충돌하게 된 것이다. 학생의 권리와 자유, 학교의 자유와 교육권 간의 충돌이 일어나게 된 것이다.

2010년 이후로 현재 2024년까지 14년의 시간이 흐르는 동안 학교교육 현장은 많이 달라졌다. 학생의 권리는 괄목할 만큼 신장되었고, 대부분의 학교에서 체벌은 사라졌으며 학생들의 두발도 자유로워졌다. 특히 경기도 지역의 학교에서는 휴대전화 사용에 있어서 자유가 보장되었기 때문에 면학 분위기에 대한 교사와 학교의 고민은 매우 깊었다. 이는 부산 지역의 학교들도 비슷한 분위기여서 휴대전화 및 전자기기 사용에 대해 학교의 대응은 민감하고 어려웠다. 특히 곤란한 점은 자유와 권리에 대해 보장하는 조례는 있지만, 그에 대한 책임은 누구에게도 지워지지 않았다는 점이다. 학생들에게 주어진 자유에 대한 책임은 학생 스스로는 해결할 수 없는데, 권한 없는 교사에게 그 책임이 전가될 수도 없었다. 그래서 학생생활을 열심히 지도하는 교사는 학생들에게 귀찮거나 나쁜 교사가 되고, 방임에 가까운 태도를 가진 교사는 인기 많은 교사가 되는 기현상도 종종 일어나게 된 것이다.

당연히 함께 고려돼야 할 자유와 권리에 따르는 책임에 대해 학교는 고민해야 한다. 먼저는 학생 스스로가 어느 정도는 자신이 누리는 자유나 권리를 위한 책임과 의무에 대해 알아야 하고 자유에 따른 학생으로서 의무와 책임에 대해 학교에서의 가르침은 조금 더 강조될 필요가 있다. 우리가 익히 알고 있듯이 책임 없는 자유의 끝은 아노미와 카오스일 것이다.

2.2. 공교육 안에서의 미션스쿨

학생의 인권이 강조되고, 학생의 자율권과 선택권이 더 확장되는 공교육의 흐름 속에서 미션스쿨의 건학이념은 구시대적이고 전근대적인 것으로 치부되기 쉽다. 사전적인 의미에서 미션스쿨은 선교를 목적으로 설립된 학교인데 이는 다문화 사회를 지향하는 현대사회의 시각에서 보면 차별이나 편향이라는 프레임 속에 갇히기 일쑤다. 그런 점에서 미션스쿨 본연의 건학이념을 수호하는 것은 시대를 역행하는 것으로 인식되기 쉬운 것이 현실이다. 이런 점에서 공교육 속에서 기독교 학교와 미션스쿨은 90년대 말을 기점으로 보이지 않는 싸움을 계속해서 이어오고 있다. 1998년 숭실대 채플 논쟁과 2004년 대광고등학교의 종교자유 논쟁은 종립 사학의 뜨거운 감자였다.

1998년 숭실대학교에서의 채플 문제는 대법원이 학교의 손을 들어주었다.[2] 그러나 숭실대학교의 경우 스스로 선택하여 입학했다는 조건이 있었고, 대광고등학교의 경우 교육청에서 무작위로 배정된 것이기 때문에 학생에게 선택권이 없었다는 점에서의 차이가 있었다. 이로 인해 대학교의 채플에 대해서는 이후 대법원의 판례를 따르는 것이 큰 줄기가 되어 왔음에도 불구하고 국가인권위는 이후로도 지속적으로 기독교 사립학교의 채플에 대해 종교강요라고 지적하거나, 대체과목을 개설하라는 권고를 하면서 대체과목이 없

---

2. 대법원 판시사항은 다음과 같다. [1] 사립대학이 학생들로 하여금 일정한 내용의 종교교육을 받을 것을 졸업요건으로 하는 학칙을 제정할 수 있는지 여부(한정 적극) [2] 기독교 재단이 설립한 사립대학에서 일정 학기 동안 대학예배에 참석할 것을 졸업요건으로 하는 학칙을 정한 경우, 헌법상 종교의 자유에 반하는 위헌 무효의 학칙이 아니라고 본 사례 [3] 구 교육법시행령에 의하여 교육과정이나 졸업·학위수여에 관하여 규정한 사립대학 학칙의 학생에 대한 구속력 여부(한정 적극), https://casenote.kr/%EB%8C%80%EB%B2%95%EC%9B%90/96%EB%8B%A437268

는 채플은 종교의 자유 침해라고 주장해 왔다. 이는 기독교 학교들의 자율권에 큰 압박감으로 작용해오고 있다. 종립 사학 대학교의 채플에 대해서 대법원이 자율권을 보장해주었음에도 인권위가 계속해서 권고를 하는 마당에 공교육에서의 종립 사학의 자율권은 진퇴유곡의 궁지에 몰린 상황이다.

이런 갈등은 미션스쿨과 기독교 학교를 성장하게 하고 성숙하게 만들었다. 교부들이 "이단은 교리의 어머니"라고 말한 것처럼, 또한 히브리서 저자가 고난이 성도를 온전하게 함을 말한 것처럼, 미션스쿨과 기독교 학교가 당면했던 고난과 도전은 그들에게 "비둘기같이 순결하고, 뱀같이 지혜로울 것"에 대한 목마름을 선물해주었다. 이로 인해 학교들은 교과과정과 학교운영과 교육권에 대한 법적 세밀함과 행정적 치밀함을 배울 수 있었고 학교마다 상이하지만, 현재는 대부분 채플과 종교수업을 지혜롭게 운영하게 되었다.

2.3. 고교학점제와 종교교육

이런 와중에 2020년대에 학교현장은 큰 변화를 맞이하게 되었다. 그것은 바로 고교학점제이다. 기존의 학교에서 학년별로 짜여진 시간표에 의해 수업을 운영하는 방식이 아닌 학점을 통해 수업을 운영하는 제도가 고등학교에 도입되게 된 것이다. 특히 고교학점제는 학생들이 진로에 따라 과목을 선택, 이수하고 졸업이수 학점을 채울 경우 졸업을 인정받게 된다. 2023년부터 서울시와 광역시를 포함한 전국의 모든 고등학교가 시범운영을 시작했고, 2025년부터는 전국의 고등학교 입학생은 모두 고교학점제의 제도 안에 들어가게 된다.

아래 표는 교육부에서 발행한 학생 진로,진학과 연계한 과목 선택 가이드북[3]으로, 고교학점제 소개 홈페이지에 탑재된 자료를 요약한 내용이다.

---

3. https://www.hscredit.kr/hsc/subject.do

<표 IX-1> 과목선택 가이드북

계열	전공	종교학 선택
인문사회계열	상경계	X
	사회과학	X
	법학행정	X
	문학·언어학	O
	인문학	O
자연과학계열	농림·수산	X
	의료·보건	X
	생활과학	X
	자연과학	X
공학계열	건축·환경	X
	기계전자컴퓨터	X
	산업/재료 공학	X
예술.체육계열	음악, 미술	X
	체육	X
교육계열 및 자유 전공 등	교육계열	X
	자유전공	X

<표1>에서 확인되듯이 가이드북은 학생들의 진로계열과 희망전공에 따라 이수 과목 예시를 제시하고 있는데 종교학 과목 선택을 권장하는 계열과 전공은 16개 전공계열 중에 인문학계열, 문학·언어학계열, 단 2개 계열 뿐이다. 결국 고교학점제를 통해 학생들이 자신의 진로에 따라 자신의 시간표를 만들고 과목을 선택하는 주도권을 더 가져갈수록 미션스쿨에서의 종교학 과목의 개설과 선택은 어려워질 것이다.

실제로 미션스쿨에서 종교학 과목을 개설하고 종교학 교과서를 가지고 종교교과를 가르치는 경우도 그리 높지 않았는데, 앞으로의 고교학점제라는 제도 안에서는 선택권이 더욱 확장되기 때문에 종교학 과목 개설과 유지에 대해 미션스쿨이 부담을 마주하게 되는 것이다.

고교학점제는 종교교육이나 미션스쿨의 선교활동에 대해 직접적으로 공격하지 않는다. 오히려 계속해서 종교학을 선택교양과목이라는 틀 안에 넣어두고 자유롭게 개설하고 선택할 수 있게 해주었다. 하지만 이 자유는 공교육에서 종교교육의 자유를 보장해주는 것이 아니라, 종교교육의 생존 가능성을 없애는 법이 될 수 있음을 학교 현장의 종교교사와 교목은 서늘하게 느낄 수 있다. 왜냐하면, 겉으로 보기에는 직접적으로 제한을 두지 않기 때문에 "종교교육에 대한 차별"이라거나, 사립학교에 대한 탄압이라고 저항을 할 수도 없거니와 과목의 개설에 대한 경쟁 대상조차 한 울타리 안에 있는 동료교사와의 경쟁이 될 수도 있기 때문이다.

2.4. 공교육 안에서 되풀이 되는 교회의 역사

공교육 안에서의 미션스쿨, 기독교학교의 90년대 이후의 역사를 생각해보면, 교회사와 비슷한 구조가 오버랩된다. 초대교회에서의 고난은 박해였고, 중세교회의 어두움은 부패와 타락이었다면, 종교개혁이후로의 교회의 당면과제는 자유주의 신학의 창궐과 종교다원주의 및 포스트모더니즘으로 인한 종교에 대한 무관심의 시대로 볼 수 있을 것이다. 마치 C.S 루이스의 스크루테이프의 편지에서 잘 묘사한 것처럼, 사탄의 술책은 더욱 교묘하게 발전해왔다. 이는 공교육 현장 안에서의 학원선교, 그리고 기독교교육에 대한 사탄의 도전이라는 측면을 생각해봐도 비슷하다. 미션스쿨과 기독교 학교의 초창기에는 그 설립 자체에 대해 도전을 하고, 물리적인 박해가 있었다면, 이후 학생인권과 교육권의 충돌이라는 내부로부터의 이념적 갈등이 일어났고, 이제 당면하는 도전은 인구절벽이라는 문제와 함께 종립 사학의 생존과 고교학점제라는 시스템 안에서의 고립 같은 박해자가 없는 박해가 시작된 것이다.

그런 점에서 보이는 적과 싸우는 것보다, 보이지 않는 적과 싸우는 것이 더욱 어려운 법이기에 이제 공교육 안에서의 미션스쿨과 기독교 학교의 생존은 어느 때보다 어렵고 힘든 여정이 될 것으로 전망된다. 박해하는 이가 없음에도 사라지는 사학들이 줄을 이을 것이며, 선택의 자유가 열려 있음에도 무관심이라는 무서운 대적 앞에 종교교육은 교육의 기회조차 잡아보지 못할 수 있다.

3. 미래세대 공교육에서의 기독교교육의 가능성과 고려 사항

3.1. 미래세대 공교육 안에서의 기독교교육의 가능성

소위 포스트모더니즘의 특징으로 간주되는 탈이성, 탈권위의 해체주의는 공교육 현장에서 꾸준히 녹아나오고 있다. 하나의 획일화된 교육과정을 해체하는 고교학점제, 전통적 가치관이나 인간상을 부정하고 다양성 추구에 입각한 학생인권조례, 절대진리를 부정하는 다원주의에 입각한 종립학교에서의 종교교육 및 채플 제한 등이 그 사례들이라 할 수 있다. 앞서 충분히 지적한 대로 공교육 안에서의 기독교교육은 보이지 않는 적과의 일전을 각오해야 하는 지점에 서 있다.

예수님의 형제 야고보가 말한 바와 같이 고난을 당할 때 우리는 기도해야 한다. 그리고 기도는 지혜의 본체시고 모든 지식의 주인 되시는 그리스도로부터 오는 참된 지혜를 얻게 하는 복의 통로이다. 어려운 현실 속에서 머리를 맞대 온 기독교사와 교목들의 눈물의 기도는 아래와 같은 몇 가지의 진주같은 아이디어를 해산했다. 그것이 아직은 아이디어에 불과하고 첫 걸음에 불과하지만, 패배주의나 좌절보다는 지금 우리에게 필요한 믿음이요 소망이 될 것이다.

3.1.1. 경쟁이 아닌 협력으로 만들어가는 융합수업

공교육의 흐름이 미션스쿨의 종교교육과 기독교교육에 의도치 않게 준 기회의 영역이 있다. 그것은 바로 '융합수업'이다. 융합이라는 단어의 사전적 의미는 "다른 종류의 것이 녹아서 서로 구별이 없게 하나로 합하여지거나 그렇게 만드는 것"[4]인데, 두 과목 이상의 교과가 하나의 수업을 디자인하여 수업과 평가를 함께하는 것이 융합수업이다. 그러면 이것이 왜 종교교과에 기회가 되는가?

일반적으로 종교교과는 '교양'교과이기 때문에 시험이나 수행평가로 성적을 처리하지 않고 P/F로 성적을 처리한다. 그렇기 때문에 학생들의 입시에 별로 영향이 없고, 입시 전형에서 대부분의 학생들에게 중요한 교과전형이나 학생부 종합전형에까지 별 영향이 없기 때문에 종교교과의 수업으로서의 권위는 거의 없다시피한 것이 실정이다. 그런데 예를 들어 융합수업을 통해 종교교과와 사회교과가 하나의 활동을 학기 중에 함께 진행하고 그 평가에 있어서 종교교사의 평가가 사회교과의 교과세특에 반영이 되고, 사회교과와의 융합활동이 종교교과의 세특에 반영이 된다면, 그리고 그 내용이 자신의 입시와 진로에 미력이나마 도움이 된다면, 학생들에게 종교수업은 더 이상 무의미한 시간이 아닌 유의미한 시간으로 다가올 수 있게 된다.

이런 구조는 기존의 2015 개정교육과정에서도 어느 정도 가능한 점은 있었지만 실제적으로는 고교학점제의 교육과정에서 더욱 빛을 발할 것으로 보인다. 선택과목이 더욱 많아지는 상황에서 타교과와의 융합수업을 적극적으로 주도하는 과목이 종교수업이 될 수 있다. 융합수업을 통해 종교수업이 시험이나 수행평가의 부담은 없지만, 수업도 재밌고 입시와 진로탐색에 도움이 되는 수업임이 확인되면 교양교과 중에서 종교수업은 분명 국·영·수·사·과

---

4. https://ko.dict.naver.com/#/entry/koko/36b8cd3ccd8e41acbd905f855660bf75

와 같은 필수 과목이 아님에도 선택과목으로 놓치기 아까운 과목으로 격상될 수 있다.

학교는 결국 가르치고 배우는 곳이다. 학교에서 과목으로서 기독교교육을 할 수 있는 기회조차 없어진다면, 미션스쿨의 정체성은 지켜지기가 매우 어렵게 될 수 밖에 없다. 그렇기 때문에 미션스쿨은 종교수업을 사수해야 하고, 종교교사와 교목은 종교수업이 만난 위기를 기회로 만들어야만 한다.

3.1.2. A.I 시대에 부각되는 '인간다움'에 대한 가르침

2024년 스위스 다보스에서 개최된 세계경제포럼에서 마이클 샌델 하버드 대학 교수는 A.I 시대의 윤리와 관련하여, 중요한 것은 "인간다움을 유지하는 것"이라는 말을 했다.[5] 인간다움이란 무엇인가에 대해 학문별로 다양한 의견을 내고 있지만, 성경적 관점에서 인간이 가장 인간다운 지점은 바로 '종교성'이고 그 종교성 중에서도 우리 기독교인간학에서 가장 중요한 개념인 "하나님의 형상"에 대한 개념이 인간다움의 뿌리이자 첨단이라 할 것이다.

그런 점에서 윤리실종, 인간성의 실종의 시대를 마주하는 지점에서 공교육에서 종교교육, 기독교교육, 미션스쿨이 붙잡아야 할 가치는 '입시, 성적, 성공, 맘모니즘'이 아니라, 하나님의 형상으로서 인간다움이며 인간다움으로서 인성교육이 되어야 할 것이다.

필자가 속한 학교의 교훈은 전국에서 가장 긴 교훈으로 유명하다.

- 나는 하나님과 사람과 자연을 사랑하는 사람이 되련다.
- 나는 마음껏 자라며, 마음껏 생각하며, 마음껏 일하는 사람이 되련다.
- 나는 웃는 자와 같이 웃고, 우는 자와 같이 우는 사람이 되련다.

---

5. 마이클 샌델 하버드대학 교수, 'A.I 시대 윤리' 최대 화두는 인간다움을 유지하는 문제', https://www.mk.co.kr/news/politics/10924467

- 나는 조국과 인류가 나를 기다리고 있음을 잊지 않는다.[6]

남들보다 뛰어나거나, 더 높이 가거나, 더 많은 일을 하는 것이 아니라, 하나님을 사랑하고 이웃을 사랑하며 하나님의 피조세계를 사랑하는 사람이 되고자 하는 교육목표를 가지는 것은 성경을 인생의 세계관으로 쓰고 사는 기독교 종립학교가 아니고는 가르칠 수 없는 가르침이다.

유토피아를 꿈꾸며 만들어낸 기술이 발전해 감에 따라 역설적이게도 더욱 세상은 디스토피아가 되어가고 있다. 그런 디스토피아의 세상 속에서 미션스쿨은 다시 인간을 말하고 그 인간의 원형인 하나님을 찬양하는 교육을 포기하지 말아야 한다.

그렇기 때문에 미션스쿨에서의 종교수업은 바로 이런 가치와 인간다움을 가르칠 수 있는 유일한 수업이기에 우리가 의도하지 않은 흐름 속에서 우리는 새로운 기회를 발견하게 된다. 진정으로 인간다움을 배울 수 있는 학교와 수업, 그것은 공교육 안에서 이루어져야 한다.

3.2. 미래세대 공교육 안에서의 기독교교육의 고려 사항

3.2.1. 시대의 부르심, 기독교사의 자리

앞에서는 미션스쿨이 당면했던 도전들과 앞으로 당면할 과제들을 살펴보고, 그러한 현실 가운데서 미션스쿨이 돌파해야 할 틈새들을 살펴보았다. 그러나 공교육이라는 큰 숲을 생각하면 미션스쿨도 아주 작은 영역일 뿐이고, 그 안에서도 종교교과는 하나의 점에 불과한 영역일 뿐이다. 실제적인 대부분의 공교육의 현장은 기독교 종립학교도 아니고, 종교수업도 아니다. 공립

---

6. 브니엘고등학교 홈페이지, https://school.busanedu.net/peniel-h/main.do

학교에서의 국어, 영어, 수학, 사회, 과학, 예체능 수업이 우리 자녀들 대부분이 매일 앉아 있는 자리다.

그렇기에 진짜 기독교교육의 현장은 기독교 학교도, 미션스쿨도 아닌 "기독교사가 있는 그 자리"이다. 풀이 마르고 꽃이 시들 듯이 기독교학교도 미션스쿨도 종교교과도 시들고 사라질 수 있다. 하지만, 주의 말씀이 영원하기에 그리고 그리스도께서 온 우주의 교회의 머리시기에 교회는 영원하며 성도는 영원하다. 그러므로 주의 말씀이 존재하는 한, 기독교사는 절대 사라지지 않는다.

미션스쿨에서 학생들이 하는 제일 무서운 질문이 있다. "설마 그 선생님도 교회 다니세요?" 이 질문은 미션스쿨의 교사나 기독교학교의 교사만이 아닌 대한민국 공교육 현장에 있는 모든 기독교사에게 던져지는 질문이다. 성도가 교사가 되는 것은 단순히 먹고살기 위한 직업이 아니라, 미래세대를 양육하는 시대적 사명에 부름받는 것임을 모든 기독교사는 엄중히 생각해야 한다.

미래세대 공교육 안에서 기독교교육이 고려할 점은 첫째도, 교사, 둘째도 교사, 셋째도 교사이다. 좋은 교사 한 명이 수 많은 학생을 인간다움으로, 복음으로, 구원으로 인도할 수 있다. 좋은 기독교사 한 명이 공립학교를 사립학교를 미션스쿨을 교회로 만들 수 있다. 이미 한국교육의 역사를 통해 시스템이 역사를 만드는 것이 아님을 우리는 충분히 경험했다. 이제 우리 기독교사는 눈을 돌려 우리 자신을 바라보아야 한다. 나는 시대의 사명에 부름받은 사명자인가?

3.2.2. 온전한 마음과 손의 능숙함으로 가르치는 기독교사

"이에 그가 그들을 자기 마음의 완전함으로 기르고 그의 손의 능숙함으로 그들을 지도하였도다"- 시편78:72

좋은 기독교사는 어떤 덕목을 갖추어야 할까? 성경은 다윗에 대해 좋은 목자라고 칭하면서, 그가 완전한 마음과 손의 능숙함으로 맡은 양떼를 지도했다고 말한다.

완전한 마음은, 학생에 대한 사랑과 부르심에 대한 사명의식이 우리가 가져야 할 마음일 것이다. 손의 능숙함은, 맡은 일과 수업에 대한 성실함으로 능숙하게 가르치는 유능함도 우리가 가져야 할 덕목일 것이다. 결국 교사는 수업이 전부이기에 좋은 기독교사는 당연히 잘 가르치는 교사여야만 한다. 더해서, 손의 능숙함이란 권위에 대한 분별력으로 해석될 수도 있다. 주어진 권위를 학생들에게 지혜롭게 베풀고 동료교사들과의 관계 속에서도 선한 영향력을 펼칠 때 한 명의 좋은 기독교사의 파급력은 열 개의 학교보다 강하고 진한 향기를 내뿜게 될 것이다.

이와 같이 순수하고 완전한 마음과 손의 능숙함과 지혜로움을 갖춘 교사는 예수님 외에 없을 것이다. 우리는 예수님처럼 되기 원하지만, 될 수 없는 불완전한 존재다. 그러나, 내게 능력 주시는 자가 우리 하나님이시기에 우리는 연약하지만 우리 하나님은 완전하시기에 우리는 좋은 기독교사가 될 수 있다.

4. 나가며

어떤 이는 "공교육은 이제 끝났다"고 말했다. 나는 그 말에 이렇게 답한다. "공교육을 포기하는 것은 다음 세대도 포기하는 것이다"라고. 물론, 공교육의 현장은 처참하다. 학생의 인권에 대해 정비하면서 교권이 추락해 버린 것은 물론이거니와 학생의 자유를 보장하려다가 학교의 자유를 내려놓는 실수를 한국 공교육은 이미 범했다. 이제 공교육 현장에서도 학생의 인권교육만큼 책임교육에 대한 필요성의 목소리가 높아지고 있고, 학생의 인권만큼 교권의 회복이 중요하다는 인식이 점차 세워져가고 있다. 학생의 자유를 제한하는 대명사처럼 오명을 입었던 공교육에서의 종교교육은 고교학점제라는 공교육의 시스템 안에서 오히려 기회를 얻을 수 있는 시점에 서 있다. 이런 시점에서 교회와 기독교교육자는 공교육 안에서의 기독교교육의 가능성을 포기하지 말고 좋은 기독교사 양성에 힘써야 하며, 건강한 미션스쿨, 그리고 학교를 포기하지 말아야 할 것이다.

참고문헌

김선(2022). 민사고의 특별한 수업. 서울: 혜화동

곤잘레스, 후스토(2012). 종교개혁사. 서울: 은성사.

루이스, C. S.(2018). 스크루테이프의 편지. 서울: 홍성사.

박상진(2004). 기독교 교육 과정 탐구. 서울: 장로회신학대학교출판부.

박수원(2020). 교사 교육과정을 디자인하다. 서울: 테크빌교육.

유영식(2023). 2022 개정 교육과정 기반 교사 교육과정과 수업 디자인. 서울: 테크빌교육.

이경진(2024). 교사, 교육과정, 교과서. 서울: 빨강머리앤.

이도희(2018). 통하는 융합수업. 서울: 디자인봄.

이은성(2022). 학생 중심 수업을 위한 협력적 수업 설계 가이드. 서울: 푸른칠판.

이원일(2023). 미래세대와 기독교교육. 서울: 한국장로교출판사.

이현철(2021). 코로나시대 청소년 신앙 리포트. 서울: SFC.

이현철(2022). 위드코로나 시대 다음 세대 신앙리포트. 서울: SFC.

이현철(2024). SFC, 청소년을 말하다. 서울: SFC.

정한호(2022). 기독교사를 위한 교육과 공학. 서울: 박영스토리.

조성국(2016). 종교개혁과 교육. 서울: SFC.

조성국(2021). 기독교 세계관과 교육이론. 서울: 생명의양식.

조성국(2021). 기독교학교운동사. 서울: 쉼이있는교육.

지미정(2023). OECD 교육 2030 & 2022 개정 교육과정 미래 교육 나침반. 서울: 앤써북.

최관하(2023). 나는 기독교사입니다. 서울: 징검다리.

최무연(2024). 교육과정 수업 평가, 수업을 디자인하다. 서울: 행복한미래.

제10장

기독교 대안학교의 역사적 흐름과
나아가야할 방향

김태영(부산관광고등학교)

1. 들어가며

사립 미션 스쿨에 17년째 근무하면서 깊이 깨달은 것이 있다. 그것은 국가 주도의 공교육 제도에서는 전인적 교육을 하기에 어렵다는 것이다. 그렇게 느낀 만큼 대안교육에 대한 중요성을 더 많이 인식하게 되었다. 국가 주도형 교육 시스템 속에서 신앙교육, 믿음교육, 더불어 기독교적 가치관으로 학생들을 가르친다는 것은 근본적으로 어려운 구조이다.

여기서 말하는 국가 주도형 교육이라 함은 1945년 해방이후 실시된 미군정 교육기에 대한민국 교육의 틀을 잡은 때부터 시작되어 1974년 고교 평준화 정책으로 인한 교육 시스템이 갖추어져 지금까지 진행되어온 대한민국 교육의 총체를 말한다.(이종익, 2018: 133) 고교평준화 정책으로 인한 국가 주도의 교육은 한강의 기적을 만들어내며 눈부신 발전을 가능케 하였지만 그 이면에는 교육에 대한 자율성이 없었고, 인간다운 교육이라기보다는 학생을 "교육이란 틀"에 넣어 정형화된 인간으로 찍어내는 교육이었다고 할 수 있다. 대한민국 교육은 세계열강에 견줄만한 탁월한 교육이었음에도, 교육의 원천적 의미에서 볼 때 전인적 교육이라 할 수 없다.

본 연구에는 세계 교육사의 흐름을 살펴본 뒤 그 흐름 속에서 대한민국 교육사를 살펴보려 한다. 교육사에서 한 획을 그은 고교 평준화 정책을 필두로 국가주도형 교육이 시행되면서 생겨난 교육적 폐혜에 대해서 평가한 뒤 이러한 교육사의 흐름 가운데서 대안교육이 출현하게 된 배경과 2024년 현재 대안학교의 역사적 의의와 향후 나아가야 할 방향에 대해 논하고자 한다.

2. 교육의 역사와 대안학교의 필요성

2.1. 세계 교육사의 흐름

세속 사회에서 기독교 공동체가 자리를 잡아가면 필연적으로 기독교 교육의 필요성을 가지게 된다. 19세기 사회가 근대 인본주의 세계관에 따라 세속화되면서 국가가 교육을 주도하게 된다. 이에 대해서 기독교 세계관에 따른 기독교학교가 생겨나게 되는데 특히 18-19세기 유럽의 국가들은 근대 인본주의 정신에 따라 교회와의 관계로부터 독립한 새로운 근대국가로 바뀌어갔고, 국가 주도의 초등학교제도를 법제화하였다. 즉 국가가 학교를 관리하기 시작하였다. 국가가 관리하는 학교교육은 경건한 기독교인들을 만족시킬 수 없었다. 이에 대항한 기독교학교운동이 19세기 이래로 활발하게 일어나기 시작하였다.

특별히 18세기 이후 계몽주의의 영향으로 전통적인 칼뱅주의적 경건이 약화되면서 사회의 회복과 발전을 위해서는 지식과 문화에 대한 교육이 필연적이라 생각하고 사회계몽운동을 벌이게 된다. 19세기에 들어서면서부터는 학교투쟁으로 확장되어 기독교 세계관에 따른 교육을 제공하는 기독교학교가 늘어나기 시작했고, 네덜란드의 경우는 사립초등학교의 수가 공립초등학교의 두 배에 이를 정도였다. 네덜란드 칼뱅주의자들이 미국으로 이주하여 더 확고한 기독교학교 운동을 펼쳤고, 제2차 세계대전 이후 기독교학교들의 연합체가 구성되기도 하였다. 20세기 후반 기독교학교는 미국과 호주, 캐나다를 중심으로 지속적 발전하였다.

2.2. 한국 교육사의 흐름

한국은 구한말 외국의 선교사들에 의해 미션스쿨이 시작된 이후 오늘까지 운영되고 있다. 20세기 학교교육은 민족주의, 사회주의, 자본주의 등 근대의 거대 이데올로기에 따라 발전해 왔고 학교 교육은 정치경제적인 이념논쟁의 거대한 회오리의 중심에 서 있었다.(조성국, 2010: 109) 특히 장로교 선교사들의 영향에 따라 1970년대부터 칼뱅주의 신학에 근거한 기독교학교들이 세워지기 시작했고, 1990년대에는 미국과 캐나다의 기독교학교들이 우리나라에 소개되기 시작했다. 여기서는 해방이후 국가 주도의 교육 속에서 기독교 대안학교들이 어떻게 세워졌고 발전해왔는지 살펴보고자 한다. 대한민국의 근대교육은 1945년 해방과 더불어 본격적으로 시작되면서 1950년대 이후부터는 세계 교육사의 다양한 사회, 정치, 경제적 변화에 의해 영향을 받으며 성장해 왔다고 할 수 있다.

2.2.1. 1950년대 - 1970년대(이종익, 2018: 133)

이 기간은 교육의 대중화와 기본 교육의 확대가 중요한 시기였다. 유럽과 미국에서는 초등 및 중등 교육의 보편화가 진행되었다. 또한 경제개발 5개년 계획과 같은 국가주도의 정책이 있었고, 사회적으로는 교육의 민주화와 학생 중심의 교육 방식이 강조되었다.

2.2.2. 1980년대 - 1990년대

이 기간은 교육의 혁신과 다양성이 강조된 시기였다. 1990년에는 입시중심의 학교교육에 대한 문제가 사회적 문제로 확대되었고, 미션스쿨들이 영향력을 잃어감으로서 기독교 세계관에 따라 교육이론과 학교 운영을 추구하는 대안교육이 주목받기 시작했으며, 학생들의 창의성과 자율성을 존중하는 교육 방식을 요구하는 시대였다.

2.2.3. 2000년대 이후

정보통신 기술의 발전으로 인해 교육 방식이 변화했다. 온라인 교육, 원격교육, 개별 맞춤형 교육 등이 주목받게 되었고 또한 대안교육은 학생들의 다양한 학습 스타일과 요구를 반영하는 중요한 교육 방식으로 자리매김 했다. 대안교육은 이제 기존 공교육의 한계를 극복하고 학생 중심의 교육을 제공함으로써 국가주도형 교육과 함께 당당한 교육의 한자리를 차지하게 되었다. 자율성과 창의성, 그리고 다양성을 강조하며 학생들에게 필요한 능력을 키우는데 기여하고 있다.

2.3. 대안교육의 필요성과 대안학교의 출현

대안학교는 대한민국 교육사의 흐름 속에서 특별한 의미를 지니고 있다.

2.3.1. 대안학교의 출현 배경(이종각, 2005: 270)

1990년대 중반 대한민국 사회에는 입시위주의 교육제도와 학벌주의 교육이 만연하였다. 이로 인해 전인적 학교교육은 붕괴되어 갔다. 그 결과 학교 교육에 적응하지 못한 청소년들의 비행이 사회문제로 대두되었다. 더 좋은 학교, 더 나은 학벌을 얻기 위한 사교육은 증가하였고, 공립 학교교육은 사교육에 의존해야 하는 국가적 문제가 되었다.

2.3.2. 교육개혁에 대한 요구

이에 참다운 교육을 원하는 사람들을 중심으로 교육개혁에 대한 요구가 높아졌다. 사회적으로는 교육의 형식과 내용을 바꾸어야 한다는 목소리가 나기 시작했다. 1996년 말에는 급증하던 학교 중도 탈락자에 대한 종합대책의 일환으로 학교 부적응 학생을 위한 공립 대안학교의 설립이 가시화 되었고 이후 위탁형 대안학교로 발전하게 된다. 민간부분에서는 학교교육의 위기적 현상이 확산되면서 이에 대한 반작용으로 대안교육에 대한 관심이 부각되기 시작했다. 그러므로 대안학교의 등장은 국가주도형의 공교육체제가 갖는 억압구조와 결핍구조를 배경으로 하고 있다.

2.3.3. 대안학교의 등장과 교육 패러다임의 변화

1990년대 중반에 들어서면서 공립 학교교육은 학생 개인의 자유로운 욕구를 충족시키지 못하였고, 국가의 필요에 의해 진행되는 학교교육이 학생들이 원치 않는 교육이었기에 여기에 적응하지 못하는 학생들이 늘어나기 시작했고, 학교 교육에 적합하지 않다고 생각하여 학교를 떠났다(라이머, 1979: 49).

이러한 청소년들의 비행과 입시위주의 교육에 정면으로 도전장을 내민 대안학교 운동이 시작되었다. 1997년 경상남도 산청에서 간디 청소년학교가 최초의 전일제 대안학교로 시작하였다. 간디학교를 필두로 대안학교들이 확산하게 되어 전일제 대안학교로 확대되기 시작하였다(성용구, 2008: 285).

이는 교육의 방향이 국가주도형 교육이 아닌 학생 중심의 교육과 학생들에게 자율성과 창의성을 줄 수 있는 체험 중심의 학습 등을 강조하는 교육을 했기 때문이다. 대안교육은 제도보다는 인간을, 집단보다는 개인을, 교사보다는 학생을 우선시하는 교육을 추구하였다. 학생의 자유와 자율성을 존중하는 동시에 공동체적 가치, 즉 더불어 사는 삶의 교육방식을 중시하였다. 교육 내용에 있어서는 배움과 놀이가 구분되지 않는 통합적 교육과정을 추구하였고, 실생활에 필요한 내용과 지역의 다양한 교육소재들을 프로그램화 하여 체험 위주의 교육을 실시함으로 전통적인 학교에서는 누릴 수 없는 진정한 전인교육을 누리게 되었다. 대안학교를 통해 배출된 학생들의 진로 또한 단순히 학교 부적응의 개념을 벗어나는 수준을 넘어 자신들의 역량을 최대한 드러내는 성과를 다양한 영역에서 나타나기도 하였다. 2022년 국가는 그동안의 대안학교가 추구해온 기독교 세계관에 근거한 전인적 교육과 다양한 교육적 성과를 반영하여 대안학교의 설립·운영에 관한 규정을 입법화(2022. 7. 5.)함으로 대안학교 교육을 인정하게 되었다.

2.4. 대한민국 대안교육의 실제

대안학교에 대한 초기 연구를 진행했던 평화교육센터(1996)에 의하면, 대안학교의 유형에는 정규 학교형, 계절프로그램, 방과 후 프로그램형, 아동, 유아교육프로그램 등으로 나누었다. 교육인적자원부(2007)에서는 크게 인가형 대안학교와 미인가형 대안학교로 구분하고 인간형 대안학교는 다시 특성화학교와 위탁형 대안학교로 구분하고, 미인가형 대안학교는 통합형 대안학교로 구별하였다.

이종각(2018)은 학교 급별에 따라서 초등 단계의 대안학교를 주말, 계절학교형, 방과 후 학교형, 정규학교형으로, 중등 단계의 유형은 주말, 계절학교형, 정규학교형(상설학교), 문화센터형으로 구분하였다. 이혜영(2008)은 법적 위상에 따라 대안교육 특성화학교, 위탁형 대안학교, 그리고 비인가 대안학교로 구분하였다.

2.4.1. 대안교육 특성화학교

대안교육 특성화학교는 1998년 2월 공포된 초, 중등교육법 시행령에 의거하여 특성화학교 및 자율학교로 기존의 미인가 대안학교들 중 6개교를 대안형 특성화고등학교로 전환한 것을 시작으로 2016년 12월 기준 중학교 13개교, 고등학교 25개교가 운영되고 있다.

특성화중학교는 2002년 성지송학중학교가 개교한 이래 2003년에는 헌산 중, 용정 중, 지평선중, 두레자연 중, 이우중학교, 2006년에는 한계레 중, 중앙기독교중학교, 2009년에는 전북동화 중학교(공립), 2010년에는 팔렬 중학교, 2013년에는 평동중학교(공립)와 청람중학교(공립), 그리고 2015년에는 남해 상주중학교가 설립되었다.

2.4.2. 각종학교로서 대안학교

각종학교로서의 대안학교는 「초중등교육법 제 60조」의 3에 근거한 '학업 중단하거나 개인적 특성에 맞는 교육을 받으려는 학생을 대상으로 현장 실습 등 체험위주의 교육, 인성 위주의 교육 또는 개인의 소질, 적성 개발 위주의 교육 등 다양한 교육을 하는 각종학교'를 가리킨다. 각종학교로서 대안학교는 초등학교, 중학교, 고등학교의 과정을 통합하여 운영할 수 있고, 대안학교의 설립기준, 교육과정, 수업연한, 학력인정, 기타 설립운영에 필요한 사항은 「대안학교 설립운영에 관한 규정 」(2007)에 의한다.

208년 TLBU글로벌학교(초·중·고 통합)와 2009년 서울실용음악학교(고)가 개교한 이래 2010년에는 여명학교(고)가, 2011년에는 화요일아침 예술학교(중·고), 쉐마기독교학교(초·중·고) 대안학교 '청'(고), 글로벌선진학교(중·고) 한동글로벌학교(초·중·고) 2012년에는 지구촌학교(초), 서울다솜학교(공립고), 그라시아스음악학교(고). 해밀학교(공립 중·고 통합), 그리고 2013년에는 인천한누리학교(초·중·고)와 글로벌선진학교문경캠퍼스(중·고 통합)가 설립되었다.

2.4.3. 위탁형 대안학교

위탁형 대안학교는 초, 중등교육법 제 28조와 초,중등교육법시행령 제 54조에 근거하여 학습부진이나 성격장애 등의 사유로 정상적인 학교생활을 하기 어려운 학생과 학업중단 위기에 처한 학생들을 정규학교로부터 위탁받아 교육하는 곳이다. 위탁형 대안학교는 시,도교육감이 위탁교육을 실시하기 적합하다고 인정하여 지정하는데, 지정 대상에는 기존의 정규학교와 대안교육기관 및 민간기관까지도 포함된다. 위탁형 대안학교는 시,도교육청의 심사를 거쳐 지정 또는 해제되는데, 지정되는 경우 교육청으로부터 장학활동 및 운영비 보조 등 행정과 재정적인 지원을 받는다.

위탁형 대안학교는 서울의 경우 서울시 교육청이 2001년 3월 당시 급증하던 정규학교 중도탈락자들의 대안적 교육수요 충족을 위하여 기존 학력인정 평생교육시설 3곳(청량정복, 한림실업고, 성지고)을 지정하면서 시작되었다. 또 2003년 6월에 서울산업정보학교 부설 대안교육종합센터에서 최초의 공립 위탁형 대안학교(꿈타래학교)의 운영을 시작하였다. 교육인적자원부의 '대안교육 확대 및 내실화 추진방안' 발표(2003.7) 이후에는 위탁형 대안학교의 수가 증가였고, 위탁교육 대상자도 중학생으로까지 확대되었다. 2004년 1월 서울시교육청이 공포한 '대안교육기관의 지정 및 학생위탁 등에 관한 규칙'(서울특별시교육규칙 제628호)은 위탁형 대안학교의 법적 근거가 되었으며, 같은 해 강북 청소년수련 외 3곳의 민간기관으로도 지정이 확대되었다.

2.4.4. 미인가 대안학교

미인가 대안학교는 특정한 교육신념 등을 이유로 국가로부터 공식적인 학교로서의 인가를 받지 않은 상태에서 학생을 교육하는 곳으로 졸업시 학력인증이 되지 않는 대안적 교육기관이다. 여기에는 주로 기독교대안학교들이 해당된다. 미인가 대안학교는 설립이념, 주체, 교육철학과 방법. 규모, 의사결정

구조, 재정 상태 등에서 매우 다양하다. 학교의 형태를 갖춘 곳도 있는 반면 그룹 홈이나 홈스쿨링을 하는 청소년들이 교류와 학습을 돕는 사랑방 형태의 시설도 있다.

2000년대 초반부터 본격적으로 등장하기 시작한 미인가 대안학교는 고등학교 과정뿐만 아니라 의무교육 단계인 초등학교와 중학교 과정까지 운영되고 있어 취학의무 이행 측면에서는 비합법성 문제가 제기되고 있기도 하다. 정부는 2005는 초중등교육법 제60조의 3(대안학교)을 신설하여 미인가 대안학교를 제도권 안으로 끌어들이고자 하였고, 2010년에는 '대안학교 설립, 운영에 관한 규정'의 개정으로 대안학교의 요건을 완화하여 '학업중단학생 교육지원사업'이란 명칭으로 대안학교 교육을 인정하고 있다.

전국에서 운영되고 있는 미인가 대안학교의 수는 정확히 파악되어 있지 않지만 정부 재정지원을 받는 대안학교가 94개였고, 2013년 자료에 의하면 185개교(초등학교 22개교, 중학교 11개교, 고등학교 10개, 초중통합 24개, 통합 81개, 초중고 통합 27)이며 학생 수는 8,526명으로 파악하고 있다. 2023년 기준으로 대안학교(각종학교) 공립22, 사립28개로 50개 학교, 대안교육 특성화중학교 19개교로 공립 5개, 사립 14개교이며, 대안교육 특성화고등학교 25개교로 공립 5개, 사립 20개교이다. 기독교대안학교 연맹과 기독교학교교육연구소에 의하면 2023년 대안학교 과반수는 기독교계가 설립한 학교로 추산되고, 272개의 기독교 대안학교가 존재하는 것으로 확인되었다. 일반 대안학교는 230여개가 설립된 것으로 알려졌다. 이외에도 신고하지 않고 교회나 단체가 자율적으로 운영하는 대안학교들이 많이 있을 것으로 사료된다.

2.5. 대안학교의 역사적 의의와 그 가치

대안학교가 국가로부터 인정을 받았다는 것은 전통적인 국가 주도형의 학교 시스템이 가진 교육의 한계를 인정하고 기독교대안학교가 가진 교육적 정체성과 기독세계관에 근거한 전인적 교육과 다양한 교육의 탁월성을 인정받은 것이다.

2.5.1. 국가로부터의 인정(성용구, 2008: 291)

대안학교의 인정은 기존 제도권 교육이 전인적 교육과 개인의 창의성과 존엄성, 그리고 교육의 다양성 소홀히 여겼다는 반증이기도 하다. 대안학교가 국가로부터 교육을 인정받은 이유는 대형화된 교육 환경에서는 실시할 수 없는 교육, 예컨대 개인의 특성을 살리는 체험형 교육과 인간됨을 누릴 수 있는 전인적 교육을 하였고, 학생 중심의 교육을 통한 자율성과 창의성을 중시하는 교육을 해왔기 때문이다.

2.5.2. 대안학교의 의의와 가치

교육에서 있어서 학생의 자율성과 창의성은 매우 중요하다. 특히 AI 시대에서는 학교 교육에 있어서 자율성과 창의성이 더욱 중요해졌다. 대안학교는 학생 중심의 교육 방식을 채택하고 있기 때문에 학생들이 자율적으로 학습하고 창의적으로 생각할 수 있게 한다. AI 기술의 발전으로 인해 야기되는 윤리적인 문제와 기술적인 이해가 필요한 시대에, 대안학교는 학생들로 하여금 충분히 전문적인 기술을 익혀 적절하게 활용하며 윤리적인 문제에 대해서 성경적인 판단을 내릴 수 있도록 교육받는다.

국가가 이러한 교육의 다양성을 인정했기 때문에 대안학교법이 입법될 수 있었다. 그러므로 대안학교는 기존 교육의 한계를 극복하고 다양한 교육 방식을 통해 전인적 교육이 가능하도록 교육적 노력을 제공해야 한다. 이로써 학생들은 다양한 분야에서 자신의 능력을 최대한 발휘할 수 있게 하고, 또한 학생 스스로가 자신에게 맞는 교육을 선택할 수 있는 능력을 갖추게 된다.

미래 시대에는 AI로 인해 더욱 창의적인 인재가 필요한데 학생들의 창의성을 존중하는 교육을 대안학교가 제공함으로서 미래 사회에 기여할 인재를 양성하게 된다. 또한 대안학교만의 전인적인 교육은 AI로 야기될 수 있는 다양한 윤리적인 문제에도 능동적으로 대체할 수 있는 인재들을 배출하게 된다. 대안학교 교육은 글로벌화된 세상에서 세계시민으로서의 삶이 가능한 세계시민교육이 가능하다.

2.6. 향후 대안교육이 나아가야 할 방향

이제 대안학교가 나아가야 할 방향을 긍정적인 면과 개선해야할 점에 대해서 살펴보고자 한다.

2.6.1. 긍정적인 면

이미 대안교육이 국가교육의 대안 교육으로 인정되어 법제화 되었다. 대안학교 교육은 기존 학교에 신선한 자극제가 되었다. 기존 학교교육의 변화를 촉진하는 촉매제 역할을 했다고 볼 수 있다. 고정된 틀에 얽매이지 않는 자유로운 실천교육은 학교개혁의 선행지수로 구태의연한 학교교육에 변화를 촉구하고 있다.

그러므로 이제는 국가가 대안학교 교사들의 인건비를 일정 부분 지원해서 학교와 교직원의 생활을 안정화시킴으로 더 나은 양질의 교육이 가능하도록 해야 한다.(함영주 외, 2020; 48) 공립 학교교육이 할 수 없는 약화된 교육적 기능을 보완할 다양한 교육기관으로 대안학교를 인정하여 기존 학교와 연합이 가능한 융합수업이 가능하여야 한다.

2.6.2. 개선해야 할 점

대안교육의 미래가 낙관적인 것만은 아니다. 학력주의 관행 속에서는 정규학교 졸업장만이 사회적 가치를 가지기 때문에 학력인정을 받지 못하는 대다수 미인가 대안학교가 계속 확장될 수만은 없을 것이다. 또한 대안학교 내부의 역량도 간관할 수 없다. 대안학교 교사들의 잦은 이동은 교육의 지속을 어렵게 할 뿐만 아니라 지향하는 가치나 이념을 현실화할 수 있는 교육과정의 운영에 필요한 재정적, 교육적 여건이 충분하지 않다. 그러므로 대안교육에 대한 분명한 확신을 가지고, 기독교적 교육을 추구하는 역량 있는 대안학교 전문 교사의 양성과 충원이 필요하다.

3. 결론

19세기에 제도화된 이후 오늘까지 이르고 있는 국가주도의 공립학교 교육은 교육의 합법성이라는 정통성을 기준으로 교육을 주도해왔다. 20세기에 학교 교육은 민족주의, 사회주의, 자본주의 등 근대의 이데올로기에 따라 발전해 왔고, 학교교육은 정치 경제적인 이념논쟁의 중심이 있었다. 국가 주도의 학교교육은 결코 중립성을 지킬 수 없었고, 대한민국 교육이념에 어떤 종교적 가르침도 허용하지 않음으로서 기독교학교의 자율성을 인정하지 않았다.

1980년대 이후 세계 각국은 교육개혁의 공통된 원리로 교육부분에 시장경제원리를 도입하여 학부모들에게 학교 선택권을 허용하는 정책을 시행하게 하였다. 국가가 단위 학교에 자율성과 책무성을 부여하여 교육 프로그램의 다양화를 유도하는 동시에 학부모에게 자녀가 다닐 학교를 선택할 수 있도록 하여 학교 간 경쟁을 유발시킴으로써 교육의 질을 높이려하고 있다.

따라서 일제치하에서 신교육의 개척자였고, 해방이후 교육의 한 영역을 자리하고 있던 미션스쿨들과 1990년대 이후 공교육의 입시위주의 교육에 대항하여 전인적 교육을 추구해왔던 대안학교들이 기존 학교 교육과 상호보완 및 협력관계를 유지할 수 있기를 기대해본다. 2022년 대안학교 입법을 통해서 교육의 일정한 축을 견지하게 된 대안학교가 그 교육적 정체성을 유지하면서 교육을 운영하는 주체들의 안정적 재정확보와 대안교육 이념 및 가치를 교육 과정화 하여 공립학교와 함께 갈 때 더 시너지 효과가 나타날 것이라 사료된다.

또한 국가는 대안학교 교육의 특별함과 전인적 교육의 필요함을 인정하였으므로 대안학교의 효율적인 운영을 위해 교사들의 인건비와 학교운영에 필요한 재정적 지원을 해야 한다. 또한 전문성을 갖춘 교사의 양성 및 임용 등의 과제를 협의하여 해결할 때 양질의 교육을 행할 수 있을 것이다. 대안학교가 일정한 교육의 한 축을 감당할 수 있는 시대가 되었으므로 국가는 사회적 지원체제와 다양한 학교의 출현을 허용하는 제도적 뒷받침도 마련되어야 할 것이다.

참고문헌

기독교학교교육연구소(2020). 나는 기독교대안학교 교사다. 쉼이있는교육.

김태영(2012). 현대기독교학교 정체성의 역사적 고찰. 고신대학교 박사학위논문.

박상진(2010). 한국 기독교학교교육 운동. 서울: 예영커뮤니케이션.

박상진 외(2018). 기독교대안학교의 성과를 말하다. 서울 : 예영커뮤니케이션.

성용구(2008). 새로운 교육사회학. 태영출판사.

이종각 외(2018). Basic+ 교육사회학. 태영출판사.

조성국(2010). 기독교교육학의 길, 기독교학문 시리즈 2. 고신대학교 사상연구소.

장신근(2013). 기독교학교교육과 신학교육. 도서출판 동연.

Reimer, E.(김석원 역, 1979). 학교는 죽었다. 서울: 한마당.

부록: 2022년 대안학교 및 대안교육 특성화 중고등학교 현황

□ 대안학교(각종학교) [50교 : 공립22교 / 사립28교]

시도	학교명(과정)	설립구분	인가연도	소재지
서울	서울실용음악고등학교(고)	사립	2009	중구 신당동
	여명학교(중·고)	사립	2010	중구 남산동
	지구촌학교(초)	사립	2011	구로 오류동
	서울다솜관광고등학교(고)	공립	2012	종로 숭인동
부산	송정중학교(중)	공립	2019	강서구 송정동
대구	대구해올중고등학교(중·고 통합)	공립	2018	대구 달서구
인천	인천청담고등학교(고)	사립	2011	연수 동춘동
	인천해밀학교(중·고 통합)	공립	2012	남동 구월동
	인천한누리학교(초·중·고 통합)	공립	2012	남동 논현동
광주	월광기독학교(초)	사립	2014	서구 화정동
대전	새소리음악고등학교(고)	사립	2011	서구 도마동
	새소리음악중학교(중)	사립	2016	서구 도마동
울산	울산고운중학교	공립	2021	울주군 두서면
경기	티엘비유글로벌학교(초·중 통합)	사립	2008	고양시 덕양구
	화요일아침예술학교(고)	사립	2011	연천군 전곡읍
	쉐마기독학교(초·중·고 통합)	사립	2011	양주시 은현면
	새나래학교(중·고 통합)	사립	2011	용인시(휴교중)
	경기새울학교(중)	공립	2013	이천시 율면
경기	광성드림학교(초·중·고 통합)	사립	2014	고양시 일산구
	하늘꿈중고등학교(중·고 통합)	사립	2015	성남시 수정구
	중앙예닮학교(중·고 통합)	사립	2018	용인시 수지구
	노비따스음악중고등학교(중·고 통합)	사립	2019	가평군 설악면
	군서미래국제학교(초·중·고 통합)	공립	2021	시흥시 정왕동
	신나는 학교(중·고 통합)	공립	2022	안성시 보개면

강원	해밀학교(중)	사립	2018	홍천군 남면
	노천초등학교(초)	공립	2019	홍천군 동면
충북	글로벌선진학교(중·고 통합)	사립	2010	음성군 원남면
	한국폴리텍다솜고등학교(고)	사립	2012	제천시 강제동
	다다예술학교(초·중 통합)	사립	2017	청주시 상당구
	은여울중학교	공립	2017	진천군 문백면
	은여울고등학교	공립	2021	진천군 문백면
충남	여해학교(중)	공립	2013	아산시 염치읍
	드림학교(고)	사립	2018	천안시 충절로
	충남다사랑학교(고)	공립	2019	아산시 둔포면
전남	월광기독학교(중·고)	사립	2018	함평군 대동면
	성요셉상호문화고등학교(고)	사립	2018	강진군 강진읍
	이음학교(중)	공립	2020	광양시 광양읍
	송강고등학교	공립	2021	담양군 봉산면
경북	한동글로벌학교(초·중·고 통합)	사립	2011	포항시 북구
	글로벌선진학교문경(중·고 통합)	사립	2012	문경시 영순면
	산자연중학교(중)	사립	2013	영천시 화북면
	나무와중학교(중)	사립	2013	영천시 대창면
	링컨중고등학교(중·고 통합)	사립	2017	김천시 대덕면
	대경문화예술고등학교(고)	사립	2017	경산시 자인면
경남	경남꿈키움중학교(중)	공립	2014	진주시 이반성면
	경남고성음악고등학교(고)	공립	2017	고성군 하일면
	밀양영화고등학교(고)	공립	2017	밀양시 상남면
	김해금곡고등학교(고)	공립	2020	김해시 한림면
	거창연극고등학교(고)	공립	2020	거창군 위천면
	남해보물섬고등학교	공립	2021	남해군 창선면

□ 대안교육 특성화중학교 [19교 : 공립5교 / 사립14교]

시도	학교명(과정)	설립구분	지정연도	소재지
대구	한올안중학교	사립	2018	달성군
	가창중학교	사립	2018	달성군
광주	평동중학교	공립	2014	광주시
	살레시오여자중학교	사립	2022	광주시
경기	두레자연중학교	사립	2003	화성시
	이우중학교	사립	2003	성남시
	헌산중학교	사립	2003	용인시
	중앙기독중학교	사립	2006	수원시
	한겨레중학교	사립	2006	안성시
강원	팔렬중학교	사립	2011	홍천군
	가정중학교	공립	2017	춘천시
전북	전북동화중학교	공립	2009	정읍시
	지평선중학교	사립	2002	김제시
전남	용정중학교	사립	2003	보성군
	성지송학중학교	사립	2002	영광군
	청람중학교	공립	2013	강진군
	나산실용예술중학교	공립	2018	함평군
경남	상주중학교	사립	2015	남해군
	대병중학교	사립	2021	합천군

□ 대안교육 특성화고등학교 [25교 : 공립5교 / 사립20교]

시도	학교명(과정)	설립구분	지정연도	소재지
대구	달구벌고등학교	사립	2004	동구
인천	산마을고등학교	사립	2000	강화군
광주	동명고등학교	사립	1999	광산구
경기	두레자연고등학교	사립	1999	화성시
	경기대명고등학교	공립	2002	수원시
	이우고등학교	사립	2003	성남시
	한겨레고등학교	사립	2006	안성시
강원	전인고등학교	사립	2005	춘천시
	팔렬고등학교	사립	2006	홍천군
	현천고등학교	공립	2014	횡성군
충북	양업고등학교	사립	1998	청주시
충남	한마음고등학교	사립	2003	천안시
	공동체비전고등학교	사립	2003	서천군
전북	세인고등학교	사립	1999	완주군
	푸른꿈고등학교	사립	1999	무주군
	지평선고등학교	사립	2009	김제시
	고산고등학교	공립	2018	완주군
전남	영산성지고등학교	사립	1998	영광군
	한빛고등학교	사립	1998	담양군
	한울고등학교	공립	2012	곡성군
경북	경주화랑고등학교	사립	1998	경주시
경남	간디고등학교	사립	1998	산청군
	합천평화고등학교	사립	1998	합천군
	지리산고등학교	사립	2004	산청군
	태봉고등학교	공립	2010	창원시

제4부

기독교교육의 현장

제11장
영유아 기독교교육의 기초와 방향성

조기숙(모든민족교회)

1. 서론

급진적이고 활발하며 총체적인 발달이 일어나는 영유아기는 인간의 생애 발달에 있어서 큰 비중을 차지한다. 영유아기는 초기 환경에 많은 영향을 받는 시기이며, 여러 발달 영역의 기초를 형성하게 되는데, 신체발달과 언어발달이 괄목한 발달을 보이고 이를 기반으로 타인과 의사소통이 가능하며 대인관계에서의 기본적 태도를 갖추게 된다. 그럼에도 불구하고 영유아[1]는 의존적인 존재로서 혼자서는 어떤 성취도 이룰 수 없는 존재로 인식되었으므로 영유아 발달과 교육의 필요성은 과소평가 되어왔다.

20세기 중반 이 후 세계적인 관심과 주목을 받게 된 유아교육은 1965년, 미국에서 시작된 헤드 스타트(Head Start) 프로젝트[2]를 시작으로 큰 발전을

---

1. '영유아'는 학자에 따라서 '출생에서 만2세'까지를 '영아', '만3세에서 만5세'에 이르는 시기를 '유아'로 보거나 '영유아'를 출생에서 초등학교 입학하기 이전의 '영아와 유아'로 정의하기도 한다(이명조, 2005, p. 15; 유안진, 2001, p. 213). '영유아 보육법 시행령' 2019년 개정에서도 '영유아란 만 6세 미만의 취학 전 아동'으로 밝히고 있다(보건복지부, 2019). 본 장에서 '영유아'는 출생부터 미취학 연령 아동을 포괄하여 지칭한다.
2. 미국 연방정부가 저소득층 가정 아동들을 위한 실시한 포괄적 유아교육 프로그램을 말한다.

이루어 왔다. 이에 발맞춰 1980년대부터 우리나라 유아교육도 발전을 거듭하여 왔다. 최근에는 뇌와 관련된 연구가 교육학과 연결고리를 만들기 시작하면서 학문적 접근이 이루어져 왔으며 생애 주기 가운데 뇌 발달이 가장 활발하게 일어나며 환경에 민감하게 반응하는 시기인 영유아 연구의 필요성과 관심이 강조되고 있다(이인선, 2021). 이처럼 영유아의 잠재력과 교육의 중요성이 높아지면서 영유아 교육현장과 학계에서는 영유아 일반교육에 대한 관심과 연구가 더욱 심화되고 있다.

그러나 이러한 전반적인 영유아 교육의 관심에 비해 기독교적 접근과 영유아 기독교교육에 대한 관심은 미미한 상황이다.

유아발달의 과정에는 적절한 때를 놓치면 결핍이 누적되어 돌이킬 수 없다는 발달의 기초성, 적기성, 누적성, 불가역성이라는 요소가 작용하게 되며(양옥승, 2002), 영유아기의 신앙교육은 평생의 삶에 영향을 끼치게 된다. 건강하고 바른 신앙의 뿌리를 내리고 방향을 잡는 것은 이 시기에 무엇보다 중요하다.

영유아 기독교교육은 일반적이고 세상적인 영유아 교육 위에 기독교적 내용을 단순히 부가하는 것이 아니다. 먼저 인간의 모든 활동이 종교적인 것과 하나님의 형상으로 창조된 영유아도 구원을 위한 교육의 대상자인 것을 파악하여야 한다. 모든 피조물의 주권자 되시는 하나님을 알고 성경의 터 위에서 세상의 빛과 소금의 역할을 감당하며 예수그리스도를 닮아가는 인격형성의 기초를 다지는 영유아 기독교교육은 아무리 강조하여도 지나치지 않는다.

이에 본 장에서는 영유아에 대한 신학적 이해와 발달론적 이해를 고찰하고 영유아 기독교교육의 목적과 내용을 고찰하고자 한다. 또한 영유아 기독교교육의 중요한 환경적인 요소인 교사와 지도자, 그리고 교회와 가정이 연계할 수 있는 실제적인 프로그램에 대해 살펴보고자 한다. 이는 영유아 기독교교육을 논의함에 있어 기초자료로써 의의를 가질 수 있을 것으로 기대한다.

2. 영유아 이해

교육이라는 것은 종국적으로 인간의 잠재된 발전 가능성을 주목하고 그것을 도출하여 현재화하려는 총제적인 인간 활동이라 할 수 있다. 여기서 주의해야 할 것은 그 교육적인 노력과 활동이 개인의 성장과 발달의 단계에 맞게 행해져야 한다는 것이다. 본 장에서는 영유아에 대한 신학적 이해와 발달론적 이해를 통해 학습자인 영유아에 대한 바른 이해를 가짐으로써 편견이 없는 수용적인 태도와 인격에 대한 존중, 그리고 명확한 신념을 바탕으로 기독교교육의 긍정적인 역할을 살펴보고자 한다.

2.1. 신학적 이해

프랑스 출신으로 종교개혁을 이끈 개혁주의 신학자 칼뱅은 모든 인간이 본질적으로 하나님의 생기로서 생령이 된 존재이므로 삶 전체가 종교적 의미가 있으며, 인간의 모든 활동 영역에서 하나님을 섬기고 경배하는 생활을 통해 그 욕구를 행사하도록 창조 되었고, 내면에 종교적인 행위에 종사하려는 강한 충동을 가지고 있다고 보았다(김성수, 1996). 영유아 또한 하나님의 형상을 따라 지음받은 존재이며 가치있는 존재이지만, 죄의 오염으로 전적타락, 전적부패로 본질상 악한 존재가 되었으므로, 죄인인 인간이 새로워질 수 있는 것은 그들을 위한 교육, 즉 구원의 필수 조건인 하나님에 대한 지식으로 이끄는 교육을 강조한다(황성철, 2002). 이는 영유아 역시 구원의 대상자이며, 회심의 기회가 주어지는 존재이므로 하나님의 교육을 받아야 하는 대상자임을 제시한 것이다.

종교개혁의 핵심적 인물인 루터는 유아기 아동을 원죄가 아직 표출되지 않은 상태로 보았으며 이 시기에 잘못 된 습관이 들지 않도록 바른 교육과 경험이 필요하므로 교육에 의존해야 하는 존재로 보았다(양금희, 2011).

코메니우스는 어린이는 선하지만 조기교육을 받지 않으면 세상에 쉽게 물드는 존재이며 모든 면에서 형성이 필요한 존재로 보았으며, 인간의 두뇌가 어릴 때는 부드러운 상태이므로 감각 기관을 통해 생겨난 모든 상들을 수용할 능력이 있다고 보았다. 또한 어린 시절에 흡수한 것만이 확고하고 지속적이므로 인간은 하나님에 대한 인식과 하나님과의 교제를 위해 교육되어야 한다고 강조하였다(정일웅 역, 2002).

종합해 보면 영유아기의 아동들은 하나님의 형상으로 창조된 존귀한 존재임과 동시에 본질상 악한 존재이며 삼위하나님에 대한 조기교육을 통해 하나님과 올바른 관계를 맺을 수 있는 존재로 보았다.

2.2. 발달론적 이해

2.2.1. 피아제의 인지발달

심리학자이면서 생물학자였던 피아제는 인지발달을 유기체와 환경의 상호작용으로 파악하였으며 인지 발달을 4단계로 나누어 감각운동기, 전조작기, 구체적조작기, 그리고 형식적조작기로 구분하였다. 그는 발달단계에 도달하는 시기는 개별적으로 차이는 있을 수 있으나 발달단계의 순서는 모두 같고 교수과정 또한 발달단계에 맞게 구성되어야 한다고 주장하였다.

피아제가 구분한 4단계 중 영유아기에 속하는 감각운동기와 전조작기에 대해 알아보고자 한다.

감각운동기(0세~2세)에는 감각과 운동을 통해 지각하고 세상을 이해할 수 있다. 영아들은 출생 직후, 반사적으로 모유를 빨고, 단순 반복행동과 도식의 협응 등을 거쳐 18개월경에 이르면 자신이 처하는 상황에 대해 사고하면서 그 문제를 해결하기 위한 초보적인 지적행동을 취하게 된다. 피아제는 이러한 행동적 수준의 지능을 감각적 지능이라 부르며 이것이 이후에 발달하는 개념적 지능의 기초가 된다고 본다. 감각운동기의 대표적 사고의 특징은 '대상 영속성의 개념'이다(김정민 역. 2006).

전조작기(2~7세)는 아직 개념적인 조작능력이 충분히 발달하지는 않았지만 정신적 표상에 의한 사고가 가능해지는 단계이다. 전체적인 파악보다는 특수한 부분적 상황에 관심을 두는 경향이 있으며 편협한 사고를 한다. 점차적으로 언어가 발달하며 상상력이 풍부해지고 가상적 놀이 및 상징적인 형태로 사고하기 시작한다. 그러나 아직 판단의 직관성이나 보존능력 및 가역능력 등이 부족하고, 모든 사고가 자기 중심성을 벗어나지 못하며, 물활론적 사고에 지배받는다(안범희 외, 1998). 대표적인 행동특성으로는 자기중심적 언어발달과 자아중심성, 물활론적 사고, 중심화가 있다.

2.2.2. 에릭슨의 심리사회 발달

프로이드와 함께 아동발달에 상당한 영향을 미친 에릭슨은 인간의 발달을 8단계로 나누고 각 단계별로 극복해야 할 심리사회적 위기와 발달 과업을 제시하였다. 그는 각 단계에서 발달 과업을 어떻게 해결하느냐가 성격 발달에 영향을 미친다고 보았다(김원형 외, 2003).

에릭슨의 8단계 발달단계 중 영유아기에 해당되는 1단계에서 3단계까지를 살펴보고자 한다.

1단계(출생~1세)는 신뢰 대 불신을 위기로 다루는 단계로, 프로이드의 구강기에 해당된다. 아기들은 자기가 필요로 하는 것을 취하고자 할 때 자신을 돌보는 대상들과 상호작용을 하게 되는데 특히 엄마에게 의지한다. 이때 가장 중요한 것은 돌보는 이들의 행동에서 일관성과 예측성, 그리고 신뢰성을 발견하게 되는 것이다. 아기들은 양육자가 일관성 있고 믿을 수 있다고 느낄 때 기본적 신뢰감을 발달시킨다. 반대의 경우에는 불신감이 생겨날 수 있다.

2단계(1세~2세)는 자율성 대 수치심, 의심을 다루는 단계로, 프로이드의 항문기에 속한다. 이 때 아기들은 신경계의 발달로 괄약근을 조절하게 되고 그들이 원하는 대로 변을 배설하거나 참을 수 있게 된다. 자신들의 통제력이 커져 외적 통제를 거부하기도 한다. 이 때 양육자가 스스로 할 수 있는 일을 대신해주거나 수행할 수 없는 일을 지나치게 기대하면 수치심이 생긴다(강문희외, 2007). 영아가 자율성보다 수치심을 갖게 되면 부정적 자아감을 형성하게된다.

3단계(3세~6세)는 주도성 대 죄의식을 다루는 단계로, 프로이드의 남근기에 해당된다. 유아는 감각기관을 통하여 세계를 탐색하고 상상력과 창의력을 동원하여 주변 환경을 알아간다. 주도성을 취하는 법을 배우고 리더십을 발휘할 역할을 준비하며, 목표 달성할 방법을 배운다. 다양한 언어활동과 신체활동이 왕성하게 이루어지므로 유아가 자기 주도적으로 호기심을 가지고 외부세계에 대한 탐색을 할 수 있도록 기회를 마련해 주어야 한다. 유아가 자신의 목표대로 행동이 완수되지 않거나 실패의 경험이 반복적으로 이루어지게되면 죄의식을 형성하게 된다(양금희, 2011).

2.2.3. 파울러의 신앙발달

신앙을 발달심리학적으로 연구한 파울러는 신앙을 구조주의적인 관점에서 탐구하였다. 파울러는 '신앙'은 누구에게나 공통되는 관심이며 보편적이며 근본적인 것으로 보았다(Fowler, 1981). 파울러는 신앙의 발달단계를 6단계로 나누고, 그 이전 단계를 '전(前)단계'로 구분하였다.

파울러의 신앙 발달단계중 영유아기에 해당되는 전단계와 1단계를 살펴보고자 한다.

전단계(0세~2세)는 미분화의 단계이다. 신앙 전 단계이지만 신앙과 무관한 것이 아니라 모든 것의 기초가 형성되는 시기로 보았다. 이 시기는 사랑, 신뢰, 희망, 용기 등이 혼합되어 있기 때문에 미분화된 신앙으로 칭한다. 이

단계에서는 기본적인 신뢰라는 원천적이고도 일차적인 사랑과 돌봄을 제공해 주는 사람들과의 상호성의 관계를 통해 신앙을 형성한다. 만일 신뢰와 관계가 깨어질 경우에는 불신과 절망 등의 자질들이 인격의 밑바닥에 자리하게 된다.(양금희, 2011). 양육자와의 상호작용을 통하여 하나님과 관련된 강력한 이미지들이 형성되는 매우 중요한 시기이다.

1단계(3세~7세)는 직관적-투사적 단계이다. 최초로 자기인식이 일어나는 단계이며 사물의 존재를 파악할 수 있고, 외형적으로 보이는 것을 구별할 수 있는 능력을 갖추게 된다.

이 시기는 유동적인 사고유형을 가지고 있으며, 부모나 주 양육자에게 가시적 신앙의 본보기, 기분, 행동 언어에 강력한 영향을 받는다. 논리적 사고가 불가능하지만 무한한 상상력을 사용하므로 사실과 환상은 미분화 되어있는 단계이다(오인탁 외, 2006).

3. 영유아 기독교교육의 방향성

3.1. 영유아 기독교교육 목적과 내용

교육은 교육 대상자의 발달 단계적 특성을 충분히 고려해 진행되어야 한다. 영유아를 위한 교육을 위해서는 학습자인 영유아의 독특한 성격, 발달단계적 특성을 이해한 교육목적과 교육내용이 필요하다.

기독교교육이 일반교육과 다른 점은 다양한 접근방법, 혹은 무엇을 강조하느냐, 차이는 있을 수 있지만 절대 놓쳐서는 안 될 사항은 바로 '신앙(faith)'을 그 중심점에 삼고 있어야 한다는 점이다(박상진, 2004).

송용란과 오영희(2004)는 영유아 기독교교육 목적은 하나님이 어떤 분이라는 것을 알도록 하고, 예수님은 유아들을 사랑하시며 유아들로 하여금 예수님의 생활을 따라 사회, 가족, 교회, 이웃들과 함께 사는 가운데 신앙이 자라게 도와주는 것이라고 정의하였다. 자스머는 미성숙한 유아를 그리스도의 인격과 행위를 닮은 성숙한 인격자로 형성시키는 것으로(Jaarsma, 1961), 번은 유아가 하나님과의 관계에 참여하여 유아 자신의 세계에서 하나님께 영광을 돌리도록 하는 것과 그리스도의 인격을 형성하여 하나님의 법에 지배받는 행동을 학습해 나가면서 하나님께서 부여해주신 능력을 개발하여 타인을 사랑하고 도와줄 수 있게 하는 것으로(Byrne, 1981), 이영옥(2003)은 하나님과의 관계 안에서 하나님을 알고 하나님의 말씀 안에서 자신과 이웃과 창조 세계를 사랑하며 하나님이 주신 모든 생활영역 안에서 전인적인 발달을 이루고 기독교적 가치관의 기초와 태도를 형성하며 하나님의 나라를 이루어가는 하나님의 백성으로 살아가도록 하는 것으로 정의하였다. 정희영(2010)은 유아에게 하나님에 대해 알고 경험하게 해주며, 하나님이 주신 자연세계를 잘 알며 주신 재능과 소질을 잘 발견하여 하나님과 이웃을 섬기며 자연을 잘 관리할 수 있도록 이끌어 주는 것으로 정의하였다.

이와 같이 유아에게는 기독교의 기초이미지와 개념에 익숙해질 수 있는 교육목표가 설정되어야 하는데 유아에게 기독교개념과 용어를 단순화하여 이해할 수 있는 개념으로 보다 쉽게 해석할 필요가 있다(이재영, 2019).

영유아 기독교교육 내용을 살펴보면 다음과 같다.

양금희(2011)는 교육내용을 다음과 같이 제시하고 있다. 첫째, 양육자 및 가족이나 주변 사람들과의 관계가 핵심 내용이 되어서 이들의 삶에서 경험되는 내용이 건강한 하나님의 이미지를 형성하는 내용이 되어야 한다. 둘째, 가정 안에서 실천되는 신앙생활의 경험으로 가정예배 및 기도, 절기활동의 신앙적 실천의 참여경험이 포함된다. 셋째, 유아가 교회라는 신앙공동체를 참여하고 경험하는 모든 것이 되어야 한다. 넷째, 하나님, 예수님, 교회, 성경, 주일, 예배 등의 기독교 기초개념이 교육되어야 한다. 다섯째, 간접적인 유아의 신앙적 기초 형성으로 유아가 성장하는데 필요한 다양한 경험을 포함한 모든 내용이라 할 수 있다.

에들린은 유아 주변에 있는 모든 내용이 포함되어야 하며 이것은 성경을 기초로 조명되어야 한다고 주장하고 있다(Edlin, 2004).

오인탁(1990)도 기독교 유아교육은 성경에 그 기초를 두며 하나님의 형상을 이미 그 품성에 품고 있는 유아들을 주의 교양과 훈계를 통해 그 형상을 발현할 수 있도록 양육하는 것으로 보았다.

이영옥(2003)은 하나님의 주권 아래 있는 모든 삶의 영역을 포함하며, 하나님의 형상으로서 유아의 흥미, 요구, 경험, 발달수준을 고려하여 전인적인 발달을 이루도록 돕고 기독교적 가치들을 수용할 수 있는 내용과 하나님 백성으로서의 삶을 살아갈 수 있는 내용들을 제시하여야 함을 강조하였다.

종합하여 보면 영유아를 위한 교육내용은 삶의 전 영역에서 하나님의 주권을 인정하며 전개되어지는 모든 교육이 성경을 기반으로 조명되어져야 한다.

3.2. 영유아 기독교교육과 가정, 부모

오늘날 사회구조의 변화와 양육의 주체였던 여성들의 사회진출이 활발하게 진행되면서 자녀 양육과 교육은 사회기관과 단체에 위탁되고 신앙교육의 주체가 되어야 할 그리스도인 부모들은 자녀의 신앙교육을 교회학교 교육에 위임하려는 경향이 있다.

하나님께서 직접 세우신 가정은 가장 기본적인 단위이며, 한 개인의 인격 형성이나 신앙 형성에 가장 중요한 교육의 장이다. 가정에 대한 정의는 보편적으로 부부 중심의 가족 공동 생활체로서 가족이 공동의 생활을 하고 있는 장소라고 보는 것이 보편적이다(김미경, 1999). 인간은 태어나면서 가정이라는 공동체에서 살아가는데, 그 속에서 필요한 근원적인 행동양식을 습득하고 인격을 함양하게 된다. 특히 영유아기는 가정에서 많은 시간을 보내게 되며 부모는 그들에게 절대적인 존재이다. 영유아들은 부모의 역할, 행동, 가치, 신념 등을 모방함으로 자아개념을 형성하게 된다(Howard, P. C & Raymond. M. R, 1981).

따라서 기독교 가정은 하나님의 창조 목적에 부합하도록 생활하는 곳이고, 그리스도인의 삶을 안내하고 지도하는 기관이며 그리스도인이 생활하는 학교이고 자녀들의 훈련장이다(이미향, 2013).

현대 기독교 교육이론의 아버지라 불리는 부쉬넬은 기독교교육이 참으로 가능한 곳은 가정과 부모이며, 가족 구성원들은 영적 유기적 관계를 형성하므로 부모의 생각과 감정과 성격이 자녀들에게 그대로 전달된다고 보았다. 특히 부쉬넬은 가정에서 하나님의 돌보심 안에 있는 부모의 신앙교육의 책임을 강조하면서 부모가 현 생활에서 보여주는 것이 자녀에게 줄 수 있는 것이 최고의 교육방법이며 하나님과 동행하면서 거룩한 삶을 가는 것 자체가 교육이라고 주장하였다(Bushnell, 1979).

영유아기의 신앙교육을 강조한 코메니우스는 부모는 자녀들에게 최초의 교육자의 역할을 수행해야 하는 책임을 가졌음을 강조하면서 영유아기 자녀들이 세속에 물들기 전에 하나님을 영화롭게 하는데 두며, 구원에 이르도록 가르치고 훈련시켜야 함을 주장하였다(Comenius, 1984).

영유아 부모들은 육체적인 돌봄과 필요를 제공하는 것 보다 자녀들의 영혼을 가장 먼저 돌보아야 한다. 부모가 성경적 가치관을 가지고 인간의 궁극적인 삶을 목적을 가르치는 기독교 신앙교육에 대한 중요성을 인식하고 자녀의 신앙교육을 교회학교에만 맡기는 것이 아니라 어떠한 상황에서도 의지를 가지고 부지런함으로 교육하여야 한다.

신앙의 유산이 희미해져 가고 있는 이 시대에 기독교 가정의 부모들은 자녀를 위한 가정 목회자로서 자녀를 하나님의 말씀으로 가르치고 권면하는 사역을 해야 하며 자녀의 영적 성장을 위해서 지속적인 기도와 사랑을 베푸는 존재가 되어야 한다(정정숙, 2004).

3.3. 영유아 기독교교육과 교사

발달적으로 중요한 시기에 있는 영유아들은 가정에서 부모를 통해 신앙교육을 받다가 교회교육의 첫 출발점인 영유아부에서 교사들에 의해 체계적인 신앙교육을 받게 된다. 영유아들도 한 인격체로서 하나님과 관계하며 예배하는 존재이지만 그들 스스로 하나님과의 영적인 관계를 맺기 어렵다. 이 때 영유아 기독교교육의 주된 기능을 담당 하는 곳이 교회학교이며, 교회학교 교사[3]이다.

교회학교 교사는 목자에 비유되어 진다. 자신들이 맡은 아이들을 하나님께로 인도하는 안내자의 역할을 수행한다는 의미가 함축되어있다. 특히 영유아들은 교사와의 만남을 통해 사랑과 신뢰를 형성하며 하나님을 바로 알게 된다. 영유아들의 눈과 귀를 통해서 관찰되는 교사의 행동과 태도는 무의식적으로 어린 아이들의 신앙적 기초를 형성하는데 상당한 영향을 끼친다(박원호, 1996).

영유아부 교사는 하나님이 창조하신 창조세계를 이해하도록 돕고, 삶의 전 영역에서 영유아들이 성경적인 세계관을 가지고 삶을 바라볼 수 있도록 가르쳐야 한다. 또한 세상적 지식을 가르치는 일반적인 유아교육 교사와 달리 하나님이 주신 지혜를 가지고 사명을 감당하는 자로서, 영유아 아동들을 인도할 수 있는 합법적인 권위와 전통적인 권위를 가지고 있다(김성수, 1996).

코메니우스는 인생의 궁극적인 목적은 천국에서 영원한 생명을 얻는 것이

---

3. 교회학교에서는 취학 전 아동들을 교회의 상황이나 연령에 따라 영아부, 유아부, 유치부로 나눈다. 그러나 일반적으로 영아부, 유아부, 유치부를 통합하여 운영하는 교회가 대부분이다. 따라서 본 장에서는 취학 전 부서를 담당하는 교사를 영유아부 교사로 통칭하였다.

라 정의하고 하나님에 대한 인식과 하나님과의 교제를 위해 어릴 때부터 교육이 시작 되어야함을 강조했다. 또한 영유아기 교육의 중요성을 식물에 견주어 강조하면서 어릴 때 형성된 것은 바꿀 수 없이 오랜 시간 남아있게 되므로 이 시기에 바르고 현명한 사람으로부터 가르침을 받아야 한다고 주장한다 (정일웅 역, 2002).

파머에 따르면 '무엇을, 어떻게, 왜 가르치는가' 못지않게 '누가 가르치는가'가 중요하다고 하였다(Palmer, 2005). 교사는 교육의 질을 결정하기 때문이다. 따라서 영유아 교사들은 역할 수행을 위해 교육 되어질 필요가 있다.

이러한 맥락에서 볼 때 영유아 기독교교육에 있어서 가장 선행되어야 하는 것은 교사의 질을 향상 시키고 이를 통해 교사의 역할을 성공적으로 감당할 수 있도록 돕는 것이다(조기숙, 2020).

3.3. 영유아 사역자[4]의 영유아 부모 대상 연계 방안

영유아 사역자는 성경의 가르침뿐만 아니라 영유아의 발달에 대한 다양한 지식과 교수방법을 숙지하고 그것을 교육현장에서 적절히 반영할 수 있는 사람이어야 한다(이혜정, 2015). 뿐만 아니라 주위의 도움 없이 영적성장을 이룰 수 없는 영유아들과 오랜 시간 함께 하는 부모들이 가정에서 신앙성장의 촉진자로서의 역할을 감당할 수 있도록 교육하여 교회와 가정이 영유아 신앙교육을 협력하는 역할도 수행하여야 한다.

본 장에서는 영유아 사역자를 중심으로 부모님들과 연계하여 영유아 기독교교육 방안으로 활용할 수 있는 프로그램을 소개하고자 한다.

---

4. 교회학교에서 영유아를 지도하며 책임을 맡고 있는 자로서 전문성을 겸비한 영유아 전문사역자를 지칭한다.

3.3.1. 가정예배

영유아 신앙교육에 있어서 중요한 교육적 요소를 함축하고 있는 가정예배는 온 가족이 한 자리에서 함께하여 하나님을 기억함으로써 영유아들도 한 인격체로 동참할 수 있도록 진행되어야 한다.

비록 언어의 한계가 있고 표현의 부족함은 있으나 영적 존재로 창조된 영유아들에게 가정 공동체에서 부모와 함께 드리는 가정예배는 가정교육의 중심에 있으며, 신앙교육의 영향으로 영유아의 조용한 영적성장이 일어나는 기반이 된다.

영유아 사역자는 가정예배의 중요성을 부모들에게 교육하여 동력을 제공하고 매주 발행되는 주보나 SNS등을 활용하여 가정예배 자료를 제공함으로써 가정예배가 지속적으로 실행될 수 있도록 도울 수 있다.

본교회 영아부에서는 가정예배를 가복시(가정을 복되게 하는 시간)라 명칭하고 매주 발간되는 주보를 활용하여 가정예배 활성화에 힘을 쓰고 있다. 영유아를 포함한 온 가족이 함께 참여하는 가정예배가 지속되어질 수 있도록 주일 반모임 시간을 활용하여 가복시의 은혜와 감사제목을 나누고 점검하고 연말에는 시상식을 통해 격려한다. 아래 그림은 주보를 활용한 가복시와 감사제목 카드이다.

[그림 XI-1] 주보를 활용한 가정예배 점검 카드-○○○○교회 영아부 제공

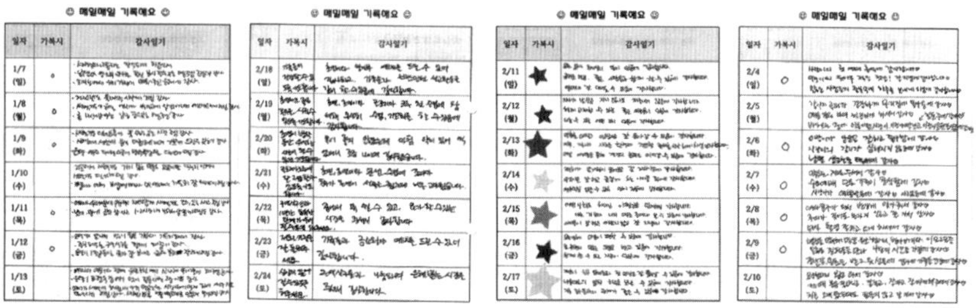

3.3.2. 아기학교

영유아들이 하나님과 부모(특히 엄마) 사랑을 느끼고 신뢰하며 친밀감을 갖게 하기 위해 신앙생활의 기초적인 활동들을 익히는 아기학교는 학기당 12주 과정으로 4학기 동안 진행할 수 있으며 각 교회의 상황에 따라 실시할 수 있다.

생후 15개월~ 48개월의 영유아와 양육자를 대상으로 하고 있으며 자유놀이, 찬양, 예배, 간식, 만들기, 공동체 놀이, 야외활동과 학기마다 부모교육도 함께 실시한다.

아기학교 실행을 앞두고 전문성을 가진 지도자와 사명감으로 헌신할 수 있는 교사들의 발굴이 선행되어 한 마음으로 준비하는 것이 우선되어야 한다.

1986년 44명의 아이들로 시작된 ○○교회 아기학교는 30년 이상을 운영해 오면서 한국교회에 아기학교의 모델이 되고 있다. 세월을 거듭하면서 체계적인 교육프로그램으로 발전하였고 영유아들의 영적성장뿐만 아니라 부모님과 교회학교의 부흥, 지역사회에도 건강한 영향을 끼치는 주중 교회학교로 자리 잡았다. ○○교회 아기학교는 아기학교를 처음 준비하는 교회들을 위해 세미나와 필요한 자료 등을 제공하고 있다(아기학교 http://babyschool.choongshin.or.kr/info/sub06.asp).

3.3.3. 영유아 기독부모교실(총회교육원의 FM school)

영유아 기독부모교실은 총회교육원에서 영유아를 양육하고 있는 부모들이 기독교 세계관으로 바른 신앙교육의 상(像)을 정립하고 궁극적으로 교회가 육아공동체가 되기 위한 방편으로 시도되었다.

어떻게 자녀를 신앙으로 양육할 수 있을까? 고민하는 기독부모들에게 기본적인 틀과 방법을 제시하고 신앙교육의 근본이 되는 가정에서 신앙교육을 바르게 할 수 있도록 안내한다.

6주 과정으로 진행되는 고신총회교육원의 기독부모교실의 특징은 첫째, 개혁주의적 기독교 세계관을 바탕으로 한 부모교육 프로그램이다. 둘째, 기독교가정에서 신앙교육을 시작할 수 있는 프로그램이다. 셋째, 올바른 신앙교육의 상(像)을 정립하는 프로그램이다. 넷째, 영유아발달에 기초한 영적인 필요와 상황에 적합한 프로그램이다. 다섯째, 아빠, 엄마, 자녀가 함께하는 구체적 실천이 있는 프로그램이다. 여섯째, 담당교역자, 부모, 자녀로 이어지는 연계프로그램이다.

영유아 교회교육지도자가 영유아부모를 교육하고 지원하면서 부모가 가정이라는 현장에서 삶으로 실천하고 가르치게 함으로써 교회와 가정이 연계하여 신앙교육의 적기인 영유아기에 바람직하고 체계적인 신앙교육을 할 수 있다. 구체적인 사항은 총회 교육원 홈페이지를 참고하라(http://www.edpck.org/).

4. 맺는 말

영유아기는 인간의 전 생애 중에서 가장 활발하고 급속한 발달을 이루게 되는 시기이다. 영유아들은 가정, 사회, 종교 등 다양한 환경에 노출되며 그 속에서 양육받고 배우고 성장하게 된다. 출생과 함께 새로운 세상에 적응하며 신체적 발달뿐만 아니라 사고의 확장을 이루어가는 영유아기에 익힌 삶의 습관과 가치관은 생애 전반에 영향을 끼치게 된다. 왜냐하면 높게, 낮게, 바르거나 매듭진 가지들을 가진 나무가 자란 것처럼, 한 번 형성된 모습은 오랜 세월 그대로 머물러 있게 되며, 더 이상 변형되지 않기 때문이다(정일웅 역, 2002).

이러한 맥락에서 영유아기는 기독교교육의 최적기이며, 성경적인 세계관으로 세상을 바라보고 창조주 하나님과 피조물을 구분하며 하나님을 사랑하고 사람을 사랑하는 그리스도인으로 살아갈 수 있도록 교육하는 영유아 기독교교육은 단순한 교육 이상의 의미를 가진다.

한국교회의 다음 세대를 이어가기 위한 근본적인 해결책은 영유아에 대한 탄탄하고 바른 이해와 성경에 기반한 목적과 내용을 장착하고 기독교 교육의 전문성을 갖춘 교사와 지도자를 양성하면서 각 가정의 부모와 교회학교가 연계하여 영유아 기독교 교육에 계속적인 관심을 가지고 발전시켜 나가는데 있다.

영유아 기독교교육 통해 삶의 모든 영역에서 주권자 되시는 하나님을 알고 자발적 순종의 기쁨을 누리며 세상의 변혁을 꿈꾸는, 꿈틀대는 다음 세대를 기대한다.

참고문헌

강문희 외(2007). 현대사회와 아동. 서울: 시그마프레스.

김도일 역(2004). 기독교적 양육 서울: 장로회신학대학교출판부.

김성수(1996). 기독교 유아교육의 원리. 고신대학교 논문집 23. 55-70.

김숙영·송영란(1998). 유아 기독교 교육 프로그램. 서울: 교육아카데미.

김원형 외(2003). 인간과 심리학. 서울: 학지사.

김정민 역(2009). 피아제의 인지발달이론. 서울: 학지사

박상진(2004). 기독교교육과정 탐구. 서울: 장로회신학대학교 출판부.

박원호(1996). 신앙의 발달과 기독교교육. 서울: 장로회신학대학교 출판부.

송영란·오영희(2004). 기독교 유아교육: 성경프로젝트 접근을 중심으로. 서울: 동문사.

안범희·박선영·최철용·이은주(1998). 교육심리학. 서울: 교육과학사.

양금희(2011). 기독교 유아·아동교육. 서울: 대한기독교서회.

양금희(2014). 어린이 영성교육. 서울: 센싱더스토리.

오인탁(1990). 기독교교육. 서울: 종로서적.

오인탁 외(2006). 기독교교육론. 서울: 대한기독교교육협회.

이미향(2012). 기독교 가정의 신앙교육에 대한 연구. 총신대학교 교육대학원 석사학위논문.

이영옥(2003). 기독교 유아교육과정. 장로회신학대학교 대학원 석사학위논문.

이인선(2021). 뇌 기반 교육에 기초한 유아교사양성 교과목 재설계 -'영유아발달과 교육' 과목을 중심으로. 한국교원대학교 대학원 박사학위논문.

이재영(2019). 한국교회 영유아 전문사역자를 위한 현직교육방안. 백석대학교 기독교전문대학원 박사학위논문.

이혜정 (2015). 초임 유치부 교육전도사의 적응에 관한 연구. 기독교교육정보 44. 193-219.

장화선(2005). 영성교육의 내용과 실제에 관한 연구. 복음과 교육 제2집. 274-297.

정정숙(2004). 성경적 가정사역. 서울: 베다니.

정희영(2010). 기독교 유아교육론. 서울:교육과학사.

조기숙(2020). 교회학교 유치부 교사양성 교육과정 개발 연구. 고신대학교 대학원 박사학위논문.

팽영일(2017). 유아교육 사상사. 서울: 교육과학사.

황성철(2002). 칼뱅의 교육목회. 서울: 이레서원.

Bushnell, Horace. Christian Nurture. 기독교적 양육. 김도일 역(2004). 서울: 장로회신학대학교 출판부.

Bushnell, Horace(1973). Nurture and Supernatural as Together Constituting the One System of God, New York: Charels Scribner. 1858 rpt. New York: AMS press.

Bushnell, Horace(1979). Christian Nurture. New York: Charels Scribner's Sons. 1861 rpt, Michigan: Baket Book House.

Bushnell, Horace(1960). Teaching Kindergarthners Accent Teacher Training Series.

Comenius J. A.(1984). The School of Infancy. Edited with an Introduction by Ernest M. Eller. the University of North Carolina Press.

Comenius J. A. 대교수학. 정일웅 역(2002). 서울 창지사.

Edlin, R. J.(1998). The Cause of Christian Education. Northport Ala.: Vision Press.

Edlin, R. J.(2004). Why Christian Schools? National Institute for Christian Education. 1-16.

Fowler, J. W.(1981). Stages of faith: The psychology of human development and the quest for meaning. San Francisco, CA: Harper Collins.

Howard, P. C. & Raymond. M. R.(1981). Understanding Your Church's Curriculum. 김희자 역(2002). 서울: 대한예수교장로회총회.

Herbert, P. G. & Sylvia, O.(1969). Piaget's Theory of Intellectual Development

Jaarsma, C.(1961). Human Development, Learning & Teaching: A Christian Approach to Educational Psychology. W. M. B. Eerdmans Pub. Co.

Palmer, P.(2005). The Courage to Teach. 가르칠 수 있는 용기. 이종인·이은정 역(2013). 서울: 한문화 멀티미디어.

제12장

뉴노멀 시대의 위기 청소년 해결을 위한 교회 교육적 방향 모색

박용성(부산진구 부전 청소년센터)

1. 들어가며 : 뉴노멀(New Normal) 시대와 위기 청소년

뉴노멀(New Normal) 시대는 21세기 사회현상을 말한다. 우리가 경험하지 못했던 앞으로의 사회적 속성을 의미한다. 저성장, 저소비, 높은 실업률, 고위험 등 이 사회의 기본이 되는 사회를 의미한다. 유럽의 선진국과 일본이 현재 경험하고 있는 현실이며, 한국도 선진국이 되었고, 뉴노멀(New Normal)의 초입으로 가고 있다. 뉴노멀(New Normal) 시대는 또 다른 커다란 변화 4차 산업혁명에 따른 빅데이터, 인공지능, 로봇의 시대와 겹쳐서 20세기에 교육받고 성장하고 세상을 살아온 우리와는 다른 세계가 현재의 청소년들 앞으로 펼쳐지고 있는 것이 분명하다. 그에 더하여 한국 사회는 뉴노멀(New Normal)을 가속화 하는 저출산, 고령화의 문제가 더욱 강력하게 나타나 긍정적인 미래보다는 부정적인 미래를 그리는 풍조가 늘어나고 있다. 사실 걱정만 하고 대비는 전혀 하지 않아 부정적인 미래를 실지로 만들어가고 있다.

뉴노멀(New Normal) 시대는 새로운 삶의 패러다임을 요구하고 있다. 영적 공동체인 교회는 더 높은 차원에서 뉴노멀 시대를 대비해야 할 책무가 있다. 저출산과 고령화의 문제가 심각하고 부정적인 풍조가 늘어가고 있다.

하지만 국가도 교회도 아무런 준비를 하고 있지 않다. 교회는 뉴노멀(New Normal) 시대에 희망의 공동체로 세워져야 한다. 교회는 신앙을 지킬 뿐 아니라 다시 세상의 희망이 되기 위해 진통을 감내하며 미래를 준비해야 한다. 그러기 위해 그리스도인들은 뉴노멀(New Normal) 시대에 우리 앞에 놓인 도전과 위기는 무엇인가를 함께 성찰해야 한다. 그리고 도전과 위기를 기회로 만들어 갈 수 있어야 한다. 우리 사회는 코로나19 팬데믹(pandemic)으로 인해 정치, 경제, 사회, 문화, 교육 등 거의 모든 삶의 영역에서 새로운 일상의 기준을 요구한다.

코로나19 팬데믹(pandemic) 시대의 두드러진 현상은 교육 불평등이다. 온라인 수업으로 인해 교육적 차이가 생기게 되었다. 따라서 학습부진아들이 많아졌고, 학업을 중단할 위기 청소년들이 많아졌다는 뜻이다. 뿐만 아니라 다양한 위기 상황에 직면하게 되었다. 특히 온라인상에서 청소년 유해환경에 노출되어 도박 및 사행성 게임을 하게 되었다.

코로나19 팬데믹(pandemic) 시대의 교회교육도 마찬가지이다. 온라인 예배를 드리고 교육기관에 모든 활동이 중단되었다. 그로 인해 주일성수의 개념이 약화되었고, 신앙교육은 위기에 직면하게 되었다. 청소년들은 더욱 교회를 떠나게 되었다.

이에 이번 장에서는 새로운 시대, 뉴노멀(New Normal) 시대에 어떤 가치 기준에 따라 청소년을 신앙교육 할 것인가를 함께 고찰해 보고자 한다.

2. 뉴노멀(New Normal) 시대란 무엇인가?

코로나19 팬데믹(pandemic)이 시작되면서 주목받았던 용어 중 하나가 "뉴노멀(New Normal)"이다. 미국의 벤처투자가 로저 맥나미(Roger

McNamee)가 자신의 저서에서 가장 먼저 사용했다고 한다. 이 용어가 등장했을 때 미국을 포함한 서방 경제가 예전처럼 위기에서 빠르게 회복하지 못했다. 저성장, 저소비, 저물가, 그리고 고실업률이 지속되는 상태에 머물게 되었다. 신자유주의 경제 모델과 거대한 엔진 미국이 이끄는 고속 성장을 누렸던 '올드 노멀'을 대신해 저성장에 따른 불안정, 강력한 정부 개입, 그리고 작아진 미국 시장과 여러 신흥 시장이 성장 활로를 모색하는 상황이 일상화된 뉴노멀의 시대가 찾아왔다는 진단이었다. 처음에는 경제 분야에서 사용되던 용어였다. 하지만, 특정한 시기와 사건을 중심으로 사회가 급변할 때, 이전과는 다른 새로운 기준이 적용되어 사람들의 일상이 되는 것을 뉴노멀이라고 불렀다. 이때, 새로운 기준인 뉴노멀이 적용되기 이전의 기존 기준들은 올드 노멀(Old Normal)이라 부른다.

21세기 세상의 변화 속도는 우리가 따라가지 못할 정도로 빠르고 급진적이며 영리를 추구하는 기업, 문화계(영화, 대중음악) 등을 제외하면 사회의 거의 모든 부분이 아직 변화에 대응하지도, 적응하지도 못하고 있는 것이 현실이다. 일본은 이미 30년 전에 저성장, 저소비로 대표되는 뉴노멀 시대를 경험하고 미래가 그렇게 밝지 못한 나라가 되었다. 우리는 일본과는 다른 길을 갈 수도 일본의 30년을 답습할 수도 있다. 뉴노멀은 위험과 기회가 같이 오는 것이라고 할 수 있으며, 우리의 선택과 실천을 통해서 사회의 방향과 미래를 만들어 갈수 있다. 뉴노멀 이전의 노멀시대는 고성장, 고소비, 낮은 실업률, 낮은 위험의 사회였다고 볼 수 있다. 대한민국은 그러한 노멀 시대의 가장 큰 수혜자였다. 노멀 시대의 사회의 작동원리는 다음 그림으로 요약할 수 있다.

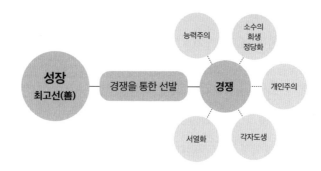

[그림 XII-1] 노멀시대 사회 작동원리

능력주의 / 소수의 희생 정당화 / 개인주의 / 각자도생 / 서열화

성장 최고선(善) — 경쟁을 통한 선발 — 경쟁

3. 위기 청소년과 교회교육

위기 청소년의 협의적 개념은 폭력·강도 등 범죄행위와 더불어 가출·음주·흡연을 포함한 약물 남용과 성비행과 같은 풍기문란이나 불량행위 등 비행을 일삼는 청소년을 말한다. 광의적인 개념으로는 사회의 성인 또는 영향력 있는 집단에 의해 사회의 가치관에 위해를 가한다고 규정되는 현상뿐만 아니라 청소년 자신들이 자신의 가치관 또는 인간적인 삶을 위협한다고 판단하는 문제를 안고 사는 청소년을 말한다. 뉴노멀 시대에 접어들면서 위기 청소년의 문제는 더욱 가속화되고 있다. 촉법소년은 만10세에서 만14세의 소년들을 말한다. 이 촉법소년은 법의 처벌을 받지 않는다는 오해를 받는다. 그래서 범죄를 저지르는 소년에 대한 처벌을 강화해야 한다는 여론이 매우 높다. 윤석열 정부도 연령을 낮추려는 법개정을 준비하고 있다. 촉법소년제도는 미성숙한 소년에게 형사적 책임을 묻는 것이 타당한가의 문제, 처벌보다는 교화 가능성에 초점을 두는 것이 법의 취지라고 할 수 있다. 많은 언론에서 이 문제를 다루는 프레임은 심각한 범죄를 저지르고도 나이 때문에 처벌받지 않고, 범죄를 저지른 소년의 문제로 규정한다. 범죄를 저지르는 아이가 문제이

지, 사회의 시스템은 문제가 되지 않는다고 한다. 촉법소년의 법취지는 아직 육체적으로 정신적으로 성숙도가 독자적인 판단을 하기에 어려운 14세 이하의 소년을 보호하고 훈육하고 건강하게 성장시키는 것에 있다. 그런데 사실 그러한 시스템은 없고, 처벌의 지속적인 면제만 있으니 그 비난이 고스란히 소년에게 가는 것이다. 용서가 14세 이하의 소년을 극악의 나쁜 아이로 만드는 핵심 기제가 된다. 국가나 사회는 이 소년이 더 이상 범죄하지 않도록 하는 지원시스템은 없다. 부모에 대한 책임 강화, 더 이상 범죄하지 않게 하는 환경개선, 재범하지 않을 때까지 그에게 맞는 교육 시스템의 구축은 찾아보기 어렵다. 그렇다면 교회에서는 어떠한가? 교회교육에서는 촉법소년을 어떻게 생각하는가 하는 문제다.

3.1. 위기 청소년, 학교폭력의 가해자와 피해자

학교폭력에서의 관심은 가해자가 제대로 된 처벌을 받느냐에 있다. 학교폭력으로 인정되면, 취업시까지 불이익을 주어서 학교폭력을 뿌리 뽑겠다는 것이 정책적인 방향이다. 사법행정의 영역으로 변호사가 주된 역할을 하는 것으로 학교폭력의 문제가 해결될 수 있고, 그것이 바람직한 방향이라고 할 수 없다. 학교폭력의 문제를 교육적 관점에서 바라보고, 지역사회와 교회 교육의 관점에서 바라보아야 한다. 학교폭력의 가해자와 피해자는 공존한다. 학년이 바뀌어 내가 피해자가 되기도 하고, 또 학년이 바뀌면 내가 가해자가 되기도 한다. 변화하는 사회환경에서 청소년들은 약자를 괴롭히고 그것이 잘못된 것인지도 모른다. 일반적으로 진정성은 주관의 영역이므로 객관적으로 판단할 수 없으므로 반성한다고 용서해주면 안 되고, 꼭 처벌하고 생활기록부에 기록을 해야한다고 생각한다. 학교에서 일어난 일인데, 사법의 영역, 교사가 가장 힘들어하는 영역이 되었다. 갈등이 생기고 싸움을 하면 그것은 학교폭력의 영역으로 인지되고 어른들의 싸움이 된다. 이미 학교폭력은 교육의 영역에서 벗어났다. 가해자와 피해자는 모두 학생인데, 문제를 해결하는 방식이 항상 그렇게 법적인 조치를 수반하는 비교육적 방식이다. 학교폭력의 문제는 입시와 연결시키지 말고 순수히 교육적인 문제로 바꾸기 위해서는 가해자는 제대로 된 반성과 처벌을 받고, 피해자는 회복과 성장이 있는 해결방식을 만들어가야 한다. 학교폭력의 수위는 극심한 문제에서 일시적이고 사소한 갈등까지 그 스펙트럼이 매우 넓다. 발생후 개입이 아니라 이문제에 대한 전문적인 접근, 처벌이 아닌 변화와 성장의 관점에서의 접근이 되어야 한다. 그것은 학교와 함께 지역사회의 지원과 교회 교육적인 개입이라는 접근이 필요하다.

3.2. 위기 청소년, 보호관찰 청소년

보호관찰 청소년은 범법행위를 하여 법적 조치를 받아 보호관찰관이 관리하는 청소년이다. 소수의 열정적인 보호관찰관의 제외하면, 업무 자체가 매우 관리, 통제의 관점에서 이루어진다. 보호관찰 청소년들이 재범하지 않는 것에 목적을 두고 감시하고 통제한다. 범죄를 저지르게 된 과정과 환경에 대해서는 별로 관심 갖지않는다. 예를 들어 흔히 잡범이라고 하는 생활형 범죄(편의점 절도등)로 보호관찰 명령을 받은 청소년이 있으면, 그 청소년을 어떻게 지원하는가가 업무의 핵심이 된다. 의식주의 문제, 정서와 정신적인 어려움의 문제, 사회적 관계의 문제, 가정 문제 등 그가 처한 상황이 범죄에 연루되기 쉬운 환경이라면 그 환경을 개선 시키고 바꾸어 주는 것, 그리고 다양한 접근과 지원을 통해 동기 부여하여 더 나은 삶을 꿈꾸게 하는 것, 그리고 그 꿈을 지원하는 것 등이 복지의 영역이라고 할 수 있다. 하지만 현재의 보호관찰 청소년은 범죄를 저지르지 않게 감시하고 그 기간을 넘기면 법의 취지는 달성된 것이라 할 수 있다. 감시와 처벌의 반복된 삶이 시작되는 것이라고 할 수 있다.

3.3. 위기 청소년, 성매매 피해 청소년

뉴노멀 시대에 접어들면서 두드러진 특징중에 하나는 성매매 청소년들이 늘어가고 있다는 것이다. 저연령화와 저변화 되는 경향을 가진다. 스마트 폰을 사용하는 빈도가 늘어가면서 불특정다수와 연락하는 빈도도 늘어가고 있다. 따라서 이런 성매매와 같은 위기에 봉착하게 된다. 성매매는 하나의 문제로 귀결되는 것이 아니다. 청소년 안전망의 부재로 나오는 복합적인 문제라고 할 수 있다. 생계의 문제, 생활의 문제가 학교와 가정에서 나온 순간 청소년들에게는 가장 큰 문제가 된다. 이 문제를 해결하기 위해서는 교육과 복지, 청소년 전달체계가 함께 구축되어 시스템을 구축해야 한다.

4. 위기 청소년 사례조사

4.1. 조사 개요

본 조사는 필자가 속해 있는 틴스토리 소속 청소년중에 2023년 부산가정법원에서 처분받아 필자에게 위탁되어있는 194명의 보호관찰 대상 청소년을 중심으로 조사하였다. 조사 기간은 2023년 1월 10일부터 12월 22일까지이며, 면접 조사와 관찰, 상담을 중심으로 조사하였다.

4.2. 조사 내용

사례조사는 구조화된 질문지를 활용하여 실시하였다. 조사영역은 크게 범죄행위와 종교, 교회 출석 경험으로 조사하였고, 교회에 대한 인식을 조사하였다.

4.3. 조사 결과

조사 대상자의 성별은 전체 194명중에 남자 128명, 여자 66명이었다. 또한, 처분이 종료된 청소년이 22명, 처분이 변경된 청소년이 43명, 처분중인 청소년이 129명이었다.

[그림 XII-2] 조사대상자 성별과 보호처분 전력

조사 대상자의 범죄사실은 오토바이 무면허운전이 가장 많았고, 오토바이 절도가 그 다음으로 많았다. 대부분 경범죄를 저질러서 사회내 처우를 받고 보호관찰을 이행하고 있다. 가족의 형태를 보면 한부모 가정이 126명으로 가장 많았고, 조손 가정이 20명, 다문화 7명, 시설에서 지내는 청소년이 2명 있었다.

[그림 XII-3] 조사 대상자 가족 형태와 범죄사실

종교는 무교가 가장 많았고, 불교, 기독교 순서였다. 교회 출석 경험을 조사한 결과에서는 무려 66%로 달하는 청소년들이 6개월 이상 교회를 출석하였고, 모태 신앙인 청소년이 10명(5%)으로 조사되었다. 교회를 떠나게 된 주요요인으로는 성도들의 시선과 선입견 때문이라고 답했다. 위기 청소년들은 교회를 떠나면서 비행하거나 비행하면서 자연스럽게 교회와 멀어지는 경향이 있는 것으로 조사되었다.

[그림 XII-4] 조사 대상자 종교와 교회출석 경험

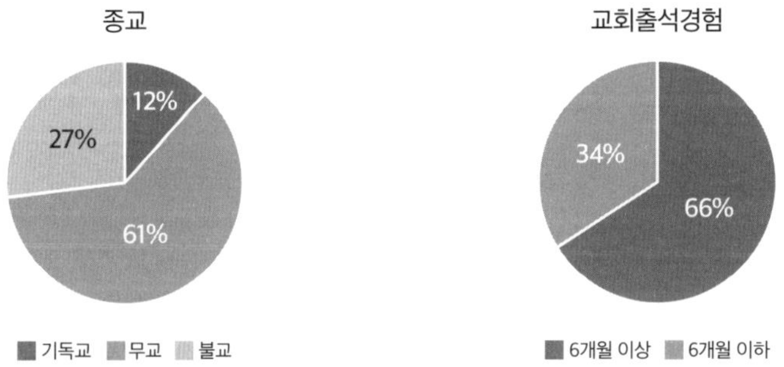

종교

교회출석경험

5. 교회 교육적 방향

5.1. 위기 청소년에 대한 인식 제고

위기 청소년에 영향을 미치는 위험요인은 세 가지로 요약할 수 있다. 첫 번째는 개인요인이다. 개인적 차원에서 위험요인으로 부정적인 자아개념, 낮은 자기 존중감 등의 심리적 특성들이 있다. 두 번째로 가정환경적인 요인이다. 앞서 살펴본 바와 같이 한부모가정이 위기 청소년에 영향을 미치는 위험요인이었다. 갑작스러운 환경의 변화는 청소년을 위기로 내몰고 있는 것이다. 또한, 부모의 양육 태도도 주요한 요인이다. 가정에서의 대화 빈도, 부모님의 간섭 정도는 가정환경요인에 영향을 미친다. 세 번째로 학교 및 또래요인이다. 청소년은 학교에서 대부분의 시간을 보낸다. 그래서 학교에서의 관계가 매우 중요하다. 교사와의 관계 악화, 또래관계형성의 미흡, 따돌림과 폭력으로 인한 소외감은 청소년을 위기로 내몰리게 한다.

이런 위기에 빠진 청소년들은 자의적으로 타의적으로 더 이상 교회를 다니지 않거나 신앙생활을 포기하게 만든다. 위기 청소년은 비정상, 위기, 일탈의 개념에서 다양한 존재만 보는 것이 아니어야 한다. 학교의 실패, 가정의 실패에 따른 피해자로 보거나, 자신에게 맞지 않는 것에 도전하는 청소년, 받아야 할 정당한 사랑과 관심을 받지 못한 청소년으로 볼 필요가 있다. 교육이 대학에 가기 위해 서열을 정하는 것이 아니라 청소년 자신의 필요와 욕구 성인이 되어 세상에서 살 수 있는 성장이 이루어지는 것을 지원하는 것을 교육으로 폭넓게 규정해야 한다. 교회교육도 마찬가지이다. 세상의 가치와 같이 최고善이 성장으로 귀결되지 말아야 한다. 하나님 나라 가치를 따라 한 영혼을 천하보다 귀하게 여기고 하나님 나라 백성으로 살아갈 힘을 얻게 하는 것이다.

5.2. 하나님 나라 가치 우선[1]

교회는 본질과 사명을 중시한다. 교회의 본질은 하나님 나라이다. 교회의 본질과 사명 안에서 하나님 사랑과 이웃 사랑의 실천하는 것이다. 세상 가운데 천국을 경험하는 것이다. 우리는 하나님을 사랑하며 이웃을 사랑할 수 있고, 이웃을 사랑하면서 하나님을 사랑할 수 있다. 이 둘은 이분법적으로 나눌 수 있는 것이 아니라 상생하는 것이다. 주어진 상황 속에서 그리스도인으로서 최선을 다하며 우리가 할 수 있는 일을 할 때 우리에게는 소망이 있다. 하

---

1. 한국기독신문(24.02.02) 다음 세대 칼럼 '주님과 함께 이웃과 함께'내용을 일부 편집하였다.

나님을 사랑하고 이웃을 사랑하는 이 땅의 거룩한 청소년들이 뉴노멀 시대에 꼭 필요한 하나님 나라 일꾼들이다. 뉴노멀 시대 우리의 착한 행실을 보고 하늘에 계신 아버지께 영광을 돌리는 삶이 필요하다.

균형은 둘 이상의 일이나 현상이 어느 하나 두드러짐 없이 서로 비슷하거나 맞먹는 상태를 뜻한다. 사자성어 가운데 '거지양륜'(車之兩輪)이라는 말이 있다. '수레는 두 바퀴가 있어야 제대로 움직인다'라는 뜻이다. 수레가 제대로 앞을 향해 나아가려면 두 바퀴가 함께 균형을 이루어야 한다는 말이다. 세상사는 두 바퀴가 균형을 이루며 작동할 때 앞을 향해 전진할 수 있다. 우리 그리스도인의 신앙생활에도 수레의 두 바퀴와 같은 것이 있다. 그 두 바퀴는 누가복음 10장 27절에 기록되어 있다. 하나는 하나님 사랑하는 것과 다른 하나는 이웃을 사랑하는 것이다. 마 22장 37절에서 40절을 말씀을 보면 예수님께서 더욱 분명하게 요약해서 말씀하신다. "네 마음을 다하고 목숨을 다하고 뜻을 다하여 주 너의 하나님을 사랑하셨으니 이것이 크고 첫째 되는 계명이요 둘째도 그와 같으니 네 이웃을 네 자신 같이 사랑하라 하셨으니 이 두 계명이 온 율법과 선지자의 강령이니라"라고 말씀하셨다. 그러니까 예수님께서 성경 전체를 통해 하나님께서 하나님의 백성들에게 명하신 가장 핵심적인 명령을 두 가지로 요약해서 말씀하신 것이다. 하나는 하나님 사랑이고 다른 하나는 이웃 사랑이다. 이 두 가지가 마치 수레의 두 바퀴가 함께 작동해야 수레가 앞으로 갈 수 있는 것처럼 함께 수행될 때 하나님의 뜻이 이루어질 수 있다는 것이다.

그런데 우리의 삶은 어떤가? 이 두 가지를 함께 잘 실천하고 있는가?하는 것이다. 예수님께서는 선한 사마리아 사람의 비유를 통해서 우리의 모습을 살펴보게 하신다. 선한 사마리아 사람의 비유에는 앞에 두 사람이 등장한다. 우선 한 사람은 제사장이다. 제사장이 강도 만난 사람을 보고 피하여 지나갔다는 것이다. 이 제사장은 하나님 사랑에만 집중했지 이웃 사랑을 외면해 버리고 말았다. 다음은 레위인이다. 레위인도 강도 만난 사람 곁을 지나갔다. 이 레위인도 하나님 사랑에 몰두하다가 이웃 사랑을 외면해 버리고 말았다. 누가복음 10장에 나오는 제사장과 레위인은 하나님 사랑보다는 이웃 사랑에 더 큰 문제가 있었다. 이것은 오늘 우리의 모습과도 같다고 할 수 있다. 누가복음 10장 36절을 보면 예수님께서 "누가 강도 만난 자의 이웃이 되겠느냐?"라고 물으셨다. 이 말씀은 우리가 이웃의 폭을 넓혀야 한다는 말씀이다. 사마리아 사람은 강도 만난 사람을 보고 불쌍히 여겨 가까이 가서 그를 도왔다. 강도 만난 사람이 누구인지 따져 묻지 않았다. 다만 그가 처한 딱한 상황만 보고 그를 불쌍히 여겨서 그를 도왔다. 율법에 이웃을 네 몸처럼 사랑하라는 말씀이 기록되어 있다. 그래서 이스라엘 백성들은 이 말씀을 지키려고 애를 썼다. 그러나 한 가지 중대한 문제가 있었다. 유대인들이 생각하는 이웃은 구별된 사람이었다는 점이다. 예를 들어 유대인들에게 이방인은 이웃일 수 없다. 자기들은 하나님께 택함 받은 사람들이지만 이방인들은 하나님께 버림받은 사람들이라고 생각했기 때문에 이웃이라고 생각하지 못했다. 또한, 나병 환자와 같은 병든 사람들, 죄를 지은 사람들 역시 이웃이라고 생각하지 못했다. 그들은 성전에 들어올 수 없는 사람들이기에 그들을 이웃으로 생각하지 못했다. 자기들의 종교적 신념 때문에 이웃의 폭을 제한해 놓고 있었다. 오늘도 여러 가지 이유로 이웃의 폭을 좁히는 사람들이 있다.

필자는 소위 말하는 위기 청소년 사역을 하고 있다. 집을 나와서 방황하는 거리의 청소년들을 집으로 돌려 보내고, 학업을 중단하고 학업 중단 위기에 있는 청소년들을 학교로 돌려보내는 사역이다. 그리고 소년재판을 받은 아이들도 있다. 이런 아이들에게 복음을 전하는 사역을 한다. 위기 청소년들의 삶을 보면 대부분 가정에서 제대로 돌봄을 받지 못했고, 학교에서도 버림을 받았고, 사회나 국가에서도 돌봄의 사각지대에 있기도 하다. 그러나 이들을 데리고 교회로 가면 대부분의 성도들이 따가운 시선을 보낸다. 왜냐하면 이런 위기 청소년들을 이웃이라고 생각하지 않기 때문이다. 그러나 예수님께서는 우리에게 이웃의 폭을 한없이 넓히라고 가르쳐 주셨다.

교회교육은 주님께서 가르쳐주신 하나님 사랑과 이웃 사랑이라는 두 바퀴를 제대로 작동시키는 것이다. 이를 위해 우리는 먼저 우리가 누구의 이웃이 되어야 할 것인가를 잘 살펴야 한다. 우리 주변에 있는 사람은 누구나 우리 이웃이 될 수 있다는 것을 명심해야 한다. 하나님 나라의 가치는 다음 그림으로 요약할 수 있다.

[그림 XII-5] 하나님 나라의 가치

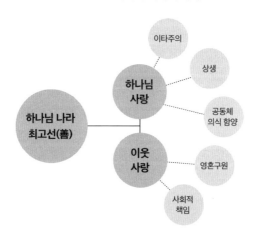

6. 나가며 : 교회교육의 인식 제고

많은 청소년들이 교회를 떠나고 있다. 뉴노멀 시대에 저출산, 초고령화 사회로 진입하면서 더욱 가속화되고 있다. 뉴노멀 시대에는 위기 청소년들이 늘어나고 있다. 교회에도 예외 없이 위기 청소년들이 존재하고 위기 청소년들이 교회를 떠나고 있다. 위기 청소년의 문제가 한국 사회에서 부각되지 않고 있다. 관심 있는 소수의 사람만 관심을 갖고 대안을 만들어 가고 있다. 교회는 위기 청소년들에게 거의 관심이 없다. 있다고 하더라도 어떻게 해야 할지 모른다. 교회는 위기 청소년들에게 지속적인 관심을 갖고 사역을 하다가도 위기 청소년들의 삶에 변화가 생기고 건강한 교회구성원이 될 때까지 기다리지 못한다. 제대로 된 변화를 만들어가는 시간은 최소 10년 이상이다. 이제는 더 이상 기다릴 수 없다. 10년 후에는 더욱 가속화된 저출산, 고령화, 저성장으로 교회교육은 지금보다 훨씬 더 위기에 봉착하게 될 것이다. 이제는 누구나 교회 문턱을 밟을 수 있도록 교회 문턱을 낮추어야 한다. 그리고 그들에게 세상의 가치가 아니라 하나님 나라의 가치를 심어주어야 한다. 우리의 이런 노력은 세상을 변화시키는 세상이 감당치 못하는 하나님의 사람들이 세워질 것으로 기대한다.

참고문헌

조천희(2022). 뉴노멀 시대, 교회의 가정과 연계한 사역을 통한 신앙 전승에 관한 연구: 론헌터의 D6 미니스트리를 중심으로. 호서대학교 박사학위논문.

김호경(2019). 목회비전과 가정예배를 연계한 신앙교육. 장로회신학대학교 박사학위 논문.

이상호(2014). 개신교 교회학교 학생들의 성의식에 관한 조사 연구. 호서대학교 박사 학위논문.

이상훈(2021). 뉴노멀 시대 교회의 위대한 모험. 서울: 교회성장연구소.

이진숙(2022). 부산지역 청소년안전망 추진현황 및 발전방안. 연구보고서 2022-05. 부산: 재단법인 부산여성가족개발원.

한국청소년수련시설협회(2023). 뉴노멀시대의 청소년 위기 해결을 위한 청소년 교육·활동 정책 대응 방향 모색. 서울: 국회토론회.

박미희(2020). 코로나19 시대의 교육격차 실태와 교육의 과제: 경기 지역을 중심으로. 교육사회학연구 30(4). 113-145.

채혁수(2020). 뉴 노멀 시대의 교육목회. 신학과 실천 72. 487-515.

조금주(2022). 뉴노멀시대에 따른 우리나라 청소년 교육복지 정책 방향 개선 연구. 청소년학

연구 29(3). 27-59.

김윤나·이희연(2020). 코로나 19 이후 청소년 삶의 변화와 청소년보호정책적 함의. 청소년
　　보호연구 33 (2). 2-27.

박선영(2020). 포스트 코로나 19 시대 청소년 활동과 청소년 정책의 과제. 청소년활동연구 6
　　(4). 173-194.

서울교육정책연구소 (2021). 코로나19 전후, 중학교 학업성취 등급 분포를 통해 살펴본 학교
　　내 학력격차 실태 분석. 서울특별시교육청.

아동권리보장원(2020). 코로나19 대응활동 기록서. 아동권리보장원.

정익중·이수진·강희주(2020). 코로나 19로 인한 아동일상 변화와 정서상태. 한국아동복지
　　학, 69 (4). 59-90.

통계청(2020). 미래인구 추이. 통계청.

제13장

고난을 어떻게 가르칠 것인가:
고난에 대한 신학적, 성경적, 역사적 가르침[1]

김성완(총회교육원 협력연구원)

1. 들어가며

고난은 가르치기 힘든 주제들 중 하나이다. 일반 작가들은 이해하기 어렵고, 설명할 수 없는 고난에 대해서 언급했다. 엘리 위젤(Elie Wiesel)은 『나이트(Night Trilogy)』라는 책에서 한 일화를 소개했다. 헝가리계 유대인들이 독일 나치 수용소에서 처형을 당하고 있었다. 심지어 어린 아이도 교수대에 매달려 마지막 숨을 힘겹게 내쉬고 있었다. 그 모습을 바라보며, 한 사람이 외쳤다. "자비로우신 하나님은 어디에 계십니까? 도대체 어디에 계십니까(Wiesel, 2008; 64)?" 이해할 수 없는 고난의 장면을 묘사한 것이다. 도스토예프스키는 그의 책 『카라마조프가의 형제들』에서 이렇게 언급한 바 있다. "만약 어린이들이 진리를 깨닫기 위해서 수많은 고난을 겪어야만 한다면, 나는 그 진리 전체는 그만한 가치를 가지고 있지 않다고 미리 주장했다(Dostoevsky, 2002; 245)." 하나님의 선하심과 인간의 고난 사이에서의 고뇌

---

1. 본 장은 김성완(2022)의 논문 'A Pedagogy of Suffering: A Biblical and Historical Analysis'의 논문 1장을 수정 보완하였음.

가 드러나 있다. 일본 근대 시기 기독교 핍박에 대해서 기록한 일본 작가 엔도 슈사쿠의 소설 『침묵』에서도, 주인공이었던 세바스찬 로드리게즈는 "주님, 왜 침묵하십니까? 왜 당신은 항상 침묵하십니까?"라며 고통 가운데 있는 인간의 절규를 표현하였다(Endo, 2016; 140-141).

성경 안에서도 고난을 경험한 사람들의 절규가 기록되어 있다. 고난의 이유를 알지 못했던 욥은 이렇게 고백했다. "주께서 어찌하여 얼굴을 가리시고 나를 주의 원수로 여기시나이까"(욥 13:24). 다윗 왕도 고난의 시기를 지나면서 고백했다. "내 하나님이여 내 하나님이여 어찌 나를 버리셨나이까 ... "(시 22:1). 놀라운 것은, 예수님께서도 십자가 위에서 다윗의 고백을 인용하시며, 하나님께 절규를 표현한 바 있다(막 15:31). 사도 바울은 "피조물이 다 이제까지 함께 탄식하며 함께 고통을 겪고 있"다고 언급하며, 고난의 실존에 대해서 표현하였다.

기독교 신학자들 사이에서도 고난은 명쾌하게 설명할 수 없는 어려운 문제들 중의 하나로 언급된다. 니콜라스 월터스토프는 산에 등반하다가 사랑하는 아들을 잃고 그의 책에서 깊은 슬픔을 거침없는 언어로 표현했다(Wolterstorff, 1992; 72). 영국의 기독교 작가 C. S. 루이스도 그의 사랑하는 아내, 조이 데이비드만(Joy Davidman)을 잃고, 혼란과 분노 그리고 견딜 수 없는 고통을 그의 책 고통의 문제와 헤아려본 슬픔에서 언급했다(Lewis, 1984). 트리니티 신학교에서 가르쳤던 D. A. 카슨도 만약 사람이 오랫동안 산다면, 설명할 수 없고, 예상하지 못했던 고난을 경험하게 될 것이라고 언급했다(Carson, 2006; 62). 이렇게 성경 안에도, 기독교 신학자들 사이에서도, 일반 작가들 사이에서도 고난은 설명하기 어렵고 가르치기 어려운 주제이다.

이렇게 다루기 어려운 고난의 문제에 대해서 증상치료적인 접근이 아니라, 예방적인 측면에서 접근할 필요가 있다. 증상치료란 이미 고난을 경험한 사람들에게 상담, 격려, 기도 등을 통해서 위로를 제공하는 것이다. 한편 예방적인 측면이란 고난의 계절이 오기 전에, 고난에 대한 성경적 지식을 가르치는 것이다. 고난의 계절이 오기 전에 창조주를 기억하라는 솔로몬의 지혜로운 조언처럼, 이 글에서는 고난에 대한 신학적, 성경적, 역사적인 가르침들을 살펴보고자 한다.

2. 고난에 대한 신학적 접근

2.1. 신정론(Theodicy)의 개념과 구분

고난에 대한 신학적인 논의를 신정론(Theodicy)이라고 부른다. 신정론이란 고난을 둘러싼 여러 실재들(Realities)의 역학관계를 다룬다. 고난 주변에는 하나님의 섭리가 있으며, 사람의 죄악도 있고, 사탄의 공격도 있을 수 있다. 이렇게 고난을 둘러싼 실재들의 관계에 대해서 이해하고자 하는 학문을 신정론이라고 부른다. 신정론이라는 용어는 17세기 독일의 철학자 고트프리트 빌헬름 라이프니츠(Gottfried Wilhelm Leibniz)가 언급하였다. 크렌쇼우에 따르면, 원래 라이프니츠는 신정론이라는 용어를 하나님의 정의에 대한 변증의 의미로 사용하였다(Crenshaw, 2005; 17). 라이프니츠가 하나님의 정의와 악의 존재와 관련하여 질문을 했다. "만약 기독교 전통에서 언급된 대로, 하나님께서 전지, 전능, 선하시다면, 왜 신자들이 이해할 수도 없고, 받아들이기도 힘든 악과 고난을 겪어야 하는가?"[2] 이와 같은 질문에 대해서, 여러 철학자들 또는 신학자들이 답을 제시하고자 노력하였다. 대표적인 세 문헌들은 다음과 같다.

---

2. Rice, Suffering and the Search for Meaning, 20. "A theodicy is an attempt to justify, or defend, God in the face of evil." Cf, Vicchio, Theodicy in the Christian Tradition, 4. Leibniz coined the word by combining the Greek verb dakaioo, meaning justify, and Theos, meaning God.

첫째, 비치오는 그의 책 『Theodicy』에서 열세 개나 되는 신정론의 종류들을 그의 책에서 열거했다. 그리고 교회의 역사에서 유명했던 이레네우스, 어거스틴, 아퀴나스, 칼뱅, 플랜팅가 등이 어떤 신정론들을 언급했는지 구분했다.[3] 둘째, 리처드 라이스는 그의 책 『Suffering and the Search for Meaning』에서 가장 대표적인 고난을 둘러싼 주요 이유들을 비교 분석하였다.[4] 그리고 전통적으로 언급된 대표적인 신정론들을 열거함과 동시에, 학자로서 최근에 제시된 열린 신정론과 과정 신정론도 소개했다(Rice, 2014; 25). 메이스터와 듀는 고난에 영향을 미치는 악의 문제를 도덕적 악과 자연적 악으로 구분했다(Meister and Dew, 2014; 18). 즉, 그는 고난이 인간의 도덕적 악으로부터 온다고 보았으며, 자연재해와 같은 설명할 수 없는 자연적 악도 존재한다고 보았다.

각 책들의 강점과 단점은 다음과 같다. 비치오가 역사적인 흐름 가운데 고난의 이유를 열거했다면, 라이스는 대표적인 고난의 이유들 사이에서의 역학관계를 언급했다. 메이스터와 듀가 악을 단지 두 종류로 구분했지만, 라이스는 영적인 악의 존재를 인정하고, 그것을 신정론에 대한 논의에 포함하고 있다. 그러나 라이스는 개혁주의 신학에서 수용하기 어려운 열린 신정론과 과정 신정론을 논의에 포함시키고 있다. 그러므로, 이 글에서는 비치오와 라이스가 열거했던 신정론들 가운데 개혁주의 신학과 부합하는 다섯 가지 신정론

---

3. Vicchio, Theodicy in the Christian Tradition, 17-23. According to Vicchio, thirteen theodicies are the most often employed responses: the free will defense, original theory, the retributive justice perspective, the demonic forces approach, the divine plan view, the test theodicy, the contrast perspective, the moral qualities approach, the principle of plentitude theory, the eschatological verification perspective, the deprivation of the good theory, the best of all possible worlds approach, that God permits evil but does not cause it point of view.

4. Rice, Suffering and the Search for Meaning, 25. Rice proposed seven different theodicies and "the rationale that its supporters provide": the perfect plan, the free will defense, cosmic conflict, soul making, openness of God, finite God, and protest theodicies.

을 논의에 포함시킨다.

2.2. 개혁주의에 부합하는 다섯 가지 신정론

고난을 가르치기 위해서 포함할 수 있는 다섯 가지 신정론은 다음과 같다: 완벽한 계획 신정론(Perfect Plan Theodicy), 자유의지 변론(Free Will Defense), 영혼 형성 신정론(Soul Making Theodicy), 우주 갈등 신정론(Cosmic Conflict Theodicy), 종말론적 신정론(Eschatological Verification).

첫째, 완벽한 신정론이란, 이 세상에서 일어나는 모든 일들은 하나님의 통치하심과 허용하심 가운데 일어나므로, 고난도 하나님의 섭리하심 가운데 주어진 것이라고 보는 견해이다(Rice, 2014; 32). 다음 구절들은 고난이 하나님의 전지하심 가운데 발생하거나 주어졌음을 암시한다: 창 50:20; 욥 1:6-12; 시 104:24; 사 46:9-11; 마 10:29; 롬 8:29. 이러한 견해는 웨스트민스터 신앙고백서 2장 1절, 3장 2절에서 언급하는 하나님의 전능하심, 통치하심, 예정하심과 관련한 개혁주의 가르침에 부합한다.

둘째, 자유의지 변론은 고난이 하나님께로부터 온 것이라기보다는, 사람이 자신의 자유의지를 잘못 사용하는 것에서 기인한다고 보는 견해이다. 실제로, 성경과 기독교 문헌 안에서 인간의 죄는 고난을 초래하는 가장 주요한 요소로 보인다(Rice, 2014; 42-43). 인간의 죄로부터 기인한 고난에 대해서 직접적인 근거를 제공해주는 구절들은 다음과 같다: 마 9:2; 막 2:4-5; 요 5:6-10; 9:34; 약 5:13-16. 이러한 견해는 웨스트민스터 신앙고백서 6장 1절에서 언급된 인간의 전적 타락(Total Depravity)과 그 영향에 대한 개혁주의적 관점과 일치한다.

셋째, 우주 갈등 신정론은 인간이 겪는 고난이 하나님의 나라와 사탄의 나라 사이에서 존재하는 우주적인 갈등으로 인해서 발생한다고 보는 견해이다. 이러한 경우에 사탄과 귀신들은 세상에 존재하는 고난의 직접적인 원인을 제공하며, 심지어 자연 재해의 원인자로 언급된다는 점을 보이드와 플랜팅가도 언급한 바 있다(Voyd, 2001; 247).[5] 사탄과 악한 영들이 인간의 고난을 초래하는 성경안의 예들은 다음과 같다: 욥 1-2; 사 14:12-15; 마 4:1-11; 13:28; 눅 4:1-13; 계 12:7-8; 20:2. 이 견해는 하나님 나라와 사탄의 나라 사이에 있는 일시적인 긴장 관계를 수용하는 개혁주의적 가르침에 부합하다.

넷째, 영혼 형성 신정론은 하나님께서 신자가 하나님의 성품을 형성하여 영적으로 성장하도록 하기 위해서 고난이 주어진다고 보는 견해이다(Vicchio, 2020; 14-19). 고난이 없으면 성장도 없다(No Pain, No Gain)는 현대 격언으로도 표현될 수 있는 신정론이다. 다른 신정론들이 고난의 원인을 규명하는 데서 집중하는 반면, 영혼 형성 신정론은 고난의 목적론적인 측면(Teleological Aspect)에 집중한다. 다음 성경 구절들에서 고난이 교육적 목적으로 주어질 수 있음을 알 수 있다: 고전 4:9-17; 고후 4:7-18; 빌 1:19-21; 2:17; 벧전 2:18-25. 이러한 견해는 웨스트민스터 신앙고백서 13장 성화에 대한 가르침에서, 그리스도의 형상에 이르기까지 자라도록 가르치는 데 주어지는 고난에 대해서 가르치고 있으므로 개혁주의 입장에 부합한다.

다섯째, 종말론적 신정론은 고난의 이유와 목적을 현재 발견하기 어렵지만, 미래에 발견할 수 있을 것이라고 보는 견해이다(Rice, 2014; 63, Vicchio, 2020; 14). 실제로 성경과 기독교 문헌에는 이유와 원인을 알 수 없는 고난이 언급되기도 한다. 그러나 종말론적인 관점에서 하나님의 나라와 의를 위하여 핍박과 고난을 받는 자들에게는 상이 준비되어 있다. 그리고 핍박하는 자들에게는 하나님의 심판이 준비되어 있다고 보는 견해이다. 다음 구절들이 이 신정론의 근거가 될 수 있다: 마 5:3-11; 19:29; 막 10:28-30; 눅 18:28-30; 고후 12:1-5; 빌 3:13-15; 히 11:24-26; 약 1:12-15; 벧전 2:8-10; 계 20:4-5. 이러한

---

5. Gregory A Boyd, Satan and the Problem of Evil: Constructing a Trinitarian Warfare Theodicy (Downers Grove, IL: InterVarsity Press, 2001), 247. See Alvin Plantinga, God, Freedom, and Evil, 58. Cf. Vicchio, Theodicy in the Christian Tradition, 18.

견해는 웨스트민스터 신앙고백서 33장의 최후 심판에 대한 가르침을 반영하고 있으므로 개혁주의 종말론에서 수용될 수 있는 입장이다.

그러므로, 다섯 가지 신정론들은 성경적 근거를 가지고 있으며, 개혁주의 신학에 부합한다. 그러므로 교회 내에서 고난에 가르칠 때, 주요한 가르침의 기둥들로 사용될 수 있다. 그러나 다섯 가지 주요한 신정론 외에도 성경 안에는 다양한 고난에 대한 예들이 있음을 기억해야 하고, 한 가지 신정론이 아니라, 다양한 측면에서 동시에 고난에 대해서 접근해야 함을 기억해야 하겠다.

2.3. 목적론적 관점(Teleological perspective)에서 고난에 대한 접근

개혁주의와 부합하는 다섯 가지 신정론들은 관점에 따라서 구분될 수 있다. 첫째, 고난의 원인에 집중하여 논의하는 접근을 의무론적 신정론(Deontological Aspect)이라고 부른다(Boyd, 2001; 247). 그 예는 다음과 같다. 즉, 완벽한 계획 신정론, 자유의지 변론, 우주 갈등 신정론, 종말론적 신정론 등이 의무론적 관점에서 논의한 신정론이라고 할 수 있다. 종말론적 신정론은 원인을 알 수 없고 오히려 나중에 하나님의 보상과 심판이 이루어진다는 점을 강조한다. 그러나 이 신정론 역시 원인과 관련한 관점에서 논의되고 있으므로 의무론적 관점에 포함될 수 있다.

한편, 목적론적 관점에서 고난을 접근하는 신정론은 영혼 형성 신정론이다. 즉, 하나님께서 섭리하심 가운데, 우리에게 고난이 허락되고, 그것을 통하여 우리가 하나님의 성품을 형성할 수 있다는 신정론이다. 이 신정론에서 고난은 신자들로 하여금 하나님의 형상을 닮도록 하기 위해서 주어진다.

목적론적 관점에서 고난이 신자의 영적 성장과 유익을 위하여 주어질 수 있다고 보는 주장을 지지하는 연구 결과들이 있다. 미국 남침례교 연구기관인 Lifeway에서 수장으로 연구를 이끌었던 브래드 왜그너(Brad J. Waggoner)는 『The Shape of Fatih to Come』이라는 책에서 질적 연구를 통해서 교육적인 목적으로 주어지는 고난에 대해서 언급했다.[6] 그는 교단 내 성도 천 명에게 인터뷰를 통해서 질적 연구를 진행한 결과 신앙성장에 가장 영향을 많이 미쳤던 요인들을 조사했다. 그 요인들 중 성도의 신앙성장에 영향을 미치는 첫 번째는 바로 고난이었다. 신앙 발달 이론을 제시했던 제임스 파울러(James W. Fowler) 역시, 가장 높은 신앙의 단계이며 극도로 드문 단계로 "우주적 신앙(the Universalizing Faith)"에 대해서 제시했는데, 하나님의 섭리 가운데 주어지는 고난이 바로 가장 높은 신앙의 단계를 만들 수 있음을 언급했다(Fowler, 1981; 200). 왜그너와 파울러의 연구는 기독교 교육자들로 하여금 고난의 교육적인 목적에 대해서 연구할 필요성을 제공했다.

3. 고난에 대한 성경적 접근

개혁주의와 부합하는 다섯 가지 신정론의 성경적 근거들을 앞서 언급한 바 있지만, 이 부분에서는 고난이 교육적인 목적으로 주어질 수 있다는 영혼 형성 신정론의 성경적 근거에 대해서 보다 자세하게 논의한다. 구약성경과 신약성경에서 고난을 교육적인 목적으로 보는 말씀들이 있다. 이 말씀들은 하나님께서 그의 백성이나 자녀들에게 무엇인가를 가르치거나 신성한 성품을 형성하기 위해서 고난이 주어짐을 암시한다.

---

6. Brad J. Waggoner, *The Shape of Faith to Come: Spiritual Formation and the future of Discipleship* (Nashville, TN: B&H Publisher, 2008), 281-288. Waggoner described God's work in suffering as follows: "These and other stories point out the fact that life is often filled with unexpected and tragic events. God is at work in the midst of these difficult times… Suffering provides a unique opportunity to seek God and deepen relationships with fellow believers."

<표 XIII-1> 교육적인 목적으로서 의미를 가진 고난

성경 본문	성경 말씀
신 8:2-3	2 네 하나님 여호와께서 이 사십 년 동안에 네게 광야 길을 걷게 하신 것을 기억하라 이는 너를 낮추시며 너를 시험하사 네 마음이 어떠한지 그 명령을 지키는지 지키지 않는지 알려 하심이라 3 너를 낮추시며 너를 주리게 하시며 또 너도 알지 못하며 네 조상들도 알지 못하던 만나를 네게 먹이신 것은 사람이 떡으로만 사는 것이 아니요 여호와의 입에서 나오는 모든 말씀으로 사는 줄을 네가 알게 하려 하심이니라
욥 23:10	10 그러나 내가 가는 길을 그가 아시나니 그가 나를 단련하신 후에는 내가 순금 같이 되어 나오리라
시 66:10	10 하나님이여 주께서 우리를 시험하시되 우리를 단련하시기를 은을 단련함 같이 하셨으며
잠언 17:3	3 도가니는 은을, 풀무는 금을 연단하거니와 여호와는 마음을 연단하시느니라
고후 12:7	7 여러 계시를 받은 것이 지극히 크므로 너무 자만하지 않게 하시려고 내 육체에 가시 곧 사탄의 사자를 주셨으니 이는 나를 쳐서 너무 자만하지 않게 하려 하심이라
히 5:8-9	8 그가 아들이시면서도 받으신 고난으로 순종함을 배워서 9 온전하게 되셨은즉 자기에게 순종하는 모든 자에게 영원한 구원의 근원이 되시고
히 12:10-11	10 그들은 잠시 자기의 뜻대로 우리를 징계하였거니와 오직 하나님은 우리의 유익을 위하여 그의 거룩하심에 참여하게 하시느니라 11 무릇 징계가 당시에는 즐거워 보이지 않고 슬퍼 보이나 후에 그로 말미암아 연단 받은 자들은 의와 평강의 열매를 맺느니라
약 1:2-4	2 내 형제들아 너희가 여러 가지 시험을 당하거든 온전히 기쁘게 여기라 3 이는 너희 믿음의 시련이 인내를 만들어 내는 줄 너희가 앎이라 4 인내를 온전히 이루라 이는 너희로 온전하고 구비하여 조금도 부족함이 없게 하려 함이라
벧전 2:21	21 이를 위하여 너희가 부르심을 입었으니 그리스도도 너희를 위하여 고난을 받으사 너희에게 본을 끼쳐 그 자취를 따라 오게 하려 하셨느니라.

신명기 8장에서 모세는 이스라엘 백성들이 40년 동안 광야생활을 한 중요한 이유가, 하나님의 말씀에 순종하는 것을 배우기 위함이라고 언급했다. 고

난이 교육적인 목적으로 주어진 것이다. 욥기 23장 10절에서도 욥은 자신이 겪고 있는 고난이 마치 금이 용광로에서 제련을 거치는 과정과 같다고 표현했다. 시편 66편의 저자도 은이 제련의 과정을 통해서 순은이 될 수 있는 것처럼, 하나님께서 하나님의 사람들에게 고난을 교육적인 목적으로 허락하실 수 있음을 언급했다. 잠언 17장에서는 앞에서 언급된 금과 은을 제련하는 것처럼, 여호와 하나님께서 마음을 연단하시는 분이심을 언급했다.

신약성경에서도 고난은 교육적인 목적으로 언급된다. 사도 바울은 하나님께서 자신에게 가시, 즉 고난을 주셨다고 언급했다. 그 고난의 목적은 사도 바울이 교만하지 않고, 겸손을 배우도록 하기 위함이다. 히브리서 저자는 예수님이 하나님의 아들이심에도 불구하고, 고난을 통해서 순종을 배워서 모든 자에게 구원의 근원이 되셨다고 표현했다. 또한 히브리서 12장에서는 하나님께서 우리의 유익을 위하여 고난과 징계를 허락하실 수 있으며 그 결과 의와 평강의 열매를 맺게 된다고 언급했다. 끝으로, 야고보도 믿음의 시련으로 표현된 고난을 통해서, 인내를 배우게 된다고 언급했다. 바울, 야고보, 히브리서의 저자도 고난이 교육적인 목적을 위하여 주어질 수 있음을 언급했다.

4. 고난에 대한 역사적 접근

사도들은 고난을 많이 경험했고, 고난을 경험하는 성도들을 위로하는 서신서들을 기록했다. 사도들로부터 배운 교회의 지도자들을 속사도라고 부르며, 이들 또한 믿음과 교회를 위하여 핍박을 많이 받았다. 그 이후에도 교회의 지도자들은 고난을 직접 경험했고, 성도들에게 고난을 어떻게 이해해야 하는지 가르쳤다. 콘스탄틴 황제가 기독교를 로마의 국교로 인정했던 AD 325년 전까지, 기독교는 대대적으로 로마 제국 안에서 고난과 핍박을 경험했다. 그러므로 3세기까지 교회 지도자들, 즉 교부들의 문헌을 살펴보는 것은 고난 이해에 대한 보다 넓은 지식을 제공한다. 이들 교부들이 기록한 문헌들 중에는 고난을 교육적인 목적으로 이해했던 기록들이 있다. 다음 도표는 그 구체적인 예들을 보여준다.

<표 XIII-2> 고난을 교육적인 도구로 보는 교부들의 가르침

교부	고난을 교육적인 목적으로 이해한 예
로마의 클레멘트 (? - 95년)	사랑하는 친구 여러분, 주님의 징계를 받는 사람들에게는 큰 보호가 있다는 것을 알 수 있습니다. 그분은 자비로우신 아버지이시므로, 우리가 그분의 거룩한 징계를 통해 긍휼을 얻게 하려고 우리를 징계하셨습니다(히 5:8-9)(Clement, *1 Clem*, 56. 16 (Holmes, 93)).
안디옥의 이그나티우스 (? - 140년)	나도 내 하나님이신 예수님의 고난을 본받는 사람이 되도록 허락해 주십시오. 누구든지 자기 안에 그분이 있다면, 내가 무엇을 갈망하는지, 나를 동정하고 무엇이 나를 압박하고 있는지 알도록 하십시오(Ignatius, *Rom*, 6. 3 (Holmes, 173)).
순교자 폴리캅 (? - 156년)	그러므로 우리는 그의 인내를 본받는 자가 되고, 만일 우리가 그의 이름을 위하여 고난을 받으면 그에게 영광을 돌리자. 이는 그가 친히 우리를 위하여 세우신 모범이요 우리가 이를 믿었음이니라(히 5:8-9) (Polycarp, *Phil*, 8. 2 (Holmes, 291)).
알렉산드리아 의 클레멘트 (150 - 202년)	앞서 선지자는 "여호와께서 내게 엄한 교훈을 주셨으나 나를 죽음에 넘기지 아니하셨느니라"고 말했습니다. 성경은 " 네 하나님 여호와께서 이 사십 년 동안에 네게 광야 길을 걷게 하신 것을 기억하라 이는 너를 낮추시며 너를 시험하사 네 마음이 어떠한지 그 명령을 지키는지 지키지 않는지 알려 하심이라 "고 말씀합니다. 사람이 자기 아들을 교육하듯이 당신의 하나님 여호와께서 당신을 교육하실 것입니다(신 8:2-3) (Clement, *Strom*, 1. 27. 172 (Ferguson, 149)).
카르타고의 터툴리안 (155- 220년)	당신의 주인이신 예수 그리스도께서 당신을 성령으로 기름부으셨고, 당신을 이 (고난의) 훈련장으로 데리고 오셨으며, 시험을 당하는 날에 이기게 하셨습니다. 예수님은 당신을 부드러운 방식에서 더욱 거친 방식으로 인도하시는데, 그것이 당신으로 하여금 더욱 강건하게 할 것입니다(Tertullian, *To the Martyrs*, 1. 3 (Arbesmann, 18)).

카르타고의 키프리안 (220 - 258년)	그러나 그는 그분의 교훈을 지키고, 그분의 가르침의 길로 걷고, 그분의 발자취와 길을 따르고, 그리스도께서 가르치시고 행하신 것을 본받는 그리스도를 따릅니다. 베드로도 다음과 같이 촉구하고 조언합니다. 너희를 위하여 본을 끼쳐 너희로 그 자취를 따르게 하려 하심이니라(벧전 2:21)(Cyprian, Ze et Li, 11 (Deferrari, 302)).

로마의 클레멘트는 바울이 기록한 빌립보서에서도 등장하는 인물로 바울의 동역자였다(빌 4:3). 클레멘트는 하나님께서 우리를 자녀로 여기시며, 교육의 목적을 위하여 거룩한 징계를 허락하신다는 것을 가르쳤다.

안디옥의 이그나티우스는 순교자의 길을 걸었던 교회의 지도자였다. 이그나티우스가 로마에 보낸 편지에 따르면, 그는 예수님의 형상을 닮고자 원했다. 심지어, 예수님께서 고난을 당하셨기 때문에, 자신도 고난의 길을 걸어감으로 고난 당하신 예수님을 닮고자 원한다는 사실을 편지에서 언급했다. 고난을 통해서 예수님의 형상을 배우고자 원했던 것이다.

순교자 폴리캅은 고난을 통해서 인내를 배우고, 하나님께 영광을 돌리며, 모범이신 예수님을 따라갈 것을 빌립보 교인들에게 편지했다. 그는 앞서 언급한 대로, 고난의 교육적 의미를 포함하는 히브리서 5장 8-9절의 내용을 그의 편지에서 언급하며, 교육적인 목적으로 주어지는 고난에 대해서 언급했다.

알렉산드리아의 클레멘트는 신명기 8장 2-3절을 직접 언급하여, 고난을 통해서 하나님께서 우리를 교육하고 계심을 언급했다. 또한 사람이 자기 아들을 교육하는 것처럼, 하나님께서는 고난을 통해서 우리를 교육하신다는 사실을 언급했다.

카르타고의 터툴리안은 극심한 고난을 경험하고 있는 성도들을 위로하고 격려했다. 당시 시대는 로마 황제가 기독교인들을 대대적으로 핍박했던 시기였다. 성도들은 경기장에서 사자들에게 순교를 당하던 상황이었다. 터툴리안은 성도들로 하여금 경기장 안에 있는 그리스도의 군사로 표현했으며, 그들은 고난을 통해서 훈련을 받고 있음을 언급했다. 터툴리안은 『To the Martyrs』라는 책에서 예수님께서 성도들과 함께 하시며, 성령님께서 도와주셔서, 그 고난을 이기게 될 것을 언급했다.

카르타고의 키프리안도 베드로전서 2장 21절을 언급하며, 예수님의 교훈, 가르침, 발자취를 따라갈 것을 권면했다. 더 나아가서, 고난의 길을 걸어가신 예수님을 닮기 위해서, 고난의 길을 회피하지 말고 담대하게 예수님을 따라갈 것은 권면했다.

5. 기독교 교육 현장에서의 적용

고난에 대한 신학적, 성경적, 역사적 가르침은 신자들에게 균형 잡힌 시각을 제공할 수 있다. 즉, 갑작스럽게 고난을 맞딱드리고, 무조건 눈을 들어 하나님을 원망하기보다, 고난에 대해서 조금 더 객관적으로 이해할 수 있는 시각을 제공한다. 고난이 개인 또는 공동체적인 죄로부터 기인했다면, 회개가 필요할 것이고, 고난이 사탄의 영적인 공격으로부터 기인되었다면 함께 기도하는 적용이 실천될 수 있다. 끝으로 다 이해할 수 없는 고난의 경우도, 하나님의 섭리 아래 있음을 기억하고, 인내할 수 있는 지혜를 제공할 것이다.

고난에 대한 목적론적인 이해는, 신자들로 하여금 고난이 있는 곳에 머무르거나 좌절하는 것이 아니라 고난의 목적을 향하여 나아가도록 돕는다. 즉, 예를 들어 고난을 통해서 이루고자 하는 인내, 적극적으로 고난을 통과하도록 도울 수 있다.

실천적인 측면에서, 이 글에서 제공한 고난에 대한 신학적, 성경적, 역사적 가르침들에 대한 근거들은 커리큘럼 개발을 위한 자료들을 제공할 수 있다.

6. 나가며: 곧 곤고한 날이 이르기 전에

고난의 문제는 가장 다루기 어려운 주제들 중 하나이다. 기독교 교육학이라는 입장에서도 고난의 문제를 다루고 가르치는 것은 쉽지 않다. 사실 고난을 경험하는 사람들은 감정적 혼돈에 사로잡히기 때문에, 그 시기에 고난에 대한 성경적, 신학적 가르침을 전달하는 것은 어렵다. 이 글에서는 증상치료적인 접근이 아니라, 예방적인 차원에서 고난에 대한 신학적, 성경적, 역사적 가르침의 필요성을 제시하였다.

신학적으로 고난을 둘러싼 여러 실재들에 대해서 논의하는 학문은 신정론이다. 학자들에 따라서 다양한 신정론들을 언급하였지만, 이 글에서는 개혁주의적 가르침과 부합하는 다섯 가지 대표적인 신정론들을 설명했다(완벽한 계획 신정론, 자유의지 변론, 영혼 형성 신정론, 우주 갈등 신정론, 종말론적 신정론). 고난의 계절을 경험하기 전에 다음 신정론들을 이해하는 것은 큰 도움이 될 것이다.

영혼 형성 신정론은 고난의 원인에 집중하는 다른 신정론들과는 달리, 고난의 목적에 집중하는 신정론이다. 즉, 신자들에게 고난이 교육적인 목적을 위하여 주어질 수 있다는 것이다. 남침례 기독교 연구기관 Lifeway의 수장인 브래드 왜그너는 질적 연구를 통하여, 고난이 신앙을 성장하게 하는 가장 주요한 요인임을 밝혔고, 신앙발달 이론가였던 제임스 파울러도 고난을 통하여 가장 높은 신앙의 단계에 이를 수 있음을 언급했다. 성경적인 관점에서, 구약성경과 신약성경은 교육적인 목적으로 주어지는 고난에 대한 가르침들을 포함하고 있으며, 위 글에서 그 구체적인 구절들을 설명했다. 또한 역사적인 측면에서 가장 극심한 고난을 경험했던 초대교부들의 문헌들로부터 고난이 교육적인 목적으로 사용될 수 있음을 암시하는 가르침들도 소개하였다.

고난에 대한 신학적, 성경적, 역사적 가르침들은 고난에 대한 균형 잡힌 이해를 제공할 수 있으며, 고난을 회피하는 것이 아니라 그 속에 들어 있는 의미를 발견하도록 도와준다. 또한 고난을 가르치는 교육자들에게는 고난 교육에 대한 커리큘럼을 구성할 때 사용할 수 있는 재료를 제공하였다.

　D. A. 카슨이 언급한 것처럼, 누구든지 이 땅을 살아가면서 고난을 경험하게 되는데, 고난에 대한 예방적인 교육은 신자들로 하여금 고난을 대비하고, 견딜 수 있도록 도우며, 고난 속에 있는 목적으로 나아가도록 도울 것이다.

참고문헌

Boyd, Gregory A(2000). God of the Possible: A Biblical Introduction to the Open View of God. Baker Books.

Boyd, Gregory A(2001). Satan and the Problem of Evil: Constructing a Trinitarian Warfare Theodicy. Downers Grove, IL: InterVarsity Press.

Clement of Rome(2007). "1 Clement." Edited by Michael W. Holmes. In The Apostolic Fathers: Greek Texts and English Translations of Their Writings. Edited by and Translated by J. B. Lightfoot and J. R. Harmer, 3rd ed. Grand Rapids: Baker Book House.

Crenshaw, James L.(2005). Defending God: Biblical Responses to the Problem of Evil. New York: Oxford University Press.

Cyprian of Carthage(1958). "To Donatus, The Dress of Virgins, The Lapsed, The Unity of the Church, The Lord's Prayer, To Demetrian, Mortality, Works and Almsgiving, The Good of Patience, Jealousy and Envy, Exhortation to Martyrdom, to Fortunatus, That Idols Are Not Gods." In Treatises, Edited by Roy J. Deferrari, Translated by Roy J. Deferrari, The Fathers of the Church. Vol. 36. Washington, DC: The Catholic University of America Press.

Dostoevsky, Fyodor(2002). The Brothers Karamazov. Translated by Richard Pevear and Larissa Volokhonsky. New York: Farrar, Straus and Giroux.

Endo, Shusaku(2016). Silence. New York: Picador, 2016

Fowler, James W(1981). Stages of Faith: The Psychology of Human Development and the Quest for Meaning. San Francisco, CA: Harper & Row.

Ignatius of Antioch. "The letter to the Ephesians, to the Magnesians, to the Trallians, to the Romans, to the Philadelphians, to the Smyrnaeans, and to Polycarp." Edited by Michael W. Holmes. In The Apostolic Fathers: Greek Texts and English Translations of Their Writings, Edited by and Translated by J. B. Lightfoot and J. R. Harmer. 3rd ed. Grand Rapids: Baker Book House, 2007.

Lewis, C. S.(1940). The Problem of Pain. New York: Macmillan.

Lewis, C. S.(1963). A Grief Observed. Greenwich, CT: Seabury Press.

Meister, Chad and James K. Dew Jr.(2017)., eds. God and the Problem of Evil: Five Views. Downers Grove, IL: InterVarsity Press.

Polycarp Martyr(2007). "The Letter to Philippians." Edited by Michael W. Holmes. In The Apostolic Fathers: Greek Texts and English Translations of Their Writings, Edited by and Translated by J. B. Lightfoot and J. R. Harmer, 3rd ed. Grand Rapids: Baker Book House.

Rice, Richard(2014). Suffering and the Search for Meaning: Contemporary Responses to the Problem of Pain. Downers Grove, IL: InterVarsity Press Academic.

Tertullian of Carthage(1959). "To the Martyrs, Spectacles, Prayer, Patience" in Tertullian, Disciplinary, Moral, and Ascetical Works, Edited by Hermigild Dressler, Translated by Rudolph Arbesmann, Emily Joseph Daly, and Edwin A. Quain, The Fathers of the Church. Vol. 40. Washington, DC: The Catholic University of America Press.

Vicchio, Stephen(2020). Theodicy in the Christian Tradition: A History. Pittsburgh, PA: RoseDog Books.

Wiesel, Elie(2008). Night Trilogy: Night. trans. Marion Wiesel. New York: Hill and Wang.

Wolterstorff, Nicholas(1992). Lament for a Son. Grand Rapids: Eerdmans Publishing.

제14장

평생교육으로서의 교회교육:
통합적 제자도를 꿈꾸며

박신웅(소망교회)

1. 들어가며: 모든 세대를 위한 교육과 학습

평생교육, 즉, 모든 세대를 위한 교육(instruction)과 학습(learning)이라는 개념은 새로운 것이 아니다. 오래전부터 있었고, 성경과 교회 전통과도 친숙하다(Grothe, 1997: 12; Park, 2012: 141-143).[1] '가르치다'라는 동사의 헬라어 '디다스코'는 신약성경에 무려 95번이나 언급되고 있으며, '디다스코'에서 나온 명사 '디다스칼레오' 즉 '선생님'이라는 말을 우리 예수님도 그의 성인 제자들에게 41번이나 들으셨다(Gangel, 1998: 13). 실제로, 초대교회 시절, 예수님을 따르는 사람들을 그리스도인(Christian)이라 부르기 훨씬 전부터 자신들을 스스로 제자(disciple)라고 불렀는데, 이러한 상황만 보아도 예수님을 따르는 성인 제자들에게는 교육과 학습이 자연스러웠다는 걸 알 수 있다.

특별히 현대에 들어 어린이나 자라는 세대에 주로 사용되었던 '교육'과 '학습'의 개념을 이 초대교회 당시만 해도 예수님을 따르는 성인들에게 주로

---

1. '평생교육'이 영어로는 주로 lifelong learning인데, '평생학습'이라고 번역할 수 있다. 학습자 중심의 사고로 보이는데, 한국적 상황에서는 '평생학습'이라는 말보다는 '평생교육'이라는 용어가 주로 사용되기에 본 글에서는 '평생학습'과 '평생교육'을 같은 개념으로 이해하고 사용하려고 한다.

사용했다는 점에서 성인교육을 포함한 평생교육의 개념이 오래전부터 있었음을 알게 된다. 즉, 성인을 중심으로 한 교육과 학습, 훈련은 성경이 기록될 당시부터 이미 자연스러운 현상이었다. 이런 면에서 평생교육은 어느 날 갑자기 나타난 개념이라기보다는 성경이 말하고 교회 전통이 보여주는 개념이라 하겠다.

2. 평생교육이란?

2.1. 학습사회(learning society)와 평생학습(lifelong learning)

평생교육이라는 개념이 일반 교육학에서 등장한 것은 Yeaxlee가 처음으로 "평생교육(lifelong education)"이라는 제목으로 책을 쓴 20세기 초라고 보고 있다(Tight, 2002; 39; Yeaxlee, 1929). 한동안 교육이 어린이나 청소년, 혹은 대학생들을 위한 것으로 이해되어 왔기 때문에, 이것에 대한 반작용으로 학령기 이후의 성인도 교육받아야 한다는 측면에서 '성인교육'이라는 표현으로도 사용되기도 한다. 시대의 변화에 따라 농경사회에서 점차 지식 정보화 사회로, 학습사회(learning society)로 바뀌면서 학령기 이후에도 교육이 필요한 평생학습(lifelong learning)의 시대가 열린 것이다. 결국, 학령기 이후의 성인도 교육에서 소외되지 않고 교육을 받아야 한다는 의미로 사용된 것이다.

사실, 이런 배경에서 보면, 교회도 교육의 대상을 놓고 교회 밖과 별반 다르지 않은 이해를 보여준다. 로버트 레이크스(Robert Raikes)에 의해 설립된 주일학교 제도(Schooling system)의 등장은 기독교 교육의 중심이 성인에서 학령기 아동, 청소년으로 이동하게 만드는 결정적인 계기를 만들게 되었는데(Galindo & Canaday, 2010; Regan, 2002; Taylor, 2001), 이에 따라 "많은 주류 교단에서 성인들이 교회교육 활동에서 배제되게 되었다"(Daniel, 1999: 66).

하지만, 주일학교 교육 이전의 종교개혁 전통을 보면, 오히려 그 반대의 상황이었음을 알게 된다. 종교개혁 당시까지만 해도 교육의 주 대상은 성인들이었고, 종교개혁자들은 가정에서 자녀들의 교육도 중요하다는 것을 깨닫고 성인기 이전을 대상으로 한 교리문답서를 발간하게 되었다(파즈미뇨, 2012: 193-195). 실제로 루터는 종교개혁 당시에 온 성도들의 교육을 위해 교리문답서를 발간하게 되었는데, 목회자와 교사들, 그리고 성인 평신도들을 위해 대교리문답을 발간하면서 어린이와 자라는 세대를 위해서는 소교리문답서도 발간하게 된다. 하지만 그 당시만 해도 교육의 방점은 성인에게 있었고, 자녀들을 그 교육에 동참시키는 방식으로 전개되었다. 이러한 생각은 장로교 신앙고백서인 웨스트민스터 신앙고백서와 함께 발간된 대교리문답, 소교리문답에서도 그대로 드러난다고 할 수 있다(고신총회 헌법, 2023).

불행히도 주일학교 운동이 일어남과 함께, 이 모든 시도는 사라지게 된다. 영국과 미국의 주일학교 운동이 시작되며 가정에서 신앙교육을 하던 부모들의 역할은 급격히 줄었고, 자연스레 장년을 위한 교육의 기회는 줄어든 반면, 어린이와 다음 세대를 위한 교육에 집중하게 되었다. 그 결과, 교회 내에서 "성인교육의 이점이 완전히 사라지게 되었다"(Grothe, 1997: 14). 이전의 '모든 세대를 위한 교육'이 '일부 세대를 위한 교육'으로 변모한 것이다.

2.2. 기본으로 돌아가자(Back to Basic)

20세기 초 성인교육과 평생교육에 관한 관심이 시작된 이래, 1970년대를 거치면서 말콤 노울즈(Malcolm S. Knowles)로 대표되는 성인교육학자들의 등장은 기독교교육에도 신선한 도전을 제공하게 되었다. 주일학교 중심의 어린이와 청소년 교육에 경도되어 있던 교회교육의 방향이 서서히 성인과 노인에게도 확장되게 된 계기를 제공했기 때문이다. 소위 '기본으로 돌아가자'라는 "back to basic" 운동이 세속 영역에서 일어났다면(성인교육의 강조), 이러한 분위기가 교회로 전달되어 성경으로 돌아가자는 반향을 일으켰는데(성경교육의 강조), 그 반향이 어린이 수준에 머물지 않고, 청소년, 청년과 성인 레벨까지 이르게 되었기 때문이다(Grothe, 1997: 15).

로렌스 리차즈, 올리비아 펄 스트로크스, 월터 브루그만, 사라 리틀과 같은 학자들이 1980년대와 1990년대에 걸쳐 '모든 세대를 위한' 성경과 신학에 대한 바른 학습이 필요함을 강조하면서 점차 기본으로 돌아가자는 목소리가 높아졌던 것이다(Grothe, 1997: 15). 결국, 이런 '모든 세대를 위한' 교육을 강조하는 목소리(voices)는 성경의 중심 메시지를 바르게 모든 세대에 가르쳐야 한다는 필요를 드러내었으며, 이는 모든 세대가 교회교육의 '대상'이자 '주체'라는 인식을 갖게 했다.

이런 목소리가 한국교회 내에서도 적지 않은 반향을 일으켰다. 1960년대까지는 교리 교육과 성경의 지식을 전달하는 강의식 위주의 주일학교 교육이 주였다면, 이후 1980년대 1990년대를 거치면서 소위 '평신도'를 위한 제자훈련이 활발하게 이루어져 "성인교육에 새로운 자극을 주기 시작했다"(정재영, 2016: 160-161). 이전까지 대학생 선교단체에서만 주로 이루어지던 제자훈련 프로그램이 본격적으로 교회교육에 접목된 시기도 이 시기라고 볼 수 있는데, 이 시기에 이런저런 자극을 통해 교회교육에서도 성인들을 대상으로 한 신앙교육 혹은 제자훈련이 본격화하였다.

2.3. 교회교육 대상의 확대와 평생교육

평생교육의 주창자라고 할 수 있는 렝그랑은 "평생교육은 개인의 출생부터 죽을 때까지의 생애에 걸친 교육(수직적 차원)과 개인 및 사회 전체의 교육(수평적 차원)의 통합"이라고 했다(김종서 외 3인, 2013: 3). 수직적으로는 한 개인의 일생 이루어지는 학습의 전(全) 과정을 평생교육이라고 한다면, 수평적으로는 개인뿐 아닌 그가 속한 공동체와 함께 학습해 가는 과정 또한 평생교육이라 할 수 있다는 말이다. 사실, 이런 개념은 이미 성경 속에서도 볼 수 있는데, 그 대표적인 예가 에베소서 4:13-16절이다.

> "우리가 다 하나님의 아들을 믿는 것과 아는 일에 하나가 되어 온전한 사람을 이루어 그리스도의 장성한 분량이 충만한 데까지 이르리니 이는 우리가 이제부터 어린아이가 되지 아니하여 사람의 속임수와 간사한 유혹에 빠져 온갖 교훈의 풍조에 밀려 요동하지 않게 하려 함이라. 오직 사랑 안에서 참된 것을 하여 범사에 그에게까지 자랄지라 그는 머리니 곧 그리스도라 그에게서 온몸이 각 마디를 통하여 도움을 받음으로 연결되고 결합하여 각 지체의 분량대로 역사하여 그 몸을 자라게 하며 사랑 안에서 스스로 세우느니라"

교회는 '성숙'을 목표로 공동체를 이루어야 하고, 이를 위해서는 개인 또한 성숙해야 함을 보여주는 구절이라 할 수 있다(길성남, 2016: 327). 즉, 교회의 일원으로서 개인의 성숙(수직적 차원)뿐 아니라 공동체 전체적으로 함께 그리스도의 몸인 교회를 이루어가는 과정(수평적 차원) 또한 필요로 한다. 당연히 교회교육은 개인과 공동체가 함께 성숙해 가는 교육의 모든 과정을 제공해야 하는데, 이를 위해서는 남녀노소가 생애주기에 맞게, 개인을 넘어 공동체적으로 함께 적절한 신앙교육과 훈련을 받아야 할 것이다. 이로 볼 때, 수직적이면서 또한 수평적인 교육이 통합되어 개인과 공동체가 함께 성장하는 장을 교회가 마련해 주어야 할 것이다.

3. 평생교육으로서의 교회교육

3.1. 다양한 신앙교육의 장소들(sites)

흔히 교육학자들은 중등교육 이후(post-secondary education)의 교육으로서의 성인교육을 이야기할 때, 학습하는 장소에 따라 구분하곤 한다. 그 대표적인 것이 형식 교육(formal education), 비형식 교육(nonformal education), 무형식 교육(informal education)이다(Tight, 2002: 71-73; 박신웅, 2013: 236-241). 이것에 대해 교회교육의 예로 살펴보면 다음과 같다.

<표 XIV-1> 형식적, 비형식적, 무형식적 교육의 예

	정의	장소	교회교육의 예[2]
형식교육 formal education	제도화되어 있으며 커리큘럼이 있고, 점수나 학점, 학위, 자격증과 같은 공식적인 직업적, 학문적 인증을 받는 교육	초, 중, 고등학교 교육, 대학교, 대학원, 방송통신대학 등	• 대학교, 신학교, 신학대학원 등 • 교회를 위한 프로그램: 성경 학교
비형식교육 nonformal education	형식교육인 학교 교육 기관 밖의 조직에서 일어나는 교육	학원, 워크숍, 문화 센터, 직장 관련 세미나 등	• 교사를 위한 4 과정의 훈련 프로그램(교수 능력 개발과 교실 운영 기술) • 교회를 위한 프로그램: 성인 성경 공부 (소그룹)

---

2. Maddix, M. A. & Estep, J. R.(2017). *Practicing Christian Education*. Grand Rapids: Baker Academic. 3. 참조하여 표를 작성하였다.

무형식교육 informal education	형식교육과 비형식교육을 제외한 모든 학습 형태 (대부분 일어나는 학습 - 개인적 혹은 그룹에서) 90% 이상의 성인은 무형식적인 학습을 통해 자연스레 학습하고 있음	1) 자기주도적 학습(관심 있는 유튜브나 책을 읽고 공부), 2) 우연적 학습 (우연히 방송을 보다 경제 용어를 배움), 3) 사회화 혹은 암묵적 학습(직장을 10년간 다니며 시행착오 끝에 배우게 되는 노하우)	• 예배시간에 다른 사람들이 어떻게 반응하는지를 보고 배움 • 교회를 위한 프로그램: 관계 형성을 위한 기회들, 사회화 과정 (소그룹 등에서 자연스럽게 이루어지는)

이렇게 보면, '평생교육으로서 교회교육'은 다양한 장을 가지고 있음을 알게 된다. 특별히 지금까지는 형식적, 비형식적 형태로만 교육했다면, 이제는 무형식교육의 형태로 자연스레 이루어지는 예전이나 예배, 교회 봉사 등을 통해서도 학습할 수 있다는 것을 알게 된다.[3] 이런 경우, 교회가 보다 의도적이고 전략적으로 교육 환경을 조성하고 교육적 자극을 줄 기회를 마련한다면 중등교육 이후의 세대들에게도 다양한 영적인 도전과 성숙의 기회를 제공할 수 있음을 알게 된다.

아울러 '평생교육으로서 교회교육'을 좀 더 쉽게 표현하자면, '교회의 평생교육'이라고 할 수 있겠다. 교회 안에서 이루어지는 교육 자체가 생애 전반

---

3. 종교교육과 성인교육학 분야에서는 성인들의 신앙성숙과 관련하여 그들이 속한 공동체와 문화적 맥락이 매우 중요한 요소임을 강조하는 추세로 나아가고 있다. 다음의 글들을 참조하라. Elizabeth, J. Tisdell. E. J.(2000). Spirituality and Emancipator Adult Education in Women Adult Educators for Social Change. *Adult Education Quarterly*, 50(4), 308-335; Tisdell. E. J.(2003). *Exploring Spirituality and Culture in Adult Learning and Higher Education.* San Francisco: Jossey-Bass; Tisdell. E. J.(2008). Spirituality and Adult Learning. in Sharan B, Merriam(Eds). *Third Update on Adult Learning Theory.* San Francisco: Jossey-Bass; Fenwick, T. J. and English, L. M.(2004). Dimensions of Spirituality: A Framework for Adult Education. *The Journal of Adult Theological Education* 6, 49-64.; English, L. M.(2005). Historical and Contemporary Explorations of the Social Change and Spiritual Directions of Adult Education. *Teachers College Record* 107(6), 1169-1192; English, L. M., Fenwick, T. J. & Parsons, J.(2003). *Spirituality of Adult Education and Training.* Malabar: Krieger Publishing Company.; Vogel, L.(1991). *Teaching and Learning in Community of Faith: Empowering Adult Through Religious Education.* San Francisco: Jossey-Bass.

(lifelong)에 걸친 제자 양육의 과정이라 볼 수 있기 때문이다. 동시에 개인의 생애 전반을 넘어 그가 속한 교회와 지역 사회, 나아가 하나님이 만드신 창조세계와의 교류를 통해서 주님이 오실 때까지 이루어지는 교육이기에 또한 '교회 평생교육'이라고도 명명할 수 있을 것이다. 게다가, 교회교육의 다른 분야와 구분하기 위해 교회교육의 한 분야로서도 '교회 평생교육'이라고도 명명할 수 있을 것이다.

3.2. 교회 평생교육의 목표: 제자도 = 거룩(수직적) + 선교(수평적)

전술한 것과 같이 평생교육은 수직적인 측면과 수평적인 측면이 공존한다. 태아에서부터 시작해서 노년에 이르는 생애 전반(lifelong)에 걸친 수직적인 측면과 함께, 학교 교육에 한정된 형식적 교육(formal education) 차원을 넘어 비형식적 교육(nonformal education)과 직장과 사회, 이웃과 공동체로 확장되어 이루어지는 무형식적 교육(informal education) 방식으로서의 수평적인 면까지 포괄하는 것이라 할 수 있다. 이를 하나의 그림으로 그리면 아래와 같이 될 수 있다.

[그림 XIV-1] 수직적인 평생교육과 수평적인 평생교육

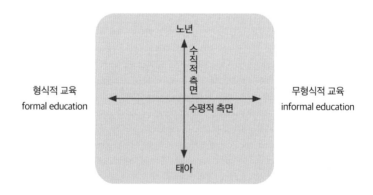

이렇게 보면, 그림 1과 같이 평생교육은 수직적으로는 '요람에서 무덤까지' '성숙'을 지향한다면, 수평적으로는 개인에서 공동체와 이웃과 자연을 향하는 '자아실현'을 지향한다고 할 수 있다. 결국, 일반 교육학에서의 평생교육은 '성숙'과 '자아실현'이라는 큰 목표를 지향한다고 할 수 있다. 반면, 교회교육의 측면에서는 회심을 통한 중생과 그에 따른 '신앙의 성숙'과 함께, 이웃과 교회 공동체 속에서 이루어지는 '하나님 뜻의 실현'이 그 목적이라고 할 수 있겠다(자아실현이라기보다는).

요한은 요한일서에서 영적인 성숙도에 따라 수직적으로 아이, 청년, 아버지(요일 2:12-14)의 단계로 구분하는데, 짐 푸트만(Jim Putman)은 이것을 조금 더 세분화하여 5단계로 나눈다. 1) 영적으로 죽은 자(spiritually dead), 2) 영적 아기(spiritual infant), 3) 영적 아이(spiritual child), 4) 영적 청년(spiritual young adult), 5) 영적 부모(spiritual parents)의 단계가 바로 그것들이다(푸트만, 2017: 101-195). 즉, 영적으로 죽은 상태인 회심 이전의 상태에서 회심을 경험하고 영적 아기가 되었다가 점차 영적 아이로, 영적 청년과 영적 부모로 '성숙'하게 된다고 한다.

여기서 짐 푸트만은 영적인 청년과 영적인 부모의 차이를 말하는데, 다름 아닌 '재생산'의 유무이다. 즉, 재생산할 수 있는 사람만이 영적 부모가 될 수 있다고 한다. 제자를 길러내는 사람, 영적 자녀를 둔 사람이 바로 영적인 부모로 '성숙'에 이르게 되는데(수직적 측면), 이것이야말로 제자도(discipleship)에서 말하는 핵심인 '재생산하는 사람'인 것이다(푸트만, 2017: 58-59).

반면 예수님의 마지막 명령인 마태복음 28장 18-20절과 사도행전 1장 8절은 수직적인 개인의 '성숙' 차원을 넘어 그가 속한 지역 공동체와 나라, 문화를 초월한 땅끝까지 수평적인 측면으로의 확장을 보여준다. 이것을 흔히 '선교'라고 하는데 봉사와 섬김과 어우러져 개인의 차원을 넘어서 수평적으로 공동체 전체로 확장되는 과정을 보여준다.

조나단 도슨은 이것을 제자도의 관점에서 수직적 제자도와 수평적 제자도라는 개념으로 설명한다. 수직적 제자도(vertical discipleship)는 개인 경건에 초점을 맞춰 영적 훈련과 거룩함을 지향하는 '성숙'에 초점을 맞추지만, 수평적 제자도(horizontal discipleship)는 자신이 누구냐(거룩)가 아니라 무엇을 하느냐(선교)에 초점을 두고(하나님의 뜻을 실현하는 측면으로) 이웃과 공동체 속에서 감당해야 할 전도와 선교, 타인의 제자 양육을 지향한다고 한다. 결국, 조나단 도슨은 이 두 가지를 통합하여 '통합형 제자도'라고 명명하면서 '거룩한 선교'(거룩 + 선교)가 되어야 한다고 한다. 결국, 그의 용어로 신앙적 평생교육을 설명한다면, 수직적으로는 개인의 거룩함을 지향하면서 동시에, 수평적으로는 이웃과 공동체를 함께 변화시키는 선교로 나아가는 것을 목적으로 삼는 과정이라 할 수 있겠다(도슨, 2013: 72-77).

[그림 XIV-2] 통합형 제자도(도슨, 2013: 73)[4]

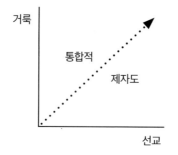

3.3. 발달이론에 따른 교회 평생교육의 대상 구분

평생교육의 관점에서 보면, 태아부터 학령기까지는 명확한 세대 구분이 되어 있고, 교육과정도 많이 개발되어 있다. 영아기와 유아기를 거치는 과정

---

4. 조나단 도슨은 참된 통합형 제자도는 거룩함과 선교가 구분되지 않고 일체적으로 드러나야 한다고 한다.

이나 초등학교나 중등, 고등학교나 대학과 청년들을 위한 다양한 교재와 프로그램이 개발된 것도 사실이다. 물론, 교회 안에서도 이들을 위한 다양한 신앙교육 교재가 개발되어 있다. 하지만 그 이후의 과정은 세분되거나 구체화하기보다, 별다른 구분 없이 뭉뚱그려 '장년 교재' 혹은 '구역 공과'와 같은 이름으로 대상이 한정되거나 혹은 소그룹 모임의 이름으로 구성되어 있다. 즉, 학령기 이후의 성인들을 위한 구체적인 교육 계획이나 커리큘럼이 제대로 개발되지 않았다는 말이다.

이렇게 보면, 평생교육의 대상이 여전히 전 생애를 다 포함하는 '평생교육'이 아닌 '학령기 위주의 교육'으로 제한되어 있음을 알게 된다. 같은 맥락에서 성인교육의 주창자라고 할 수 있는 말콤 노울즈가 1970년대에 이미 언급한 말이 2020년대를 살아가는 오늘에도 여전히 유효해 보인다. 그의 책 이름인 "성인 학습자: 소외된 종족(The Adult Learner: A Neglected Species)"처럼. (Knowles, 1973)

로버트 하비거스트는 성인기를 발달 과업에 따라 3시기로 구분하는데, 지금까지도 대체로 이 구분을 따라 성인기를 구분하고 있다. 참고로 로버트 하비거스트는 장 피아제의 영향을 받아 인지주의적으로 시기를 구분하는데, 각 시기의 주요 과업은 다음과 같이 나눌 수 있다.

<표 XIV-2> 하비거스트의 주요 과업에 따른 성인기 구분[5]

시기	주요 과업	키워드
청년기 (전기 성인기 20~40세)	배우자를 선택하는 일 배우자와의 원만한 관계를 유지하는 일 자녀를 낳기 시작하는 일 자녀를 양육하는 일 직업을 갖는 일 가정을 관리하는 일 사회적 책임을 수행하는 일	배우자 자녀 직업 가정 관리 사회적 책임
중년기 (중기 성인기, 40~65세)	사회적 임무 수행에 참여하는 일 경제적인 생활 기반을 구축하고 유지하는 일 십대 자녀들이 책임감 있고 행복한 성인으로 성숙하도록 인도해 주는 일 자신에게 알맞은 여가활동을 개발하는 일 배우자를 하나의 인격적 존재로 대하는 일 중년기의 생리적 변화를 받아들이고 그것에 적응하는 일 연로해 가는 부모에게 적응하는 일	사회적 임무 경제적 기반 마련 십대 자녀 지도 여가활동 배우자 관계 생리적 변화 적응 부모 부양
노년기 (후기 성인기, 65세 이상)	쇠퇴해 가는 기력과 건강에 적응하는 일 은퇴 생활과 줄어든 수입에 적응하는 일 배우자의 사망에 적응하는 일 사회적 접촉과 역할이 감소하는 것에 적응하는 일 만족스러운 생활환경을 마련하는 일	건강관리 은퇴 이후 생활 배우자의 사별에 적응 사회적 관계 유지 생활환경 적응

이렇듯 다양한 성인 시기의 삶의 과제와 함께 신앙적으로 '거룩함'을 이루어가고, 그와 함께 각자에게 맡겨진 '선교' 사명을 잘 감당할 수 있도록 성인들도 그에 맞는 교회교육의 장이 필요하다. 이에 대해 마가렛 로슨(Margaret Lawson)은 평생교육자로서 교회교육 전문가는 성인들이 계속해서 그리스도를 닮아가도록 도와야 하는데, 사도 바울이 골로새서 1장 28-29절에서 의도했던 그 취지를 잘 살려야 한다고 주장한다(Lawson, 2008: 351-352).

---

5. 이석철(2008). 『기독교 성인 사역론』 (대전: 침례신학대학교 출판부), 185-186을 참조하여 작성해 보았다.

"우리가 그를 전파하여 각 사람을 권하고 모든 지혜로 각 사람을 가르침은 각 사람을 그리스도 안에서 완전한 자로 세우려 함이니 이를 위하여 나도 내 속에서 능력으로 역사하시는 이의 역사를 따라 힘을 다하여 수고하노라"(골 1:28-29)

여기서 로슨은 바울이 신앙교육의 긴급성(urgency)을 말하면서, 교회에 속한 대상이 누구든(각 사람) 그리스도 안에서 완전한 자로 세워야 함을 말했다고 한다. 이는 학령기 이전만 말하는 것이 아니므로 교회의 사역 대상은 명확히 성인까지 포함하여 양육해야 한다고 강조한다(Lawson, 2008: 352). 이와 함께 로슨은 필자가 전술한 것처럼, 성인들을 나이별로 나누거나 혹은 그룹을 짓는 것이 지금까지 쉽지 않았다고 인정한다. 그래서 어떻게 나눌지를 제안하는데 그 내용은 다음과 같다.

<표 XIV-3> 마가렛 로슨의 주요 과업에 따른 성인기의 나이별 구분[6]

구분	세부 구분	나이
나이를 따른 구분	결혼한 성인	25~35세, 36~55세, 55세 이상
	여성	25~35세, 36~55세, 55세 이상
	남성	25~35세, 36~55세, 55세 이상
	싱글 성인	25~35세, 35세 이상
가족 구성원에 따른 구분	싱글 성인	
	결혼한 성인	
	일반적인 결혼 가정	
	결혼했지만 자녀가 없는 성인	
	결혼했지만 싱글이며 학령기 전의 자녀가 있는 성인	

---

6. Lawson, M.(2008). The Adult Learner, in W. R. Yount(Eds), *The Teaching Ministry of the Church*. Nashville, TN: B&H Academic. 352. 마가렛 로슨의 설명을 참조하여 표로 만들어 보았다.

주지하듯, <표 3>의 나이별 구분과 함께 기존에 활발하게 진행되던 태아부터 학령기 나이별 구분을 합해 보면 어떨까? 아마도 지금껏 주교육 대상으로 여겼던 아동, 청소년뿐 아니라 청년과 장년, 노년까지 통합하는 전 연령대를 포괄하게 될 것이다. 즉, 교육의 대상이자 주체가 전 생애(lifelong period)로 확장되는 걸 의미한다. 소위 진정한 의미에서의 평생교육이 교회 현장에서 이루어지게 되는 것이다.

3.4. 평생 제자를 길러내는 교회교육

평생교육으로서의 교회교육은 결국 전술한 것처럼 제자도와 깊은 연관이 있다. 태아부터 시작해서 유아기를 거쳐 학령기와 학령기 이후까지 계속해서 '성숙'한 예수님의 제자를 양육하는 데 그 목적이 있다. 아울러, 이웃과 공동체를 복음으로 변화시키며 '선교'하는 제자로 교육하는 것 또한 주요한 목적이다. 이를 위해 몇 가지 평생교육의 관점에서 교회교육을 새롭게 살펴볼 필요가 있다.

(1) 우선, 기존의 교회학교의 개념을 확장해야 할 것이다. 교회교육의 주대상을 학령기까지 만이 아니라, 학령기 이후로 확대 개편해야 한다. 이런 이유로 영아, 유아, 유치, 초등, 중등, 고등, 대학부로 구성된 기존의 교회학교를 초기 성인을 위시하여, 중기 성인(장년)과 후기 성인(노년)까지 확대한 명실상부 평생 교육기관으로서의 교회학교가 되도록 체계적인 커리큘럼과 교육시스템을 구축할 필요가 있다.

(2) 물론, 기존에 있는 구역모임이나 목장과 같은 장년을 위한 소그룹 모임, 다양한 제자훈련 프로그램도 적절하게 활용하되, 수직적 제자도의 개념으로 '회심에서 헌신까지' 가능한 '재생산'하는 제자로 훈련할 방안에 대해 검토해야 한다. 또한, 수평적 제자도의 방향으로 이웃과 사회에 '봉사에서 선교까지' 할 수 있는 전도의 사명을 감당할 수 있는 환경을 조성하는 것도 필

요해 보인다.

(3) 이를 위해 교회 안팎으로 다양한 방식의 신앙 훈련의 장을 마련하되 형식적인 교육뿐 아니라, 비형식적, 무형식적 교육의 방법들도 활용할 수 있도록 해야 할 것이다. 가령, 무형식적 교육의 방법으로 선교지 방문과 같은 대외활동(outreach)을 통해서 선교와 봉사의 훈련을 하는 것도 좋은 방법의 하나가 될 것이다.

(4) 생애주기마다 학습자들에 따라 학습방법과 태도를 달리할 필요가 있다. 사실, 아동 학습자와 성인 학습자는 기본적으로 학습에 대한 태도와 접근 방법이 다를 수밖에 없다. 이것에 대해 성인교육학자인 말콤 노울즈는 일반적으로 알려진 교육의 개념인 페다고지(pedagogy)에 대립하는 개념으로 안드라고지(andragogy, 성인교육)라는 용어를 사용한다. 그 내용에 대해 대략 표를 만들어 보면 다음과 같다.

<표 XIV-4> 페다고지와 안드라고지의 비교(박경호, 2006: 93-94에서 발췌)

페다고지 모델(아동 학습)	주제	안드라고지 모델(성인 학습)
전적으로 의존적인 존재 교회가 교육의 모든 것을 책임지고 결정	학습자	점진적으로 자기주도적으로 되어감 교사는 촉진자로서의 역할 담당
학습자의 경험이 학습에 별다른 영향을 주지 않음	학습자 경험	성인의 경험은 살아 있는 교과서로 자신과 남을 위한 학습자원이 됨
주로 교사에 의한 학습내용 전달식 방법	교육방법	주로 경험을 수반하는 토의, 대화, 역할극, 현장체험 등의 학습 방법
사회가 요구하는 학습 내용을 학습 하며 다음 단계의 학습을 위해 배움	학습준비도	자신들의 삶에 직면하는 문제를 해결할 필요에 따라 학습함
교과내용을 습득하는 과정	교육관점	학습자의 자아실현을 위한 과정
교회 전통과 문학에 무지	교회 전통과 문학[7]	교회 전통과 문학에 대한 이해

---

7. 노울즈의 의견에 대해 박경호의 글을 재인용 한 내용이다. 박경호(2006). 『기독교 + 평생교육』. 서울: CLC. 94.

이렇게 보면, 학령기 이후 세대(성인)들을 위한 교회교육의 방법 또한 조금 더 세심하게 살펴야 할 것이다. 이를 위해 성인학습자들의 경험을 존중해 주고, 그들을 환대하는 환경을 조성하며, 개인과 공동체가 함께 학습할 수 있는 분위기를 구축해야 할 것이다.

(5) 학습방법을 다양화할 필요가 있다. 성인 학습자와 아동 학습자가 다른 만큼 동기 부여하는 방식부터 실제적인 학습 과정에 이르기까지 학습방법을 달리할 필요가 있다. 평생교육에서 한 축이 되는 원격교육(distance education)의 방식이 코로나19 이후 교회에서도 익숙해졌는데, 이를 활용한 교육 훈련이 가능할 것이다. 익숙해지고 있는 온라인을 통해 상호작용이 가능한 웨비나(Webinar, 웹 세미나)와 거꾸로 수업(flipped learning)과 같은 온라인-오프라인을 통합하는 방식의 교육도 가능할 것이다. 무엇보다 성인 학습자들을 위해서는 자기주도적인 학습(self-directed learning) 방식으로 기존의 교회에서 단순히 강의만 제공하는 형식을 넘어서는 기법들도 고민해 봐야 할 것이다. 즉, PBL과 같은 방식의 프로젝트나 과제를 해결하는 방식으로 학습이 이루어지도록 하는 것도 나쁘지 않아 보인다. 실제로 우리 주님께서도 70인을 파송하시면서 그 과정을 통해 제자들을 학습하게 하지 않으셨는가?(눅 10:1-16)

(6) 특별히 매주 진행되고 있는 교육부서와 교회 전체의 모든 예배와 예전을 통해 더 전략적이고 또한, 체계적인 제자훈련이 되는 방식을 고민해 봐야 할 것이다. 주간, 월간, 연간, 그리고 전 생애와 세대별로 이루어지는 다양한 교회 안팎의 활동들까지도 수직적이고, 수평적인 제자도의 관점으로 다시 살펴보면, 매우 다양한 학습 가능한 방식들이 나올 것인데, 이를 통해 교회 평생교육의 과정을 만들어갈 필요가 있다.

(7) 아울러 유아세례에서 시작되는 신앙교육이 장례식으로 마쳐지는 동안 어떤 신앙형성(spiritual formation)에 영향이 있는지 잘 살펴야 하겠다. 특히

유아세례를 받은 자녀는 자연스럽게 교회 안으로 들어와 회심하고 신앙을 가진 다음, 입교식을 거쳐 성숙한 신앙인과 예수님의 신실한 제자가 되고, 결국 교회의 중직을 맡아 교회의 기둥이 되어가야 할 것이다. 나아가 이웃과 지역 사회에도 선한 영향력을 미치는 사람이 될 뿐 아니라, 땅끝까지 복음을 전하는 선교의 사명을 감당해야 할 것이다. 그렇게 신실한 제자로 살다 생을 마쳐 장례식에 이르는 전 과정이 한 교회 안에서 잘 진행되도록 구성될 때, 평생교육으로서의 교회교육이 완수되었다고 할 수 있을 것이다.

4. 나가며: 평생 제자를 길러내는 교회교육을 꿈꾸며

이 글은 교회교육에서 평생교육, 혹은 '모든 세대를 위한' 교육과 학습이 생소한 개념이 아니라는 사실을 설명하면서 시작하였다. 이에 대해 케네스 갱글은 "본질적으로 성경은 성인에 대한 성인을 위한 성인에 의한 성인의 책"이라고 말하는데(Gangel, 1993: 13), 이는 기존의 주일학교 중심의 교육에서 장년까지 포함한 전 세대를 위한 개념으로 교회교육을 바라보도록 시각을 넓혀준다.

평생교육으로서 교회교육은 수직적으로는 '성숙(거룩)'을 지향하고, 수평적으로 '선교(재생산)'를 통해 개인에서 공동체와 이웃으로 확장되는 개념을 가지고 있음도 설명하였다. 또한, 평생교육의 장으로서 형식적인 교육(formal education)뿐 아니라, 비형식적(nonformal), 무형식적인 교육(informal education)의 다양한 교육적 시도와 학습하는 장의 확대를 고려해야 할 것에 대해서도 논하였다. 이를 통해 기존의 교회학교라는 형식적 교육의 형태에서 주로 다루었던 학령기 이전과 학령기까지만의 교회교육이 아니라, 비형식과 무형식적 교육으로 확대될 수 있는 학령기 이후의 성인까지도 확대, 재편되어야 할 필요성을 설명하였다.

이는 평생교육으로서 교회교육의 목표가 단순히 지식전달로 그치는 수준이 아니라, '거룩함'과 '선교'를 지향하는 제자도의 수준으로 확장되어야 하기 때문이다. 즉, 교회 평생교육의 목표는 한 사람을 '거룩한' 제자로 양육하는 일생의 전 과정으로 이해하는 수직적인 제자도의 관점으로 시각을 넓힐 뿐 아니라, 한 개인을 넘어 이웃과 공동체로 확장하는 '선교적' 사명을 감당하는 수평적 제자도의 개념까지 포함하기 때문이다. 이를 위해 본 글은 교회 평생교육을 통해 수직적 제자도와 수평적 제자도가 함께 하는 통합형 제자도를 이룰 것에 관해 논하였다.

결국, 전 세대를 향한 모든 방식의 교육 방법을 다 동원하여 온전한 예수의 제자를 양육하고 재생산하는 과정을 일컬어 평생교육으로서의 교회교육이라 할 수 있을 것이다. 이를 위해 평생교육에서 강조하는 원격교육의 다양한 방법들도 활용하여, 온-오프라인이 함께 하는 통합적인 교육 방법으로 더욱 미래지향적인 교회교육이 되도록 해야 할 것이다.

이렇게만 된다면, '요람에서 무덤까지', '유아세례 교육에서 장례예배까지' 한 사람을 예수의 제자로 만들고, 그가 속한 공동체가 함께 제자도를 이루는 문화가 정착되게 될 것이다. 이것에 대해 리차드 오스머는 모든 세대를 위한 교회교육을 위해 교회는 신앙고백적 전통과 교육적 기능(teaching office/function)을 잘 만들어야 하며, 이를 위해 신학교, 대학, 교단의 교육스텝들과 회중, 그리고 목회자들이 협력하여 전 세대를 조화롭게 아우르며 가르쳐야 한다고 강조하는데(Osmer, 1990), 전적으로 동감한다. 이렇게만 된다면, 평생교육이 바라는 통합적 제자도를 이루는 일도 꿈만은 아닐 것이기 때문이다.

참고문헌

길성남(2016). 에베소서 어떻게 읽을 것인가. 서울: 성서유니온.

김종서 외 3인(2013). 평생교육 개론』. 경기 파주: 교육과학사.

대한예수교장로회 고신총회(2023). 교회 헌법. 서울: 총회출판국.

로버트 콜만(2020). 주님의 전도계획. 홍성철 역. 서울:생명의말씀사.

로버트 W. 파즈미뇨 (2012). 기독교 교육의 기초. 박경숙 역. 서울: 디모데.

박경호(2006). 기독교 + 평생교육. 서울: CLC.

박신웅(2013). 기독교 성인교육에 있어 무정형적 교육이 주는 시사점: 신앙공동체에서의 문
화역사적 활동이론(Cultural-Historical Activity Theory) 적용을 중심으로. 한국 기
독교 신학논총 88. 233-254.

이석철(2008). 기독교 성인 사역론. 대전: 침례신학대학교 출판부.

정재영(2016). 한국교회 제자훈련 미래 전망 보고서. '한국교회 제자훈련에 대한 사회학적
검토'. 서울: IVP.

조나단 도슨(2013). 복음 중심의 제자도: 제자 삼는 기술이 아닌 그리스도의 복음으로. 전의
우 역. 서울: 국제제자훈련원.

짐 푸트만(2017). 영적 성장 단계별 제자양육. 전의우 역. 서울: 두란노.

Daniel, E. A.(1999). Are Adults the Neglected Species? Adult Nurture 7(1). 66-69.

English, L. M.(2005). Historical and Contemporary Explorations of the Social Change
and Spiritual Directions of Adult Education. Teachers College Record 107(6).
1169-1192.

English, L. M., Fenwick, T. J. & Parsons, J.(2003). Spirituality of Adult Education and
Training. Malabar: Krieger Publishing Company.

Fenwick, T. J. and English, L. M.(2004). Dimensions of Spirituality: A Framework for
Adult Education. The Journal of Adult Theological Education 6. 49-64.

Galindo, I. & Canaday, C. M.(2010). Planning for Christian Education Formation: A
Community of Faith Approach. Danver, MA: Chalice Press

Kuhne, G.(1978). The Dynamics of Discipleship Training. Grand Rapids: Zondervan
Publishing.

Gangel, O. K.(1993). Biblical Foundation for Adult Education. in Kenneth O. Gangel &

James C. Wilhoit(Eds). The Christian Educator's Handbook on Adult Education, Grand Rapids: Baker Books.

Grothe, R.(1997). Lifelong Learning: A Guide to Adult Education in the Church. Minneapolis, MN: Augsburg Fortress.

Knowles, M. S.(1990). The Adult Learner : A Neglected Species(4th ed.). Houston, TX: Gulf Publishing.

Lawson, M.(2008), The Adult Learner. in W. R. Yount(Eds), The Teaching Ministry of the Church. Nashville, TN: B&H Academic.

Maddix, A. M. & Estep, J. R.(2017). Practicing Christian Education. Grand Rapids: Baker Academic.

Merriam, B. S., Caffarella, R. S & Baumgartner, L. M.(2007) Learning in Adulthood: A Comprehensive Guide. San Francisco, CA: Jossey-Bass.

Osmer, R. R.(1990). A Teachable Spirit: Recovering the Teaching Office in the Church. Louisville: Westerminster/John Knox.

Park, S. S.(2012). An Alternative for Today's Adult Spiritual Development in the Church. Journal of Christian Education & Information Technology 22. 139-167.

Regan, J. E.(2002). Toward an Adult Church: A Vision of Faith Formation. Chicago, IL: Loyola Press.

Spencer, B.(2006). The Purposes of Adult Education : A Short Introduction. Canada: Thompson Educational Publishing.

Taylor, N.(2001). Spiritual Formation: Nurturing Spiritual Vitality. In M. J. Anthony(Ed.). Introducing Christian Education: Foundations for the Twenty-First Century(pp. 91-98). Grand Rapids, MI: Baker Academic.

Tight, Malcolm(2002). Key Concepts in Adult Education and Training. NewYork: RoutledgeFalmer.

Tisdell. E. J.(2000). Spirituality and Emancipator Adult Education in Women Adult Educators for Social Change. Adult Education Quarterly 50(4). 308-335.

Tisdell. E. J.(2003) Exploring Spirituality and Culture in Adult Learning and Higher Education. San Francisco: Jossey-Bass.

Tisdell. E. J.(2008). Spirituality and Adult Learning. in Sharan B, Merriam(Eds). Third Update on Adult Learning Theory. San Francisco: Jossey-Bass, 2008.

Vogel, L. J.(1991). Teaching and Learning in Community of Faith: Empowering Adult Through Religious Education. San Francisco: Jossey-Bass.

Yeaxlee, B.(1929). Lifelong Education, London: Cassell.

제15장

기독교교육과 지역사회

이상영(창원명곡교회)

1. 서론

20세기 한국교회에 부어주신 하나님의 은혜는 한 사람의 목회자의 관점으로 보았을 때 이루 말할 수 없는 것이라 하겠다. 예수 그리스도를 주로 고백하는 수많은 민족, 여느 나라에 뒤쳐지지 않을 부흥을 허락해 주셨기 때문이다. 이는 단순히 수적인 부흥만이 아닌 질적인 부흥 또한 내포하는 것이었다. 교회는 말 그대로 많은 사람들이 모이는 장소의 의미만이 아닌 사회의 문화를 이끌어가는 선두적인 역할 또한 감당해 가고 있었기 때문이다. 하지만 21세기에 접어들고, 시대의 흐름에 따라 교회는 부흥이 아닌 감소와 쇠퇴의 길로 접어들기 시작했고, 이제는 감소의 원인들을 고민해야 하는 시국에 이르게 되었다. 이처럼 한국 교회의 침체와 감소의 원인에 대한 다양한 원인들이 거론, 조명되고 있는데, 그 중에서도 가장 핵심적인 것이 한국교회의 사회적 신뢰도 항목이다. 최근 기독교윤리실천운동의 2023년 사회적 신뢰도 조사 결과에 따르면 한국 교회를 신뢰한다는 응답(매우+약간)은 21.0%로 우리나라 국민의 5명 중 1명만이 한국 교회를 신뢰하는 것으로 나타났다. 이것은 지난 조사 결과와 비교했을 때 신뢰도가 10.8%p 더 낮아진 결과이다(기윤실, 2023). 이러한 결과에서 볼 수 있듯이 앞으로 우리가 전도해야 할 전도대상 자들이 기독교에대해 부정적인 선입견을 가지고 있다는 것은 갈수록 전도가 어려워진다는 것을 의미한다고 볼 수 있겠다.

그렇다면, 왜 무종교인들은 기독교에 대해서 이렇게 부정적인 이미지를 갖게 되었을까? 이 질문에 대해서 다양한 방법으로 원인을 찾고 있지만 가장 근본적인 방법은 성경에 나타나 있는 교회의 본질에서 찾아야 한다고 생각한 다. 성경에 나타난 교회의 본질을 연구, 분석하여 현대 한국 교회에 희석되거 나 약화된 부분을 보완한다면 사도행전2장47절의 말씀처럼 "하나님을 찬미 하며 또 온 백성에게 칭송을 받으니 주께서 구원받는 사람을 날마다 더하게 하시리라" 생각한다.

한국교회가 침체의 늪에서 나와 다시 부흥의 길에 들어서기 위해 필요한 것은 무엇일까? 그것은 신약성경에 근거한 성경적인 교회론을 회복하여 교 회의 본질을 구현하는 교회가 되는 것이다. 특히 개 교회가 위치하고 있는 지 역사회 내에서 지역사회 구성원의 필요를 돌아보고, 지역사회의 문제를 해결 해주며 적극적으로 지역주민들에게 다가가는 교회가 되어야 할 것이다.

그리스도의 몸이라는 표현을 통해 바울은 기독론적으로교회와 그리스도 의 고유한 관계를 말함으로써 교회의 통일성에 대한 이해를 고취시켰다. 그 리고 그 몸을 구성하고 있는 지체들의 다양성을 제시함으로써 교회가 지닌 통일성과 다양성의 관계를 보여주려 하고 있다. 또한 성령론적으로 몸이라는 살아있는 유기체를 통해 그 지체들의 조화와 연합, 성장하는 모습을 제시한 다. 필자가 섬기고 있는 명곡교회는 성경적 근거를 둔 교회가 지닌 통일성과 다양성을 극대화하려는 최상의 방법으로 지역 공동체 교회를 표지로 삼는 옷 을 입괴 지금까지 사역해 왔다.

2. 지역교회론

2.1. 교회와 지역의 상호의존적 관계

교회는 지역성을 가진다. 왜냐하면 교회는 지역 사람들의 모임이기 때문이다. 간혹 지역을 벗어난 곳의 사람들이 모이기도 하지만 극히 소수일 뿐이다. 대부분의 교회는 그 지역주민들의 모임이다. 예수 그리스도를 주와 구주로 믿도록 선포되면 지역 사람들이 반응을 보인다. 그리고 그 지역 회심자들이 한 공동체를 만든다. 이것이 지역교회이다.

교회는 하나님과 분리될 수 없는 관계인 동시에 자신이 속한 지역 사회와도 떨어질 수 없는 관계에 있다(최봉춘, 1998: 13). 교회와 지역사회는 상호의존적이면서 상호의 필요를 충족시키는 관계이다. 지역과 교회의 관계는 몸과 심장의 관계와 같다. 교회는 그 지역의 심장이라고 할 수 있다. 심장이 역동적으로 뛰어서 온 몸에 산소를 공급한다. 몸은 음식을 통해 얻은 에너지가 심장의 동력이 된다. 심장과 몸은 서로 상호의존적이면서 상호의 필요를 충족시켜주는 관계이다.

교회와 지역의 관계도 마찬가지다. 교회는 그 지역의 심장이다. 교회는 지역에 영적인 산소와 생명을 공급한다. 그리고 교회는 그 지역 구성원들의 모임으로 구성된다. 교회의 회원이 그 지역의 주민들이며, 지역 주민들이 교회의 회원이 된다. 이렇듯 교회와 지역은 상호의존적이다. 그래서 그리스도인들은 공동체 안에서 비 그리스도인들과 함께 공존해야 하고 서로 뗄 수 없는 불가분의 관계에 있다(정재영·조성돈, 2010: 22).

따라서전도의 의미도 달라져야 한다. 지금까지 전도의 의미는 교회가 하나의 구원방주로서 교회 밖의 사람들을 교회 안으로 끌어들이는 것으로 이해했다. 그러나 교회는 이제 방주 안에서 밖으로 나가서 이 사회를 하나님의 뜻이 실현되는 장으로 변화시켜야 한다(최봉춘, 1998: 18).교회는 세상위에 떠

있는 방주가 아니라 교회 자체가 세상을 덮는 홍수가 되어야 한다.

2.2. 왜 교회는 지역교회여야 하는가?

2.2.1. 세상 속의 교회

교회는 자기가 속해 있는 지역사회와 분리되어 존재할 수 없다. 절은 산에 있고 수도원은 광야에 있다. 하지만 교회는 세상 속에 있다. 예수님은 너희는 세상의 빛이다라고 말씀하셨다. 성도는 교회의 빛이 됨이 당연하다. 그러나 교회 안에서만의 빛이 되어서는 안 된다. 교회 밖, 즉 세상의 빛이 되어야 한다.

2.2.2. 하나님의 주권의 범위

하나님의 주권은 교회만이 아니라 지역사회를 포함한 모든 영역에서도 실현되어야 한다. 그분의 통치는 공의와 사랑이다. 그 분의 통치는 죄를 심판하고 의를 상주는 공의의 통치이다. 교회는 지역사회와 세상에 공의를 물처럼 흘려 보내야 한다. 동시에 그 분의 통치는 사랑의 통치이다. 고아와 과부를 돌보고, 가난한자를 도우며, 병들고 힘든 자를 도와야 한다. 이것이 교회가 존재하는 이유이다. 지역교회는 온 우주를 다스리시는 하나님의 주권과 자기를 주시는 헌신적인 사랑을 그 근본원리로 삼는다(임성빈, 1997: 209).

3. 지역교회론의 실현을 위한 교회 역할의 제안

성경에 기록된 어려운 이웃을 돕는 사람, 곤경에 처한 사람을 돕는 사람의 대명사는 선한 사마리아인이다(누가복음 10:30~37). 이는 신약 시대 초기, 예수님의 비유 가운데 나타나는 또 다른 지역교회의 모습이라 하겠다. 그런데 중요한 것은 이것이다. 선한 사마리아인의 역할을 계속해서 이 지역이 필요로 하고 있다는 것이다. 이런 생각을 해본다. 애초에 강도가 없다면 강도 만난 사람도 없을 것이고, 이를 돕는 선한 사마리아인은 더더욱 필요가 없다는 것을 말이다. 교회가 지역사회를 섬기는 일, 지역교회로서의 역할을 감당하는 데에 있어서 그 집중을 선한 사마리아인을 많이 양성해 내는 것이 아닌, 강도가 없는 환경을 조성하는 것이 더욱 효율적이며, 건강하고 행복한 사회를 만드는 지역교회의 모습이 아닐까라는 생각을 해보게 된다.

예수님의 사역을 통하여 그 해법을 찾을 수 있다. 예수님께서 공생애 사역 가운데 많은 사람들과 제자들에게 삶을 통하여 딱 한 가지 공통적으로 보여주신 것이 있다. 그것은 그분의 마음이 들켜지는 것이다. 예수님 마음은 바로 사랑이다. 하나님 사랑과 이웃 사랑이면 된다고 말씀하셨다. 그래서 온몸으로 예수님은 그 사랑을 들키고자 십자가의 사랑까지 보여 내셨다. 이것이 선한 사마리아인이 없는 아름다운 세상의 모토이다. 따라서 우리 교회는 예루살렘에서 여리고로 내려가는 그 길을 정화하는 교회가 되려고 한다. 강도 만난 사람들이 더 이상 발생하여 선한 사마리아인이든, 강도 만난 사람이든 모두가 힘들고 아프지 않게 하기 위해서이다. 이를 위해 교회가 해야할 몇가지 역할을 제안하는 바이다.

3.1. 지역 속에 명곡교회를 알려라

지역에 교회가 있다는 것을 알려야 한다. "교회가 이런 일도 하네."라는 말을 들어야 한다는 것이다. 세상에 교회의 이미지가 실추되어 있는 이 시대에 명곡교회가 창원 명서동지역에 있는데 이 교회는 좀 특별한 교회다. 이 교회는 좋은 면이 이런 것도 있네. 라는 소리를 자아내게 만들어야 한다. 그래서 명곡교회는 지역단위 최소단위중에 하나인 통장들과의 관계개선에 우선 순위를 두었다. 이 지역은 88개의 통장들이 존재한다.이들과의 지속적인 관계를 위해 후원과 함께 구청과의 관계에 중간역할을 함으로 교회홍보의 혈관역할을 감당하게 하고있다 이를 위해3가지 노력을 제안한다.

[택시 타고 오기]

○ 내용: 명곡교회 이상영 목사가 부임한 이후 지금까지 20여년을 한결 같이 매월4주 주일은 택시타고 오기 데이로 지킨다. 자가 차량을 소지한 교인들이 택시를 타고 오는 것은 쉽지 않다. 성도들이 자발적 불편을 감수해야 가능한 일이다. 하지만 이 일이 지속적으로 이루어졌을 때 그 효과는 탁월하다.

○ 사역 방법: 교회 앞에 부스를 하나 설치하고, 수건과 음료를 준비하여 택시타고오는 성도가 내릴 때 택시기사님께 "수고하십니다.", "감사합니다." 라는 멘트와 함께 제공한다. 물론 여름철에는 여름철에 맞는 시원한 음료를 겨울철에는 따뜻한 장갑을 주기도 한다. 그리고 성도들은 택시를 타고 교회를 통해 배운 방법대로 기사님께 정중하고도 상냥히 명곡교회 위치를 설명하며 교회로 모셔다 줄 것을 당부한다. 그리고 차에서 내릴 때는 "오늘도 행복하세요."라고 말을 건 내며 금액을 지불하되 거스름돈은 받지 않는다.

[그림 XV-1] 지역사회 택시타고 오기 사역

| 택시 기사에게 인사와 함께 음료전달 모습 | 교회 앞 부스 설치 모습 |

○ 효과: 사역 이후 창원 어디에서는 택시를 타고 명곡교회를 말하면 기사님들이 알게 된다. 또한 기사님들이 교회에 방문하게 될 때 음료와 수건 등 사소한 관심을 받게 되므로 항상 고마움과 감사함을 가지게 된다. 특히 택시 기사들은 업무 특성상 손님과 대화를 나눌 기회가 아주 많다. 종교나 교회에 대한 주제로 손님과 대화를 나눌 때 우리 교회를 방문한 기사는 명곡교회에 대하여 매우 긍정적으로 소개를 하게 된다.

[지역의 대표명소와 인연 맺기]

○ 내용: 지역 속 재래시장은 지역민들에게 특히 서민들에게는 인정이 머무는 사랑방공동체이다. 이 시장과 인연을 맺으면 지역의 마음을 얻을 수 있다.

○ 사역 방법: 교회는 교인들을 그룹으로 만들어 연간 정기적으로 시장상품권을 구매하여 나누어주고, 그룹 당 하나의 박스에 시장 물건을 사서 담아 오도록 한다. 일제히 같은 시간 같은 장소를 교인들이 다니며 진귀한 풍경을 만든다. 그리고 이 박스는 잘 포장하여 지역 소외계층에 전달하는 이웃 돕기로 연결한다. 또한 교회는 재래시장 행사에 적극 동참한다. 재래시장은 시장 살리기를 위한 방안으로 다채로운 공연을 계획하기도 하고 여러 홍보 전단을 나눠 주기도 한다. 이때 교회는 홍보를 위한 전단을 대신 받아 교회 교인들에게 홍보를 해주고 교회 카페를 통하여 지역에 전통시장을 알리는 역할도 한다. 또한 시장에서 운영하는 공연 행사에 양질의 진행자를 섭외해 준다거나, 운영할 수 있도록 정기적으로 상인회에 후원을 아끼지 않는다.

[그림 XV-2] 지역사회 대표명소와 인연 맺기 사역

사랑나눔 박스 만드는 모습   사랑나눔 재료를 시장에서 구입하는 모습

○ 효과: 교회 행사 시 시장이 나서게 된다. 예를 들어 우리교회에서 총동원 전도초청행사를 대규모로 한 적이 있다. 이 때 시장 상인회에서 우리교회를 대신하여 시장을 이용하는 고객들을 향해 전단을 나눠 주고 홍보를 해 주어 2000여명의 인원이 운집한 가운데 총동원 행사가 은혜 중에 마친 적이 있다. 교회는 이 지역에 행복하고 따뜻한 겨울 동계 문화를 선도하는 귀한 계기를 제공하게 되어 지역민들의 자존감을 높이는 계기를 만들게 된다. 아무튼 시장은 우리교회의 든든한 아군이다.

[병원과의 MOU체결]

○ 내용: 지역의 특성상 소외계층내지 차 상위계층이 많은 지역이다. 그러다 보니 이들은 의료혜택에서 많은 부분 배제되어 취약계층으로 다시 자리 잡게 된다. 이를 교회가 나서서 구제하고 함께 하여 경제 인구로서의 역할을 감당하게 하는 데 이바지한다.

○ 사역 방법: 교회와 지역의 병원이 다발성 MOU(협약)를 체결한다. 교회는 지역의 병원에 고객인 환자들을 모아 보내주고 병원은 교회와 체결한 협약 내용에 따라 최우선적으로 편익을 제공한다.제공 내용으로는 비과세 항목

에 대하여 20%할인, 우선적 진료와 필요시 검진 할인, 극빈자들에 대한 무료 의료지원을 제공한다. 또한 여기서 그치지 않고 교회는 영향력 있는 기업과 대형병원의 사회복지재단과연계하여 중병으로부터 꼭 치료가 필요한 환자들을 책임지고 지원받아 안전하게 치료를 받을 수 있도록 지원한다. 실제로 OO 병원의 경우 명곡교회 교인이거나 명곡교회 소개로 병원을 찾은 지역주민에 게는 진료비20%할인, 100만원 상당의 건강검진을20만원 대에 받을 수 있는 혜택이 주어진다. 본 교회 중요 행사가 있을 시에 건강검진권이나 의약품을 협찬하고 있다.

○ 효과: 명곡교회만이 아닌 주변의 이웃, 그리고 차상위 계층까지 폭넓은 의료서비스를 받을 수 있게 되었고 그렇게 혜택을 받은 이들 중에 연간 2가 정 이상이 교회에 등록하고 있다. 협약을 맺은 OO병원 역시 개원3년 만에 경 상남도 검진률1위라는 금자탑을 쌓게 되었다. 더불어 간단한 의료서비스가 아니라 끝까지 책임지는 의료서비스를 통하여 다시사회로 환원되는 경제인 구 창출에 상당한 도움을 주고 있다.

3.2. 본격적으로 주변을 정화하라

화단의 꽃이 아름답게 피게 하기 위해서는 그 꽃에만 정성을 기울여서는안 된다. 그 꽃 주변에 있는 잡초나 돌맹이 등을 제거해 주어야만 꽃이 아름답게 필수 있다. 교회도 마찬가지이다. 우리만 잘 가꾼다고 하여서 아름다운 교회가 되는 것은 아니다. 그 지역이 선하게 바뀌고 아름다운 향기를 바랄 때에 교회 도 함께 아름다워져 가는 것이다. 이를 위하여2가지 노력을 제안해 본다.

[꿈을 먹고 살지요]

○ 내용: 지역의 이미지를 쇄신하고 새로운 가치를 창출 할 수는 없을까?

바쁘고 번잡한 공휴일 지역의 아이들이 지역을 떠나지 않고 지역 안에 머물면서 행복하게 만들어 줄 수는 없을까? 바로 "꿈을 먹고 살지요"는 이 모든 질문에 대한 해답이다. "꿈을 먹고 살지요"는 우리 지역의 아이들이 그 지역 안에서 자신의 꿈을 꾸도록 한다.

○ 사역 방법: 5월5일 어린이날 지역에 있는 어린이들이 마음껏 경험하고 즐길 수 있는 축제의 장을 만든다. 어린이들에게 친숙한 지역 초등학교나 공원 등을 대여하고 그곳에 테마별로 50여 가지의 체험부스를 운영토록 한다. 체험부스에는 경찰, 소방서, 병원 등 관공서에 도움을 요청하여 하나의 체험부스를 맡겨도 좋다. 각 부스마다 미션 수행 시 도장을 찍어 기념품을 제공한다. 운영을 위하여 봉사자가 필요하다. 이를 위하여 지역 중,고,대학교에 도움을 요청하여 자원봉사자를 충당한다. 이들에게는 본 비전누리문화원에서 봉사점수를 부여한다.

○ 효과: 지역 경찰서와 소방서 및 안전모니터링을 통해 아이들의 꿈을 구체적으로 발견하도록 도우며, 가정의 붕괴와 개인주의로 인해 가정이 해체되고 그로 인한 사회적 가정의 화합을 통해 지역 발전에 공허하게 된다. 교회적으로는 "꿈을 먹고 살지요" 를 통해 교회의 이미지를 긍정적으로 바꾸며, 교회적으로 볼 때는, 외부전도가 아니라 학교 속에 들어가서 궁극적으로 전도에 영향을 줌으로써 하나님 나라의 확장에 디딤돌이 된다. 봉사자들을 전도의 방편으로 이 행사를 통하여 모집된 봉사자들을 최선을 다해 교회가 섬긴다. 식사도 정성껏 챙겨주고, 봉사점수나 여러 행정적 부분도 빠짐없이 체크하여 정확히 보상한다. 그리고 무엇보다 이들이 우리와 함께한 하나의 멤버십이라는 공감대를 형성하기 위하여 공통의 구호나 노래, 단체티를 제작하여 함께 한다. 이 사역을 통해 평균 25,000명의 어린이와 부모가 함께하고 특별

히 2024년 "제9회꿈을 먹고 살지요"에서는 35,000명 이상의 인원이 동참했다. 특별히 2024년에서는 당나귀 마차 부스와 슈퍼에어바운스(25m 초대형 에어바운스), RC로봇등을 새롭게 추가하였고, 명확한 지역 내 프리미엄 축제로 자리 잡게되었다.

[그림 XV-3] 지역사회를 위한 "꿈을 먹고 살지요" 사역

[창원 크리스마스 빛의 축제]

　○ 내용: 본 교회가 위치한 지역은 생활수준이 낮고, 낙후된 지역이다. 이로 인하여 다른 지역의 사람들보다 양질의 문화를 즐길 수 없는 형편이며, 문화를 즐긴다는 생각을 가지기도 힘든 상황이다. 이러한 상황 가운데 지역에 양질의 문화를즐길 수 있도록 교회가 배려한다면 이러한 문제를 조금은 줄일 수 있지 않을까 생각한다. 이를 위하여 교회가 아름다운 소리와 예수 그리스도의 빛을 보여 줄 수 있는 빛의 축제를 준비한다면 지역주민들에게 양질의 문화를 제공하여 삶의 질을 높일 수 있을 것이다.

○ 사역 방법

① 교회의 아름다움을 포기하라: 현재 많은 교회들이 크리스마스 시즌을 맞이하여 교회를 치장하기에 급급하다. 그러나 지역의 문화를 위한 일이기에 교회를 치장하는 것이 아니라 지역민들이 편히 찾아와 즐길 수 있는 곳을 빛 축제장으로 꾸며야 한다. 또한 찾아와 사진을 찍을 수 있는 여러 장소들을 준비해야 한다.

② 양질의 콘서트를 준비하라: 빛 축제만을 준비하고 그쳐버리면 즐길 수 있는 거리들이 많이 부족하다. 즐길 거리가 부족하면 결국 사람들의 발걸음은 그치고 만다. 그렇기에 빛 축제와 함께 즐길 수 있는 것들을 준비해야 한다.

③ 지역의 관심과 참여를 유도하라: 지역민들이 즐길 수 있는 축제의 장을 만드는 일이다. 그러므로 교회 단독으로 이 일을 진행함에는 재정적인 문제 등 어려운 일들이 많다. 이런 문제들을 해결하기 위해 지역의 관심과 참여를 유도해야 한다.

[그림 XV-4] 창원 크리스마스 빛의 축제

빛축제 빛의 터널   빛축제 전경 모습

○ 효과

① 지역에 양질의 문화를 준비함으로써 지역에대한 자부심을 안겨줄 수 있다.

② 빛의 축제를 하게 되면 그 지역사람들만오는 것이 아니라 입소문을 타고 타지역에 있는 사람들도 추억을 남기기 위하여 방문을 하게 된다. 이들에게 지역에 있는 재래시장을 홍보함으로 지역 경제에 도움을 줄 수 있다.

[사랑 나눔 사업]

○ 내용: 이 사업은 지역 내의 차상위 계층을 비롯한독거노인, 소년가장에게 실질적인 도움을 주는 사업이다.

○ 사역 방법: 의창구청 사회 복지과와 연계하여 차상위 계층 및 독거노인, 소년가장을 선정하여 매월 5만원씩 1년동안 23가정에게 지급한다. 더불어 년 3회, 특별한 날에(가정의 달, 추석, 성탄절) 박스당 7만원 상당의 생필품을 시장에서 구입하여 구성한 사랑나눔박스를 40명의 취약계층에게 전달한다. 이를 통해 시장과 연계하며 교회의 영향력을 넓히고, 취약계층에게도 큰 도움을 주기에 일석이조의 프로그램이라 할 수 있겠다.

○ 효과
① 지역민들이 비전누리문화원에서 하는 "꿈을 먹고살지요"나 "빛축제" 등의 행사에 부담 없이 참여하게 된다.
② 사랑 나눔 사업이 교회에서 했던 일들이라는 것이 지역사회에는 드러나기에 교회에 대한 거부감도 낮아지게 된다. 실질적으로 매년5가정 이상의 대상자 가정들이 본 교회에 등록하고 있다.
③ 의창구청과의 우호적인 연계를 이어감을 통해서 이 사랑나눔 사업만이 아닌 지역을 위한 행사들을 기획하고자 할 때 행정적인 지원들을 받을 수가 있으며 적극적으로 협조한다.

[그림 XV-5] 지역 사회 사랑 나눔 사업 사역

부상 소망대원 후원모습   의창구 기탁식

3.3. 미래의 우리편을 만들어라

미래의 우리 편을 만들기 위해서 무엇보다필요한 것은 지금 그들이 바라는 것, 그들이 필요로 하는 것이 무엇인지를 바르게 알고 공감에서만 끝나는 것이 아닌 그들을 돕기 위한 실질적인 필요들을 채워주는 것이 중요하다.

[장학사업]

○ 내용: 지역사회 내 초중고등학생을 대상으로 교회가 공식적으로 장학금을 지급하는 사업이다.

○ 사역 방법: 장학사업은 관내에 위치한 초중고를 대상으로 하여 홈페이지 게시 공문 및 학교별 개별 통보를 통해 장학생 추천자를 받고 자체 심사에 의해 결정하여 고등 100만, 중등 50만, 초등 30만원을 장학금으로 지원한다. 장학금 수여식은 졸업식 때 하게 되고 연간 12개 학교와 교회내 학생들에게 이상 1,500만원이상을 지원하게 된다.

○ 효과
① 장학금 혜택을 받고 있는 학교들과의 우호적인 관계를 맺음을 통해 법

적으로 까다로운 이 시대에 학교 안에 들어가 행사를 할 수 있는 체계가 구축되어 있다.

② 처음에는 장학금을 직접 찾아가 나누어주는 방법을 사용했으나, 현재는 학교에 공문으로 공지하여 추천을 받아 제공한다. 이를 통해 본 교회의 위상을 높일 수 있다.

[취약계층 인재 양성]

○ 내용: 지역사회 내 취약계층 인재들을 양성하고, 이들을 중장기적으로 지원하는 사업이다.

○ 사역 방법: 지역 내 차상위 계층 자녀들을 중심으로 학업성적이 우수하지만 가정의 형편으로 사교육이나 교재 구입에 어려움을 가진 학생들에게 총 9개월간 학원비 및 교재구입비를 제공하는 사업이다. 초등,중등,고등 각3명을 학교의 추천을 받아 초등학교10만, 중학교20만, 고등학교25만을 매달 지원하며,필요한 부분 우수장학금지원을 통한 연간 총 1,500만원 이상의 지원을 아끼지 않고 있다. 2024년에는 이 부분을 넓혀, 지역 내 대학들과 연계하여 드론전문기술학과등 여러 학과에도 지원을 아끼지 않고 있다.

○ 효과

① 인재양성 지원을 받은 대상자 학생 모두그 과목에서 성적향상을 기록했다.

② 인재양성을 통해 지원받은 학생 중 연간2명 이상이 본 교회 중.고등부에 등록 정착하고 있다.

③ 지원 학생을 교회가 선정하는 것이 아니라학교 측에서 선정을 하고 교회는 재정적 지원을 감당하는 역할인지라 학교에서 고마움을 항상 표한다.

[지역사회 학교와의 M.O.U.체결]

○ 내용: 장학금 및 지역 인재 양성 사업을 통해서 자연스럽게 지역사회 내 학교와의 M.O.U.사항들이 진행되어 좀 더 우호적인 관계에서 사역을 전개할 수 있게 되었다.

○ 사역 방법: 학교와의 M.O.U 체결은 교회에서 처음부터 시도하려고 계획한 바는 아니었다. 그러나 장학사업과 인재양성 사업을 통하여 학교가 필요한 부분을 교회에서 채워 나가다 보니 학교 측에서 먼저 M.O.U.체결을 제안해 왔다. 현재 관내에 있는 창원중, 고등학교, 창원남고, 상북초등학교, 명서초, 중학교와 이 일들을 진행해가고 있다.

○ 효과: M.O.U. 체결의 결과 지역사회 미래세대들과의 접촉점이 증대되었고, 학교기관과의 우호적인 관계 속에서 지역사회를 향한 교회사역이 이루어질 수 있게되었다.

참고문헌

기독교윤리실천운동(2023). 2023 한국교회의 사회적 신뢰도 조사결과. 기윤실
임성빈(1997). 현대 문화의 한계를 넘어서. 서울: 예영커뮤니케이션.
정재영·조성돈(2010). 더불어 사는 지역공동체 세우기. 서울: 예영커뮤니케이션.
최봉춘(1998). 한국교회의 지역사회복지 참여 방안에 관한 연구. 서울: 서울신학대학교.

제16장
기독교 상담의 통합적 원리와 특징

강연정(고신대학교)

1. 들어가며

1953년 Fritz Kunkel이 기독교와 심리학을 하나로 합하고자 시도하며 통합(integration)이라는 단어를 처음 사용한 이래(Vande Kemp, 1996), 기독교 상담에서 통합의 의미와 중요성에 대한 비중은 점점 더 커지고 있다. 어떤 학자들은 통합을 이론적 측면에서 이해하고, 또 다른 학자들은 실제의 측면에서 이해하기도 하며, 어떤 학자들은 통합의 내용을 강조하고, 또 다른 학자들은 통합의 방법에 초점을 맞추기도 한다. 이렇듯 통합에 대한 기독교 상담학자들의 인식과 관점은 다양하게 전개되고 있으며, 통합의 내용, 방식, 주제, 유형, 기법 등에서 서로 상이한 양상을 보이고 있다. 통합은 주로 기독교 상담의 영역에서 그 중요성이 부각되어져 왔지만, 다양한 문제와 배경을 가진 내담자들을 돕는 상담의 과정 가운데 자신의 상담이론이나 모델의 한계를 경험한 상담자들이 늘어나게 되면서 일반 상담의 영역에서도 상담 및 심리치료 이론과 실제 간의 통합 및 절충적 접근의 필요성이 강력하게 등장하고 있다(Jones & Butman. 1991; McMinn & Campbell, 2016; Marquis, 2011;

Welfel & Patterson, 2009) 통합(integration)과 절충(eclecticism)은 하나 이상의 다른 이론의 내용과 기법을 취합한다는 점에서는 비슷한 부분이 있지만, 통합이 상담 및 심리치료 이론 중 한 이론을 기초로 다른 이론의 내용을 부분적으로 수용하여 보다 완성된 형태의 융복합적 접근을 이루고자 하는 것이라면, 절충은 상담 및 심리치료 이론의 내용과 기법 중 필요하거나 좋은 것을 취사선택하여 사용한다는 점에서 분명한 차이점을 보이고 있다.

상담 및 심리치료 영역에서의 절충적 접근은 다음과 같은 네 가지 접근으로 이루어진다고 할 수 있다(Jones & Butman. 2009). 첫째, 혼돈에 가까운 절충주의로 모든 이론을 한데 섞어서 비빔밥 수준으로 만드는 '혼합주의적' 접근이며, 둘째, 실용적 절충주의로 이론적인 기반을 선호하기 보다는 내담자에게 효과적이라고 검증된 것을 취하려는 '실용주의적' 접근이다. 셋째, 메타이론적/초이론적 취사선택주의인데, 이것은 이론 뒤에 있거나 또는 이론을 넘어서는 이론이나 임상 실제를 추구하는 접근으로 예를 들면 이론과는 상관없이 효과적인 상담사의 자질과 태도 등과 같은 요소들을 취하려는 '초이론적' 접근이며, 넷째, 이론적 통합주의는 선호하는 한 이론을 자신의 기초이론 또는 홈베이스로 사용하면서 자신의 이론을 확장하며 풍성하게 할 한 두 가지의 다른 이론의 일부를 동화시킴으로서 단일 이론의 한계를 극복하고 완성도가 높은 융복합을 이루어내려는 '통합적' 접근을 말한다. 이러한 면에서 볼 때, 통합은 절충의 가장 완성도가 높은 방법이라고도 볼 수 있을 것이다.

기독교와 심리학을 건설적으로 통합하는 데에는 두 가지 단계가 필요하다고 할 수 있는데(Jones & Butman. 2009), 첫째 단계는 '비평적 평가 단계'이다. 이는 기독교적 관점과 분명하게 양립하지 않는 일반 심리학에서 가치가 있는 것을 찾기 위해 대화하는 방법이다. 기본적으로 이 단계는 일반 심리학의 좋은 점은 골라내고 나쁜 점은 버리는 단계이지만, 이 과정에서의 통합은 유용한 통찰과 도움을 주는 하나의 접근에 불과하다는 점을 간과해서는 안

될 것이다. 둘째 단계는 '이론 구축 단계'인데, 기독교 상담학자들은 비평적 평가단계에서 대화를 시도했던 일반 심리학의 장점을 밝힌 다음에 이 장점들을 종합하는 새로운 이론을 개발하며, 학문적인 연구를 위해 새로운 가설과 이론을 제안해야 한다. 물론 이 가설과 이론은 기독교적인 전제들을 함축하는 것이어야 하며, 통합을 제대로 실천하기 위해서는 기존 연구의 개관에서 더 나아가 연구를 직접 실시하고, 자신의 연구를 객관적으로 평가하는 작업을 할 수 있어야 한다.

비평적 평가를 위해서는 첫째, 어떠한 상담 접근법의 기초가 되는 '철학적 가정과 전제'를 주의깊게 살피는 작업부터 시작해야 한다. 하나의 철학이 다양한 상담의 접근 방법들을 모두 통일할 수는 없으며, 각각의 접근법은 현실과 진리, 목적, 인간성 등의 주제에 대해 서로 다른 견해를 가지고 있기 때문이다. 둘째, 어떠한 상담 및 심리치료 이론들의 기초가 되는 '성격이론' 또는 '인간관'을 검토하여야 한다. 무엇이 인간의 성품과 행동을 결정짓는지, 인간을 어떠한 관점으로 인식하고 있는지 등과 같은 성격이론과 인간관이 기독교 신앙과 양립될 수 있는 것인지 비판적으로 분석할 수 있어야 한다. 셋째, 인간의 이상성(abnormality)에 대한 핵심적 이해를 주의깊게 검토해야 한다. 어떤 성격이론을 논할 때는 정상적인 성격 발달에서 이탈하는 것에 대해 이해하고 있어야 하며, 어떻게 변화가 필요한 상태에 이루었는지를 설명하는 과정을 이해하고 행동을 변화시키는 방법을 제시할 수 있어야 한다. 넷째, 각각의 이론은 비정상성에 대한 관점을 보완해주는 '전인성에 대한 시각'이 있기에, 어떤 특정한 심리치료 전통에 깔려 있는 정상성에 대한 목표와 관점에 대해 자세히 살펴보아야 하며, 각 이론이 제시하고 있는 건강한 사람의 모습은 어떠한 것인지 면밀하게 검토되어져야 할 것이다. 다섯째, 심리치료 모델의 기본적인 신빙성을 측정하기 위하여 내담자들에게 변화를 일으키는 방법을 검토해야 한다. 주로 제시되는 일부 변화의 방법들은 성장과정에 대한 직감

적이거나 평범한 이해들과 유사하므로, 각 상담 및 심리치료이론의 상담과정과 기법이 내담자의 변화에 얼마나 실제적인 도움을 주는지 탐색해야 한다. 여섯째, 과학적인 연구를 통하여 각 상담 및 심리치료 접근의 효과성을 검증하고자 하는 것이 비평적 평가를 위한 중요한 기독교 학자의 역할이며 책임이라고 할 것이다(Jones & Butman. 2009).

본 연구에서는 통합과 절충의 필요성이 강력하게 제기되고 있는 상담의 영역에서 기독교 상담이 심리학과의 통합을 성공적으로 수행할 수 있기 위하여, 기독교 상담에서의 통합에 대한 이해와 원리를 살펴본 후에, 기독교 상담의 과정과 기법에 대한 통합적 특징을 정리해 봄으로써 보다 구체적이며 실천적인 기독교 상담의 통합의 가능성을 도모하고자 한다.

2. 기독교 상담에서의 통합의 이해와 원리

2.1. 통합의 역사

상담은 인류의 역사만큼 오랜 역사를 가지고 있다고 해도 과언이 아니다. 고대로부터 각 민족의 치유의 역사는 주로 무속신앙의 지도자나 마술사 등에 의한 사람들의 질병 또는 마음의 병을 치료를 중심으로 이루어져 왔기에 이러한 치료(cure)는 신에 의한 치유(healing)라고 불려졌다. 기독교 역사에서도 이러한 방식의 치유는 오랜 전통을 가지고 이루어져 왔는데, 영적 지도자들의 기도 등과 같은 영적 활동을 통한 치유는 하나님의 치유로서 신자들의 신체, 마음, 영혼을 모두 치료하는 역할을 감당해왔으며, 이러한 기독교 상담의 역사는 뿌리의 역사(김용태, 2006)라고 불리워진다.

이후 서구 사회에서의 심리학과 정신의학의 발달로 인해 기독교 진영과 교회 공동체에 인본주의 심리학과 정신의학의 영향이 밀려들게 되었으며, 교회의 영적 지도자들 가운데 목회 돌봄의 일환으로 일반 심리학과 정신의학을 수용하고, 임상목회교육 등과 같은 전문 심리학 훈련을 거쳐 일반 심리학 이론 및 기법들을 활용하는 Anton Boison, Seward Hiltner, Howard Clinebell 등과 같은 목회상담자들이 늘어나게 되었다. Hurding(1985)은 심리학의 철학, 이론, 기술들을 무비판적으로 수용해서 받아들이는 이러한 접근을 동화라고 불렀으며, 이는 심리학 이론이나 기법들을 활용 차원에서 받아들여 사용한다는 의미에서 수용의 역사(김용태, 2006)라고 할 수 있다.

기독교 상담에서의 동화와 수용의 접근이 주로 자유주의 신학적 배경을 가진 목회상담자들을 중심으로 이루어지면서, 보수적인 신학과 복음주의 전통의 기반에서 목회 돌봄을 제공하던 목회자들이나 상담자들이 이러한 접근에 많은 회의와 거부감을 가지게 되었다. 이들은 일반 심리학이 가지고 있는 철학적 가정들이 아무런 검토없이 목회상담에 무분별하게 수용되고 있는 현실과 함께, 복음주의 진영에서 가장 중요하게 생각하는 죄, 용서, 은혜, 성경 등과 같은 기독교의 전통과 성경적 가르침의 주요 개념들이 상담에 전혀 적용되지 못하고 있는 기독교 상담의 현실을 비판하였다. 이러한 접근을 반동(Hurding, 1985) 또는 거부(김용태, 2006)의 역사로 표현할 수 있으며, 가장 대표적인 상담자로 Jay E. Adams를 꼽을 수 있다.

그 이후 기독교 상담은 신학과 심리학 간의 대화(Hurding, 1985)와 통합(김용태, 2006)을 지향하는 방향으로 발전되고 있다. 오윤선(McMinn & Campbell, 2016)은 신학과 심리학의 통합은 크게 세 단계를 거치며 발전해 왔다고 보고 있는데, 첫 번째 단계(1950년-1975년)는 심리학에 우호적인 관심을 가진 기독교 심리학자들이 기독교와 심리학의 관계에 대하여 기초적인 개념을 소개하는 글들을 쓰기 시작한 단계이며, 두 번째 단계(1975년-1982년)는 심리학과 신학이 어떻게 통합될 수 있는지를 보여주는 각종 모델이 소개되면서 기독교 심리학이 뿌리를 내리기 시작한 단계, 그리고 세 번째 단계

(1980대-현재까지)는 통합의 실제적인 단계로서 '학문 간의 통합', 즉 신학과 심리학의 통합에 대한 논의가 보다 다양하고 활발하게 이루어지고 있는 단계라 하겠다.

2.2. 통합의 유형

통합은 그 개념, 영역, 내용, 이유, 의미, 방식 등에 따라 다양한 유형으로 분류할 수 있는데, 여기에서는 통합에 대한 학자들의 입장과 관점에 따라 학문적 통합, 실제적 통합, 개인적 통합, 내용적 통합 등의 4가지의 유형으로 정리하여 설명하고자 한다(김용태, 2006; Bouma-Prediger, 1990; Moon, 1997).

학문적 통합은 신학과 심리학, 신학과 과학 등과 같이 학문 간의 통합(Bouma-Prediger, 1990)을 통하여 새로운 학문인 기독교 상담학을 만들어 내고자 하는 접근이며, 포스트모던 사회의 특성 중의 하나인 학문과 학문의 경계가 허물어지는 현상과 관련되어 있다. 신학과 심리학의 통합을 추구하는 학자들은 두 학문 간의 경계를 허물고 기독교 심리학 또는 기독교 상담학이라는 새로운 분야를 학문적으로 개척하고자 하며, 심리학의 과학적 접근과 신학의 종교적 접근이 어떻게 관련이 있고 없는가, 과학과 종교가 어떤 방식으로 관련을 맺을 수 있는가를 연구하고자 하는 것이다. 아울러 이론적 내용과 임상적 실제 사이의 통합, 즉 상담이론에 충실하게 임상 실제를 수행하는 접근인 학문 내 통합(Bouma-Prediger, 1990)도 여기에 포함될 수 있다. 예를 들면 기독교 상담자는 자신들이 가지고 있는 기독교적 개념과 세계관이 상담의 실제에 충분히 드러나도록 해야 하며, 이를 위해서는 자신이 사용하고 있는 이론적 가정에 대해 충분히 인식하고 있어야 할 것이다.

실제적 통합은 상담의 임상적 측면을 강조하는 접근으로써 심리학과 실제 등의 용어가 중요한 역할을 하며, 임상적 통합 또는 실천적 통합이라고도 불린다. 통합은 상담이 진행되는 상황을 가정하면서 이루어지며, 임상 실제에서 심리학적으로나 기독교적으로 어떻게 접근할 수 있는지가 중요한 관심사가 된다. 예를 들면 기독교 상담의 임상 실제 또는 상담연구의 장면 등에서 성경과 기도의 활용이 효과적인지, 사용하려면 어떻게 사용하는 것이 좋을지 등과 같은 질문에 대답하고 연구하며, 적용하고자 하는 노력을 의미한다. 아울러 상담이론에 맞는 상담 실제가 이루어질 수 있도록 계속적으로 임상적인 실천을 수행해가는 접근을 포함한다(Bouma-Prediger, 1990; Moon, 1997).

개인적 통합은 상담자와 내담자의 인격을 통해 통합이 이루어진다고 본다. 이 유형은 상담의 인격적 측면을 강조하는데, 상담자가 어떤 종류의 믿음을 가지고 있는지, 그 믿음이 어떤 방식으로 상담 현장에서 영향을 미치는지 등에 대해 관심을 가진다. 상담의 과정은 상담자의 인격적 통합을 통해 이루어지며, 상담은 내담자의 인격적 통합을 향해 이루어진다고 믿는다. 아울러 개인의 믿음과 일상적인 삶의 통합(Bouma-Prediger, 1990; Moon, 1997)도 여기에서 다룰 수 있는데, 기독교 상담자는 기독교인으로서 믿음을 자신의 일상적인 삶과 전문적인 삶 모두에 일치시키는 방식을 통하여 믿음과 실제 사이의 통합을 이루어가고자 노력해야 한다. 또한, 한 개인의 자신 안에서의 경험 일치나 하나님과 자신의 관계에서 발생하는 경험 일치를 의미하는 치유경험, 개인적 정체성, 영성, 영적 안녕 등 관련된 경험적 통합을 이루어가는 것이 중요하다.

내용적 통합은 상담의 내용에 관심을 많이 가지며, 심리학, 영성, 성경, 기독교 등의 용어가 통합의 의미로 사용되어진다. 상담의 내용은 기독교적이어야 하며, 기독교 세계관을 가지고 이루어져야 하며, 상담의 내용 중 비기독교적인 내용은 배제되어져야 한다고 주장한다. 심리학이 가지고 있는 상대주의, 자기중심주의, 쾌락주의, 인본주의 등의 기본적인 전제나 철학적 세계관은 수용될 수 없으며, 이러한 세계관은 기독교 세계관과 다르고, 그러한 상담은 기독교 상담이라고 할 수 없다. 심리학을 완전 배제하는 성경적 상담자들과 심리학의 내용 가운데 기독교의 내용과 일치되는 부분만을 일부 수용하는 보수적인 상담자들이 이러한 통합을 실천하고 있으며, 성경의 위치, 기도의 중요성, 성령의 역할 등과 같이 기독교 전통에서 중요하게 다루어진 주제들이 상담의 내용에 포함되어진다.

2.3. 통합의 모델

여기에서는 여러 기독교 상담학자들의 다양한 통합 모델들의 특징을 비교, 분석하여, 몇 가지 유형으로 분류하여 제시하고자 한다((Moon, 1997; Bouma-Prediger, 1990; Kirwan, 1984; Collins, 1981; Fansworth, 1982; Carter & Narramore, 1979; Crabb, 1992) .

첫째, 대립적 입장으로, 이 입장의 학자들은 기독교와 심리학은 서로 갈등 관계에 있기 때문에 서로 양립될 수 없으며, 신학과 심리학 사이의 통합은 불가능하다고 주장한다. 이 입장의 기독교 편에 있는 학자들은 하나님의 계시만이 유일한 진리이며, 하나님의 계시가 아닌 다른 학문에 의한 지식들은 그리스도인들에게는 오히려 문제가 될 뿐 아니라, 이러한 문제는 인간의 죄에서 발생되는 것이므로, 심리학에 의존하지 말고 오직 영적 조언이나 충고에 의하여 문제를 해결해야 한다고 주장한다. 그러나 이 입장의 심리학 편에 있는 학자들은 합리주의, 경험주의만이 진리를 찾을 수 있는 유일한 수단이라고 생각한다. 종교는 정신건강에 부정적인 영향을 주며, 정신적 문제는 사회적이고 심리적인 부적응에 의해 이루어지게 되므로, 심리치료를 통해서만 정신적 문제를 해결할 수 있다고 주장한다. 이 입장은 영화 관점과 비기독교 관점(Kirwan, 1984), 반대 모델(Carter & Narramore, 1979), 오직 하나의 모델(Crabb, 1982), 부인 접근(Collins, 1982) 등으로도 불리며, 기독교 상담 분야의 주요 학자는 J. E. Adams, C. Solomon 등(김용태, 2006)이 있다.

둘째, 종속적 입장으로, 종교에서의 좋은 심리학, 또는 좋은 종교심리학을 찾으려는 시도이며, 이 모델을 지지하는 학자들은 신학과 심리학에는 상당한 공통점이 있으며, 상호 간에 많은 도움을 주고받을 수 있다고 주장한다. 이 입장의 기독교 편에 있는 학자들은 성경을 좋은 심리학 교재로 생각하며, 성경의 내용들은 인간의 영적이며 도덕적인 삶을 위해 중요한 것으로 이해한다. 종교는 보수적이며 권위적인 체계를 가지고 있는 불건강한 종교와 서로에게 좋은 감정과 영향을 줄 수 있는 인본주의 종교는 건전한 종교라고 이해한다. 이 입장의 심리학 편에 있는 학자들은 심리학에서 기독교적 요소를 발견하고자 하며, 하나님의 창조와 섭리는 받아들이지만, 하나님의 공의나 구원에는 그다지 관심이 없고, 기독교를 타 종교와 마찬가지로 가치있는 삶을 전해주는 하나의 길에 불과하다고 생각한다. 이 입장은 소속 모델(Carter & Narramore, 1979)이라고도 불리며, 기독교 상담 분야의 주요 학자는 S. Hilter, J. Sanford 등(김용태, 2006)이 있다.

셋째, 병행적 입장은 기독교와 심리학은 전혀 다른 영역으로 이해하며, 기독교와 심리학 모두 자신들 만의 영역이 있으며, 서로 겹쳐지지 않는다고 본다. 이 입장은 두 가지 방식의 접근이 이루어질 수 있는데, 하나는, 고립된 방식이며, 기독교와 심리학을 전혀 다른 분야로 이해하고 서로 중복되거나 겹치지 않게 갈등없이 각자의 위치를 인정하면서 존재한다. 다른 하나는 상관된 방식으로, 서로 같은 내용을 다른 이름으로 사용하며 심리학적인 개념을 기독교적인 개념으로 설명하거나, 기독교적인 현상을 심리학적인 분석으로 설명하는 것이다. 이 접근에서는 통합이라는 개념이 필요하지 않기 때문에 여기에서의 상관은 연합이라고 설명할 수 있을 것이다. 이 입장은 평행 모델(Carter & Narramore, 1979), 평행 관점(Kirwan, 1984), 분리되었으나 동등한 모델(Crabb, 1982), 철로접근법(Collins, 1982), 병립 모델(Fansworth, 1982), 또는 이원론적 접근이라고도 불리며, 이 분야의 주요 학자는 G.

Allport, F.Thorne, P. Clement 등(김용태, 2006)이 있다.

넷째, 통합적 입장은 기독교와 심리학 사이에 진정한 통합을 하고자 하는 기독교 상담학자들에 의해 계속 연구되고 발전되고 있는 접근이다. Crabb(1982)은 자신의 통합이론을 이집트인에게서 빼앗기 모델(spoiling the egyptians)이라고 부르는데, 이 접근은 성경의 계시에 근거하여 성경과 일치되는 심리학적 지식들은 받아들이고, 일치되지 않는 지식들은 버리는 통합의 방법이므로, 심리학적 지식들은 성경에 의해서 주의깊게 걸러져야 하며 선택적으로 수용되어질 수 있다고 주장한다. Collins(1982)는 모든 진리는 하나님의 진리라는 관점에서 하나님의 특별 계시인 성경과 일반계시인 심리학의 통합의 가능성을 주장하며, Kirwan(1984)도 하나님은 모든 계시와 이성의 저자이시며, 모든 진리는 하나님의 진리라는 관점에서 통합을 지향한다. Carter & Narramore(1979)는 자신의 통합 모델을 제시하면서, 통합이 이루어져야 할 영역을 진리의 일치, 인간 존재의 본성, 정신병리의 기원, 성경의 균형적 사용, 다른 학문들의 독자성 존중, 기독교와 정신건강, 기독교와 심리치료 등 일곱 가지로 설명하고 있다. Farnsworth(1982)는 내재 통합이라는 자신의 통합 모델을 제시하는데, 이는 하나님의 진리에 대해서, 그리고 하나님의 진리 자체를 알아가는 전체 과정을 의미한다. 이 접근은 하나님의 실존적이고 일반적인 계시에 대한 심리학적 해석과 하나님의 실존적이고 명제적인 계시에 대한 신학적 해석을 발생시키거나 평가하는 과정을 통해 이루어지게 되는데, 이 평가는 전체 삶의 과정을 통해 이루어지게 된다고 주장한다. Collins(1982)는 통합은 가장 기초적인 수준에서 시작되어야 하며, 심리학과 신학의 전제를 살펴서 통합의 가능성을 알아보아야 한다고 주장한다. 통합의 기초는 계시(하나님은 존재하며 모든 진리의 원천이다)와 이성(존재하는 인간은 진리를 알 수 있다)이며, 그 위에 여섯 가지 가설(확장된 경험주의, 결정론과 자유의지, 성경절대주의, 수정된 환원주의, 기독교 초자연주의, 성경적

인류학)을 세워가는 재건모델을 제안하고 있다. 기독교 상담자는 진정한 신학과 심리학 간에 통합이 이루어질 수 있도록 Crabb(1992)이 던져진 샐러드 모델이라고 표현하는 혼합주의적 접근을 지양하고, 기독교 세계관이라는 틀과 성경적인 통합적 기준을 가지고 신학과 심리학의 통합을 위한 노력을 계속해 나가야 할 것이다.

2.4. 통합의 원리

기독교와 심리학의 통합 모델의 스펙트럼은 학자들의 신학적 입장과 관점에 따라 매우 다양하기 때문에, 다양한 통합모델의 주장과 내용들을 완전히 만족시킬 수 있는 원리와 지침은 존재할 수 없다. 여기에서는 복음주의 신학적 관점에서 통합의 실천과 적용에 가장 중요하다고 여겨지는 기본적인 통합의 원리들을 정리해 보고자 한다. 이러한 통합의 원리는 계속적으로 보완되고 더욱 구체적으로 정립되어져 나아가야 하며, 통합의 실천적 노력 또한 꾸준히 이루어져야 할 것이다(Jones & Butman. 2009; McMinn & Campbell, 2007).

기독교 상담에 있어서 통합의 원리는 다음과 같이 정리할 수 있다.

첫째, 기독교와 심리학의 통합을 위해 절대 변할 수 없는 기초가 되어야 하는 것은 창조자이시며 주관자이신 살아계신 하나님의 존재와 구원과 생명의 주님이 되시는 예수 그리스도의 사랑과 항상 함께 하시며 도와주시는 성령의 은혜라고 할 것이다(Adams, 1981). 삼위일체 하나님과의 관계성을 수용하는 경험은 그리스도인들에게는 가장 큰 위로와 격려와 힘이 되는 것이므로, 기독교 상담의 과정은 Crabb(1982)이 말한 바와 같이 내담자를 하나님께로 인도하는 전이(move over)의 기회가 되어야 할 것이다.

둘째, 기독교와 심리학의 통합을 위해 자신의 뜻과 경륜을 보여주시고 지금도 말씀하고 계시는 진리의 근원되시는 하나님의 특별계시인 정확무오한 성경의 권위이다(Adams, 1981). 인간 저자에 의해 기록되었지만 진리의 성령님의 인도하심 가운데 기록되어진 성경의 살아서 역사하시는 능력을 확신해야 한다. 일반 심리학이 속해 있는 일반 계시의 영역과는 비교할 수 없는 하나님께서 자신을 직접 드러내고 계시는 특별 계시인 성경은 어떠한 경우에도 흔들리지 않는 기독교 상담의 진리이자 지침이 되어야 한다.

셋째, 기독교와 심리학의 통합을 위해서는 성경적 관점에서 정리되어진 인간관을 견지해야 하며, 인간을 인지, 정서, 행동, 영성이 하나로 통합된 전인으로 이해하여야 한다(Crabb, 1982). 인간은 하나님의 형상으로 창조되어진 존귀한 존재이지만, 죄성을 가지고 있어서 인간의 문제 배후에 있는 죄 문제를 해결할 과제를 가지고 있는 존재이다. 아울러 인간은 서로 더불어 연합하여 서로 용납하고 사랑하며 살아야 하는 관계적인 존재이며, 청지기적인 책임과 사명을 가지고 하나님 나라를 이루어가야 하는 존재이다.

넷째, 기독교와 심리학의 통합을 위한 기준과 틀이 되는 것은 창조-타락-구속으로 설명되는 기독교 세계관이다(정정숙, 1994). 기독교 상담은 하나님의 형상으로 창조되어진 인간들의 타락으로 인해 파괴된 형상을 복음으로 구속하고 회복해가는 과정으로 이해되어져야 하며, 기독교 세계관은 수용할 수 없는 심리학 이론들을 걸러내는 필터로서의 역할을 해야 한다. 이러한 기독교 세계관에서 위배되는 상담의 이론이나 접근은 기독교 상담의 과정에서는 결코 되어서는 안되는 접근임을 명심해야 한다.

다섯째, 기독교와 심리학의 통합을 위해서 기본적인 철학과 가치관, 인간관에 있어서 성경적 관점과 되도록 크게 위배가 되지 않는 심리학 이론을 선택적으로 수용할 수 있을 것이다 (Crabb, 1982). 기독교적 관점과는 서로 상충되어 결코 양립할 수 없는 심리학 이론들은 통합적 접근이 어렵겠지만, 성경적 관점에서 볼 때, 완전하게 일치하지는 않지만 그나마 가장 근접하게 부합하는 심리이론이 있다면, 심리학 이론에 대한 깊은 통찰과 연구를 거친 후에 통합의 가능성을 타진하고, 통합적 접근을 통하여 심리학 이론의 내용을 선택적으로 수용할 수 있을 것이라 생각하는 바이다.

여섯째, 기독교와 심리학의 통합을 위해서 성경적 관점과 위배가 되지 않는 상담기술과 기법을 선택적으로 수용할 수 있을 것이다. 다양한 상담기술과 기법 가운데 인기가 있거나, 효과가 있다고 하는 기법이 있다고 모두 수용하거나 활용할 수는 없다. 소위, 효과가 있다는 상담기법을 무분별하게 취합하는 것을 혼합적 접근이라고 하는데, 성경적 기준과 검증을 위한 노력을 제대로 하지 않은 채 무조건적 수용을 하는 태도는 지양해야 할 것이다(Crabb, 1982). 아울러 영적 분별력과 성경적 기준을 가지고 수용 가능한 상담기법들을 찾아서 선택적으로 수용하고 활용함으로써, 기독교 상담의 임상적 실제가 더욱 풍성해질 수 있도록 노력해야 할 것이다.

일곱째, 기독교와 심리학의 통합을 위해서 기독교의 진리와 기독교 공동체의 전통적인 신앙자원 등을 활용할 수 있다(전요섭, 2007). 신앙자원은 기독교 상담의 특권이자 자랑이 될 수 있으므로, 신앙적 자원들의 활용은 내담자들로 하여금 기독교 공동체 내에서의 소속감과 사랑과 하나됨을 경험할 수 있도록 도울 수 있을 것이다. 가장 대표적인 신앙자원은 진리의 말씀인 성경의 활용이며, 이 외에도 설교와 교육, 선교와 봉사, 예배와 찬양, 세례와 성찬, 개인기도와 중보기도, 지지그룹으로서의 공동체 등과 같이 매우 다양한 자원들이 있음을 기억하고 적절하게 활용할 필요가 있다.

여덟째, 기독교와 심리학의 통합을 위해 기독교 상담자의 자질과 인격, 신앙과 앎과 삶, 상담실천, 그리고 상담윤리 등이 기독교 신앙에 위배되지 않아야 한다(전요섭, 2007). 기독교 상담자는 자신의 문제를 해결할 수 있는 방법을 가지고 있어야 하고, 성경적 성품을 함양하며 타인들과 좋은 관계를 가지고자 노력하고, 하나님과의 관계와 교회 중심의 신앙생활을 통해 변화와 성숙을 위해 노력해야 한다. 아울러 기독교 상담자로서 상담의 이론과 실제, 윤리에 있어서 통합을 이루어가는 실천적 노력 또한 필요할 것이다(Collins, 1983).

3. 기독교 상담에서의 과정과 기법의 통합적 특징

3.1. 기독교 상담의 과정과 기법

앞서 기독교 상담에서의 통합의 역사, 유형, 모델, 원리 등을 살펴보았으므로, 이제는 몇몇 주요한 기독교 상담학자들의 상담이론에서 제시되고 있는 기독교 상담의 과정과 단계를 살펴보겠다. 자유주의 신학적 배경을 가진 기독교 상담학자의 경우, 통합의 필요성도 강조하지 않을 뿐 아니라, 일반 상담 이론과 그 과정 및 기법을 그대로 수용하여 사용하는 경향성이 많이 있기에, 보수신학과 복음주의 진영의 주요 기독교 상담학자들의 기독교 상담이론을 중심으로 기독교 상담의 과정과 단계를 정리해보고자 한다.

권면적 상담을 주창한 J. E .Adams(1981)는 기독교상담의 과정을 '문제 해결의 과정'이라 부르며, 5가지 단계로 설명한다. 이 단계들은 첫째, 경청(listening)하라, 둘째, 이해(understanding)하라, 셋째, 분석(clarification)하라, 넷째, 권면(comfortation)하라, 다섯째, 해결(habituation)하라 로 간략하게 요약할 수 있다. Adams에게 '문제해결의 과정'은 '옛 습관을 벗어버리고(dehabituation), 새 습관을 입어가는(rehabituation) 재습관화의 과정(골 3:9-10)'이라고 할 수 있다. 내담자의 문제 해결을 위한 상담의 과정 가운데, 내담자의 진정한 회개로 인한 변화가 일어날 때까지 반복되는 상담과 8~12주 정도의 기간이 필요한데, 이는 일반상담에서 이루어지는 단기상담치료의 회기와 비슷한 기간이라고 볼 수 있다. 이를 볼 때 Adams는 일반 심리학 이론과 기법을 적극적으로 수용하거나 활용하지는 않았으나, 상담 과정의 전개나 기간 등의 적용에는 동의하고 있음을 알 수 있다. Adams(1981)는 기독교 상담에서는 성경 외의 그 어떤 것도 내담자에게 도움이 될 수 없을 뿐 아니라, 사용해서도 안 된다고 주장한다. 그러나 전체 상담의 회기와 전개 등을 위해서는 심리학의 다양한 과정과 기법 등을 활용하여 제시하고 있는 것을 볼 수 있다.

J. E. Adams가 권면적 상담의 연구와 실천을 위해 세운 기관인 CCEF(Christian Counseling and Education Foundation)의 후학들인 D. Powlison, E. Welch, P. Tripp 등은 권면적 상담을 성경적 상담으로 이름을 바꾸고, 현재까지 성경적 상담(Biblical Counseling)의 연구와 실천 및 보급에 힘쓰고 있다. 이들 중 Tripp은 성경적 상담의 과정을 사랑하라(Love) - 알라(Know) - 말하라(Speak) - 행하라(Do) 등 4개의 단어로 간략히 요약, 설명하고 있으며, 황규명은 이 과정의 핵심적인 내용들을 풀어서 성경적 상담의 구체적인 과정을 관계형성과 격려 - 자료수집과 분석 - 성경적 직면 - 변화를 위한 지원 등의 단계로 설명하고 있다(황규명, 2008). D. Powlison(2009)은 내담자의 변화와 통찰을 위하여 현미경 질문 등과 같은 적절한 질문법을 활용하였으며, CCEF의 다른 상담자들도 내담자 문제 이해 및 진단을 위해서는 심리학과 정신의학의 이론과 정보를 참고로 활용하고 있음을 볼 수 있다.

L. J. Crabb(1982)은 Adams보다 먼저 성경적 상담이라는 용어를 먼저 사용했던 기독교 심리학자로서, 기독교 상담의 과정을 7단계 모델로 설명하고 있다. 1단계, 문제 감정들을 확인하라, 2단계, 문제 행동들을 확인하라, 3단계, 문제 사고를 확인하라, 성경적인 가르침을 거쳐 4단계, 성경적 사고를 명백히 하라, 5단계, 안전한 결단, 6단계, 성경적 행동을 계획하고 수행하라, 7단계, 영적으로 조절된 감정을 확인하라. 변화와 성숙을 상담의 목표로 하는 Crabb의 7단계 모델은 전인적 인간이해에 기초하여 만들어진 모델이며, REBT 등과 같은 인지-정서-행동의 전인적 변화를 도모하는 일반 심리학 이론들과의

통합의 가능성이 가장 높은 상담과정이라 생각되어진다. 기독교 심리학자인 Crabb는 심리학 이론과 지식을 인간 이해와 문제 통찰을 위해 활용하였으며, 다양한 상담 및 심리치료의 이론 및 기법을 적절하게 통합하여 활용해야 함을 주장하였다.

G. R. Collins(1990)는 내담자의 문제를 해결하기 위한 상담의 과정을 다음과 같이 제시하며, 이 과정을 통하여 상담자와 내담자가 함께 문제의 효과적인 해결책을 모색해 가야 한다고 주장한다. 첫째, 관계 설정에 신경을 씀으로 시작하라, 둘째, 주의깊게 경청하라, 셋째, 조심스럽게 관찰하라, 넷째, 침묵을 두려워 말라, 다섯째, 지혜롭게 질문하라, 여섯째, 반응하는 법을 배우라, 일곱째, 영적인 자원을 활용하라, 여덟째, 긍정적으로 끝맺음하라. Collins는 상담의 과정을 체계적, 단계적으로 설명하고 있다기보다는 상담 실제에 있어서의 실천적 지침을 제시하고 있는 것으로 보여진다. 이는 콜린스가 일반 상담이론과의 통합에 대해 상당히 열린 관점을 가지고 있기 때문에, 특별한 상담과정을 제안하기보다는 수용할 수 있는 일반적인 상담의 과정 가운데 기독교 상담자로서 적용해야 할 주요 지침을 강조하고 있다고 볼 수 있다. Collins는 자신의 Rebuilding model을 설명하면서 기독교와 심리학 영역의 각각의 주요한 이론적 개념들을 풀어서 하나님과 인간 이해에 대한 2가지 기초(계시, 이성)를 토대로 6가지 통합의 기준들(확장된 경험주의, 결정론과 자유의지, 성경 절대주의, 수정된 환원주의, 기독교 초자연주의, 성경적 인류학 등)을 확립해가야 함을 주장하였다. 아울러 심리학의 이론과 기법들을 기독교적 관점에서 적절하게 통합하여 사용할 수 있음을 역설하였다.

W. Kirwan(2007)은 첫째, 소속감의 전달: 내담자가 상담자와 하나님을 신뢰하게 되는 단계, 둘째, 건덕의 단계: 문제에 대한 통찰을 얻고 해결하도록 돕는 과정, 셋째, 섬김의 단계: 개인행동과 노선의 변화를 통해 내담자가 하나님과 타인을 섬기게 되는 단계 등과 같은 세 단계의 기독교 상담과정을 제시

하였으며, 기독교와 심리학의 통합을 지향하고 실천하였다.

3.2. 기독교 상담과정의 통합적 특징

이상에서 주요한 기독교 상담학자들의 기독교 상담과정에 관해 간략하게 요약, 정리해서 살펴보았는데, 여기에서는 비록 소수이기는 하지만, 보수신학과 복음주의 진영의 주요 학자들이 제시하고 있는 기독교 상담이론의 상담과정과 단계의 특징을 분석하고 정리해 보고자 한다.

첫째, 기독교 상담의 과정은 상담의 초기-중기-말기로 이어지는 시간의 흐름을 중심으로 기독교 상담자가 구체적으로 실천해야 하는 주요 상담 활동을 요약하여 단계를 제시하고 있다. Adams(1981)가 제시하는 경청-이해-분석-권면-해결의 단계와 CCEF(황규명, 2008)의 Love-Know-Speak-Do의 단계는 상담의 초기부터 말기까지의 진행을 염두에 두고 제시된 요약된 상담의 과정이라 하겠다. Adams(1981)는 기독교 상담의 회기를 8~12주의 일반 상담에서의 단기상담회기를 그대로 사용하고 있는데, 이러한 접근은 일반 상담의 과정과 회기와도 그 흐름을 같이 하고 있는 것으로써, 기독교 상담의 통합적 접근에 중요한 틀로서의 역할을 할 수 있을 것으로 생각된다.

둘째, 기독교 상담의 과정은 하나의 축약된 이미지로 제시하고 있는데, 이를 통해 기독교 상담의 과정이 기독교 상담의 주요 개념과 목표를 중심으로 구성되어지고 있음을 볼 수 있다. Adams(1981)는 내담자 문제해결의 과정을 '재습관화(rehabituation)의 과정'으로 표현하였는데, 이는 권면적 상담이론의 내용 중 상담이 필요한 내담자는 '문제'를 가지고 있으며, 이 문제의 배후에는 '죄'가 있다는 전제를 떠올리게 해준다. 아울러 상담의 과정을 '옛 습관을 벗어버리고 새 습관을 입어가는 과정'으로 설명하고 있는 것은 하나의 축약된 이미지를 통해 기독교 상담의 목표와 과정을 한 번에 이해할 수 있도록 도와주는 것이라고 이해되어진다. Crabb(1982)도 변화와 성숙을 상담의 목표로 하는 7stage 모델을 통해 4단계(성경적 사고를 명백히 하라)를 중심으로 1,2,3단계를 전이(move over, 변화)의 과정으로, 5,6,7단계를 상승(move up, 성숙)의 과정으로 이미지화하여 설명하고 있다.

셋째, 기독교 상담의 과정은 전인적 인간이해를 기초로 구성함으로써, 내담자의 변화와 성숙이 어떠한 방향으로 이루어져야 하는지 명백히 보여주고 있다. Crabb(1992)은 7단계 상담 모델을 통해 내담자의 문제가 되는 감정, 행동, 사고가 성경의 가르침으로 성경적 사고가 확립되고, 안전한 결단을 통해 성경적인 행동과 감정으로 변화되는 전인적 변화와 성숙의 단계를 보여주고 있다. 이러한 접근은 일반 상담이론 중 전인적 접근이라고 할 수 있는 REBT와 매우 비슷한 접근으로 이해되어지지만, 가장 표면에 드러난 부분을 행동이 아니라 감정으로 보고 있다는 점과 변화의 가장 중요한 관건을 성경의 가르침을 통한 성경적 사고를 분명히 함으로써 보다 안전한 결단을 통한 성경적 행동과 감정이 내담자의 삶 가운데 드러나도록 한다는 것에 두고 있다는 점에서 REBT와의 명백한 차이를 보이고 있다.

넷째, 기독교 상담의 과정에는 일반 상담의 과정에서는 관심을 가지지 않는 기독교적인 개념이나 요소들이 포함되어져 있음을 볼 수 있다. Adams(1981)의 상담과정에서의 권면이라는 요소와 CCEF의 'Speak'의 개념은 일반 상담에서의 '직면'과 비슷하게 보이지만, 인간의 말이 아닌 하나님의 말씀으로 권면해야 한다는 점에서 명백한 차이를 보이고 있다. Crabb(1992)이 말하는 상담의 목표 또한 내담자의 문제의 해결이나 문제 감정, 행동, 사고의 변화에만 그치는 것이 아니라, 성경적인 사고, 행동, 감정이 드러나도록 한다는 점에서 근본적인 변화와 성숙의 방향이 다르다고 할 수 있다. 아울러 Collins(1990)가 기독교 상담과정에서 구체적인 지침으로 제시하고 있는 것 중에 '영적인 자원 활용'이 있는데, 이는 기독교의 전통적인 신앙자원과 기독교 공동체의 다양한 자원들을 활용할 수 있다는 점에서 기독교 상담의 독특성을 명확하게 드러내주는 접근이라 할 것이다.

이와 같이 기독교 상담의 과정은 일반상담의 과정과 매우 유사한 접근, 유사하지만 다른 접근, 전혀 다른 접근 등과 같은 세 가지 특징을 가지고 이루어지고 있으므로(안경승, 2016), 기독교 상담자는 기독교 세계관에 입각한 영적 분별력과 이론분석능력, 상담실행능력 등을 갖추기 위해 꾸준히 노력해야 할 것이다.

3.3. 기독교 상담기법의 통합적 특징

기독교 상담의 통합적 접근에 대한 이해를 기초로, 그 결과 도출된 기독교 상담의 통합 원리를 8가지로 제시했으며, 대표적인 기독교 상담이론에서 제시하고 있는 기독교 상담의 과정과 특징을 정리해 보았다. 여기에서는 이러한 작업을 기초로 기독교 상담의 실제 임상 장면에서 활용할 수 있는 기독교 상담기법의 통합적 특징에 대해 살펴보기로 하겠다. 이러한 통합적 특징의 가장 중요한 준거는 기독교 세계관이라 할 수 있는데, 기독교 세계관을 렌즈로 삼아서 상담기법을 분석하기 위해서는 기독교 상담자의 영적 분별력과 비판적 판단능력이 매우 중요하다고 아니할 수 없을 것이다.

첫째, 일반 상담 현장에서 이미 개발되어 사용되어지고 있는 상담 및 심리치료의 기법 가운데 상담의 과정과 단계(초기-중기-말기)를 운영함에 있어 꼭 필요한 기법(주의집중, 경청, 공감, 자기노출, 직면, 즉시성, 진실성, 요약, 명료화 등)이나 초기면접 기술 및 검사도구(초기면접질문지, SCT 등)는 일반 상담과 충분히 공유할 수 있을 것이다. 그리고 기독교적인 관점에서 거부해야 할 이유나 명분이 성립되지 않는 상담기법(질문기법, 과제 등)은 적절하게 수용하여 사용할 수 있다. 예를 들면, Carlkuff(이형득 외 공역, 1987)의 상담기법이나 Prochaska 등(1984)의 변화모델 등은 어떤 이론이나 접근에도 대체로 무리없이 적용될 수 있다는 특징이 있으며, 심리검사 도구(성격검사, 투사검사, 진로검사, 부부검사 등) 등의 경우, 이론적 배경이나 검사도구의 특성 상 성경적 기준에 위배되지 않는다면 기독교 상담에 통합적으로 활용할 수 있을 것이다.

둘째, 이미 개발되어 사용되어지고 있는 상담 및 심리치료의 기법 가운데 아무리 인기가 있으나 효과가 있는 도구와 기법이라 할지라도, 성경적 기준 에 입각한 검증의 절차없이 아무 도구나 기법을 무분별하게 받아들일 수는 없다. 먼저, 기독교적인 관점에서 수용할 수 있는 것인지 질문하고, 다음으로, 임상 실제에서 문제를 야기할 가능성이 있는지에 대해 충분히 검증된 것인지 를 질문하고, 아울러, 상담윤리(사회적, 도덕적, 성적 등)에 위배되는 결과를 초래할 수 있는지 질문하여야 하는데, 이러한 질문에 부정적인 결과가 나온 도구나 기법은 수용해서 사용할 수 없다. 예를 들어 초월심리적 관점에서 개 발되어진 검사도구(예: 타로카드 등) 또는 상담기법(예: 전생최면 등) 등과 같 은 것은 기독교 상담에서는 결코 수용할 수 없는 도구이며 기법들이라 하겠 다. 기독교 상담자가 상담도구 및 기법의 특성을 정확하게 파악하고 있어야 이러한 도구나 기법의 영향이나 폐해를 막을 수 있으며, 내담자들의 피해를 예방할 수 있을 것이다.

셋째, 기독교 상담의 임상 실제에서만 적용할 수 있는 상담기법을 효과적 으로 사용할 수 있어야 한다. 성경, 기도, 찬양, 예배, 심방, 성찬, 성례 등과 같 은 기독교의 전통자원들과 신앙서적, 묵상의 도구와 방법들, 신앙 글쓰기 등 과 같은 방법들은 기독교 상담에서만 활용할 수 있는 고유한 자원이라고 할 수 있으므로, 영적 자부심을 가지고 적극적으로 활용할 필요가 있다. 일반 상 담이나 심리치료 장면에서는 수용되기 어려운 접근이겠지만, 영혼의 치유자 이신 하나님의 도우심을 경험하고 영적 변화를 체험하는 과정 가운데에서의 영적 자원의 활용은 기독교 상담에서는 충분히 의미있는 접근이라 할 수 있 다. 아울러 성경 말씀의 효과적인 활용을 위하여 기독교 상담자들은 체계적인 성경공부와 말씀훈련을 통하여 내담자에게 도움을 줄 수 있는 말씀의 적용에 대한 충분한 준비를 하도록 노력해야 할 것이다.

넷째, 기독교 상담의 임상 현장 가운데 효과적으로 적용할 수 있는 상담도구 또는 기법의 개발 및 활용이 필요하다. 예를 들면, 통찰적 질문 리스트라고 할 수 있는 CCEF의 엑스레이 질문(Powlison, 2009)등과 같이 신앙적 또는 영적 주제에 관해 탐색하기 위해 개발된 심리검사 척도 및 도구의 개발과 활용, 미술치료나 독서치료, 음악치료, 놀이치료, 인지행동치료 등에서 다양하게 개발되어진 기독교적인 치료적 기법 등의 개발과 활용이 가능하리라 생각되어진다. 이미 다양한 척도나 검사도구(기독교 양육척도, 신앙성숙 척도, 영적 안녕 척도 등)이 등이 개발되어 사용되고 있을 뿐 아니라, 앞으로 더욱 이론적이며 실제적으로 기독교 상담이론을 잘 적용할 수 있는 도구나 기법의 개발 및 활용이 발전적으로 이루어 질 수 있을 것으로 기대해 본다.

다섯째, 기독교 상담을 수행하는 기독교 상담자를 위한 다양한 상담기법의 활용과 훈련기법의 개발이 필요하다(이관직, 2010). 일반 상담 및 심리치료 영역에서의 상담자의 자기분석이나 상담사례 수퍼비젼 등을 통해 인간적 자질과 전문적 자질을 다듬어 갈 수 있는 기회를 가질 수 있겠지만, 기독교 상담의 통로이며 도구요, 인도자이며 조력자로서의 기독교 상담자는 자신의 내적 변화와 성숙을 위한 성경적인 자기관리 및 훈련방법을 가지고 적용할 수 있어야 함과 동시에, 효과적인 상담자로서의 조력기술에 대한 체계적인 훈련과 상담실습, 수퍼비젼 등이 반드시 필요하다. 아울러 기독교 상담자는 영적 자질의 성장을 위해 건전한 신앙과 생활을 확립해 가야 할 뿐 아니라, 학문적, 실제적, 개인적 통합을 이루어 갈 수 있도록 노력해야 할 것이다.

4. 나가며

기독교 상담학은 독자적인 상담이론과 상담과정(모델) 그리고 상담기법을 가지고 있느냐고 질문하는 사람들은 기독교 상담학에 대해 기독교인 상담자들이 하는 상담, 또는 기독교인들을 대상으로 하는 상담, 그리고 교회에서 하는 상담 등으로 인식하고 판단하고 있는 경향이 있음을 볼 수 있다. 또한, 기독교 상담학은 이론적 접근은 강하지만, 실제적 접근은 매우 약하다고 말하는 사람들은 기독교 상담학이 그리스도인들의 다양한 문제를 효과적으로 상담해주기에는 너무 신앙중심의 사변적이고 원론적인 접근을 하는 것이 아닌가 하는 의문과 우려를 가지고 있음을 보게 된다. 그러다 보니 많은 기독교 상담자들이 일반 상담 및 심리치료 영역의 이론들과 실제 기법에 매료되어 기독교 상담자로서의 정체성도 잊어버리고, 기독교 상담학에 대한 무력감과 상대적 열등감에 젖어들기도 하며, 기독교 상담자가 오히려 기독교 상담학을 먼저 평가절하하여 기독교 상담적 접근을 하려는 노력을 게을리 하고 있는 것은 아닌가 하는 우려를 때때로 갖게 되기도 된다.

심리학의 역사에 비해 기독교 상담학의 역사는 상대적으로 짧다. 수용의 역사만 해도 1920년대 임상목회교육부터 약 100년 남짓이며, 본격적인 기독교상담의 역사라고 할 수 있는 통합의 역사는 Kunkel이 통합이라는 용어를 제일 먼저 사용한 이래(Vande Kemp, 1996), 이제 70여년의 역사를 가지고 있다. 통합의 단계로 보면, 1980대 이후부터 통합의 실제적인 단계로 접어들어 '학문 간의 통합', 즉 신학과 심리학의 통합에 대한 논의가 보다 활발하게 이루어지고 있는 지금이 본격적으로 구체적이며 실제적인 통합에 대해 연구하며 발전해 가야 할 시기라고 할 수 있을 것이다(McMinn & Campbell, 2016).

기독교와 심리학을 건설적으로 통합하는 데에는 필요한 두 단계(Jones &

Butman. 2009), 즉, 심리학의 수용할 수 있는 부분을 찾아 대화하는 '비평적 평가 단계'와, 기독교와 심리학의 장점을 종합하여 새로운 이론을 개발하고자 하는 '이론 구축 단계'는 이미 진행 중이며, 이제는 구체적이며 실제적인 통합에 대한 연구와 노력을 이루어가야 하는 시대이다. 다원화되고 있는 사회 가운데 일반 심리학의 영역에서도 자신의 심리학 이론과 접근만을 고집하지 않고 통합적인 접근을 시도하고 있는 움직임이 활발히 이루어지고 있음을 볼 수 있다(Jones & Butman. 1991; McMinn & Campbell, 2016; Marquis, 2011; Welfel & Patterson, 2009).따라서 이 시대에 기독교 상담학은 기독교와 심리학의 이론의 통합(학문적 통합), 임상 현장에서의 보다 구체적이며 실제적인 과정과 기법(실제적 통합), 상담자 개인의 지식과 기술과 신앙과 삶의 통합(개인적 통합), 기독교 상담의 독특하며 고유한 내용 및 주제에 대한 연구 개발 및 통합(내용적 통합)을 위해 보다 적극적으로 노력해 가야 할 과제를 수행하기 위해 노력해가야 할 것이다.

참고문헌

강연정(2019). 기독교상담의 통합적 원리와 특징. 복음과 상담 27(2). 7-33.

김용태(2006). 통합의 관점에서 본 기독교 상담학. 서울: 학지사.

김용태(2013). 종합적이고 통합적 성격의 기독교 상담학: 학문의 구조를 중심으로. 복음과 상담 21. 9-32.

안경승(2016). 기독교 상담과정의 독특성. 복음과 상담 24(2). 221-253.

이관직(2010). 성경적 수퍼비전. 서울: 대서.

이형득 외(1987). 조력기술훈련의 실제. 서울: 형설출판사.

전요섭(2007). 기독교상담과 신앙. 서울: 좋은나무.

전형준(2014). 기독교상담의 통합모델에 관한 성경적 상담학적 조명. 복음과 상담 22(1). 256-289.

정정숙(1994). 기독교상담학. 서울: 베다니.

황규명(2008). 성경적 상담의 원리와 방법. 서울: 바이블 리더스.

Adams, J. E.(1981). 목회상담학(정정숙 역. Competent to Counsel). 서울: 총신대학 출판부. (원전 1970 출판).

Adams, J. E.(1992). 상담학개론(정정숙 역. The Christian Counselors's Manual). 서울: 베다니. (원전 1970 출판).

Bouma-Prediger, S.(1990). The Task of Integration : A Modest Proposal. Journal of Psychology and Theology 18. 21-31.

Carter, J. D. & Narramore, B.(1979). The Integration of Psychology and Theology : An Introduction. Grand Rapids: Academic Books, Zondervan Publishing House.

Collins, G. R.(1981). Psychology & Theology: Prospects For integration. Nashville: Abingdon.

Collins, G. R.(1983). 훌륭한 상담자(정동섭 역. How To Be A People Helper). 서울: 생명의 말씀사. (원전 1976 출판).

Collins, G. R.(1990). 효과적인 상담(정동섭 역. Effective Counseling). 서울: 두란노. (원전 1972 출판).

Crabb, L. J.(1982). 성경적 상담학(정정숙 역. Effective Biblical Counseling). 서울: 총신대학 출판부. (원전 1977 출판).

Farnsworth, K. E. (1982). The conduct of integration. Journal of Psychology and Theology 10. 308-319.

Hurding, R. F(1985). The Tree of Healing : Psychological and Biblical Foundations for Counseling and Pastoral Care. Grand Rapids: Zondervan Publishing House, Ministry Resources Library.

Jones, S. L. & Buttman, R. E.(2009). 현대 심리치료와 기독교적 평가(이관직 역. A Comprehensive Christian Appraisal). 서울: 대서. (원전 1991 출판).

Kirwan, W. T.(1984). Biblical Concepts for Christian Counseling : A Case for Integrating Psychology and Theology. Grand Rapids: Baker Book House.

Marquis, A.(2011). 통합심리치료(문일경 역. The Integral Intake). 서울: 학지사. (원전 2008 출판).

McMInn, M. R., & Campbell C. D.(2016). 통합적 심리치료(전형준, 남병철 역. Integrative Psychotherapy: Toward a Comprehensive Christian Approach) 서울: CLC. (원

전 2007 출판).

Moon, G. W.(1997). Training tomorrow's investigators in today's busy intersection: Better look four ways before crossing. Journal of Psychology and Theology 25. 284-293.

Powlison D.(2009). 성경적 관점으로 본 상담과 사람(김준 역. Seeing With New Eyes : Counseling and The Human Condition Through The Lense of Scripture). 서울: 그리심. (원전 2003 출판).

Prochaska, J. H., & DiClemente, C. C.(1984). The Transtheoretical approach : Crossing Traditional Boundaries of Change. Homewood, IL.: DowJones/Irwin.

Vande Kemp, H.(1996). Historical Perspective: Religion and clinical psychology in America. In E. P. Shafranske (Ed.). Religion and the clinical practice of psychology. 71-112. Washington DC: APA.

Welfel, E. R., & Patterson, L. E.(2009). 상담 과정의 통합적 모델(한재희 역. The Counseling Process: A Multitheoretical Integrative Approach (6th ed.)). 서울: Cengage Learning Korea Ltd. (원전 2005 출판).

제17장

청소년의 신앙정체성 확립을 위한 기독교 상담적 접근의 필요성과 방법

이혜정(고신대학교)

1. 청소년의 현황과 신앙정체성

코로나19를 지나고 4차 산업혁명의 시대를 살아가는 청소년들의 전인적 발달을 위한 기독교계의 각성이 절실한 시기이다. 코로나 이후 교회교육의 변화를 살펴본 2024 기독교 중·고등학생 신앙 의식 조사에 의하면 일반 학령 인구의 경우 2013년 653만 명에서 2022년 527만 명으로 10년 전 대비 19% 감소한 반면, 교회학교 학생은 2013년 34만 명에서 2022년 21만 명으로 10년 새 37% 줄어든 것으로 조사돼 일반 초·중·고등학생 감소율보다 2배가량 더 감소 속도가 빠른 것으로 나타났다. 다음 세대에 대한 관심을 조금이라도 가진 이들이라면 주일학교 내에 학생들의 수가 급속도로 줄어들고 있으며 주일학교 교육에도 많은 어려움이 있다는 것을 알 수 있을 것이다. 더 큰 문제는 청소년들의 신앙심의 약화에 있다. 코로나 이후 기독 청소년의 신앙 수준에 대하여 조사한 바에 의하면 '오히려 신앙이 깊어진 것 같다'의 응답은 16%인 것에 비해 '신앙이 약해진 것 같다'가 40% 응답했고 '코로나 이전과 비슷하다'가 44%로 신앙 약화 현상이 두드러졌다. 교회 출석 청소년들에게 어른이 된 후에도 교회에 계속 다닐 것인지에 대한 질문에도 개신교 청소년 3명 중 1명(34%)은 성인이 되면 교회에 나갈지 여부가 불투명하다(그만 다닐 것 같다 +잘 모르겠다)는 인식을 보여 이들의 불안정한 신앙정체성이 보고되고 있다(목회데이터연구소, 2023). 여기서 신앙정체성이란 하나님과 개인적인 관계에 기초하여 삶에서 생동감 있는 실천으로 예수님의 모범을 따르며, 변하지 않는 굳건한 신앙의 근본적 모습으로 볼 수 있다(오원석, 2019). 마샤는 청소년의 정체성의 상태에 따라 종교적 가치관에 차이를 구분하면서 성공적 정체감을 완수한 청소년은 인생의 길잡이로서 종교를 받아들이고 종교적 가치관을 확립한다고 보았다(장휘숙, 1998, 194). 우리나라 기독교 청소년들의 신앙정체성의 불안정성은 곧 청소년들의 정체감 형성에의 어려움을 보여준다 할 수 있다.

진리에 대한 관심이 줄어들고 신앙정체성이 약한 청소년에게 도움을 주기 위해서는 이들이 자라난 환경을 잘 이해하는 것이 중요하다. 청소년들은 실제로 코로나19와 4차산업혁명으로 인해 이전과는 매우 다른 시대를 살아가고 있다. 특히 유년시절 코로나19를 경험한 오늘날의 청소년들의 경우 아동기에 코로나19 팬데믹으로 인해 소통을 위한 언어 능력과 인지 능력, 집단규칙 준수 등의 사회성의 발달을 위한 환경에 제한을 경험했다. 예를 들어 교회에 나와 예배드리고 찬양팀, 성경공부팀 등의 소그룹에 제약을 받은 것뿐 아니라, 학교생활 영역의 부정적 변화를 경험했으며 반면에 가족과 더 많은 시간을 보내게 되었다(청소년종합실태조사, 2021). 기독교 예전에 따른 예배가 축소될 뿐 아니라 졸업식이나 소풍 등의 친구들과 함께 성취를 축하하고 학급이나 일상 속 공감대를 형성하는 등의 평범한 것이라 생각되었던 자극들이 결핍되었다. 이러한 경험의 결핍 속에서 청소년들은 특히 친구와의 관계 단절을 불안해하고 부모(양육자)는 자녀들의 미디어 사용 증가와 불규칙한 생활습관을 호소하게 되었다(한국청소년상담복지개발원, 2020.5.6.). 청소년들은 인터넷 서핑이나 게임, 컴퓨터, 모바일 사용 등으로 인해 대인관계나 사회성 발달에 부정적 영향을 받았으며(최정락 외, 2020), 우울과 불안으로 인한 도움 요청은 증가했다(한국청소년상담복지개발원, 2020.5.6.). 주위환경에 많은 영향을 받으며 어른으로 성장 중인 청소년은 쉽게 소외되고 고립될 수 있는 코로나19의 영향 속에서 어른세대보다 더 심각한 영향을 받았다(김용훈, 2021). 하나님을 알 수 있는 경험은 줄어들어 가정에서 신앙에 대한 많은 부분을 담당해야 했고, 학습에 대한 스트레스와 더불어 학습의 공백을 경험하는 학생들이 많아졌다. 또한 또래관계의 단절, 새로운 양상으로 나타난 스트레스와 우울의 장기화 등 전반적으로 고립과 무기력감이 일상화되었다(전경숙, 2023).

또 주목할 것으로는 청소년의 인터넷 의존현상이 있다. 2022년 우리나라 10대 청소년의 하루 평균 인터넷 사용 시간은 약 8시간으로, 2019년의 하루 평균 사용 시간인 약 4시간 30분이었던 것에 비해 1.8배나 증가했다(한국언론진흥재단, 2022). 물론 청소년들이 자신과 타인, 사회에 대한 이해의 통로로 온라인매체를 선택한 것이 단지 코로나19 때문만은 아니다. 이는 우리가 4차산업혁명시대의 초연결사회(hyperconnected society)를 살아가고 있기 때문이기도 하다. 곧 과학기술의 급변과 함께 사람과 기계, 산업과 국가 등 지구상의 모든 사람과 사물과 서비스가 상호 연결되어 여러 플랫폼을 기반으로 실제와 사이버공간 상의 결합이 이루어진 사회를 살아가고 있다는 것을 의미한다(최민자, 2020). 환경의 제약을 뛰어넘어 사이버공간을 통한 소통이 이루어지는 디지털 커뮤니케이션이 보편화되고, 그 선두에 청소년들이 있다. 오프라인과 온라인이 항시적으로 항상 연결되는 현상은 청소년들로 하여금 누군가에게 비치는 자신의 모습을 신경 써야 하는 어려움으로 다가왔고 건강한 자기정체성 형성에 위협이 되었다. 남들에게 좋아 보이는 나를 만들어가기 위해 좋은 어플과 필터를 사용하고 타인의 시선을 의식하여 만들어 낸 '가짜 나'에 매달리게 된 것이다. 결국 진정한 관계의 경험을 통한 소속감보다는 거짓 자아와 피상적 소통으로 인한 고립과 단절감을 경험하게 되었다.(Noreena Hertz. 2021, 184~185pg).

한편 청소년 시기는 모방과 학습에 적극적이며 감수성이 예민한 시기로서 무엇을 접하는가가 매우 중요한 시기이다. 그러므로 청소년기는 하나님에 대한 지식을 더해가고 하나님의 눈으로 세상과 자신을 바라보며 건강한 자아정체성을 이루기에 가장 적합한 시기이기도 하지만 흔히 접하게 되는 정보들에 함몰되어 헤매기도 쉬운 시기이다. 청소년기는 생각하고 느낀 것을 행동으로 옮길 수 있는 충동성향이 높으므로 영상매체에 대한 적절한 사용이 중요하다(Kessle et al, 2005). 반면 적절하지 못한 사용, 즉 자극적이고 잠깐이라도 기분을 좋게 만드는 쇼츠, 유투브, 온라인 게임의 유혹, 온라인매체 안에서라도 자신을 증명하고 발견하고자 하는 욕구 등은 자기 통제력을 상실하여 학업과 대인관계, 일상생활에 문제를 일키고 자기정체성이나 신앙정체성을 형성하는데 큰 지장을 준다. 그러므로 청소년들의 미디어 사용에 대한 자기조절 능력, 올바른 콘텐츠를 이용할 수 있는 미디어 리터러시 교육(청소년이슈페이퍼, 2023.5.31.), 하나님을 아는 지식과 이에 근거한 세상정신의 분별 훈련, 그리고 고립감과 우울을 대처하기 위한 기독교상담적 접근 등의 적극적 개입이 요구되는 상황이다. 이를 위해 일반적인 청소년시기에 대한 심리발달적 입장을 이해해보고 청소년들의 신앙정체성 확립을 위한 기독교상담적 방법들을 살펴보도록 하겠다.

2. 청소년기에 대한 이해와 신앙정체성 확립을 위한 기독교상담적 접근의 방향성

청소년기는 1904년 G. Stanley Hall이 "청소년기(adolescence)"라는 개념을 사용한 이래로 급격한 신체변화를 시작하는 11-12세 정도부터 추상적 사고능력과 자아정체감의 형성이 이루어지는 18-20세 경까지로 이야기되어왔으나 길게는 24세까지로 보기도 한다. 우리나라 청소년의 가정·사회·국가·지방자치단체에서 청소년에 대한 권리와 책임을 정하는 청소년기본법의 경우 24세까지 포함하고 있으며(청소년 기본법, 2023), 청소년에게 유해한 매체물과 약물, 유해장소와 행위 등을 규제하는 청소년보호법의 경우 19세 미만으로 두고 있다(청소년보호법, 2022).

청소년기는 성숙의 과정에서 겪는 다양한 혼란을 통합해 가는 시기이다. 신체적으로는 외형적 성장과 함께 호르몬의 발달로 인하여 생식능력을 획득할 수 있으며 아동기와는 달리 여아보다는 남아의 성장이 더 눈에 띈다. 대표적인 2차 성징의 발현으로 남아는 변성기가 오고 근육과 골격이 발달하며 여아의 경우 월경의 시작과 함께 골반이 발달하게 된다. 또한 생물학적 성숙(puberscence)의 과정 속에서 스스로에 대하여 심리적으로 적응하는 기간을 가지게 되는데 보통 심리적 청소년기가 생물학적 기간보다 더 길다. Peter Blos(1962)는 청소년기의 적응체계를 크게 세 단계로 구분하기도 했는데 그 특성에 따라 신앙정체성 확립을 위한 기독교상담적 접근의 방향성을 살펴보면 다음과 같다.

먼저 초기 청소년기(early adolescence)는 생물학적으로는 신체에 많은 발달이 이루어지고 있으나 심리적으로는 많은 준비를 하지 못한 시기로서 신체 이미지가 자아존중감에 중요한 영향을 미치는 시기이다. 이 시기의 청소년들은 성적으로 성숙되어감과 함께 성인과 유사한 충동성을 지니게 되지만 스스로 자신의 사고와 충동성에 대하여 익숙하지 않으므로 혼란을 경험하기 쉽다. 초기 청소년기의 혼란은 '생물학적 성숙'과 '심리적 기대'가 적절히 통합되기 시작하는 과정 중에 있는 것으로서 감정적 어려움이나 삶에 대한 고민이 많은 시기이다. 오늘날의 청소년들은 특히나 기독교적 가치관을 정립하기 어려운 혼돈의 시대를 살아가면서 세상정신에 마음을 빼앗기기 쉽다. 넘쳐나는 자극 속에 더 많은 혼란과 상처받는 청소년들의 어려움을 헤아리고 은혜 안에서 회복을 돕는 기독교상담적 접근은 이 시기의 청소년들이 좋은 마음밭을 가지고 말씀 안에서 자라나 열매 맺는 삶을 살아가기 위하여(마 13:23) 꼭 필요한 작업이라 할 수 있다. 상한 마음을 가진 청소년들이 마음을 회복케 하시는 하나님을 경험하는 과정은 곧 신앙정체성과 직결되므로 청소년들의 마음의 회복을 돕는 것이 신앙정체성 확립을 위한 첫 번째 방향성이라 할 수 있다.

두 번째는 청소년기 본래의 시기(adolescence proper)로서 아동기에 부모(주양육자)에게 집중되었던 심리적 에너지가 친구와 같은 대상 인물들에게로 향하게 되는 시기이다. 정신분석적으로는 어린시절에 대한 향수와 우울증의 경향성이 나타나는 것이 부모로부터의 이별로 인한 것이라고 보기도 한다. 이 시기의 청소년들은 신체적 발달과 더불어 인지사고와 판단의 능력이 급격히 확대된다. 폭넓은 지식을 빠른 시간 내에 축적할 수 있으나 자신과 타인, 사회에 대한 인식, 가치관의 정립 등이 이루어지지 않은 상태이므로 건강한 가치관(성, 직업, 대인관계 등)을 위한 바른 정보제공, 도덕성과 윤리성에 대한 고찰의 기회 제공 등 바른 가르침을 받은 것이 매우 중요하다. 반면, 경제 성장과 포스트모더니즘의 영향으로 물질주의, 성공주의, 개인주의, 쾌락주의 등 청소년들을 혼란스럽게 하는 무분별한 사회적 분위기에 휩쓸릴 경우 개인과 가정, 사회적으로 문제가 될 수 있다. 사회에 적응하지 못하고 삶의 만족도가 낮은 청소년들은 쉽게 일탈행동과 비행으로 연결된다(김다희, 2016). 그러므로 이 시기에 또래 신앙공동체 안에서 함께 기독교적 세계관을 습득하고, 하나님 안에서 자신의 마음을 지키는(잠4:23) 훈련이 지속되어야 한다. 마음을 지키는 것은 자신의 신앙정체성, 즉 자신이 예수 그리스도로 인해 흑암의 권세에서 건져낸바 되었으며 이제는 그의 사랑의 아들의 나라로 옮기져서(골1:13) 속량, 곧 죄사함을 얻은 존재(골1:14)라는 복음의 기쁜 소식을 마음에서 분명히 아는 것에서부터 시작된다. 이를 위해 청소년들에게 복음을 풍성히 이해하고 성경을 많이 알 수 있도록 도우며, 배운 것을 내면화할 수 있도록 인도하여 신앙정체성의 확립을 도울 수 있다. 그러므로 복음의 풍성한 이해와 내면화를 통해 신앙정체성 확립을 돕는 것이 두 번째 방향성이라 할 수 있다.

세 번째는 청소년 후기(late adolecence)로서 이 시기의 청소년은 신체와 심리적 발달에 통합을 이루어 낸다고 본다. 에릭슨도 후기 청소년기에는 자신의 과거와 현재를 연결하여 느끼는 안정감과 자신과 타인, 사회에 대한 일관성이 중요하다고 언급하고 있다. 이 시기는 개인의 독특한 가치와 정서와 지적 능력을 토대로 타인과 경험을 나누는 과정을 통해 청소년기의 자아 중심성이 줄어들고 자신과 타인에 대한 균형된 관점을 정립해 나가는 시기이다. 또한 이 시기에는 직업 선택을 통해 단순한 생계 수단을 넘어서서 타인에게 자신을 확인받는 시기이기도 하다. 즉 청소년 후기에는 자신에 대한 관심에서 벗어나 타인과의 친밀함, 이성과의 관계성, 직업정체성 등을 형성하는데 주력하게 된다. 그러므로 타인과의 의사소통을 돕는 기독교상담적 접근, 올바른 이성관계에 대한 가이드, 그리고 하나님이 주신 소명의 관점에 근거한 천직과 직업의식에 대한 이해 등 이 시기에 중요한 삶의 주제들을 구체적으로 다루어주는 것이 중요하다. 또한 자신이 속한 공동체의 정체성이 자신의 것으로 동화되고 그 안에서 자신의 중요성을 확인해 가는 시기인 만큼 기독교 공동체 안에서 함께 창의적인 기독교문화를 만들어가는 것이 중요하다.

이러한 창의성은 4차 산업혁명시기의 다양한 문화를 기독교적 세계관으로 분별하고 파악하는 것에서부터 시작될 수 있다. 어른 수준의 신앙적 사고가 점점 가능해져가는 청소년시기에 알맞은 신앙적 양육을 접하게 되면 기독교 신앙이 추상적 사고의 패러다임에 맞게 다시 바로 세워지면서 자신감에 이르고, 또 기독교 세계관을 확립하게 됨으로써 교회의 책임있는 구성원이 되어 헌신적 생활에까지 이르게 도울 수 있다(조성국, 2002). 그러므로 이 시기에는 우정과 사랑, 직장과 일상생활에서 창의적 기독교문화관을 세워나가도록 다양한 경험과 교육, 기독교상담 프로그램 등 알맞은 신앙적 양육을 제공하는 것이 필요하다. 그러므로 기독교 청소년들의 신앙정체성 확립을 위한 세 번째 방향성은 세상문화에의 분별과 기독교문화의 창출을 돕는 것이라 할 수 있다.

이와 같이 청소년의 발달과 그 특성에 따라 복음에 의거한 양육, 마음의 회복을 돕는 양육, 세상의 문화를 분별하여 함께 창의적인 기독교문화를 만들어가는 양육의 방향성이 실천되어 진다면 기독교 청소년들의 생활 전반에 큰 차이를 가져올 수 있으며 신앙정체성 확립에도 도움이 될 수 있을 것이다.

3. 청소년의 심리발달에 대한 이해와 신앙정체성 확립을 위한 기독교상담적 접근 전략

발달이론은 유전과 환경의 영향, 특성의 연속성과 비연속성, 개인의 기질과 개인차 연구 등 매우 다양하다. 그 중 프로이드의 심리성적 발달이론과 피아제의 인지발달단계론, 에릭슨의 심리사회적 발달단계론을 통해 청소년기의 특성을 살펴보고 각 특성에 따라 신앙정체성 확립을 돕는 기독교상담적 전략들을 간략히 제시하고자 한다.

3.1. 정신분석학적 입장과 기독교상담적 접근

정신분석학적 입장에서 청소년기는 급격한 신체적 성장에 의한 성적 욕구의 변화가 급격히 일어나는 시기이다. 프로이드와 그의 추정자들은 외디푸스 콤플렉스를 마감하는 잠재기 동안에 억압된 성적 충동이 더 이상 부정될 수 없어 무의식적 금지와 격렬하게 충동하는 때로 보았다. 앤 프로이드도 청소년기의 특성으로 사춘기의 성적 에너지가 충동적인 것, 좌절에 대한 인내심이 부족한 것, 자기규제에 대한 계속적인 요구를 하는 것을 특징으로 보았다. 또한 청소년기는 성적본능의 합리성을 완강히 거부하는 자아(Ego)의 활동으로 인하여 금욕주의나 주지화 등의 방어기제를 무의식적으로 사용하게 되고 자신의 욕망이나 의도와는 정반대되는 행동을 보이기도 하는데 예를 들면 성적 욕망을 미술, 음악, 사랑, 우정 등으로 표현하기도 한다고 보았다(윤진, 1993). 그러나 기독교상담적 입장에서 청소년기를 단순히 욕구로 인한 정서적 충동으로 격동하는 시기만으로 보기는 어렵다.

실제로 청소년기는 빠른 속도의 시냅스 연결의 증가(아동과 성인기의 경우 2%의 증가를 보인다면 청소년기는 15% 정도의 증가율을 보인다)와 단기 기억력의 증가(30% 신장)가 이루어지는 시기이다. 고차원적 기능을 담당할 수 있도록 뇌의 전체가 십대 초반부터 만 24세 정도까지 재구성하는 과정(Rakic et al, 1994:237-238)이라는 견해도 있다. 즉 감정의 조절이나 행동을 제어하여 생존을 위한 반응을 일으키는 변연계는 청소년기에 완공의 단계에 이르는 반면 자신을 인지하고 자기 행동을 계획하며 외부의 정보를 통합하고 감정과 욕구를 제어하는 전두엽은 후기 청소년기까지 지속적으로 발달해 나간다는 것이다(정탁준, 2023). 그러므로 이 시기에 욕구에 대한 충동성은 깊은 사고를 관장하는 전두엽의 발달 정도에 따라 다를 수 있다. 전두엽이 급격히 발달해 나가는 청소년의 시기인 만큼 예배와 기도를 통해 바르고 깊은 사고를 발전시켜 나가며 살아계신 하나님과의 관계를 경험하는 것이 얼마나 중요한지도 유추할 수 있다. 그러므로 이 시기의 청소년들이 가지고 있을 충동성과 미완의 과정에서 겪을 수 있는 스트레스와 갈등을 이해해주고, 욕구의 만족에만 집착하는 것이 아니라 하나님을 기쁘시게 하는 삶으로 마음과 뜻을 확장시켜주는 접근이 제공되어야 한다. 즉 하나님의 자비하심을 따라 자신의 몸을 하나님이 기뻐하시는 거룩한 산 제물로 드리는 영적 예배(롬12:1)로의 안내가 이루어지도록 도와야 하는 시기임을 알 수 있다.

또한 청소년들의 미성숙함에서 오는 죄책감을 다루어주는 것이 필요하다. 프로이드는 죄책감을 금지된 욕구인 근친상간과 존속살해의 두 가지에서 오는 억압과 관련하여 설명할 뿐 이에 대한 책임이나 죄 그 자체에 대하여 다루지 못하고 있다. 종교를 부인하고 자연과학으로 인간 존재의 모든 측면을 결정하고자 하는 폐쇄적 사고체계 안에서 사람을 이해하고자 하기 때문에 생명체 안에 존재하는 모든 것을 창조하시고, 놀라운 능력과 사랑으로 우주를 지탱하시는 창조주 하나님을 믿는 기독교의 입장과 다르다는 것을 알 수 있다(Hurding, 1986, 84~86). 기독교상담의 입장에서 죄에 대하여 다루기 위해서는 성경을 살펴보아야 한다. 성경은 '모든 사람이 죄를 범하므로 하나님의 영광에 이르지 못한다는 사실(롬3:23)'을 명확히 이야기하고 있으며 '만일 우리가 여호와의 율법 중 하나라도 그릇 범하면…(레4:13-14, 22-24, 27-28)' 객관적으로 죄가 있는 것임을 분명히 하고 있다. 그러므로 인간의 객관적 죄는 하나님의 의(義) 안에서 분명하게 다루어져야 한다. 죄는 회개와 용서와 보상(출21:18-19, 출22:1-4)의 과정을 거쳐 다루어지며, 본질적으로는 오직 예수님의 권능에 의거함으로 죄를 정복할 수 있다. 육신의 연약함(롬8:3)으로 말미암아 할 수 없는 것을 이루시는 하나님의 구속의 은혜를 믿는 믿음을 통해(고전 10:13) 생명과 평안의 길(롬8:3)을 걷게 되는 것이다(Kinzer, 1988).

한편, 청소년기에 낮은자존감에 의해 자기정죄와 자기혐오에 쌓여 자신의 본질적 가치에 의심을 가지거나 도덕적으로 무가치하다고 여기는 삶의 태도는 분리하여 다루어야 한다. 성경은 그리스도 안에 있는 자들이 얻게 된 새로운 창조물로서의 삶(고후5:17)을 누리라고 권하고, 구원받은 우리에게 양심은 죄 있다고 증언할 것이 아니라 결백하다고 선포해야 함을 알려주고 있다(고전4:1-5). 곧 주님만이 '어두움에 감추인 것들'과 '마음의 뜻'을 알고 계시며 오직 우리는 믿음과 깨끗한 양심(딤전 1:18-19)을 가지고 살도록 애쓰면서 스스로를 판단하고 자책할 것이 아니라는 것, 그리고 최종판결은 오직 하나님께만 속해 있다는 것을 알아야 한다(Kinzer, 1988). 왜곡된 자기비하와 혐오에 근거한 자기정죄의 문제는 정신분석에서 사용되는 직면(confrontation)을 통한 문제에의 도전이나, 해석(interpretaion)을 통한 문제에 대한 설명의 제공이나, 재구조화(reconstrucion)을 통해 과거의 사건을 현재의 관점으로 설명하는 방식 등의 도움을 받는 것도 가능하다. 가장 중요한 것은 청소년들이 이 시기의 심리적 격동이나 죄책감, 혹은 자기비하의 문제가 있을 때마다 '우리가 죄를 자백하면 저는 미쁘시고 의로우사 우리 죄를 사하시며 모든 불의에서 우리를 깨끗게 하실 것이요(요1:8-9)'의 은혜의 말씀을 믿고 아버지되신 하나님께 달려나가 예배하는 자로 살아가도록 양육하는 것이다.

3.2. 피아제의 인지발달단계론과 기독교 상담적 접근

피아제의 인지발달이론에서는 청소년기를 형식적 조작기(formal operational stage)로서 아동의 지적 발달에 최종적으로 나타나는 중요한 시기로 보았다. 이 시기의 아동의 사고는 실제만 인식하는 것에서부터 나아가 가능성의 세계, 상상의 것을 다루는 것까지 발달하게 된다. 적절한 가설을 세우고 검증을 계획하며 수행하는 정신적 조작이 가능하다는 것이다. 예를 들어 추론능력을 사용하여 현실지향적 사고에서 가능성 지향적 사고로 발전하게 될 수 있으며 이를 통해 실세계에 다양한 가능성을 상상하고 생성해 내어 독창적이고 창의적 발명을 하기도 한다. 또한 현상을 파악하기 위하여 부분적 분석에 몰입되던 것에서 가능성과 가설의 검증을 통한 조합적 분석능력에 이르게 된다. 청소년기는 자신의 경험을 순서화, 규칙화, 개념화하는 과정에서 개념규칙체계(recursive conseptual rule system)를 정립하며 이는 다시 청소년의 논리적이고 체계적 사고에 영향을 준다. 환경이 아동의 스키마에 동화(assimilate)되는 과정과 아동의 스키마가 다시 환경의 여러 측면에 순응(accommadate)하는 순환적 인지발달과 정보처리의 과정을 지나게 되는 것이다. 이러한 과정을 지나면서 현재와 실재에 근거한 아동의 정보처리능력은 보다 크고 우수한 청크인 정신적 성장으로 이어지며 이는 메타인지(metacognition) 발달의 근거가 된다. 이러한 발전과정 속에서 자신만의 일관성 있는 논리로 종교, 정치, 도덕, 교육에 대한 자신의 믿음을 점검하는 시기인 것이다(곽금주, 1993, 40~43). 실제로 급격한 인지적 발달은 청소년기야말로 종교적 회심이 가장 명확히 일어날 수 있는 시기이며 가장 회심이 많이 이루어지는 시기(Starbuck, 1899; Danald. F. W & William L, H, 2017, 70pg)라는 것과 연관성이 있다. 아동기와 달리 추상적인 신앙의 개념을 다룰 수 있으면서 '하나님이 나와 함께 계신다는 것을 느끼는가?', '하나님은 당신에게 얼마나 중요한가?' 등의 추상적이고 내면의 마음을 살피는 질문을 통해 영성과 종교적 정체성을 형성하는 데 도움을 줄 수 있다(Danald. F. W & William L, H, 2017, 69pg). 반면 이전에 받아들인 신념이나 믿음에 대하여 비일관성이 발견될 때에는 모든 믿음이 함께 흔들리고 더 공격적 성향을 보이는데 이로 인해 어른에게 격분하거나 도전하면서 논쟁적이고 반항하기 쉬운 청소년기의 특성이 드러나게 된다. 그러나 이러한 회의감이나 공격적 성향을 단순히 신앙이 약해지거나 상실되는 신호로 볼 것이 아니라 익숙한 믿음의 습관에서 진정한 영적 신앙의 형태로 옮겨가는 과정이자 개인적 신앙의 경험이 생기는 과정임을 이해하고 접근하는 태도가 매우 중요하다(Danald. F. W & William L, H, 2017, 70pg).

이 시기에 드러나는 또 하나의 특성으로는 '자아중심성'이 있다. 이는 '상상 속의 청중'과 '개인적 우화'라는 두 가지 특성으로 구분된다. 청소년기에는 자기에 대한 관심이 더욱 깊어지며, 이때 자신의 정신적 관심사와 타인의 생각의 차이를 구별하지 못하므로 자신의 관심이 자기 자신에게 쏠려 있듯이 타인도 자신에게 똑같이 많은 관심을 가진다고 생각한다. 이때 자신을 늘 지켜본다고 생각하는 타인이 바로 '상상 속의 청중(imagery audience)'이다. 청소년은 스스로를 비판하거나 찬사를 보내는 정도에 따라 비판을 피하고자 자신을 드러내기를 꺼려하게 되거나 혹은 타인의 찬사를 상상하며 거울 앞에서 오랜 시간을 보내는 행동들을 보이게 된다. 이렇게 상상 속의 청중에게 중요한 사람인 자신에 대하여 독특하고 특별하다고 생각하게 되며 자신의 감정과 자신의 존재가 불멸이고 독특하다는 개인적이고 상상적 믿음을 가지게 되는 것을 '개인적 우화'라 한다. 이러한 생각으로 인하여 많은 청소년들이 종종 "아무도 내 마음을 알 수 있는 사람은 없어요"라고 이야기하면서 타인의 충고를 귀담아 듣지 않고 자신만의 감정에 몰입되는 현상을 보이게 되는 것이다(곽금주, 1993, 49~51pg). 그러므로 이 시기의 청소년과 신앙적 대화를 할 때에는 선생님이나 부모의 바람과 필요에 초점을 두는 것이 아니라 청소년의 입장에 초점을 두고 대화가 진행될 때 더욱 효과적이다. 그와 반대로 청소년이 탐색적 질문을 던지지 않았는데 설교식의 대화를 하거나, 혹은 설명 없이 종교적 요구를 하는 경우 등 상호적이지 못한 종교적 대화는 매우 비효율적이 될 수 있다(Dollahite, Thatcher, 2008). 그러므로 청소년의 필요에 민감하게 반응하여 공감과 경청으로 삶의 문제를 함께 나누고 하나님의 은혜 안에서 그 필요를 다루도록 돕는 기독교 상담적 접근은 매우 유익할 수 있다. 청소년이 '상상적 청중'과 '개인적 우화'가 가득한 '자아중심성'에서 벗어나 성숙해 가는 과정에는 타인과의 친밀감의 경험이 매우 중요하다. 이러한 측면에서 보았을 때 기독교상담적 신앙양육은 일차적으로는 상담자(주요 양육자)와의 라포형성을 통한 자기 이해를 돕고, 둘째는 우리의 작은 신음도 들으시는 하나님, 우리와 세우신 약속을 기억하시고(출6:5) 응답하시는 하나님의 크신 사랑 안에서 친밀감을 경험할 수 있도록 청소년의 신앙정체성 형성을 이루는 과정에서 매우 유용하다 할 수 있다. 이러한 상담자(혹은 신앙 소그룹)와의 만남을 매개로 한 하나님과의 인격적 만남은 청소년의 자기중심적 사고에서 벗어나 자기정체성과 신앙정체성의 확립에 큰 도움이 된다.

3.3. 에릭슨의 심리사회적 발달단계론과 기독교상담적 접근

에릭슨의 심리사회적 발달단계론에서 청소년기는 아동기에서 성인기로의 과도기로서 자기정체성을 발달시키는 시기이다. 6세에서 사춘기 이전 시기는 사회, 신체, 학교생활에서의 발달과 그 과정에서 경험하는 자신감 vs 열등감의 문제를 주요하게 본다면 청소년기는 자기정체감 vs 역할 혼미의 문제를 주요한 심리적 문제로 본다. 아동기부터 확장되어가는 사회생활과 지적 작업에서 얻어지는 성공 경험은 근면감과 유능감으로 연결된다. 또한 이 시기에 순조롭게 형성된 근면성은 청년기에 자신의 일에 전력을 쏟을 수 있는 기저가 되어 자기 적절감을 간직한 건강한 자아정체감의 소유자로 성장하게 돕는다. 반대로 아동기에 열등감이 발달 되면 자신의 의견을 주장하기 어려워하는 자아정체감을 가지게 된다. 청소년기의 자아정체감은 유아기의 신뢰감과 자율성, 어린시절의 주도성과 근면성의 발달과 함께 마련되어져 온 나름의 무의식적 자기상(self-image)들이 의식의 수준에서 다루어지면서 정립되어진다고 볼 수 있다(서봉연, 1993, 66pg). 삶의 발달단계에 따라 적절한 신뢰감, 자율성, 근면감, 유능성을 경험해 나가기 위해서는 가정(기독교공동체)에서 자녀의 어린시절부터 하나님의 사랑 안에서 '마땅히 행할 길'을 가르치는 것(잠22:6)이 매우 중요하다 할 수 있겠다. 가정은 하나님께서 하나님과 인간을 위해 만드신 사회구성의 최소 단위로서 모든 사람이 처음으로 사회관계를 맺고 언어와 인간관계를 배우며 질서와 규칙을 익히는 곳이다. 뿐만아니라 사회화 과정을 연습하는 양육의 기능을 가지고 있으며 기독교적 인격형성의 가장 중요한 교육의 장으로서 하나님의 뜻을 이루어 나가는 목적을 가지고 있다(김미경, 2009, 16~17pg). 삶의 발달 과정 속에서 실패와 낙심, 열등감과 혼란을 경험하지 않는 완벽한 의인은 하나도 없다(롬3:10). 그러나 삶의 어떠한 순간 중에도 하나님의 뜻에 귀 기울여 여호와를 의뢰하는 사람(가정)에는 그 안에 모략과 지식의 아름다운 것과 진리의 확실한 말씀을 깨닫게 하시는 특별한 은혜(잠언 22:19-21)가 있다고 성경은 분명히 이야기하고 있다. 이처럼 근원적 신앙공동체인 가정에서 하나님을 의뢰하며 청소년을 양육해 나갈 때에 열등감과 혼돈의 순간들도 하나님이 공급해주시는 모략과 지식의 아름다움과 진리의 확실한 말씀을 깨닫게 되는 특별한 은혜의 순간으로 회복 되어지는데, 이러한 경험과 은혜의 인식은 하나님의 자녀로서의 신앙정체성으로 이어지게 된다.

청소년기에 가장 중요한 발달과제인 자아정체감에 영향을 주는 요인들로는 신체(외모), 사회적 관계, 소속집단 안에서의 정체성, 개인적 성취 등이 있다. 청소년기는 급격한 신체 변화가 이루어지는 만큼 자신의 신체적 특성을 타인과 구분하는 일차적 준거가 되므로 신체적 특성이 자아정체감에 하나의 바탕이 된다. 또한 신체적 변화와 함께 내부의 본능적 충동들이 스스로 의지를 가지고 있는 것 마냥 위협적으로 느껴지면서 자신의 자신의 삶에 주인이 아님을 경험하게 되는 정체감 혼미(identity confusion)를 야기시키기도 한다. 또한 청소년들은 타인의 기대에 부응하는 자신의 모습에 민감하며 종종 자신이 속한 소속집단이나 자신이 이루어낸 성취와 동일시 하고자 하는 경향이 있다. 이때 중요한 것은 청소년의 자아정체감은 효과적인 아동기 이전의 잔여물과, 예상되는 성인기의 희망에서부터 추출되는 중심적 통일체, 즉 어떤 중심적 관점과 방향성을 만들어냄으로서 혼미한 상태에서 발달해 간다는 것이다(서봉연, 1993, 67pg). 이처럼 건강한 자아정체감은 에릭슨 외에도 대부분의 심리학자들이 중요하게 여기는 요소로서 정당한 자아정체감의 부재는 심리적 문제와 연계된다. 특히 기독교 외의 대부분의 심리학자들은 자아를 격려하고 자신의 정체성을 명확히 하며 부정적 자아상을 긍정적 자아상으로 바꾸기 위하여 많은 노력을 한다. 이러한 외적 시도들은 어느 정도 도움이 되고 필요도 하다. 하지만 자신의 가치와 자기에 대한 평가가 개인의 외모나 성취로 정해지는게 아니라는 것이 기독교적 입장이다. 자신에 대한 건강한 정체성은 자신이 하나님의 자녀라는 사실을 알고 확인해 나가는 사이에 세워진다(Anderson, 2008, 37~38). 이는 우리의 위축되거나 혼란스러운 정체성을 하나님의 사랑의 능력 안에서 회복 받는 차원, 즉 하나님의 사랑으로 우리의 수치심에서 해방되기 위한 수단의 차원이 아니다. 하나님의 존재 가치가 자칫 우리가 우리 자신을 좋아해야 한다는 스스로의 생각을 실현시키기 위해 활용하는 하나의 자원으로 전락 되어서는 안 되기 때문이다. 정체성에 대한 성경적 방법은 우리 스스로가 그리스도를 신뢰하지 못한 것을 회개하고 우리가 지닌 가치가 아니라 그리스도께서 지니신 가치로 말미암아 그분을 경배하고 영광돌리며 그 분을 위하여 살아가는 법을 배우는 것이다. 우리 자신의 가치보다 그리스도께서 지니신 가치의 풍요로움을 구하는 존재로 살아갈 때에 자신의 정체성이 확고해짐을 알 수 있다는 것이다(Crabb, 1996, 14-15pg). 즉 그리스도인은 하나님과 다른 사람들에게 기쁨의 원천이 되기 위해 그리스도 안에서의 스스로의 존엄성을 정확하게 확인하고 발산시키는 동시에 타락이 주는 상처와 슬픔, 혼란에서 돌아서려는 선택을 끊임없이 이루어가야 하는 존재라는 것이다(Crabb, 1996, 89pg). 하나님의 사랑 안에 구원받은 신앙정체성을 기독교 세계관에 따라 간략히 정리해 보면 다음과 같다. 우리가 하나님의 형상을 닮은 하나님의 자녀라는 것(창조), 그러나 아담과 하와의 범죄로 인하여 하나님과의 친밀한 교제가 끊어지고 소속감에 대한 갈증이 있다는 것

(타락), 포도나무와 가지처럼 예수와 연결된자(요15장)로서 신앙의 공동체 안에 거할 때 우리의 심령에 회복과 하나님을 향한 열정이 일어나게 되며(구속) 결국 우리를 그리스도 안에서 온전케 하실 것(완성)을 믿음으로 살아갈 때에 우리의 삶의 방향성이 죄로 물들고 불안정한 '내'가 중심이 아닌, 완전한 사랑이자 선이신 '하나님'을 중심으로 이루어지면서 안정감있는 신앙정체성을 이루어나갈 수 있다.

4. 나가며

오늘날 우리의 청소년들은 코로나19에서 비롯된 불안과 우울감에 익숙하며, 제한적인 환경자극 속에서 자라났다. 반면 4차산업혁명시대의 놀라운 기술력을 기반으로 청소년의 손에 쥐어진 다양한 도구(핸드톤, 노드북, 테블릿 pc 등)는 끊임없이 다양하고 자극적인 정보를 제공한다. 세상정신의 공격에 거의 무방비상태로 노출된 청소년들은 몸은 편해졌지만 마음이 문제가 되는 시대 속에서 자신의 신앙정체성을 확립하기가 더욱 어려워졌다. 청소년들의 신앙정체성을 온전히 세워 나가기 위해 가정과 교회의 전략적이고 적극적 개입이 필요한 시기인 것이다. 기독교 상담은 한 사람의 혼란과 문제 상황에 대처하고 복음으로 회복되도록 인도하는 과정으로서 개인주의적이고 피상적인 현대의 문화 속에서도 세상과 진리에 대한 순전한 열정이 피어나고 진리에 근거한 자기탐색과 신앙정체성의 확립을 도울 수 있는 좋은 수단이 된다.

이를 위하여 청소년기의 특성을 간략히 점검하고 신앙정체성 확립을 위하여 기독교상담적으로 어떻게 접근할 수 있을지에 대하여 다루었다. 먼저 청소년기의 초기, 중기, 후기의 특색에 따른 기독교상담적 방향성은 다음과 같다.

첫째, 초기 청소년기의 급격한 '생물학적 성숙' 속에서 사회적 '심리적 기대'를 적절히 통합해 내야 하는 삶의 과제를 시작하면서 쉽게 흔들리고 상처 받는 청소년들의 마음을 헤아리고 이들의 마음이 하나님의 은혜 안에서 회복될 수 있도록 도와야 한다.

두 번째 인지적 능력의 급격한 향상과 함께 신앙정체성 확립에 매우 중요한 때인 청소년기에 하나님에 대한 지식과 말씀 안에서 복음의 진리를 개인적으로 내면화할 수 있도록 도와야 한다.

세 번째 어른 수준의 신앙적 사고가 점점 가능해지는 청소년시기에 기독교 세계관에 근거하여 자신의 신념과 가치를 점검하여고 세상적 가치관을 분별하며 창의적 기독교문화를 만들어가도록 도와야 한다.

또한 청소년기에 대한 심리이론 중 대표적이라 볼 수 있는 정신분석적 관점, 인지 발달적 관점, 심리사회 발달의 관점에서 청소년기의 발달심리를 살펴보고 기독교상담적으로 접근할 수 있는 전략을 살펴보면 다음과 같다.

첫째, 청소년기의 욕구의 충동성과 격렬한 갈등을 이해할 수 있으며 인식의 확장을 통해 자신의 어려움을 하나님과의 관계 안에서 다룰 수 있도록 안내하는 기독교 상담적 접근이 요구된다.

둘째, 청소년기의 미성숙함으로 인한 죄책감의 현상을 무의식과 의식의 충동으로 보고 죄와 그 책임을 경시하는 문화에서 벗어나야 한다. 기독교인은 자신의 객관적 죄를 하나님의 의(義) 안에서 회개와 용서와 보상의 과정을 거쳐 다루어 나간다. 한편 자기정죄와 자기혐오로 인하여 자신을 본질적으로 무가치하다고 여기거나 의심하는 태도는 회개(회심)의 과정과 분리하여 다루는 것이 필요하다. 이때 자신의 죄책감을 다루기 위해 직면, 해석, 재구조화 등의 상담적 방법을 적용하는 것도 가능하다. 그리고 무엇보다 우리가 죄를 자백할 때에 우리의 죄를 용서하시고 모든 불의에서 깨끗하게 하실 은혜의 말씀을 믿는 믿음으로 살아갈 수 있도록 인도하는 것이 필요하다.

셋째, 추론능력과 형이상학적 사고가 확장되는 청소년기야말로 자신의 믿음을 점검하고 회심이 일어나는 중요한 시기임을 이해하는 것이 필요하다. 청소년기의 신앙에 대한 회의감이나 공격적 성향을 신앙의 약화나 상실로만 볼 것이 아니라 익숙했던 믿음의 습관에서 개인적 신앙 경험의 생성 과정임을 이해하고 하나님에 대한 추상적이지만 내면을 살피는 질문을 통해 신앙 정체성 형성을 도울 수 있다.

넷째, 자아중심적인 청소년기의 특징을 이해하고 그의 필요에 따른 신앙적 양육이 이루어지도록 돕는 것이 필요하다. 선생님이나 부모의 기대에 초점을 둔 대화나 설교식 대화가 아니라 상호적인 대화로 인하여 친밀감이 형성될 때에 도리어 청소년들은 자아중심적인 면에서 벗어나 타인과 하나님에 대하여 더 알고자 할 것이다.

다섯째, 청소년기의 자아정체감은 갑자기 생기는 것이 아니라 어린 시절부터 한 단계 한 단계 발전해가는 과정이 기반이 되므로 하나님의 사랑 안에서 각 발달과정에 따라 '마땅히 행할 길'을 가르치는 것이 필요하다. 이것이 이루어지는 신앙적, 사회적 최초 구성단위인 '가정'의 중요성을 알고, 가정 안에서 하나님의 뜻을 이루어나가는 것과, 이를 지원하는 기독교상담적 개입이 필요하다 할 수 있다.

여섯째, 청소년기의 자아정체감형성을 위한 여러조건(신체, 외모, 사회적 관계, 소속집단 안에서의 정체성, 개인적 성취 등)도 중요하지만 우리 자신의 가치보다 크신 그리스도의 가치의 풍요로움을 추구하는 신앙정체성의 확립이 우리의 모든 정체성의 근원이 된다는 것을 이해하는 것이 중요하다.

청소년기에 대한 심리발달적 특성들을 이해하고 신앙정체성 형성을 위한 방향성과 전략을 통해 이 혼돈의 시대를 살아가는 청소년들이 새벽 이슬과 같은 주의 청년들로 아름답게 자라나기를 기대해 본다.

참고문헌

강희주·구슬이·윤은영·정익중(2021). 아동과 부모의 경험을 통해 본 코로나19 이후 아동 일상 변화에 대한 질적 연구. 사회과학연구 32(4). 95-120.

김다희(2016). 청소년의 자아정체감, 또래관계의 질, 팬덤활동이 삶의 만족도에 미치는 영향. 동신대학교대학원. 석사학위논문.

김미경(2009). 기독교 가정교육. 대한예수교장로회총회.

김용훈 (2021). 코로나-19 재난상황에서의 청소년 정신건강 증진 방안. 한국지방자치연구. 23(1). 139-157.

곽금주(1993). 청소년지도총서: 청소년심리학. 양서원. 49~51.

서봉연(1993). 청소년지도총서: 청소년심리학. 양서원. 67.

성윤숙·손병덕 (2014). 스마트시대 대중매체를 통한 청소년의 성 상품화 대응방안 연구. 한국청소년정책연구원.

신명호(2011). 왜 잘사는 집 아이들이 공부를 더 잘하나? 사회계층 간 학력 자본의 격차와 양육 관행. 파주: 한울아카데미.

심정연(2017). 온라인 게임 중독 청소년의 나르시즘 성향에 대한 기독교 상담에의 고찰: Otto Kernberg의 이론을 중심으로. 복음과 상담 25(1). 117-151.

오원석(2019). 이머징 세대의 신앙정체성 확립을 위한 기독교교육. 장로회신학대학교.

윤진(1993). 청소년을 바라보는 시각. 청소년지도총서: 청소년심리학. 양서원. 12.

장휘숙(1998). 청년심리학. 서울: 학지사. 193-194.

전경숙(2023). 취약계층 아동·청소년의 코로나19 경험과 포스트 코로나 시기 일상 회복에 관한 질적 연구. 도시연구(23). 263-315.

정탁준(2023). 청소년기 뇌 발달의 도덕교육적 의미. 도덕윤리과교육(79). 107-131.

조성국(2002), 교회 청소년 교육의 방향. 고신대학교 부설 기독교교육연구소. 16.

최민자(2020). 호모커넥투스 초연결 세계와 신인류의 연금술적 공생. 서울: 모시는사람들.

최청락·김혜정·문정희·이자형·박금식·이진숙(2020). 코로나19 경험을 통한 여성가족 분야 대응 전략. 부산여성가족개발원.

Anderson, N. T.(2000). Victory Over the Darkness: Realize the Power of Your Identity in Christ. Gospel Light Publications. 유화자 역. 내가 누구인지 이제 알았습니다. 37~38.

Blos, P.(1962). On adolescence: A psychoanalytic interpretation (Vol. 90433). Simon and Schuster.

Crabb, L.(1997). Understanding who you are: What your relationships tell you about yourself. NavPress. 한재희·이혁의 공역, 그리스도인을 위한 인간 이해. 이레서원.

Dollahite, D. C., & Thatcher, J. Y.(2008). Talking about religion: How highly religious youth and parents discuss their faith. Journal of Adolescent Research, 23(5), 611-641.

Donald F. Walker & William L. Hathway(2017) Spiritual Interventions in Child and Adolescent Psychotherapy. 주영아·안현미 공역. 아동·청소년 상담에서의 영적 개입.

Hertz, N.(2021). The lonely century: how to restore human connection in a world that's pulling apart. Currency. 홍정인 역. 고립의 시대. 웅진지식하우스.

Hurding, R. F.(1988). The tree of healing: psychological & biblical foundations for counseling and pastoral care. Zondervan. 김예식 역. 치유나무: 목회돌봄 및 상담 치료에 대한 종합적 이해. 서울: 장로교출판사.

Kessler, R. C., Chiu, W. T., Demler, O., & Walters, E. E.(2005). Prevalence, severity, and comorbidity of 12-month DSM-IV disorders in the National Comorbidity Survey Replication.Archives of general psychiatry 62(6). 617-627.

Kessler, R. C., Chiu, W. T., Demler, O., Merikangas, K.R., & Walters, E. E.(2005). Archives of Genreral Psychiatry 62(6). 617-27.

Kinzer, M(1988). A Christian Strategy for Overcoming Guilt and self-comdemnation. Servant Books. Michigan.

Rakic P., Bourgeois JP., Goldman-Rakic PS.(1994), Synaptic development of the cerebral cortex: implications for learning, memory, and mental illness. Progress in Brain Research. 102. 227-243.

인터넷 검색

넘버스 [넘버즈] 214호의 기독교 통계

http://www.mhdata.or.kr/bbs/board.php?bo_table=gugnae&wr_id=100 2024. 1.10 검색

여성가족부(2021). 2020년 청소년 종합실태조사 결과 발표.

https://www.mogef.go.kr/nw/rpd/nw_rpd_s001d.do?mid=news407, 2024. 1.10 검색

청소년기본법 [시행 2023. 6. 28.] [법률 제19130호, 2022. 12. 27., 일부개정]

청소년 보호법[시행 2022. 1. 1.] [법률 제18550호, 2021. 12. 7., 일부개정]

통계청, 사회조사. 사회적 고립도 영역.

http://www.index.go.kr/unify/idx-info.do?idxCd=4272 2022.01.05. 검색

한국언론진흥재단(2022). 2022 10대 청소년 미디어 이용조사.

https://www.kpf.or.kr/front/board/boardContentsView.do?board_id=246&contents_id=
    29ff236264724e3fbe02e544185aac03 2024. 1.10 검색

한국청소년정책연구원(2021). 2020년 청소년종합실태조사

https://www.mogef.go.kr/kor/skin/doc.html?fn=09ae506b00f94be6b47ce243a79a5
    bc5.pdf&rs=/rsfiles/202403/ 2023.1.12. 검색

한국청소년상담복지개발원(2020. 5. 6.). 코로나19로 바뀐 일상 -청소년, 보호자 체감도 조사
    및 대응방안 조사 결과. 청소년상담이슈페이퍼

https://www.kyci.or.kr/fileup/issuepaper/IssuePaper_202002.pdf 2024. 1.10 검색

한국청소년상담복지개발원(2023 5. 31.). 코로나4년 청소년 마음 기록, 우리는 지금 회복 중
    입니다. 청소년상담이슈페이퍼

https://www.kyci.or.kr/fileup/issuepaper/IssuePaper_2023%EB%85%84%20
    2%ED%98%B8.pdf 2024. 1.10 검색

제18장

청소년 사역자의 탈진 이해

김영준(등촌교회)

1. 들어가며

대부분의 청소년 사역자들은 사역 초창기에 청소년 사역으로의 부르심을 확신하고, 사역의 성공과 보람을 꿈꾼다 (Marrs, 2011). 그러나, 다양한 이유로 조기에 낙담하거나, 영적고갈과 좌절 등 탈진의 증상을 느끼게 된다 (Kageler, 2008). 사역지를 이동하거나, 청소년 사역 자체를 아예 포기하기도 한다. 최근에는 코비드19의 영향으로 교회학교 청소년 사역이 위축되고, 이는 사역자들의 스트레스와 무기력을 가중시켰다. 청소년 사역자들이 사역을 이탈하는 소식을 종종 듣게 된다 (Griffin, 2022). 신학교 지원자와 부교역자의 수가 줄어드는 것과 무관하지 않게 청소년 사역에 지원하는 사역자들 수도 급감하고 있다.

한국교회는 청소년 사역자들이 겪는 어려움과 스트레스와 탈진에 대하여 깊은 관심을 가지지 않았다. 이와 관련된 선행연구도 적극적으로 진행 되지 않았다. 교회는 청소년 사역자가 겪는 어려움들에 관심을 가지고 그들이 소명감에 붙들려 건강한 사역을 펼칠 수 있도록 다양한 도움을 제공할 필요가 있다. 이에 이번 장에서는 청소년 사역자의 사역들이 겪는 구체적인 어려움을 살피고, 탈진에 대한 심리학 이론과 청소년 사역자의 탈진에 관한 경험연구를 다룰 것이다. 이러한 문헌연구와 경험연구를 기초로 하여 청소년 사역자들의 건강한 사역을 위한 제언을 소개 할 것이다.

2. 탈진(Burnout) 이론

탈진은 스트레스가 만연한 업무환경에서 경험하는 정서적 고갈, 냉소적인 태도, 무기력감, 개인 성취감 저하등을 포함하는 심리적 상태를 뜻한다 (Maslach & Courtois, 2008). 크리스티나 메슬렉과 수잔 잭슨은 심리측정연구를 통해 탈진의 다차원 모델 이론을 발전시켰다. 이 이론에 따르면, 탈진은 세가지 차원의 심리적 증상으로 나타나는데, 정서적 소진 (EE), 냉소주의 (DP), 그리고 개인적 성취감 저하(reduced PA)으로 나타난다. 탈진에 노출되면 감정이 고갈되어 극도의 피로와 무기력함을 느끼게 된다(EE) (Maslach, 1993, 20). 자신의 동료나, 섬기는 사람들, 혹은 가족들에게 냉소적인 태도로 대하며, 그들을 사람으로 여기지 않는 태도를 가질 수 있다 (Maslach, 1993, 21). 그들과 거리를 두기 원하고, 스스로 고립을 선택하고, 아침에 직장 가야한다는 생각에 아예 눈을 뜨기를 싫어 할 수 도 있다 (DP). 이를 탈진의 두번째 증상인 냉소주의(DP)라고 한다. 위의 두 가지 증상이 완화되지 않으면, 자기 효능감이 점점 떨어지고 개인성취감의 저하(reduced PA)를 느낄 수 있다. 업무에 최선을 다하나 보람이나 경쟁심등을 느끼지 못하며, 갈수록 집중력이 떨어지고, 목표의식과 사명감을 상실해 버린다 (Maslach, 1993)

메슬렉과 리이터(Maslach & Leiter, 1997)는 탈진을 일으키는 여섯가지 요인을 발견했는데 과중한 업무, 적절하지 못한 보상, 공동체성 파괴, 통제결여, 공평성 부재, 그리고 가치 갈등이다. 업무의 강도가 더해지고, 업무시간이 초과되고, 까다로운 업무 환경에서 많은 직무와 역할을 감당해야 할 때, 에너지가 고갈되고, 생산성이 저하되어 탈진에 쉽게 노출 된다 (39). 직장인이 회사에 중요한 사안에 관하여 통제력(control)이나 결정권을 상실 했을 때 조직의 발전에 기여할 수 없다고 느끼게 된다. 업무에 대한 흥미도 사라져서 탈진 증상을 느끼게 된다 (42). 또한, 업무에 대한 적절한 보상, 예를 들면 급여, 직업안전성, 내재적 만족등이 이루어지지 않는 환경이 지속될 때, 탈진에 노출되기 쉽다. 부족한 보상을 그들의 능력을 평가하는 잣대로 여기고, 동료와의 협력을 무의미하다고 생각하게 된다. 나아가 소속감을 상실하고, 결국 탈진을 경험하게 된다 (48). 이와 반대로 주요자원(시간, 급여, 승진기회, 동료와의 친밀감)의 획득은 스트레스가 만연한 환경으로 부터 정서적으로 분리시켜 업무 성취감을 높이는데 도움을 준다 (Hobfall & Freedy, 1993).

심리학자 파인스(Pines, 1993)는 탈진의 정체성이론(existential model of burnout)을 고안하였는데, 삶의 의미와 가치를 업무와 그 결과에서 발견하기 위해 지나치게 노력하다가 만족감을 느끼지 못할 때 탈진을 경험할 수 있다고 주장한다. 산업사회 이전의 노동자들은 일 차제보다 종교적 신념, 신과의 관계에서 삶의 가치와 정체성을 확인하였다. 종교가 업무의 성취보다 삶의 근원적 문제, 실존적 딜레마에 대한 더 명확한 해답을 제시하기 때문에 일에서 삶의 가치를 찾으려는 사람이 신앙에서 그것을 찾으려는 사람보다 더 쉽게 탈진을 경험할 수 있다(34).

3. 청소년 사역자가 겪는 어려움

3.1. 담임목사와의 갈등

많은 청소년 사역자들은 담임목사와 다양한 이유로 갈등을 느끼고 이를 적절히 해소하지 못할 때 빠른 이직(turnover)를 결심한다(Kageler, 2008). 간혹 청소년 사역자가 담임목사의 목회철학과 비전을 잘 파악하지 못한체 자신만의 사역에 몰입 할 때가 있다. 이때 담임목사가 청소년 사역자들과 충분한 대화나 고려 없이 그들이 기획한 창의적인 사역계획을 일방적으로 거절하거나 자신의 목회 비전과 가치만을 강조할 때가 있다. 그때, 청소년 사역자들은 급격한 정서적 소진을 경험할 수 있다 (Campolo, 1989, 174). 또한, 부서의 학부모, 성도, 지도자들이 청소년 사역자들의 사역에 사역에 불만을 제기할 때가 종종 있는데, 이때 담임목사가 그들을 보호하기보다 언제든지 그들을 희생양(scapegoat firing) 삼아 해임 시키는 경우가 종종 발생한다. 이러한 두려움으로 인해 청소년 사역자의 탈진을 쉽게 경험한다 (Kageler, 2008).

3.2. 학부모와의 갈등

청소년부서의 학부모가 특정한 사역의 유형(ministry styles), 규칙, 기준 등을 사역자에게 강하게 요구할 때 마찰을 피할 수 없다. 청소년 사역자가 기획한 공동체 프로그램이나 강의 내용이 학부모의 기준이나 성경적 관점과 다를 경우 학부모는 스스럼없이 불만을 제기 한다 (Kageler, 2008). 몇몇 학부모들은 청소년 사역자들이 장년 교구 사역자와 비교하여 사역자로서 자격과 실력을 갖추지 못했다고 무시하고 비난할 때가 있다. 그 결과 청소년 사역자들은 정서적인 큰 혼란을 느끼거나 육체적인 질병을 경험 한다 (Fields, 2002). 학부모들이 가정의 신앙교육에 소홀하고, 부서의 교육활동에 관심이 없고, 사역자들을 향해 냉소적인 태도를 유지하고, 동역하기를 거부할 때 청소년 사역자들에게 무기력감을 유발시킬 수 있다. 이와 관련하여 로렌스 (Lawrence, 2006)는 적지 않은 학부모들이 "교회를 가리켜 적절한 가격으로 그들의 자녀의 신앙의 저장고(tank)를 채워주는 공급처"로 여긴다라고 주장 했다 (149).

3.3. 사역자로서의 존경과 인정부족

대부분의 청소년 사역자들은 청소년 사역을 성인 사역자가 되기 위한 일련의 과정(stepping-stone) 이라고 인식하여, 교회의 요청에 따라 사역을 시작한다(Borthwick, 1990). 그러나 청소년 사역을 시작할 때는 성인 사역자들 못지 않게 뚜렷한 소명의식을 가지고 사역에 임한다. 젊은 청소년 사역자들은 장년 사역 목회자들에 비해 전문성이 부족하고, 덜 성숙한 사역자로 인식되고, 사회적 지지와 존경을 거의 받지 못한다고 생각한다(Strommen et al., 2001, 78).

어느 청소년 사역자는 다음과 같은 고백을 하였다. "만약 우리가 30살 이하이고, 출산한 자녀가 없다면, 교회 어른들은 14살 학생에게 보여주는 것보다 아주 조금 더 높은 차원의 존경심을 표현할 것이다"(Kageler, 2008, 35). 담임목사들은 젊은 청소년 사역자들이 받은 훈련과 그들의 열정, 창의적인 사역계획을 잘 인정하려 하지 않고 적극적으로 돕지 않는 경향이 있다 (Fields, 2002). 그 결과, 청소년 사역자들은 그들 스스로 청소년 사역에 적합하지 않다고 느끼며 빨리 사역을 포기해 버릴 수 있다.

3.4. 경제적 이유

한국과 미국 교회의 대부분의 청소년 사역자들은 교회에서 시간제근무 (part-time ministry)로 섬기기 때문에 어느 정도 경제적 어려움을 예상하고 사역을 시작한다. 소명감으로 사역을 지속함에도 불구하고 사역의 분량에 비해 적은 사례금으로 인한 심적 부담을 호소한다. 카글러(Kagler, 2008)의 미국교회의 청소년 사역자들이 참여한 설문조사에서 39퍼센트의 청소년 사역자들이 경제적 어려움을 가장 큰 사역의 걸림돌이라고 답했다. 또 다른 조사 결과에 따르면, 다수의 헌신되고 경력이 있는 청소년 사역자들은 경제적 어려움으로 인해 사역에 온전히 집중하지 못하고, 나는 내가 일한 만큼 사례비를 받지 못한다는 문항에 응답했다(Strommen et al., 2001). 적절하지 않은 사례는 청소년 사역자들의 이직의도(turnover intention)을 상승시키는 주요한 요인이 된다 (Grenz, 2001, 20).

4. 미국 이민교회 청소년 사역자의 탈진

필자는 캘리포니아의 한인교회에 사역하는 청소년 사역자들이 겪는 탈진의 원인을 발견하기 위하여 질적 연구를 실시하였다. 개인 심층 인터뷰를 통해 탈진 요인 뿐 아니라, 증상, 영향, 해소에 대한 개인의 경험과 의견들을 들을 수 있었다. 캘리포니아에 속한 한인교회에서 청소년 사역을 한 경험이 있는 20명의 청소년 사역자들이 참여하였다 (파트타임 15명, 풀타임 5명). 참가자들은 한인 2세가 12명, 한인 1.5세가 5명, 한인 1세는 3명으로 구성되었고, 16명은 영어로, 4명은 한국어로 인터뷰를 진행하였다 (Kim, 2020, 375-376).

인터뷰 가이드(interview questions)는 11개의 개방형, 반구조화된 인터뷰 질문들로 구성되었으며, 8개의 문항은 연구 목적에 부합한 핵심 질문으로써 탈진증상, 이유, 영향, 해소와 관련하여 개인 경험담 및 의견 등을 이끌어내기 위해 고안되었다. 각 인터뷰의 모든 대화를 녹음하고(voice-recording), 기록하고 (transcribing), NVivo 11이라는 질적연구분석 소프트웨어 프로그램을 사용하여 세가지 분석(open coding, axial coding, and selective coding)을 실시한 결과 핵심주제들과 이론을 도출하였다 (Kim, 2020, 376).

4.1. 탈진증상

인터뷰에 참가한 20명의 청소년 사역자 중 15명이 EE(정서적소진), 12명이 DP(냉소주의), 6명이 reduced PA(개인성취감 저하)와 관련된 다양한 증상들을 경험하였다. 이 세 가지 증상은 다수의 참가자들의 삶속에서 서로 긴밀하게 연결되어 순차적으로 나타났다. 몇몇의 참가자들은 자신의 고유한 사역 외의 다른 사역을 감당해야 하고, 그로 인해 사역의 시간이 늘어났을 때 EE를 경험했다고 고백했다. 몇몇의 참가자들은 청소년들을 상담하고, 그들의 부정적인 경험과 감정을 동감하는 횟수가 늘어날수록 무기력감과 정서적인 메마름을 자주 경험했다고 고백했다.

12명의 참가자가 DP를 경험했는데 (*n=12*), 주위 사람들에게 냉소적으로 변해가고, 교회 가거나, 학생들 만나기를 꺼리고, 자신을 분리시키는 경향이 있었다고 고백했다. 또한 오랜 갈등관계에 있는 사람을 하나의 인격체로 인식하려 하지 않았다. 이와 관련하여, 참가자 A는 다음과 같이 말한다. "그때 저는 제 스스로를 모든 사람과 상황으로 부터 분리시켰어요. 사람들이 전화를 해도 받지 않았어요. 제가 근무하는 날에도요. 아무하고 말하고 싶지 않았어요. 저 자신을 하찮은 존재로 여겼어요. 제가 받은 소명에 대해 하나님께 재차 물었어요. 갈수록 교회에 대하여 냉소적으로 변해갔어요."

4.2. 탈진의 영향

많은 참가자들은 탈진을 겪는 동안 탈진의 경험이 그들 자신과, 사역과, 가정생활에 부정적 영향을 끼쳤지만, 다른 참가자들은 탈진의 경험이 개인의 삶과 사역에 도움이 되는 교훈을 얻는 등 긍정적 효과도 끼쳤다고 고백했다.

<표 XVIII-1> 핵심주제, 세부주제, 참가자, 언급회수

핵심주제	세부주제	참가자 수	언급횟수
탈진의 영향	저하된 사역의 질	12	15
	이직의도의 증가	11	24
	가족간의 갈등	11	15
	사역에 도움이 되는 교훈	7	12
	개선된 소명감	5	7

12명의 참가자들은 탈진경험이 그들의 사역의 질을 저하시킨다고 느꼈다 ($n=12$). 그중 6명은 EE를 겪는 동안 학생들을 돌보는데 이전에 가졌던 열정이 소실되었다고 생각했다($n=6$). 어떤 참가자들은 자신의 사역능력, 특히 설교에 대한 자신감이 모두 사라졌다고 고백했다. 11명의 참가자들은 탈진을 겪는 동안 이직을 하거나 아예 사역 자체를 그만두는 것을 진지하게 고려했다고 고백했다($n=11$). 이와 관련하여 참가자 B는 "저는 더이상 한국교회에서 일하기 싫어요. 한국문화가 조금도 섞이지 않는 다문화교회에서 섬기고 싶어요." 참가자 C는 탈진을 심하게 느낄 때는 교회를 옮기는 것 뿐 아니라 캘리포니아를 떠나고 싶었다고 고백했다. 11명의 참가자들은 탈진을 겪을 때 가족간의 갈등이 심화되었다고 말했다 ($n=11$). 배우자와 잦은 말다툼을 일으키고, 자녀들을 돌보지 않고, 때론 침묵하거나 반대로 까닭 없이 화를 낼 때가 많았다고 말했다.

이 연구에서 주목할 점은 선행 연구와는 달리 탈진의 긍정적인 영향을 발견했다는 것이다. 첫 번째 긍정적인 영향은 탈진을 겪는 동안 사역에 도움이 되는 교훈을 얻었다는 점이다($n=7$). 예를 들면, 일부 참가자들은 탈진을 겪는 기간 동안 자신의 약점을 극복하는 법, 일의 우선순위를 정하는 훈련, 의사소통기술과 같은 사역에 필요한 기술 등을 배울 수 있는 기회로 삼았다.

5명의 참가자들은 탈진을 경험하는 동안 청소년 사역으로의 부르심에 대한 소명을 재확신 하는 시간을 가졌다. 탈진을 극복해내는 과정에서 하나님과의 시간에 집중할수록 하나님과의 관계를 점검하고, 부르심에 더욱 헌신하게 되었다. 이와 관련하여, 참가자 D는 다음과 같이 고백했다. "마치 하나님이 내게 말씀하는 것처럼 느껴졌어요. '너는 정말 나의 자녀들을 사랑하니?' '나를 위해 모든 것을 기꺼이 포기할 수 있니?' 그때 나는 고백했어요. '주님! 기꺼이 그리하겠습니다.'"

4.3. 다차원적인 탈진의 원인

필자의 연구에 참여한 청소년 사역자들은 다양한 이유로 스트레스와 탈진을 경험하였다. 탈진을 일으키는 요인들은 대인 관계적, 문화적, 업무 환경적 차원으로 분류된다 (표 2 참조).

<표 XVIII-2> 핵심주제, 세부주제, 참가자, 언급회수

핵심주제	세부주제	참가자 수	언급횟수
대인관계 관련요인	교회 리더들과 갈등	5	33
	부모 혹은 학생들과 갈등	4	15
문화적 요인	한국목회와 영어목회 분열	8	37
	한국교회의 수직적 리더십 구조	6	25
업무환경 관련 요인	초과된 업무량	10	43
	부족한 사례금	7	37
	멘토십 부재	7	33
	사회적 인정과 지지 부족	5	10

4.3.1. 대인관계 관련 요인.

참여자들의 탈진을 일으키는 주요한 요인은 교회 리더들과의 해결되지 않은 갈등이었다 (n=5). 참여자들의 관점에서 볼 때, 갈등은 특별히 담임목사와 장로들의 성격에서 비롯되는데 잦은 분노 표출하기, 공적으로 비난하기, 과한 업무를 부담시키기 등을 예를 들었다. 특히 어느 참여자의 경우, 담임목사가 사소한 실수에도 자주 분노하고, 화가 풀리지 않으면 더 많은 업무를 부과하였다. 또 다른 참여자는 담임목사가 공개적으로 자신을 비난하기를 멈추지 않을 때, 마음에 깊은 상처와 회복할 수 없는 손상을 입게 되었다고 고백했다.

참가자 E는 시간제 사역(part-time ministry)을 하고 다른 직장일도 병행했는데 잦은 교회 행사로 인해 담임목사로 부터 직장에 자주 결근할 것을 요구 받았다고 고백했다. 어느 날 밤에는 자신의 1살 자녀가 고열로 아픈데도 아내와 아픈 아이를 데리고 새벽기도에 참석할 것을 강하게 요구했다고 말했다. E에 의하면, "제가 담임목사님에게 '아이가 40도 고열로 아프니 내일 새벽에 아내와 아이는 쉬고 저만 새벽기도회에 가겠습니다'라고 말했어요. 그때, 담임목사님 말씀이 '이러한 생각은 사탄이 주는 유혹이니 반드시 온가족이 새벽기도 나와야해!'라는 답변을 받았어요. 이때 정말 무기력했고 분노했어요."

대인관계관련 두 번째 탈진 요인은 학부모 혹은 학생들과의 갈등 이었다 (n=4). 학부모들은 참가자들의 사역에 무관심하거나 잘 협력하지 않을 뿐 아니라, 자녀들을 청소년부서 사역에 활동하는 것을 심각하게 제한했다. 어떤 부모들은 소수의 참여자들에 대하여 나쁜 소문을 퍼뜨리기 까지 했다. 참가자 F에 따르면, 그가 지도한 학생의 부모는 F의 사역 스타일과 실력(ministry skills)에 대해 담임목사에게 직접 불평을 쏟아낼 때가 많았다고 한다. 그 결과 그는 탈진 증상을 느꼈다고 고백했다. 이는 카글러 (Kageler, 2008)가 실시한 연구의 결과와 일치한다. 즉 부모들이 청소년 사역자들의 사역의 특징과 실력에 대해 의문을 품거나 비판할 때, 심한 정서적 스트레스와 여러 육체적 질병을 겪을 수 있다는 것이다.

4.3.2. 문화적 요인

14명의 참가자들은 이민교회 내에 있는 엄격하고 배타적인 한국문화의 영향으로 지속된 한국목회(KM)과 영어목회(EM)의 갈등(n=8)과 수직적 리더십 구조의 고착화(n=6)를 탈진의 요인으로 이해했다. 몇몇의 참가자들은 담임목사들이 한국에서 목회 훈련 받은 대로 부교역자들에게 무조건적인 순종과 자신의 목회 스타일을 따를 것을 일방적으로 요구한다고 지적했다. 참가자 G는 "한국교회의 특징은···. 만일 사역자가 맡겨진 일을 잘 감당하지 않거나 하기를 거부하면, 곧바로 믿음이 없는 사역자로 분류되는 것 같아요."라고 말했다. 참가자 H에 따르면, 자신의 담임목사는 H의 질문을 명확한 답을 얻기 위한 의도가 아닌 자신에게 반항하거나 권위에 불순종하기 위해 질문했다고 자주 오해했다. 이처럼 담임목사들 대부분은 영어권에서 자라난 참가자들과 문화적 차이를 이해하고 노력하는 대신 전통적인 한국교회의 수직적 리더십을 고집하였고 이는 주요한 탈진의 원인으로 인식되었다.

4.3.3. 업무 환경 관련 요인

초과된 업무량 (heavy workloads)은 10명의 참가자들의 탈진의 원인이 되었다 (n=10). 대부분의 참가자들이 청소년 사역과 생계를 위한 아르바이트, 그리고 신학교 공부를 동시에 해내야 했다. 그들이 섬긴 교회는 참가자들이 정해진 업무 시간외에 더 많은 시간을 교회 사역에 헌신하기를 기대했다. 한 참가자는 파트 타임으로 섬겼음에도 불구하고 일주일에 60시간을 청소년 사역과 교회의 행정관련 된 일을 해야 했다고 고백했다. 이처럼 초과된 업무량과 시간, 업무의 경계와 역할의 구분의 모호성 등으로 인해 참가자들은 심적 부담과 육체적 피로와 정서적 소진을 경험하게 되었다.

부족한 사례금도 7명의 참가자들의 탈진을 일으키는 주요한 원인이 되었다 (n=7). 참가자들은 부족한 사례금으로 인해 생계에 대한 염려와 미래에 대한 두려움, 다른 사역자들과의 비교의식과 열등감에 괴로워했다. 어느 참가자는 전임사역자처럼 사역을 하였는데 한달에 1200 달러를 받았고, 그 결과 혼란과 분노의 감정을 느꼈다고 고백했다. 참가자 J는 터무니없이 적은 사례를 받을 때 스스로를 무가치한 존재로 여기게 되었다고 고백했다. 그가 말하길, "청소년 사역은… 어른들은 알다시피, 사역자들에게는 부스러기 (Leftover)만 줘도 된다고 생각하는 것 같아요." 이 결과는 선행연구의 지지를 받는다 (Maslach & Leiter, 1993; Hobfall & Freedy, 1993). 즉 필요자원 (사례)이 줄어들면 스트레스와 탈진에 더욱 노출될 수 있는 것이다.

일곱 명의 참가자들은 업무환경과 관련된 탈진의 세 번째 요인으로 멘토십의 부재를 꼽았다(n=7). 참가자들은 사역 스트레스와 탈진을 사역에 대한 실질적 조언이나 위로를 해주고, 모범(role model)이 되는 멘토가 필요하다고 생각했다. 청소년 사역을 처음 시작한 어느 참가자는 마치 불 가운데 던져진 느낌이라고 말했다. 따뜻한 관심과 감독, 그리고 적절한 훈련을 받으며 사역을 하고 싶었지만, 도움이 필요할 때 누구도 그의 곁에 없었고 그때 탈진을 경험했다고 고백했다. 이와 비슷한 고백을 한 또 다른 참가자는 자신의 부서에 성적인 이슈와 마리화나와 같은 마약 관련 이슈가 있었는데 주위에 목사님들 중 상의를 하거나 조언을 구할 대상이 없어서 무기력했다고 고백했다. 결론적으로 대부분의 참가자들은 담임목사가 자신의 어려움을 이해하고 함께 헤쳐나갈 수 있는 멘토가 될 수 있다고 지적했다. 담임목사가 사역 결과에 아예 무관심하거나 반대로 너무 집착하기보다 청소년 사역자가 어떻게 사역을 진행하는지 따뜻한 눈으로 바라보고, 사역의 문제들을 극복해가는 과정에 함께 동참해 줄 것을 기대했다.

사회적 지지와 인정의 부족도 7명의 참가자들의 탈진을 일으키는 요인이 되었다 (n=7). 참가자들은 그들의 헌신과 노력에 대하여 부서의 학생들이나 학부모들 심지어 교사들이나 담임목사에게도 어떠한 인정이나 적절한 칭찬을 듣지 못하였다고 고백했다. 그들의 사역의 결과에 대한 즉각적인 판단과 비판의 목소리를 들을 때가 많았고 이때 탈진을 경험했다고 주장했다. 관련된 경험을 묻는 질문에 참가자 K는 다음과 같이 답하였다. "행사 준비하는데 정말 힘들었는데 아무도 알아주지 않아요. 오히려 제게 비판하는 말을 서슴지 않아요. 가령 '왜 이렇게 비싸요?' '아이들이 준비한 무대가 별로인데요.'"

이 결과는 파인스(Pines, 1993)의 탈진의 정체성 이론에 지지를 받는다. 즉 청소년 사역자들이 그들의 삶의 의미와 가치를 사역의 결과와 타인의 인정에서 찾으려 노력하면, 탈진에 쉽게 노출된다.

4.4. 탈진해소

필자의 연구에 참여한 참가자들은 탈진을 예방하거나 극복하는 방법으로 사회적 지원 (social support)과 하나님과의 친밀한 시간을 가지기(spending time with God)를 꼽았다

<표 XVIII-3> 핵심주제, 세부주제, 참가자, 언급회수

핵심주제	세부주제	참가자 수	언급횟수
탈진 해소	사회적 지원	20	39
	하나님과 친밀한 시간	9	22

4.4.1. 동료와 멘토의 사회적 지원

15명의 참가자들은 신학교 동료 혹은 교회의 동료 사역자로 부터 영적, 물리적, 혹은 정서적 지원을 받았을 때 탈진증상을 잘 처리 할 수 있었다고 고백했다 (n=15). 세명의 참가자들은 그들의 과도한 업무를 동료들과 교사들에게 협력을 구하고 지혜롭게 분담했을 때 탈진을 해소 할 수 있었다고 말했다. 5명의 참가자들은 정기적으로 신학교 동료들을 만났는데 그들과 비슷한 1.5

세 출신의 청소년 사역자들이었다. 정기적인 만남을 통해 부정적인 감정과 스트레스의 요인들을 함께 공유하고 서로를 위해 기도하는 시간을 가졌다. 이를 통해 소속감도 느끼고 문제를 함께 해결하기 위해 지혜를 모으는 과정 가운데 탈진을 극복했다고 고백했다.

동료의 지원 뿐 아니라 멘토의 도움은 탈진 증상을 처리하는데 도움이 되었다 (n=5). 참가자들에 의하면, 멘토들은 참가자들을 사역자가 아니라 하나의 존중 받는 인격으로 대했으며, 그들의 고통에 대한 모범답안을 제시하려 하기보다 함께 슬퍼했다고 말했다. 멘토들과 영적으로 친밀한 교제를 발전시켜가며 탈진을 해소 할 수 있었다.

4.4.2. 하나님과 친밀한 시간

9명의 참가자는 자장 효과적인 탈진 해소 방법은 하나님과 친밀한 시간을 가지려 노력한 것 이라고 생각했다 (n=9). 정서적 소진을 경험하는 동안 말씀 묵상과 기도에 집중할 수 있었고, 하나님께 그들의 무기력함과 해결되지 않은 죄를 고백할 수 있었다. 시간이 지날수록 하나님께서 그들의 사역을 인정하고 계심을 확신하게 되었고, 하나님과의 결속을 인지하고, 소명을 재확인할 수 있었다. 이러한 결과는 파인즈(Pines, 1993)의 실존이론의 지지를 받는다. 즉 삶의 가치를 종교적 신념으로 부터 발견하려고 노력할수록, 탈진을 적게 경험한다는 이론이다.

5. 탈진 해결과 건강한 사역을 위한 제언

앞에서 살펴본 선행연구 및 필자의 실험연구를 기초로 하여 청소년 사역자 탈진 해소와 건강한 청소년 사역을 위한 대안을 아래와 같이 제안하려 한다.

첫째, 스트레스와 탈진 예방을 위해서 주중 안식일을 정하여 온전한 쉼과 회복에 집중할 필요가 있다. 필자의 연구의 참가자들도 초과된 업무량과 신학교 공부와 과제, 그리고 아르바이트 등을 병행하면서 육체적 쉼과 자신을 돌아보는 시간을 가지지 못하여 탈진을 경험했다. 따라서 일주일에 하루는 회복을 위해 쉼에 집중해야 하며, 상담, 심방, 신학교 과제, 설교 준비등에 시간을 할애하지 않는 것이 좋다. "안식이야 말로 목회자 탈진의 예방과 회복을 위한 일차적인 처방이다. 과도한 성과를 내기 위해 진행하는 일과 활동의 일시적인 중단이야 말로 가장 단순하고도 확실한 안식의 방식이다"(변재봉, 2018, 53). 주중 안식일에는 충분한 수면을 갖거나 운동을 하거나, 가족과 산책을 하며 육체적 쉼과 정서적 안정을 도모할 수 있다. 유진피터슨(Peterson, 2021)은 아내와 함께 매주 월요일에 점심 도시락을 준비하여 산길을 운전하고 차에서 내려 시편을 묵상하고 기도하며, 숲과 강의 아름다움을 사색하는 기회를 가졌다. 피터슨은 이러한 월요일의 안식을 거룩한 행위로 여겼다.

주중 안식일에는 사역의 중단이나 육체적 쉼에 집중 할 뿐 아니라, 하나님과의 친밀한 관계를 회복을 도모하는 노력이 필요하다. 하나님과의 친밀한 관계속에서 사역의 성취에 대한 자기 스스로 부과한 기대감(self-imposed expectations)을 내려놓고, 타인의 인정을 추구하기 보다 소명의식을 점검하고, 삶의 의미를 발견 할 수 있다 (Pines, 1993). 또한 탈진의 고통을 하나님께 토로하며, 하나님의 관점에서 자신의 삶과 사역을 재해석하는 기회를 얻게 된다. 이와 관련하여 고려신학대학원 하재성 교수는 (하재성, 2015, 334) 목회자들이 안식일에 하나님과 깊은 만남을 통하여 부정적인 감정, 위기감, 모순, 그리고 심연의 고통을 하나님께 자세히 풀어 설명하여 탈진을 극복할 수 있다고 주장했다.

둘째, 교회는 세부직무 내용서(job descriptions)을 제시하고, 청소년 사역자들이 직무내용서에 명시된 역할과 업무시간에만 집중하도록 배려해야 한다. 교회는 청소년 사역자들의 탈진의 원인이 되는 초과된 업무량과 역할 구분의 모호성(role ambiguity)에 대해 관심을 기울일 필요가 있다. 대부분의 부교역자들이 교회에 부임할 때 어떠한 일을 하게 되는지 구체적인 책임의 한계는 어디까지 인지 알지 못하는 가운데 사역을 하게 된다. 스스로 알아서 눈치껏 해야 할 경우가 많다. (김준수, 2007, 43-44). 업무의 경계와 역할의 구분이 모호하여 역할 갈등을 경험하고, 그 결과 탈진에 노출되기 쉽다. 필자의 연구에 참여한 사역자들도 자신의 고유한 사역 외에 많은 업무를 감당해야 할 때 탈진을 경험했다고 고백했다. 따라서 지역교회의 당회는 세부직무 내용서에 명시된 고유한 사역과 업무 시간에 집중하여 업무의 효율성을 높이고, 과도한 업무 부담에 이르지 않도록 배려하는 것이 좋다.

셋째, 사역 분량에 걸맞은 적절한 급여가 지급되어야 한다. 선행연구와 필자의 경험연구에서 논의된 것처럼 업무량에 맞지 않게 터무니없이 적게 지급된 급여는 청소년 사역자들의 탈진과 임지이동의 이유가 된다는 것을 알게 되었다. 청소년 사역자들 특히, 소위 MZ 세대의 사역자들에게는 선배 목회자 세대들에게 자발적 의무로 여겨졌던 경제적 희생과 하나님의 공급만을 신뢰하는 태도를 요구 하는 것은 그리 쉬운 일이 아니다. 교회는 세부직무 내용서에 명시된 업무량에 걸맞은 적절한 사례금을 지급하고, 특별한 경우가 아닌 이상 초과 업무를 지시하지 않는 것이 좋다. 만약 교회의 재정 사정상 파트타임 사역자를 청빙 하고, 적은 금액의 사례비를 지급할 경우, 사역자가 본인의 의사에 따라 사역 외에 경제적 활동을 겸할 수 있도록 배려하고, 그 시간에는 사역 외 다른 교회 업무를 최대한 맡기지 않도록 해야 한다.

마지막으로, 담임목사는 수직적 리더십 스타일을 지양하고, 청소년 사역자를 동역자 의식을 가지고 존중할 필요가 있다. 선행연구와 필자의 경험연구를 통해 알 수 있듯 청소년 사역자들은 교회의 리더들로부터 동역자 로서의 존중을 느끼지 못하거나, 특히 학부모나 성도와의 갈등 속에서 보호와 돌봄을 받지 못한다는 생각이 들 때가 있다. 그 결과 스트레스와 탈진을 경험 할 수 있다. 담임목사는 청소년 사역자가 어떤 갈등 상황 가운데서도 안정감을 가지고 사역할 수 있도록 신뢰를 주고, 여러 가지 사역의 어려움을 함께 극복할 수 있도록 멘토의 역할을 할 필요가 있다. 또한, 청소년 사역자들이 현장에서 고민하고, 제안하는 의견들을 경청하고, 그들의 제안이 자신의 문제 해결 방법 보다 더 실제적이고 효과적일 수 있다는 점을 인정할 필요가 있다. 무엇보다, 청소년 사역자를 자신의 목회를 위해 희생하고 섬기는 소모품이 아니라, 다음 세대를 세우기 위해 하나님이 부르신 소명자로 존중하는 태도가 절실히 필요하다.

6. 나가면서

최근 여러 가지 요인으로 교회들 마다 부교역자를 청빙하기 힘든 시절을 보내고 있다. 특히 청소년 사역자를 구하기가 여간 어려운 일이 아니다. 특히 코로나19를 지나면서 이러한 현상은 더욱 가속화 되었다. 청소년 사역의 특수성으로 인하여 청소년 사역을 꺼리거나, 사역을 시작해도 2년을 채우지 못하고 타부서나 다른 교회로 옮겨가는 경우도 많다. 기성세대 목회자와 교회 리더들은 부교역자들의 자세와 태도만을 탓할 수만은 없다. 청소년 사역을 감당하기에 그들이 마주해야 할 현실과 스트레스, 탈진 문제에 관심을 가져야 한다. 그들 스스로 해결하도록 내버려두면 안된다. 할 수 만 있다면, 신학교나 총회 교육위원회에서 청소년 사역자들의 어려움과 탈진 문제를 면밀하게 다루고 실제적 도움을 줄 수 있는 세미나를 개최하거나 교육과정을 개발할 필요가 있다.

또한 성도들은 청소년 사역자들이 탈진을 느끼고 있는지 그렇지 않은지 따뜻한 시선으로 살피고, 그들의 사역 외 업무들을 함께 수행 하여 그들의 심적 부담을 줄이는데 도움을 주는 것이 좋다. "더불어 사역자들의 주중 안식일에는 긴급한 사항 외에는 연락이나 방문을 자제하고, 그들이 육체적 쉼을 누리고, 하나님과 친밀하고 건강한 관계를 유지하여 탈진을 효율적으로 예방할 수 있도록 도와야 한다" (김영준, 2021, 131).

참고문헌

김영준(2021). 탈진의 성경적 원리와 심리학적 관점 및 경험 연구의 통합. 복음과 실천신학 59권. 104-131.

김준수(2007). 목회자의 우울증과 탈진: 거룩한 자기 착취의 성과. 복음과 상담 8권. 33-58.

변재봉(2018). 신대원생의 직무 및 역할 스트레스가 탈진에 미치는 영향에 대한 목회상담적 함의. 복음과 실천신학 49권. 36~74.

하재성(2015). 목회자의 우울증과 탈진: 거룩한 자기 착취의 성과. 복음과 상담 23권 1호. 315-341.

Borthwick, P.(1990). Feeding your forgotten soul: Spiritual growth for youth workers. Grand Rapids, MI: Zondervan.

Campolo, A.(1989). Growing up in America: A society of youth ministry. Grand Rapids, MI: Zondervan Publishing.

Carroll, J. F., & White, W. L.(1982). Theory building: Integrating individual and environmental factors within an ecological framework. In D. Whiton Stewart Paine(Ed.). Job stress and burnout: Research, theory, and intervention perspectives.(pp. 41-60). Washington, DC: Taylor & Francis.

Eugene, E. P.(2004, 5, 19). The pastor's sabbath, Christianity Today. URL: https://www.christianitytoday.com/pastors/leadership-books/prayerpersonalgrowth/lclead04-2.html

Fields, D.(2002). Your first two years in youth ministry: A personal and practical guide to starting right. El Cajon, CA: Youth Specialties Books.

Grenz, J. C.(2001). Factors influencing job or career changes of youth ministers(Doctoral dissertation). Retrieved from ProQuest Dissertations & Theses Global.(1810435251).

Griffin, B.(2022, 8, 10). 5 Critical changes in post-pandemic youth ministry. URL: http://fulleryouthinstitute.org/blog/5-critical-changes-in-post-pandemic-youth-ministry

Hobfoll, S. E., & Freedy, J.(1993). Conservation of resources: A general stress theory applied to burnout. In Wilmar B. Schaufeli, Christina Maslach, & Tadeusz Marek(Eds.), Professional burnout: recent developments in theory and research. (pp. 115-133). Washington, DC: Taylor & Francis.

Kageler, L(2008). The youth ministry survival guide: How to thrive and last for the long haul. El Cason, CA: Youth Specialties.

Kim, Y.(2020). A Grounded Theory Study of Burnout among Youth Workers in Korean Immigrant Churches. Christian Education Journal 17(2). 373-391. https://doi.org/10.1177/0739891320926512

Lawrence, R.(2006). Partnering with parents. In Rick Lawrence(Ed.), Youth ministry in the 21[st]century(pp. 148-173). Loveland, CO: Group.

Marrs, R. G.(2012). Understanding the lived experience of novice youth ministers in the evangelical protestant tradition(Doctoral dissertation). Retrieved from ProQuest Dissertations & Theses Global.(1810435274).

Maslach, C.(1993). Burnout: A multidimensional perspective. In Wilmar B. Schaufeli, Christina Maslach, & Tadeusz Marek(Eds.). Professional burnout:Recent developments in theory and research.(pp. 19-32). Washington, DC: Taylor & Francis.

Maslach, C., & Leiter, M.(1997). The truth about burnout: How organizations cause personal stress and what to do about it. San Francisco, CA: Jossey-Bass Publishers.

Pines, A. M.(1993). Burnout: An existential perspective. In Wilmar B. Schaufeli, Christina Maslach, & Tadeusz Marek(Eds.), Professional burnout : Recent developments in theory and research(pp. 33-52). Washington, DC: Taylor & Francis.

Strommen, M., Jones, K. E., & Rahn, D.(2001). Youth ministry that transforms. Grand Rapids, MI: Zondervan.

제5부

기독교교육의 실천

제19장

예전과 기독교 교육: 신앙형성과 전수를 위한 핵심축[1]

문화랑(고려신학대학원)

1. 들어가며

제2차 바티칸 공의회의 가장 중요한 논제 중 하나는 예배 갱신에 관한 문제였으며, 그 논의의 결과는 전례헌장(sacrosanctum concilium)이라는 문서를 통해 열매 맺었다. 예전 전통 중 가장 보수적인 예전을 고수했던 로마 가톨릭 교회가 현 시대를 살아가는 성도들의 예배 문제의 중요성을 자각하고, 예배를 새롭게 함으로 능동적이고 적극적이며 완전한 참여를 돕는 데 보인 관심은, 각 교단의 학자들과 목회자들에게도 큰 영향을 미쳤다. 이후 예배와 예전에 대한 범교단적인 관심이 일어났고, 결국 1960년대 이후 예전 갱신 운동(liturgical movement)이 전 세계를 휩쓸었다.

이 운동은 각 교단별로 예전서의 개정 작업에 큰 영향을 주었으며, 우리가 드리는 예배가 개인과 공동체의 신앙을 형성한다는 것에 대해 눈을 뜨게 했다. 이런 관심은 예배가 어떻게 신앙을 형성하는지에 대한 예전 학자들의 학

---

1. 이 글은 복음과 실천신학 제 71권(2024.5)에 실린 것을 수정, 보완한 것이다.

문적 논의로 연결되었다. 또한 어떻게 하면 한 세대의 신앙을 다음 세대로 전수시킬 수 있을 것인가에 대한 관심을 가졌던 John Westerhoff III)와 같은 기독교 교육학자에게도 중요한 통찰을 제공하였다.

Westerhoff(1976)는 "왜 한 세대의 신앙이 다음 세대로 전수되지 않는가"에 대한 의문을 가지고 깊이 연구한 결과, 모든 세대가 함께하는 예배에 참여함으로 이것이 가능하다고 주장하였다. 특히 그는 신앙 공동체가 공예배 속에서 함께하는 예전과 의례가 중요하다는 견해를 피력하였다. 또한 Neville과 Westerhoff(1978)는 예전을 통해서 장로교회와 개혁주의 교회의 지식 전달 중심적 교육 체계의 단점을 보완할 수 있고, 효과적으로 전인적인 신앙을 형성할 수 있다고 주장하였다. 그는 예전학자는 아니었지만, 예전과 의례의 형성적인 힘을 파악하였고, 결국 예배가 신자의 신앙을 형성시키는 교육적인 힘이 있음을 주장하게 된 것이다.

Westerhoff의 견해는 40여년이 지난 지금까지도 목회자들과 여러 학자들에게 큰 영감을 줄만큼 탁월한 것이다. 그러나 그는 기독교 교육학적인 차원에서 예전과 기독교 교육과의 관계를 논하면서, 어떻게 예전이 교육적이면서도 형성적인 효과를 주는가에 대한 학문적인 논의를 개진하지는 못하였다.

Westerhoff의 부족한 부분을 보완하면서 예전의 형성적인 힘에 대한 신학적이고 철학적인 근거를 제시한 사람이 있다면, 바로 칼뱅대학교의 철학자 James K. A. Smith일 것이다. Smith(2009)는 아우구스티누스와 같은 위대한 신학자들의 견해뿐 아니라 Maurice Merleau-Ponty와 같은 철학자, Pierre Bourdieu와 같은 사회학자의 이론들을 능숙하게 활용하면서, 우리가 드리는 예배가 우리의 신앙을 형성하며, 무엇보다 예배 참여와 예전의 시행 자체가 큰 교육적 효과가 있음을 이론적으로 증명하였다.

예배와 기독교 교육의 관계에 대한 선행 연구자로 한국에는 Westerhoff와 Smith가 주로 알려져 있지만, 사실 북미의 Louis Weil(1990), E. Byron

Anderson(2003), John Witvliet(2008)과 같은 저명한 예배학자들은 예배의 교육적 기능과, 예전의 신앙 형성적 힘에 대한 관계에 대한 깊이 있는 저술들을 발표하였다. 또한 지금으로부터 20여년 전 한국의 대표적인 기독교 교육학자였던 강희천(1999)은 당대의 학문적 흐름을 잘 파악하고, 예전적 종교 교육의 모형들을 한국의 학계에 알렸지만, 아직까지 예전학(liturgical studies)에 대한 전문적인 이해를 바탕으로 예전과 기독교 교육과의 관계를 연구한 작품은 미진한 실정이다.

본고는 예전과 기독교 교육이 어떤 관계 속에 있는지를 예전 신학과 교육학적인 관점에서 먼저 설명하고자 한다. 예전이 어떻게 교육적이며, 신앙 형성적인 효과를 낼 수 있는지를 증명할 수 있다면 기독교 교육학자들과 현장 목회자들이 예배와 성례, 그리고 예배의 요소와 구조, 순서에 대한 이해를 가져야 함의 당위성을 설명할 수 있을 것이다. 나아가 예배와 기독교 교육이 어떤 매커니즘을 통하여 상호 작용하며, 결국 공동체의 신앙을 전수하고 개인의 신앙을 형성하는지에 대해 설명하겠다. 이를 통해서 지식 전달 중심에서 더 나아가 통전적이고 전인적인 교육이 가능함을 보일 것이다. 마지막으로 예배의 각 요소들이 어떻게 교육적인 효과를 가져올 수 있는지에 대해 예전 신학적 차원에서 설명할 것이다. 그래서 왜 예배와 예전의 실천이 신앙 형성적인 효과를 내는지에 대해 설명하겠다.

2. 펴는 글

2.1. 예전과 기독교 교육의 관계

예배와 기독교 교육은 마치 뫼비우스의 띠와 같이 긴밀하고 밀접하게 연결되어 있다. 즉 떼려야 뗄 수 없는 밀접한 관계라는 것이다. 먼저 예배를 중심으로 생각해 보자. 예배를 잘 드리면, 이것을 통해서 교육적 효과를 얻을 수 있다. 매주 드리는 예배 속에서 신자는 우리가 믿는 신앙의 내용이 무엇인지를 배운다. 왜 예배를 드리는지, 삼위 하나님께 어떻게 기도하는지, 또한 어떻게 찬양하며 예물을 준비해서 봉헌하는지, 우리는 예배 실천을 통해서 이 모든 것들을 배운다. 예배를 드리기 전 꼭 예배학을 공부해야만 하는 것이 아니다. 사람들은 예배를 드리면서 예배하는 법을 배운다. 기도도 마찬가지다. 기도에 관한 책을 여러 권 읽어야만 기도를 잘하는 것이 아니다. 우리는 기도하면서 기도하는 법을 배운다. 찬양도 마찬가지다. 찬양 부르는 법을 배우기 위해 음악 학원에 다니는 사람은 없을 것이다. 예배 속 회중 찬양을 통해서 우리는 하나님을 찬미하는 법을 배운다. 즉 예배 속에는 수많은 교육적 요소들이 들어가 있고, 사람들은 예전을 행하며, 예배에 참여함으로 이 모든 것을 배운다(Murphy, 2004).

동시에 우리는 기독교 교육을 중심으로 예배와의 관계를 생각할 수 있다. 기독교 교육을 통해서 신자는 좋은 예배자가 될 수 있다. 신자들은 교회에서 다양한 교육을 받는다. 새신자들은 새신자 교육을 받기도 하고, 교회 내 개설된 강좌들을 통해서 교리를 공부하며, 성경의 각 권을 공부하기도 한다. 그리고 신학과, 선교, 예배에 대한 다양한 교육을 받는다. 이를 통해서 성도들은 지적으로 성장할 뿐 아니라, 신앙의 성숙을 경험한다. 우리는 이 과정 속에서 매주 예배가 반복된다는 점에 주목해야 한다. 한 번의 예배가 성도들을 변화시킬 수도 있고 변화시키지 못할 수도 있다. 그러나 매주 드리는 예배를 통해서 성도는 보다 나은 이해와 성숙의 자리로 나아갈 수 있다. 또한 적절한 교육을 받은 후 경험하는 그 다음번 예배에는, 보다 깊어진 기독교 신앙에 대한 이해와 영적 성숙의 상태에서 더욱더 신실한 예배를 드릴 수 있게 된다. 그러므로 매주 드리는 예배는 단순히 기계적인 반복으로만 그치는 것이 아니라, 새로운 예배자가 되어 다음번 예배에 참여할 수 있는 기회와 계기가 되기도

한다(Kavanagh, 1992).

그러므로 예전과 기독교 교육은 끊임없이 상호간 영향을 미치는 관계이며, 그 어느 것 하나도 소홀히 할 수 없는 교회의 신앙 형성과 전수를 위한 핵심 축이라고 할 수 있겠다.

이 관계는 장로교회와 개혁교회의 주요 신앙고백인 웨스트민스터 소교리문답 제1문에서 재확인할 수 있다. 제1문의 질문은 다음과 같다. "사람의 제일되는 목적은 무엇입니까?" 이에 대한 대답은 다음과 같다. "사람의 제일되는 목적은 하나님을 영화롭게 하는 것과, 그를 영원토록 즐거워하는 것입니다."(Williamson, 2003) 여기서 "하나님을 영화롭게 하는 것"과 "그를 영원토록 즐거워하는 것"은 예배와 밀접한 관계가 있다. 예배의 환경 속에서 우리는 하나님께 영광을 돌리고, 그분과의 교제를 즐거워한다. 즉 기독교 신자를 교육하는 교리교육의 근간이 되는 핵심 질문, 즉 사람의 존재 목적이 "예배"와 관련되어 있다는 것 자체가 얼마나 예배가 기독교 교육과 밀접한 관계를 맺고 있는지를 여실히 보여준다고 하겠다.

물론 기독교 예배의 일차적 존재 목적이 기독교 교육을 위함은 아니다. 예배는 하나님과 그의 백성의 만남과 교제이며, 하나님의 부르심에 대한 사람의 반응과 경축이다(Murphy, 2004). 그러나 예배의 현장에서, 예전의 시행을 통해 무언가가 일어난다. 예배를 통해 사람들은 삼위 하나님을 경험하며, 전인적인 성숙을 경험한다. 한 방울의 물은 힘이 없지만, 그 물이 계속해서 반복해서 같은 지점에 떨어진다면 아름다운 동굴을 형성하듯이, 예배의 실천과 반복적 참여는 신자들의 신앙을 형성하는 힘을 가진다. 즉 예배는 신자의 신앙을 형성하고 발전시키는 교육적 힘을 내포한다.

2.2. 기독교 교육과 예배학 연구

현재 한국 교회가 겪는 큰 문제점 중의 하나는 바로 세대간의 신앙 전수가 원활하지 않다는 것이다. 2000년대 이후로 한국 교회는 쇠퇴 일로를 걸어왔고, 2020년 전 세계를 강타한 코로나 사태는 쇠퇴의 속도를 가중시켰다. 부흥을 경험하고 한국 교회의 성장을 이끌어왔던 세대들은 고령화되었고, 그들의 가정에도 신앙 전수가 제대로 되지 않는 현상이 비일비재하게 일어나고 있다(문화랑, 2021). 그런데 이와 비슷한 상황을 미국 교회는 이미 경험했다. 교회가 사회로부터 공적 신뢰를 잃어버리면서 전도가 어려워지고, 교회 내부적으로는 아이들과 젊은이들이 교회를 떠나는 내우외환의 상황이 미국 교회를 힘들게 했다. 이런 상황 속에서 미국의 기독교 교육학자인 Westerhoff는 "왜 한 세대의 신앙이 다음 세대로 전수되지 않는가"에 대해 1970년대 후반부터 중요한 저작들을 내어 놓기 시작했다.

그가 내어놓은 해결 방법은 다음과 같다. 한 세대의 신앙이 다음 세대로 전수되기 위해선 모든 세대가 함께하는 예배가 중요하다는 것이다. 예배와 신앙 공동체의 생활에 참여하면서, 아이들은 자연스럽게 기독교의 진리와 교회의 분위기에 익숙해진다는 것이다. 무엇보다 그는 예배 속 "예전"과 "의례"가 신앙 형성과 전달에 중요한 역할을 한다고 주장하였다(Westerhoff, 2000).

그는 당시의 지식 전달 중심의 교회 교육의 한계를 절감하였다. 즉 지식의 주입이 자동적으로 사람의 변화로 연결되지 않음을 깨닫고, 사람은 학습을 통해서도 배우지만 참여와 실천을 통해서도 배울 수 있음을 주장하였다. 즉 예배에 참여하며 예배 속에서 예전과 의례를 행하는 것, 세례와 성찬에 참여하기, 생애 주기에 있어서 중요한 역할을 하는 통과 의례에 대한 목회적 접근 등을 통해서 신자는 기독교의 중요한 진리들을 암묵적으로 학습할 수 있음을 주장한 것이다(Westerhoff & Willimon, 1994).

사실 한국의 기독교 교육, 특별히 교회 교육이 지식 전달 중심적이었음을 부인할 수 없다. 단적인 예로 대부분 한국 교회에서는 유아로부터 대학청년부까지의 과정을 "교회학교"라는 용어로 빈번하게 표현한다. 용어의 사용은 발화자의 생각을 담고 있다고 볼 때, 지금까지의 신앙 양육 과정 속에서 가르침과 학습이 중심이었음을 알 수 있다. 즉 주중에는 학교에서 세상의 학문을 배우고, 주일에는 교회 학교에서 성경과 교리를 배운다는 생각이 "교회학교"라는 단어 속에 내포되어 있는 것이다. 이런 강조들은 이들을 위한 모임 장소와 그들의 예배에도 큰 영향을 미쳐왔다.

예를 들면 아이들은 어른들과 함께 주일 공예배를 드린 후, 연령별 부서 모임으로 흩어진다. 그런데 그 부서의 모임 공간은 예배 장소 같은 느낌이라기보다는 교실 같은 느낌이 든다. 사실 한국 장로교회의 예배 공간도 엄밀히 말하자면, 종교적인 건물로 의도하며 지어졌다기보다는 강의 중심적 공간 배치, 혹 규모가 큰 교회의 경우에는 음악 강당 같은 건축과 공간 배치가 압도적으로 많은 상황이다. 그런 가운데서 드리는 예배는 설교 중심적이거나 음악 중심적일 수밖에 없을 것이다(김정신, 2012).

하나님의 구원사역을 경축하며, 경배가 우선시되어야 할 예배의 현장에서 설교를 받아 적는 데만 몰두한다. 최근에는 태블릿 PC 자판으로 타이핑을 하는 경우도 심심찮게 볼 수 있다. 이것은 예배의 핵심인 하나님과 그의 행하신 위대한 구원을 경축하는 것보다, 무언가 지식적으로 배우는 것을 신앙 교육의 핵심으로 강조하는 한국적 강조점과도 연결되어 있다(Moon, 2024).

위와 같은 상황 속에서 참여자는 지성과, 영성, 감성이 함께 자라는 전인적인 발달을 경험하지 못한다. 머리는 커지지만 그것이 실천으로 연결되지 못하는 어려움을 겪는다. 예배자는 예배 참여와 의례의 실천을 통해서, 들은 말씀에 능동적으로 반응할 수 있는 기회를 가진다. 이것은 또 다른 차원의 학습의 장을 제공한다. 사람은 말씀을 들으면서 기독교의 진리를 배우지만, 행함과 참여를 통해 또 다른 차원의 학습을 경험한다. 말씀을 듣고만 있는 것은 수동성을 야기할 수 있지만, 예배의 순서 속에서 일어나기도 하고, 신앙을 고백하기도 하며, 직접 성찬에 참여함을 통해서 참여자는 말씀을 능동적으로 생각하며 반응하는 교육적 훈련을 받는다. 이것이 바로 예배가 기독교 교육에 미칠 수 있는 핵심적 가치가 된다.

2.3. 예전과 의례의 역할

일반적으로 개신교에서는 예전과 의례라는 용어에 대한 반감을 가지고 있다. 이것들을 로마 가톨릭의 유산 혹은 타종교로부터 영향을 받은 첨가물이라는 오해하는 경우도 비일비재하다.[2] 그러나 예전과 의례가 없는 예배란 존재하지 않는다. 기독교 예배 전통 중 가장 비예전적이라고 분류되는 퀘이커의 예배에도 예전과 의례란 존재한다. 무형식도 일종의 형식이다(Moon, 2021). 그렇다면 예전과 의례의 정의는 무엇인가? 예전이란 예배 공동체가 공적 예배 속에서 행하는 일이다(Senn, 1997). 예를 들면, 손을 들거나, 박수를 치거나, 일어서고 앉는 것, 이 모든 것이 예전에 포함된다. Paul Connerton(2007)에 따르면 의례는 "특별한 의미를 부여하는 사고와 감정의 대상에 참가자들의 주의를 끌어들이는 상징적 성격의 규칙에 따른 활동"이다. 이것은 "반복적이고, 규정된, 엄격한, 정형화된" 특징을 가지고 있다(Searle, 2007). 그런데 흔히 개신교에서 특히 의례를 비판하는 까닭은 의례(ritual)와 의례주의(ritualism)를 혼동하기 때문이다. 성경은 마음이 떠난 예배를 비판하지, 의례 자체를 부인하지는 않았다(문화랑, 2020). Craig Erickson이 지적하듯이 신자로 하여금 이해를 추구하게 하며, 능동적이고 의미 있게 예배에 참여하게 한다면 의례는 긍정적인 효과를 내지만, 마음이 떠난 채 이해 없이 반복만을 추구한다면 그것은 예배자로 하여금 의례주의(ritualism)로 빠지게 하는 결과를 초래할 수도 있다.

---

2. 대표적인 개혁신학자인 John Calvin도 예전과 의례의 가치를 반대하지 않았다. 그가 강하게 반대했던 것은 중세 교회의 과도한 의례주의였다. John Calvin, *Institutes*, 4.5.5; 4.10.13. 그는 로마 가톨릭 교회가 부당하게 성도들에게 과도한 규정된 행동들과 세레모니를 부과한다고 생각하였다.

예전과 의례는 개인과 공동체의 신앙 형성 과정에 있어서 큰 영향을 미친다. 우리가 드리는 예배가 참여자의 신앙을 형성한다. 예배의 요소와 순서, 배치, 그리고 예배의 콘텐츠는 참여자의 마음속에 끊임없이 메시지를 전달하고, 내면 속에서 신앙 형성적 효과를 산출한다. 어떤 내용으로 예배를 드리는지가 신자의 신앙과 신학의 특징을 형성할 수 있다. 즉 예배 속 예전과 의례는 참여자를 훈련하고 교육하는 역할을 감당하는데, 과연 예전 신학적인 관점에서 어떻게 영향을 미치는지를 분석해 보겠다.

2.3.1. 학습과 이해를 돕는다

배움은 몸의 참여를 통해 일어난다. 인간의 인지(perception)능력 자체도 단순히 두뇌만의 활동이 아니라 몸의 경험을 통해 생겨나는 것이다. Merleau-Ponty는 인간의 인식에 있어서 몸의 중심성을 주장하였다. 그는 몸을 "살아 있는 의미의 연결고리"(a nexus of living meanings)"라고 하였다(Merleau-Ponty, 2002). 즉 인간은 경험을 통해 감각을 획득하고, 그 감각이 인식의 기초를 이룬다. 사실 경험과 두뇌의 활동, 그리고 학습과의 연관성에 대해서는 심도 깊은 논의들이 전개되고 있다. 특히 예전학자들 가운데서도 신경과학과 두뇌 연관을 기반으로 하여, 인간의 언어와 행동, 상징적 요소들을 포함하는 예전과 의례의 경험을 통해 기독교 신앙을 학습할 수 있으며, 매주 반복되는 예배의 행위를 통해 이해와 인식의 폭을 넓히고 있음을 밝히는 연구들이 진행되고 있다(Moon, 2021).

학습은 경험에 의해 일어난다. 경험을 통해서 우리는 지식과 기술을 획득할 뿐 아니라 가치와, 태도, 그리고 감정적 반응들을 획득한다(Ormrod, 2008). 경험은 우리에게 정보를 제공할 뿐 아니라, 마음속 이해의 공간을 확충한다. 사람은 다른 사람 혹은 사물들을 모방하거나 교류하면서 발달을 경험한다. 그것을 통해 어떻게 결정해야 할지, 그리고 다음 행동을 위한 토대를 놓게 된다(Mead, 1962). 무엇보다 학습은 단순히 인지적인 행위 뿐 아니라, 어떤 활동을 통해서도 일어날 수 있다는 것을 주목해야 한다. Michael Polanyi(1966)는 인간이 명시적 지식뿐만 아니라 암묵적 지식(tacit knowledge)도 가질 수 있음을 밝혀준다. 사람은 말할 수 있는 것보다 훨씬 더 많이 알고 있으며, 설사 말로 표현할 수 없다 할지라도 지식이 부재하는 것이 아니다. 이것은 우리에게 의례적 지식(ritual knowledge)의 가능성을 열어 준다.

예전과 의례의 시행을 통해 사람은 거기에 내포된 의미를 배운다. 예배와 의례의 경험을 통해 감각과 인지가 결합된다. 그리고 반복된 의례의 시행은 이해의 그물을 형성하고, 행위가 반복될수록 이해의 폭과 깊이를 더할 수 있다(Sailers, 1994). 거미줄의 경우를 한번 생각해 보자. 거미가 한 번에 한 줄을 칠 수 있다고 생각해 보자. 행위가 반복될수록 거미줄은 보다 촘촘해질 것이고, 거미가 움직일 수 있는 영역은 넓어질 것이다. 경험을 통한 학습과 이해도 이와 같다. 반복된 경험은 이해의 확장을 가지고 올 수 있다. 무엇보다 몸의 감각과 현장에서의 경험은 외부를 향한 이해를 확장시킬 수 있는 계기가 된다(Bourdieu, 1997). Paul Connerton(1989)은 다음과 같이 말한다. "우리의 몸은 기념을 통해서 과거의 이미지를 재현함으로써, 특정 숙련된 행동들을 계속 수행하는 능력을 통해 과거를 완전히 효과적으로 유지한다." 우리의 몸이 학습과 기억에 있어서 중요한 역할을 감당하게 된다는 것이다. 무엇보다 수행적인(performative) 의례의 시행은 몸에 새겨진 지식을 제공할 수 있다. 이 과정에서 학습이 일어나고 보다 깊은 이해가 가능한 것은 자명한 사실이다.

무엇보다 예전과 의례의 시행은 인지중심적인 신앙 교육에서 보다 통전적인 학습의 장으로 사람들을 인도할 수 있다. Westerhoff가 지적했듯이 일반적으로 장로교회와 개혁교회에서는 신앙 고백서와 교리 교육을 강조한다. 신앙의 형성 과정에 있어서 교리 교육은 바른 신앙의 토대를 세운다는 차원에서 굉장히 중요하다. 특히 최근 한국 교회에 교리 교육 열풍이 분 것은 굉장히 바람직한 일이라고 하겠다. 그러나 보다 형성적인 차원을 고려해서 인지 중심적인 교육에서 통전적인 교육 방법에 관심을 가질 필요가 있다. 우리는 학습을 통해서도 배우지만 참여와 행함을 통해서도 배울 수 있다. 예전과 의례는 바로 이런 차원의 학습을 가능케 한다.

2.3.2. 기억과 정체성을 형성한다.

예전과 의례는 예배자의 기억을 돕는 기능을 가진다. 사회학자 Connerton(1989, p.3)은 이렇게 말했다. "우리의 현재 경험들은 주로 과거의 우리의 지식에 크게 의존하며, 우리의 과거에 대한 이미지는 일반적으로 현재의 사회 질서를 정당화하는 데 기여한다." 즉 과거의 경험과 지식이 기억에 영향을 미치고, 그것은 현재의 정체성을 형성하는 데 기여한다는 말이다. 예전과 의례의 경우도 마찬가지다. 예전과 의례의 실천을 통해 참여자들은 그 안에 내포된 정보와 의미를 배우며 기억한다(Johnson, 2007).

예를 들어 성찬식을 한 번 생각해 보자. 성찬의 도입부에서 집례자는 성찬의 제정사를 이야기한다. "주님께서 잡히시던 밤에..."로 시작되는 말씀을 통해서 우리는 마치 주님의 마지막 만찬의 자리로 시간을 거슬러 올라가는 듯한 느낌을 받는다. 뿐만 아니라 어떤 상황 속에서 성찬이 제정되었지를 알게 된다. 이후 집례자가 언어와 행동으로 보여주는 성찬의 4중 동사, "취하사" "축사하시고" "떡을 떼사" "나누어 주시더라"를 통해 성도들은 성찬의 핵심 골격이 무엇인지를 기억하게 된다(Dix, 2005). 참여자들은 주님께서 자신의 몸을 직접 희생하셔서 우리의 유익을 위해 나누어 주신 것을 직접 느끼고, 체험하고, 기억한다. 빵과 잔을 나눌 때, 주님께서 자신의 몸을 찢기셨을 뿐만이 아니라 직접 피 흘려 희생하셨음을 기억한다. 그런데 신약 성경에 나오는 이 기억이라는 단어의 원어, 아남네시스(ἀνάμνησις)는 단순한 기억이 아니라, 성령의 능력으로 이 자리에 동일하게 일어난다는 보다 생생한 의미를 가지고 있다(Bradshaw, 2003).

빵이 뜯어지는 장면을 보면서, 그리고 그것을 직접 씹어서 먹으면서 주님의 몸의 찢기심의 의미를 더욱 생생히 묵상하게 된다. 포도주를 나누면서 예수 그리스도의 흘리신 보혈을 떠올리며, 왜 주님께서 죽으셔야만 했는지를 절실히 깨닫게 된다. 집례자가 성찬상 앞에서 인도하며 따르는 잔에 담긴 포도주를 보고, 마시고, 느끼며, 성도들은 단순히 귀로만 말씀을 듣는 것이 아니라, 직접 보며 체험하며 그 말씀이 체화(embodiment)되는 것을 느낀다.

즉 성찬 속 예전과 의례는 성경에 나타난 주님의 수난과 고난을 단순히 기억하는 시간에서 그치는 것이 아니다. 이 모든 성경적이고, 신학적인 스토리들을 신학화한 의례의 실천 속에서 다양한 감각을 활용하며, 다양한 방법을 통해서 직접 체험하고 학습하는 교육적 효과를 가진다.

그런데 이런 의례는 개인의 신앙 정체성에만 영향을 미치는 것이 아니라 공동체의 정체성을 형성한다. 함께 무언가를 행한다는 것은 굉장한 동질성을 형성한다. 축구장에서 군중이 함께 부르는 응원가나 군인들이 행군하면서 부르는 군가를 한번 생각해 보라. 한 목소리로 함께 노래 부르는 가운데, 소리의 공명은 군중의 귀로 들어가 심장을 뛰게 한다(Harmon, 1998). 노랫 속 가사는 함께 부르는 멜로디 속에서 마음속에 새겨지고, 가슴을 울리게 한다. 단순히 개인이 혼자서 그 가사를 책으로 읽는 것과, 수많은 군중이 큰 목소리로 그것을 노래로 만들어 부르는 것은 차원이 다른 효과를 산출한다. 1970년대에는 한국 사회에 금지곡들이 많았다. 특별히 민중 가요들 가운데는 회중들의 결집에 탁월한 효과를 보이는 곡들이 있었다. 왜 노래들 중 금지곡으로 선정되는 노래들이 많았을까? 그것이 바로 의례의 에너지이자 힘이다. 노래를 부르면서 그 사람의 인격과 전인이 반응하며, 공동체성을 느끼며, 그 메시지에 담긴 정체성을 가지게 된다(Saliers, 1997). 이것은 비단 노래 뿐 아니라 다른 예전 속에서도 빈번하게 일어난다.

함께 신앙을 고백하고, 함께 십계명을 낭독하는 것을 생각해 보자. 이 순서들은 기독교 신앙의 중요한 내용을 담고 있어서 성도들의 신앙적, 윤리적 행동의 토대를 제공한다. 같은 내용으로 신앙을 고백한다는 것은, 그것과 함께 하는 사람들의 신앙 정체성을 형성한다. 개인의 신앙 고백일 뿐 아니라, 같은 신앙을 가진 사람들의 집단적인 고백이기도 하다. 이를 통해서 우리 모두가 한 교회에 속했을 뿐 아니라 한 공동체의 일원임을 깨닫게 된다. 뿐만 아니라, 예배 속 십계명은 의례적 차원에서 신자의 윤리적 행동과 사고의 울타리를 형성한다. 예배 속 시행되는 십계명 순서에서 이탈하지 않고 그 자리에서 함께 낭독하거나 노래로 부르는 행위는 그것의 내용의 울타리에 자신의 신앙 양심을 위치시킨다는 의미를 가진다(Rappaport, 1999). 그리고 그 속에서 울려 퍼지는 십계명의 내용은 참여자들의 머리와 마음에 새겨진 지식이 된다. 즉 의례로서의 십계명 낭독은 개인의 정체성과 공동체의 신앙과 정체성 형성에 큰 영향을 미친다. 즉 예배의 요소와 순서가 성도들에게 정보를 전달할 뿐 아니라 신앙의 훈련을 감당케 하는 교육적인 효과를 거둘 수 있게 한다(문화랑, 2018).

2.4. 예배 실천의 교육적 함의

예배를 드리는 것, 성례를 준비하고 시행하는 것 속에 깊은 교육적 의미와 효과가 있다는 것을 초대교회 시절부터 깊이 인지했던 것 같다. 특히 교회는 세례를 받기 위한 기독교 입문 과정(christian initiation)을 통해서 기독교의 기본 교리와 신앙 고백들을 가르쳤을 뿐 아니라, 그것이 인지적인 학습 활동으로만 그치지 않고 신실한 예배 참여로 이어질 수 있도록 예전적 교리교육(liturgical catechesis)을 실시하였다(Harmless, 1995). 예전적 교리 교육이란 우리에게 친숙한 교리교육과 함께 예배 참여와 성례의 실천을 통한 교육이 합쳐진 일종의 통전적인 성격을 지닌 교육이라고 할 수 있다. 예를 들자면 초대교회의 유명한 교부 중 한 명인 키릴로스는 설교와 강의를 통해 하나님 말씀을 가르쳤을 뿐 아니라 다양한 예전적 실천을 통해 가르쳤다. 다양한 예전을 시행하면서 세례 후보자들은 예전에 담긴 성경적 의미를 배울 수 있었다(Yarnord, 1994). 교인으로 입문하여 세례를 받고, 연이어 성찬에 참여하는 과정 속에서 성도들은 말씀을 들으면서 학습할 수 있을 뿐 아니라, 그것을 실천하면서 그 말씀의 의미를 보다 생생히 깨달을 수 있었던 것이다.

유명한 종교개혁가인 Calvin의 경우도 마찬가지다. 그는 2차례에 걸쳐 신앙 고백서를 작성하면서 올바른 교리교육을 통한 신앙 형성을 꾀하였다. 주기도문과, 십계명, 사도신경과 같은 기독교 핵심에 대한 해설들을 교리교육 시간을 통해서 가르쳤을 뿐 아니라, 주일 오후 예배의 교리 예배(catechism services) 시간을 통해 가르쳤다(Spierling, 2009). 그러나 그는 동시에 이것들을 예배 속에서 예전적으로 사용하면서 또 다른 차원의 학습 기회를 제공했다. 예를 들면 그는 십계명을 노래로 만들어 아침 예배와, 오후의 교리 교육 예배 때 불렀다(Maag, 2015). 인지적 학습 뿐만 아니라 실천을 통한 통전적이고 다감각적인 학습의 기회가 된 것이다. 뿐만 아니라 그는 주기도문을 교리 공부 시간에도 가르쳤지만, 설교 이전의 중보기도 순서와 설교 이후 그가 했었던 기도 가운데 신학적 의도를 가지고 주기도문을 패러프레이즈하여 사용하였다(Calvin, 1963). 주기도문 속에 담긴 내용은 우리가 배우고 기억해야 할 것이지만, 그것을 예배 속 예전적으로 사용함으로 또 다른 차원의 학습을 제공할 수 있었다. Calvin은 이러한 교육적 효과를 낼 수 있음을 인지하고 있었다.

위와 같은 사례들을 볼 때, 이미 교회는 예전적 실천이 교육적인 의미를 내포할 뿐 아니라, 그것을 통해서 신앙 형성적 효과를 가져올 수 있음을 인지하고 있었음을 알 수 있다. 현대 교육학적 용어로 표현하자면, 형식적 교육 (formal education)과 비형식적 교육(informal education)을 통한 통전적 교육을 추구했다는 것이다(La Belle, 1982).

그러면 보다 세부적으로 예배의 각 요소들이 어떤 의미를 내포하고 있으며, 그것이 예배 실천을 통해 성도들에게 어떻게 교육적 교훈이 되었으며, 신앙 형성에 어떤 역할을 했는지 살펴보도록 하겠다.

먼저 예배의 구조, 특별히 예배 요소들의 배치가 의미를 형성한다는 것을 주목해야 한다. 미국의 저명한 예전학자인 Gordon Lathrop(2005)은 병치 (juxtaposition)라는 개념을 통해 이것을 설명하였다. 그는 성경에 나타난 예배와 성례에 대한 본문들을 연구하면서 다음과 같은 주장을 개진하였다. 그에 따르면 말씀과 성례가 예배의 중심(central things)이다. 이 요소들의 앞과 뒤에 예배로의 부름, 송영, 신앙 고백, 참회의 기도와 사죄의 선언, 목회 기도, 봉헌, 강복선언 등의 요소들이 병치된다. 성경에서 나오는 예배의 요소들이 병치되면서, 이것이 전체적인 의미를 형성하게 된다는 것이다(Lathrop, 1998).

Calvin의 영향을 받은 일부 개혁교회들은 신자들의 고백인 보툼(votum) 이후 참회의 기도와 사죄의 선언 이후 십계명으로 노래를 불렀다. 그 이전에는 십계명을 먼저 낭독한 후 참회의 기도와 사죄의 선언의 순서로 예배를 진행하였다. 이 순서는 십계명을 통해 자신을 돌아본 후 회개의 기도를 드리겠다고 하는 의미가 담겨 있다. 그러나 Calvin은 사죄의 선언 이후 용서 받은 기쁨과 감격으로 십계명을 기쁨으로 지키겠다고 하는 율법의 제 3용법에 초점을 맞추었다(Burgess, 2004). 즉 예배의 요소를 어떻게 배치하느냐에 따라 성도들에게 주어지는 의미가 달라지고, 이것이 결국 신자의 훈련과 교육의 방향과도 연결이 된다.

예배의 세부적인 각 요소들도 교육적 의미를 가진다(Murphy, 2004). 기도라는 실천을 통해서 우리는 기도하는 법을 배운다. 아무리 기도에 관한 책을 많이 읽는다고 기도를 잘할 수 있는 것은 아니다. 기도하면서, 기도의 교사이신 성령님의 인도를 따라서 신자의 기도는 성숙해진다. 그래서 Calvin은 기도를 통해 믿음을 훈련시킨다고 표현했다. 기도하면서 신자는 기도가 내 의견을 관철시키는 것이 아니라, 하나님의 뜻을 깨닫고 따르는 것이라고 하는 교육적 함의를 깨닫는다.

찬송도 마찬가지다. 찬송 속에 포함된 성경적이고 신학적인 메시지는 개인과 회중의 신앙을 형성한다(Sailers, 2007). 곡조 있는 기도라고 하는 찬송을 통해서 신자는 보다 하나님과 긴밀히 교제하게 되며, 우리의 창조 목적이 하나님을 찬송하는 것임을 깨닫게 된다(엡 1:6). 즉 회중 찬송을 통해 회중은 하나님께 자신을 표현할 뿐 아니라 하나님의 뜻을 소리라는 공명을 통해서 증폭시킨다(Harmon, 1998). 이를 통해 교회 음악과 회중 찬송은 그 어떤 수단보다도 확실한 교육적 신앙 교육의 수단이 된다.

이 외에도 봉헌이라는 요소도 깊은 교육적 함의를 가진다. 역사적으로 수많은 예배 전통 가운데서도 이 봉헌이라는 요소는 단순히 하나님께 돈을 드리는 순서가 아닌 하나님께 받은 은혜에 감사를 표현하는 중요한 순서였다(Brink & Witvliet, 2004). 예배의 중요한 요소가 될 뿐 아니라, 성찬식 속에 이것이 배치될 때는 이웃을 섬기고 구제하는 디아코니아와 연결이 되었다. 성도들로 하여금 하나님 사랑이 이웃 사랑으로 연결되어야 함을 가르치는 중요한 훈련의 요소가 된 것이다.

위와 같은 예들은 우리의 예배 실천이 단순한 실천이 아니라, 개인과 회중의 참여 속에서 그것이 수행됨으로 신앙 형성적 기능을 가져올 수 있음을 보여준다. 즉 예전과 의례는 우리의 신앙 형성과 전수를 위한 교육적 힘을 가진다.

3. 나가는 글

교회는 예전과 교육이 밀접한 관계가 있음을 오래전부터 인지해 왔지만, 그것의 역학 관계를 학문적으로 규명하려는 시도의 역사는 오래되지 않았다. 1960년대 이후로 펼쳐진 Westerhoff의 연구가 교육학적인 차원에서의 예배와 의례의 형성적인 힘을 주목하며, 공동체로의 참여를 통한 신앙 전수에 초점을 맞추었다면, 2010년대에 미국의 철학자 Smith는 예전이 어떻게 사람을 변화시키고 형성시키는가에 대한 예전학적이고 철학적인 차원의 연구의 장을 열어 준 것을 확인하였다.

나는 이 연구에서 한 걸음 더 나아가 예배 속 의례의 형성적인 힘을 주목하면서, 어떻게 예전과 의례의 실천이 사람의 마음에 영향을 미치고, 학습과 이해의 폭을 넓힐 수 있는지를 밝혔다. 무엇보다 이것들의 반복적인 실천이 개인의 신앙 정체성에 영향을 미칠 뿐 아니라 공동체의 신앙 정체성 형성에 큰 영향을 미칠 수 있음을 주장하였다.

더 나아가, 세례와 성찬, 예배 요소들의 배치가 어떻게 신학적 의미를 생성할 수 있으며, 그것이 신자들에게 어떤 교육적 의미를 전달할 수 있는지를 설명하였다. 세례와 성찬을 준비하는 과정에도 수많은 교육적 프로그램들이 있지만, 그것들의 실천을 통해서도 기독교의 핵심 진리를 배울 수 있음을 밝혔다. 무엇보다 기도와 찬양과 같은 예배의 세부 요소들도 자신의 고유한 교육학적 함의를 가지고 있으며 이것들의 실천이 신자를 훈련시키는 믿음의 연습이 되며, 결국 이들의 신앙과 신학을 형성시키는 중요한 역할을 한다는 것을 밝혔다.

나의 연구는 예전과, 의례, 기독교 교육이 밀접한 연관성을 가지고 있음을 보여준다. 그러므로 예배학 연구자들 뿐만 아니라, 예배학을 배우는 사람들은 기독교 교육에 대한 관심을 가지고 그것을 배우고 익힐 필요가 있을 뿐 아니라, 기독교 교육학을 공부하는 사람들도 그것의 최종 목적이 신앙의 형성과 전수에 있음을 깨닫고, 예배학과 예전학적 소양을 갖추어야 할 것을 주장한다. 이를 통해 예배학 분과와 기독교 교육학 분과는 보다 통전적인 연구를 개진할 수 있을 것이다. 이런 통전적인 연구를 통해 개 교회마다 지성과 감성, 영성이 잘 조화된 통전적인 교육을 시행하고, 균형 잡힌 신자를 양성하는 데 일익을 담당할 수 있으면 좋겠다.

참고문헌

문화랑.(2018). 세대통합예배에 대한 예배신학적 분석. 복음과 실천신학 46. 97-125.

Anderson, E. Byron(2003). Worship and Christian Identity. Liturgical Press.

Bourdieu, Pierre(1997). Pascalian Meditations. Stanford University Press.

Bradshaw, Paul(2002). The New Westminster Dictionary of Liturgy and Worship(1st ed.). John Knox Press.

Brink, Emily & John D. Witvliet(2004). The Worship Source Book(ed.). Baker Books.

Burgess, John P.(2004). Reformed Explication of the Ten Commandments. In William P. Brown(Ed.). The Ten Commandments: The Reciprocity of Faithfulness(pp. 78-99). John Knox Press.

Calvin, John(1863). Joannis Calvini opera quae supersunt omnia Tome 6. CASchwetschke.

_____.(2008). Institutes of the Christian Religion (Henry Beveridge, Trans.). Hendrickson.

Connerton, Paul(1989). How Societies Remember. Cambridge University Press.

Dix, Dom Gregory(2005). The Shape of the Liturgy. Continuum Books.

Erickson, Craig Douglas(1985). Liturgical Participation and the Renewal of the Church. Worship 59(3). 231-243.

Harmless, William(1995). Augustine and the Catechumenate. Collegeville: Liturgical Press.

Harmon, Kathleen(1998). Liturgical Music as Prayer. In Robin A. Leaver & Joyce Ann Zimmerman(Eds.), Liturgy and Music(pp. 265-280). Liturgical Press.

Johnson, Maxwell E.(2007). The Rites of Christian Initiation. Liturgical Press.

Kavanagh, Aidan(1992). On Liturgical Theology. Collegeville: Liturgical Press.

La Belle, Thomas J.(1982). Formal, Nonformal and Informal Education: A Holistic Perspective on Lifelong Learning. International Review of Education 28. 59-175.

Lathrop, Gordon(2005). Central Things: Worship in Word and Sacrament. Fortress Press.

_____.(1998). Holy Things: A Liturgical Theology. Fortress Press.

Maag, Karin(2015). Lifting Hearts to the Lord. Eerdmans.

Mead, George Herbert(1962). Mind, Self, and Society from the Standpoint of a Social Behaviorist. University of Chicago Press.

Merleau-Ponty, Maurice(2002). Phenomenology of Perception. Routledge.

Moon, Hwarang(2024). The Influence of Korean Presbyterian Church Architecture on Worship and Faith Formation. Studia Liturgica. doi/10.1177/00393207231226194.

_____.(2021). The Influence of Liturgy on Human Memory: From the Perspective of Neuroscience. Studia Liturgica 51(2). 230-242.

Murphy, Debra Dean(2004). Teaching that Transforms: Worship as the Heart of Christian Education. Wipf and Stock.

Neville, Gwen Kennedy & John H. Westerhoff III(1978). Learning through Liturgy. Seabury Press.

Ormrod, Jeanne Ellis(2008). Human Learning. Pearson.

Polanyi, Michael.(1996). The Tacit Dimension. University of Chicago Press.

Rappaport, Roy(1999). Ritual and Religion in the Making of Humanity. Cambridge University Press.

Saliers, Don E.(1997). Singing Our Lives. In Dorothy C. Bass(Eds.). Practicing our Faith: A Way of Life for a Searching People(pp. 179-194.) Jossey-Bass.

_____.(2007). Music and Theology. Abingdon Press.

_____.(1994). Worship as Theology: Foretaste of Glory Divine. Abingdon Press

Searle, Mark. Ritual. In Paul Bradshaw & John Melloh(Eds.). Foundations in Ritual Studies(pp. 9-16). Baker Academic.

Senn, Frank C.(1997). Christian Liturgy: Catholic and Evangelical. Ausburg Fortress

Press.

Smith, James K. A.(2009). Desiring the Kingdom: Worship. Worldview, and Cultural Formation. Baker Academic.

_____.(2013). Imagining the Kingdom: How Worship Works. Baker Academic.

Spierling, Karen E.(2009). Infant Baptism in Reformation Geneva: The Shaping of a Community 1536-1564. John Knox Press.

Weil, Louis(1990). Facilitating Growth in Faith through Liturgical Worship. In James Michael Lee(Eds.), Handbook of Faith(pp. 203-220). Religious Education Press.

Westerhoff III, John H.(2000), Will Our Children Have Faith? Morehouse Publishing.

Westerhoff III, John H. & William H. Willimon(1980). Liturgy and Learning through the Life Cycle. Akron, OSL Publications.

Williamson, G. I.(2003). Westminster Shorter Catechism. P & R Publishing.

Yarnord, Edward(1994). The Awe-Inspiring Rites of Initiation. Liturgical Press.

제20장
교리교육:
교리교육 어떻게 할 것인가

오경석(우리시민교회)

1. 들어가며

교리는 어렵다. 지루하다. 배우기 싫다. 성도들의 반응이다. 루터의 대교리 문답 서문을 보면, 어떤 이는 교리가 어려워서 멀리하고, 어떤 이는 게을러서 멀리한다고 한다. 500년 전이나 지금이나 교리가 인기 없는 것은 매한가지 이다.

왜 교리를 배워야 할까? 성경을 잘 이해하기 위해서이다. 알리스터 맥그래 스는 자연 속에 있는 꽃과 식물원에 있는 꽃의 차이를 통해 성경과 교리의 관 계를 설명한다. 꽃은 자연에 있을 때나 식물원에 있을 때나 똑같이 자란다. 자 연에서는 여기저기 피고 자라지만 식물원에서는 종류별로, 색상별로 모아놓 아 한곳에서 자란다. 교리가 이와 같다. 교리는 성경 속에 흩어져 있는 내용들 을 주제별로 모아 정리해 놓은 것이다. 성경의 주제들을 체계적이고 조직적 으로 정리해 놓아 신앙의 핵심적인 내용들을 이해하기 쉽게 하였다(백금산, 2007; 4).

1.1. 왜 이리 재미없게 가르칠까

그동안 몇 차례 교리교육을 시도했는데 예상과 달리 실패했다. 성도들의 지적 호기심을 채워주면 좋아할 줄 알았지만 그들이 원하는 것은 지적 호기심이 아니었다. "이 교리 공부가 내 삶과 어떤 관계가 있나요?" 지금 내 삶과 관계가 없는 것이면 굳이 교리 공부를 필요로 하지 않았다. 그들은 지식을 찾고 있지 않았다. 신앙의 지식이 내게 어떻게 적용되는지를 물었다. 부르심이, 거듭남이, 회심이, 칭의가, 성화가 어떻게 내 삶에 변화를 가져오냐는 물음이었다.

결국 교리교육에서 가장 중요한 것은 교리와 삶의 연결이다. 우리가 교리교육을 하는 이유는 그것이 삶의 어떤 주제와 어떤 연관을 갖는지 설명하기 위함이다. 교리와 삶이 연결되면 교리는 어렵고, 지루하고, 배우기 싫은 게 아니라 삶의 실제적인 문제들을 해석하고 해결하는 수단이 될 것이다.

1.2. 왜 가르쳐야 할까

리처드 백스터는 『참 목자상』에서 교리를 가르쳐야 하는 이유를 세 가지로 말한다. 첫째, 우리에게 유익이 있기 때문이고, 둘째, 어렵기 때문이고, 셋째, 반드시 필요한 일이기 때문이다(리처드 백스터, 2012; 237). 왜 교리 교육이 반드시 필요한가? 그것은 기독교 신자들이 누구를 믿으며(대상), 무엇을 믿는지(내용) 알아야 하기 때문이다. 『웨스트민스터 신앙고백서』를 만든 이유도 우리가 하나님을 바르게 믿고 예배하며, 거룩하게 살게 하기 위해서이다(웨스트민스터 총회, 2017; 26).

종교개혁가들은 교리와 성경에 무지하지 않도록 아이와 어른 모두에게 교리를 가르쳤다. 교회사를 보면 성경에 근거한 교리 교육이 결정적인 순간에 매우 큰 영향을 주었음을 알 수 있다. 그리스도의 백성이 늘 변화하고 때로 적대적인 문화에 굳건히 맞서려면 이 오래된 교육을 통해 믿음이 흔들리지 않도록 성경적 기반을 다져야 할 것이다(복음연합, 2018; 5).

2. 교리교육의 어원과 역사

2.1. 교리교육의 어원

교리교육이라는 용어는 헬라어 동사 카테케오(katecheo)에서 유래하였다. 카테케오는 '울리다', '귀에 울려 퍼지게 하다'는 뜻인데, 주로 문답형식으로 신앙의 핵심 내용을 전수한 것을 말한다(강미랑, 2022; 8). 이 용어는 신약성경 이전인 희랍의 문학 안에서 먼저 사용되었다. 그들은 '생생한 목소리로 가르치다', 혹은 '올바른 길을 알려주다'는 의미로 이 용어를 사용하였다. 그 후 기독교가 그 용어를 받아들여 교회적 의미로 사용하였다.

신약성경에서는 누가(눅 1:4, 행 18:25, 행 21:21)와 바울(고전 14:19)이 주로 사용하였다. 카테케오와 비슷한 단어로는 디다스코가 있다. 두 단어 모두 가르치는 행위를 나타낸다. 하지만 디다스코가 가르치는 행위를 말한다면, 카테케오는 가르치는 행위는 물론 내용까지 포함한다. 카테케오가 품고 있는 내용은 복음, 믿음, 교리이다. 따라서 카테케오라는 단어는 '누군가에게 교리를 가르치다'는 의미로 정리할 수 있다.

카테케오의 영어식 표현은 카테키즘(Catechism)이다. 카테키즘은 첫 알파벳이 대문자로 사용될 때와 소문자로 사용될 때 의미하는 바가 다르다. 대문자로 사용될 때는 각종 교리문답서를 말하지만, 소문자로 사용될 때는 교육적 행위로서의 교리교육을 의미한다(정두성, 2016; 27-28).

2.2. 교리교육의 역사

2.2.1. 초대교회의 교리교육

교리교육은 오랜 역사를 가지고 있다. 교리교육은 1세기 교회와 함께 시작되었지만 역사를 거슬러 올라가면 아담의 원죄 사건 이후 끊임없이 발전하고 교육돼 왔다. 예수 그리스도의 부활과 승천 이후 사도들은 성령을 받고 사방으로 퍼져 나가 예수 그리스도에 관해 설교하고 교리를 가르쳤다. 사도들이 설교한 내용은 예수 그리스도의 말씀과 행적이었으며, 그리스도 중심이었다. 사도들은 구약성경을 인용해 그리스도가 역사의 중심이며, 구약에 예언된 메시아임을 강조하였다. 그들은 구두로 교리를 가르쳤고, 대상에 따라 교육 방법을 달리하였다.

먼저, 유대교에서 개종한 이들에게는 하나님의 법을 준수할 것을 요구하였다. 그들은 복음을 받아들이고 할례와 율법주의 같은 유대교 전통을 버려야 했다. 둘째로 이방인들에게는 그리스도인으로서 지켜야 할 금지조항들을 요구하였다. 유대인들이 받는 할례는 면제해주었지만, 이방신에게 드리는 제의에 참여하거나 음식을 먹는 행위는 금지시켰다(행 15:28-29).

초대교회의 교리교육은 체계적으로 이루어지지 않았다. 교리교육이 구체화된 것은 2세기 말부터이다. 2세기가 되면서 회당과 교회가 분리되었고 기독교로 개종한 이들은 대부분 이방인들이었다. 이들을 교회에 등록시키고, 세례를 받게 하려면 교리교육이 필요했다. 그들의 교육목표는 지식 전달이 아니라 삶의 변화였다. 그들은 교리교육을 받은 사람들이 하나님의 사랑을 깨닫고, 스스로 사랑하는 법을 배우기를 바랐다. 2세기 교부였던 테르툴리아누스는 교리교육을 받은 사람들의 모습을 이렇게 묘사한다. "이들이 얼마나 서로를 사랑하는지를 보라. 이들은 서로를 위해 죽을 준비도 되어 있다."(폴 가브리뤄크, 2017; 100). 이처럼 초대교회의 교리교육은 체계적으로 이루어지지는 않았지만 교리와 삶의 완전한 조화를 이루었다.

2.2.2. 3-4세기의 교리교육

교리교육은 3세기에 와서 체계가 확립되었다. 개종자가 교회에 오면 세례받기 전에 3년 간 교리교육을 받고 세례준비가 되면 사도신경과 주기도문을 외우고 부활절에 세례를 받았다. 4세기에 와서는 교리교육 역사에 큰 변화가 일어난다. 로마의 콘스탄티누스 황제의 기독교 공인(313년) 때문이었다. 교회가 박해로부터 해방됨에 따라 교리를 가르치는 사람들의 저서들이 쏟아져 나오기 시작하였다. 이 시기를 교리서의 황금시기라고 부른다. 그 이유는 성인 예비 신자들의 수가 유아 세례자의 수보다 훨씬 많아졌고, 이로 인해 교리 교사들이 성인 교육에 집중하면서 교리교육의 대작들이 많이 나오게 되었기 때문이다.

그러나 당시 많은 개종자들은 단순히 신자가 되려는 목적으로 교리반에 들어왔기 때문에 옛 교리교육제도(3년간의 교육)를 유지하는 것은 불가능하게 되었다. 또 이시기에 예비 신자들은 아직 신자는 아니지만 그리스도인으로 간주되었다. 실제로 4세기와 5세기에는 그러한 일이 일반화되었다. 이러한 새로운 조건들 때문에 신자가 되고자 하는 이교도는 먼저 입문교리교육을 받아야만 했다.[1]

기독교가 국교화 되면서 신앙은 오히려 약화되었다. 교회는 전도할 필요가 없어졌고, 개종자를 중심으로 일대일로 하던 교리교육이 수백 또는 수천 명을 대상으로 한 대중적 강의가 되고 말았다. 이렇게 5세기 초반까지 활발히 진행된 교리교육은 5세기 말에 이르러 의무교육에서 제외되면서 점점 약화되기 시작하였다. 5세기 이후 교리교육이 어떻게 실행됐는지는 알 수가 없다.

---

1. 어거스틴의 『입문자 교리교육』은 입문교리교육에 고전적인 모델이었다. 어거스틴이 이 책에서 일차적으로 강조하는 교리교육의 핵심 내용은 성경의 이야기이다. 그는 구약부터 시작하여 예수님에게로 초점이 맞춰지는 '구원사'가 그 자체로 교리교육의 내용이 되어야 한다고 보았다. 그는 입문자들을 성경 전체에 나타나는 구원의 역사 안에 초대하여 그 구원사의 초점인 예수 그리스도를 만나게 해야 한다고 보았다. 양금희(2022), 이야기가 있는 아동 교리교육 연구. 장신논단 54-3, 238-239).

왜냐하면 그에 대한 기록이 남아있지 않기 때문이다. 그 때부터 교회는 약 천년 간 암흑기를 맞이한다.

2.2.3. 16세기의 교리교육

교리교육이 다시 시작된 때는 16세기 종교개혁 때이다. 종교개혁은 교회개혁 운동이다. 마르틴 루터의 말씀에 대한 각성과 로마 가톨릭교회 체제에 대한 도전에서 시작되었다. 이 때 루터가 가장 중요하게 생각했던 것이 교리교육서를 만드는 것이다. 그가 교리교육서를 만든 이유는 그의 눈에 당시 독일 교회가 죽은 교회처럼 보였기 때문이다. 그는 『대교리문답』 서문에서 "교회는 교육을 멀리하고, 목사는 설교집이나 설교 보조자료에 눈을 돌리지만 그마저도 읽지 않는다"고 하였다. 교회가 이 지경인데도 목사들이 교리교육의 중요성을 간과하고 있다는 것이다.[2]

칼뱅 역시 마찬가지이다. 그도 제네바에 있는 교회를 보면서 교리교육서를 작성하기로 결심한다. 당시 제네바는 독일의 모습과 다르지 않았다. 교회는 사람들에게 외면 당했고, 사역자는 부족했으며, 교육 역시 제대로 이루어지지 않았다. 그는 이런 문제를 해결하기 위해 교리교육서를 작성하였다. 그 때 작성한 교리교육서가 그가 일전에 작성한 『기독교 강요』를 요약 정리한 『제네바 교리교육서』이다. 이것은 성인용과 어린이용 두 개로 작성되었다. 이 외에도 츠빙글리나 멜란히톤, 존 녹스와 같은 개혁자들이 교회에 필요한 교리서들을 작성하여 신자들의 신앙교육에 큰 도움을 주었다.

하지만 이에 대한 반작용도 나타났다. 16세기 후반에서 17세기까지 개신

---

2. 루터는 1529년 4월에 『대교리문답』을, 6월에 『소교리문답』을 출판한다. 그는 카테키즘을 '어린이 교리'(kinderlehre)라고 한다. 이것은 어린이를 위한 교리라는 뜻이기보다는, 신앙인으로서 처음 배워야 할 신앙의 기초적이고 필수적인 가르침이라는 뜻이다. 루터는 모든 기독교인은 남녀노소를 불문하고 신앙인으로서 반드시 알아야 할 기초적인 신앙의 내용이 있는데, 카테키즘은 바로 그것을 가르치기 위한 책이라고 하였다. 양금희. 앞의책 241-242 참고.

교에 대한 저항 세력으로 반교회 개혁 운동이 일어났다. 그 대표적인 것이 트렌트 공의회(1546-1563)이다. 가톨릭교회의 조직적이고 학문적인 반격은 개신교의 교회 개혁 운동에 많은 혼동을 주었다. 개혁 교회는 이에 대응할 준비를 하였고, 영국 성공회, 스위스 개혁교회, 독일의 루터교는 통일된 신앙고백서와 통합된 교리교육서 편찬의 시급함을 인지하였다. 물론 이것은 가톨릭교회에 대응하기 위한 것만은 아니었다. 17세기 초 알미니안주의의 출현도 주요한 요인이었다. 이런 문제를 해결하기 위해 네덜란드 개혁교회 지도자들이 모임을 개최하고 공동의 신앙고백을 선포하였다. 이 모임이 도르트 교회회의(1618-1619)이다. 여기서 만들어진 것이 『벨직 신앙고백서』(1561), 『하이델베르크 요리문답』(1563), 『도르트 신조』(1618-1619) 등 '하나되는 세 고백서'(Three Forms of Unity)이다.

그들은 이렇게 작성된 교리문답서를 학교에서 가르쳤다. 교회는 학교를 설립했고, 성경과 함께 교리문답을 가장 중요한 교과로 가르쳤다. 학교의 목표는 기독교 교리교육 위에 다음 세대를 양성하는 것이었다. 그들은 학교 교육 뿐 아니라 가정 교육도 강조하였다. 삶과 연결된 교리교육은 하나님 아버지의 메시지이며, 교리의 선포는 교회 목사의 주요한 사명이며, 교리에 대한 순종의 삶은 가정 안에서의 부모가 맡은 사역임을 강조하였다. 그 뿐 아니라 교리교육 대상자들의 수준에 따라 지적 호기심을 자극할 수 있는 다양한 방식의 접근을 통해 흥미롭게 습득할 수 있도록 하였다. 초기 교회가 교리교육을 새신자를 위한 세례 준비과정으로 교육했다면, 개혁교회는 세례 받은 성도들의 신앙을 바로 세우는데 중점을 두었다.

2.2.3. 한국 교리교육의 역사

우리나라는 1884년 알렌 선교사가 입국하면서 교회가 시작되었다. 초기 한국 교회에서 교리교육은 중요한 사역 중 하나였다. 한국 교회 초기 많은 교리 교육서들이 번역되었고, 이것은 설교와 교리교육을 겸한 사경회를 통해 나타났다.

한국 최초의 교회 회의인 독노회가 1907년 9월 17일 장대현교회당에서 열렸다. 그 때 처음으로 신앙고백서와 교리교육을 채택하였다. 그 때 채택한 신앙고백서가 웨스트민스터의 요약본이라고 할 수 있는 12신조이다. 이것은 게일 선교사가 1905년 웨스트민스터 소요리문답을 한국어로 번역한 성경 요리 문답이었다. 6년 후인 1911년 피터스 선교사에 의해 '성경 요리 문답 주석'이라는 해설서가 나왔다. 그 후 1932년 '조선예수교장로회 신조와 소요리문답'이 나와 1933년 총회에서 승인되고, 1934년 출간되었다. 이후 웨스트민스터 신앙고백서와 교리교육서는 현재까지 한국 장로교회의 신앙고백과 교리교육의 표준이 되고 있다.

한국 교회는 초기부터 성인 뿐 아니라 어린이 교리교육에도 관심을 가졌다. 1895년 모펫 선교사가 '위원입교인규조'라는 제목의 교리교육서를 번역하였다. 그는 서문에서 "대부분의 한국인들은 기독교가 무엇인지, 그리스도가 누구이며, 무엇을 하고 무엇을 가르치는지, 그들이 교회에서 무엇을 해야 하는지, 기독교와 한국의 이전 종교들과 무엇이 다른지를 알지 못한다. 그러나 그들은 이 책을 읽으므로 궁금해 했던 모든 것을 알게 될 것이다"라고 책의 취지를 밝혔다. 1910년에는 무스 선교사가 '신구경요지문답'이라는 어린이를 위한 성경 문답 교재를 번역하였고, 1915년에는 인골드 테이트 선교사가 '어린아희문답'이라는 자녀 교리 교육을 위한 부모용 안내 책자를 만들었다.

신자들에게 주로 성경과 교리를 가르쳤던 사람은 권서인들이었다. 그들은 선교사나 선교 단체에 속해 성경과 신앙 서적을 팔러 다녔다. 하지만 판매가 목적이 아니라 교육과 교회설립이 목적이었다. 그들은 선교사가 들어오기 전부터 성경과 교리교육서를 보급하고 가르쳤다. 한국 교회는 이들을 통해 빠르게 성장하고 정착했다. 당시 권서인들 중에는 서상륜이라는 사람이 있었다. 그는 존 로스와 함께 성경 번역에 참여했던 사람이다. 1882년 존 로스는 상해의 대영성서공회에 쓴 편지에서 그에 대해 이렇게 말한다. "이 권서인 서상륜은 개혁교회 신앙에 입교한 최초의 한국인 개종자입니다. 그는 나와 함께 몇 년 전에 누가복음을 한국말로 번역하였고 번역이 끝나자마자 나에게 세례를 받겠다고 말했습니다"(전택부, 2018; 157).

또다른 권서인 중에는 김청송이라는 사람도 있었다. 그는 만주지역 28개의 한인촌에 수천 권의 신앙서적을 팔고 세례 후보자들에게 교리를 가르쳤다. 그 결과 만주지역에서 1884년에 75명이 세례를 받고, 이듬해인 1885년에는 600명이 세례를 받기 위해 교리교육을 받았다.

한국 교회는 사경회라는 성경공부 모임으로부터 시작되었다. 1890년 언더우드 선교사의 집에 7명의 한국인들이 모였다. 그들이 모여 처음으로 성경공부를 한 것이 사경회의 시작이었다(정두성, 2019; 30). 이후 장로교 선교사들이 교회에서 성경공부를 의무화 할 것을 결의하였다. 이렇게 시작한 사경회는 일반 사경회, 지역 사경회, 교회 직원 훈련 사경회, 신학교 교육 등으로 점점 확대되었다. 사경회의 절정은 1903년 원산에서 일어났다. 그 때 일어난 말씀과 회개 운동은 1907년 평양 대 부흥 운동을 일으켰고, 결국 그 때의 부흥이 도화선이 되어 지금의 한국 교회가 세워지는데 중추적인 역할을 하였다.

이처럼 초기 한국 교회는 교리교육에 대한 지속적인 강조가 있었으며, 새신자 교육을 포함한 다양한 연령대의 신앙교육에 있어서 핵심적인 역할로서 교리교육을 강조해 왔다. 하지만 1970년대 또는 1980년대 이후 한국 교회는 급속한 부흥의 패러다임 속에서 교리교육을 놓치고 말았다. 부흥, 성장, 은사, 신유, 축복 등의 외적인 강조에 묻혀 교리는 실종되고 교육은 부재하게 된 것이다. 그렇게 50년이 지난 지금, 한국 교회는 큰 침체기를 겪고 있다. 교회에 대한 사회적 분위기는 냉랭하고, 사역자는 줄고 있으며, 교회는 점점 쇠퇴하고 있다. 지금까지 교회 역사에서 살펴본 것처럼, 이것은 말씀이 약화되고 교리교육이 제대로 이루어지지 않을 때 나타나던 현상이다.

그럼 어떻게 해야 할까? 선조들이 남겨준 Catechism을 catechism해야 한다. 교리문답서를 기독교 유물로 남겨놓지 말고 부지런히 가르쳐야 한다. 재차 강조할 필요 없이 정통적 기독교에 있어 교리는 그리스도인들의 신앙을 체계화하는 것이며, 자신의 삶 속에서 신앙을 아름답게 표출하는 요소이다. 이에 대한 강조는 신앙의 핵심적인 근간과 기본을 강조하는 것이며 그 어느 것 보다 중요한 것이다. 교회는 양적 성장에서 답을 찾지 말고 신자들의 내적 성장에 주의를 기울여야 한다. 그렇지 않으면 중세 천 년의 암흑기가 또 오지 말라는 법이 없다.

3. 교리교육의 중요성

목회데이터연구소에서 <한국 기독교 이단 신자의 신앙의식과 교회생활>에 관한 설문조사를 했다(지용근, 2023; 162-169). 이 조사에서 교리 인식에 있어 이단 신자들이 기존 신자들보다 상대적으로 약한 것으로 나타났다. 그들은 유일신에 대한 인식은 약한 반면, 모든 종교에 구원이 있다는 종교다원주의에 대한 인식은 강했다. 또 궁합, 제사 허용, 풍수지리 등 유교와 샤머니즘 관련 수용도가 기존 교회 신자들보다 크게 높았으며, 불교의 윤회설을 수용하는 태도 역시 기존 교회 신자들보다 무려 3배 이상 높게 나타났다. 전체적으로 이단 신자들의 경우 기독교 신앙의 기초가 기존 교회의 신자들보다 상대적으로 허술함을 알 수 있다.

그 결과 이단 신자들이 교회 활동이나 전도에 있어 기존 교회 신자들보다 적극적임에도 불구하고, 그들이 자신들의 교회를 이탈하고자 하는 욕구가 기존 교회 신자들보다 높게 나타났다. 지금 다니는 교회를 계속 다니고 싶은지를 묻는 질문에 기존 신자들은 83%가 계속 다니고 싶다고 대답한 반면, 이단 신자들은 73%가 계속 다니고 싶다고 대답하였다. 다른 교회로 옮기고 싶거나 아예 기독교 신앙을 버리고 싶다는 대답 역시 기존 신자들이 17%인 반면, 이단 신자들은 27%로 나타났다. 이단 신자 4명 중 1명이 교회를 떠나고 싶다고 대답한 셈이다.

수치만 본다면 기존 신자들이 이단 신자들에 비해 나아 보인다. 하지만 기존 신자들 역시 믿는바 신앙고백과 교리가 약하다. 믿음의 겉모습과 외형(큰 건물, 수많은 예배, 다양한 행사와 일들)은 화려해 보이지만, 믿음의 내용(신앙고백과 교리)은 부실하고 가난하다. 교회가 신앙의 교리를 제대로 가르치지 않기 때문이다. 그 결과는 참담하다. 수많은 이단들이 한국 사회에 만연해 있고 쉬 넘어간다. 교인들은 어린 아이와 같은 수준에 머물러 있다(임경근, 2016; 143).

신자의 삶은 자신이 믿고 확신하는 것들 위에 기초한다. 여기서 자신이 믿고 확신하는 것들이 교리이다. 따라서 신자가 교리를 모르는 상태로 신앙생활을 하는 것은 마치 모래 위에 집을 짓는 것과 마찬가지이다.

주님은 공생애 기간 중 제자들에게 교리적 고백을 요구하셨다(마 16:13-16). 사도 바울도 그의 몇몇 서신서에서 전반부는 교리 설명을, 후반부는 삶에 관한 내용들을 기록하였다. 이것은 성도의 삶이 굳건한 교리 위에 서야 함을 잘 보여준다.

교회의 위대한 교사였던 어거스틴, 루터, 칼뱅 역시 교리의 중요성을 강조하였다. 어거스틴의 초기 저작물 중에 『기독교 교리교육』이라는 책이 있다. 이 책은 교리교육을 받지 않은 사람들을 처음 교육할 때 단계별로 안내하는 교리 교사 지침서이다(최병규, 2020; 14). 루터는 『대교리문답』과 『소교리문답』의 서문에서 동네마다 배우지 못한 사람들, 기독교의 가르침이 무엇인지 전혀 알지 못하는 사람들이 여기저기 가득한데, 목사들이 대부분 무능하고 가르칠 능력이 없어서, 자신이 이 책을 쓴다고 하였다(마르틴 루터, 2017; 35). 칼뱅은 『기독교 강요』를 쓴 이유를 기독교 교리를 배우는 자들을 돕기 위해 이 책을 쓴다고 하였다(존 칼뱅, 2003; 12). 리처드 백스터는 "목사의 임무는 곧 교리문답 공부를 시키는 것"이라고 하였다(리처드 백스터, 앞의책; 365-366).

우리는 다양한 형태의 교리서와 신조들을 가지고 있다. 우선 간명한 형태의 『로마신경』(170-180)과 그 증보판이라고 할 수 있는 『사도신경』 그리고 『니케아 신조』(325), 『콘스탄티노플 신조』(381), 『칼케돈 신조』(451) 등을 위시해 『웨스트민스터 신앙고백서』(1647) 및 『웨스트민스터 대교리문답』, 『웨스트민스터 소교리문답』, 『하이델베르크 교리문답』(1563) 등이 그것이다.

이 교리서들은 속 편한 상황에서 탁상공론으로 만들어지지 않았다. 그것은 역사 속에서 수많은 이단과 싸우면서 만들어졌다. 역사적으로 가장 치열하게 싸울 때, 가장 순수하고도 정교한 교리들이 탄생하였다.

그렇다면 이 교리서들을 받은 우리는 어떻게 해야 할까? 부지런히 읽고 공부하여서 바른 신앙을 정립해야 한다. 교회가 건강한 신자를 만들어내는 일은 올바른 교리를 체계적으로 가르치는데서 시작됨을 잊지 말아야 한다.

4. 교리교육의 방법

교리교육은 회복돼야 할 신앙의 유산이다. 하지만 문제는 우리가 가진 기독교 교리를 낡은 전통으로 생각하고 가르치지 않는다는 것이다. 리처드 백스터는 『참 목자상』에서 목회자들이 대체로 교리교육에 대한 전문적인 기술과 자질이 부족하다고 한다. 진리를 모르고 세속적인 가치관에 오랫동안 젖어 있던 사람들을 어떻게 회심시켜야하는지 아는 목회자가 적다는 것이다.

실제로 사람에게 접근하여 그들의 마음을 사로잡는 방법, 상대방의 처지와 기질에 따라 적절한 주제를 택하고 대화하는 방법, 단호한 심판의 메시지와 사랑의 복음을 적절히 배합하는 방법을 아는 사람은 극소수에 불과하다. 경험상 육에 속한 사람에게 복음을 전하는 것은 대중에게 설교를 하는 것보다 어려우면 어려웠지 결코 쉽지 않다(리처드 백스터, 앞의책; 271-272).

그럼에도 설교의 과중한 부담 때문에 주일오후예배나 수요기도회 때 교리문답을 가르치는 경우가 많다. 교리문답을 가르쳐 설교에 대한 부담을 줄이려는 것이다. 하지만 준비되지 않은 가르침은 오히려 혼란만 줄 뿐이다.

교리교육은 일차적으로 하나님의 영광을 위한 것이다. 또한 죄인을 회심시키는 가장 좋은 방법이다. 리처드 백스터는 "교리교육에는 회심을 극대화할 수 있는 요소들이 총망라되어 있다"(리처드 백스터, 앞의책; 239)고 한다. 그런데 설교에 대한 부담을 줄이기 위해 교리교육을 선택한다면 이런 은혜와 영광은 경험하지 못한 채 흐지부지 끝낼 가능성이 크다. 서두에서 말한 "교리는 어렵다.", "지루하다.", "배우기 싫다"는 등의 반응이 나온 것도 어쩌면 이 때문인지도 모른다. 그럼 어떻게 하면 교리교육을 효과적으로 할 수 있을까?

첫째, 교리문답서를 스스로 읽어야 한다. 요즘은 쉽게 풀어 쓴 교리문답서들이 많이 나와 있다. 교리문답서는 교회 역사를 거치며 정리된 것이기 때문에 어려운 단어나 내용이 있을 수 있다. 하지만 반복해서 읽다보면 쉽게 이해할 것이고, 모르는 부분은 목회자의 도움을 받을 수 있다.

둘째, 가정에서 교리문답서로 예배해야 한다. 루터가 처음 쓴『소교리교육서』는 가정예배를 위한 것이었다. 루터는 주일 설교를 잘 이해하지 못하는 어린이들을 위해 부모가 가정에서 기독교의 핵심 교리를 쉽게 지도할 수 있도록『소교리교육서』를 만들었다. 루터는『소교리교육서』를 책의 형태가 아닌 한 장의 큰 종이로 만들어 벽에 붙여 놓고 부모와 자녀가 볼 수 있게 하였다. 신앙교육은 가정의 몫이다. 신앙교육의 교재는 교리문답서이다. 부모가 읽고 공부하여 자녀에게 가르칠 때 자녀의 신앙이 든든히 서게 된다.

셋째, 교회학교에서 교리문답을 가르쳐야 한다. 교회학교는 자녀들의 신앙교육을 위해 존재한다. 어린 자녀가 세례나 입교를 받기 전까지 교리문답을 가르쳐 공적으로 신앙을 고백하게 해야 한다. 교회학교는 재미를 주는 곳이 아니다. 성경과 교리를 가르쳐 어린이 스스로 신앙고백을 할 수 있도록 준비시키는 곳이다. 교회가 교리교육을 해야 하는 이유는 양들의 안녕을 위해서이다.

5. 교리교육의 유익

교리공부에는 몇 가지 유익이 있다. 첫째, 초신자를 회심에 이르게 하는 가장 좋은 방법이다. 교회가 해야 할 가장 중요한 사역은 죄인을 회심시키는 일이다. 죄인이 예수를 믿고 회심하여 구원의 확신을 갖고 헌신적인 교인이 되게 하는 것이 목회의 주된 사역 중 하나이다. 교리문답서에는 회심에 관한 교훈이 선명하게 기술되어 있다. 목사나 설교자가 굳이 강조하지 않아도 교리문답 자체로 결단을 촉구할 수 있다.

둘째, 기존 성도들의 신앙을 질서 있게 세워준다. 교리문답은 기독교 신앙의 핵심 원리들을 문답식으로 가르치는 것이다. 어떤 경우 교리교육 한 시간만으로 몇 년 분량의 이해를 얻게 되는 경우도 있다. 교리문답을 차례로 배우면 신앙의 토대를 굳건히 할 뿐 아니라, 각종 이단들의 유혹에도 이길 수 있다.

셋째, 설교를 더 잘 이해할 수 있게 도와준다. 교리교육은 성경에 대한 올바른 관점을 갖게 도와준다. 설교를 들을 때 설교자가 강조하는 바를 정확히 이해하고, 성도들의 생각과 마음의 문을 열어 말씀을 받아들일 준비를 시킨다. 올바른 교리의 바탕 아래 설교를 들은 사람과 그렇지 않은 사람은 설교를 이해하는 폭과 반응이 다르다.

그밖에도 교리공부를 통하여 얻게 되는 유익은 헤아릴 수 없을 것이다. 그런데 왜 개 교회에서 교리교육이 잘 이루어지지 않을까? 리처드 백스터는 그것을 두 가지로 요약한다. 첫째는 목회자의 문제이고, 둘째는 성도들의 문제이다(리처드 백스터, 앞의책; 269-274).

먼저 목회자의 문제로는 게으름과 비난에 대한 두려움, 기술적인 미숙함 등이 있다. 우선, 목회자의 게으름 문제는 목회에서 가장 큰 적이다. 목회자는 자신이 무엇에 관심을 가지고 있는지 살펴야 한다. 게으름에 자신을 내주지 말아야 한다. 둘째, 목회자는 비난의 두려움에서 자유해야 한다. 한 마디로 설교에 대한 반응이다. 사람들의 악담을 듣느니 차라리 하나님께 꾸지람을 듣겠다며 잘못된 길을 가는 성도들을 방치하는 것은 목회자의 의무를 저버린 크나큰 범죄 행위이다. 마지막으로 기술적인 미약함은 공부를 통해 메워야 한다. 목회자가 먼저 교리문답의 기쁨을 누려야 성도들에게 제대로 가르칠 수 있다.

둘째는 성도들의 문제이다. 성도들의 문제로는 완고함, 지적인 한계 등이 있다. 먼저 교리문답에 대한 완고함이다. "그 어려운 걸 이 나이에 뭘 배우라는 겁니까?", "너무 늙어서 배울 기력이 없어요." 목회자는 성도들의 이런 완고한 마음을 부드럽게 바꾸기 위해 노력해야 한다. 둘째는 지적인 한계이다. 어떤 사람들은 깨우침이 더뎌 오래 공부해도 교리문답 한 장을 깨닫기가 어렵다. 그 때 목회자가 해야 할 일이 쉬운 언어로, 단순하게 교리문답을 설명하는 것이다. 리처드 백스터는 목사가 교리교육의 의무를 부지런히 수행해야 한다고 주장한다. "그러므로 여러분의 회중에게 교리를 배우는 수고의 가치를 알게 하십시오. 그리고 그들을 견고히 세우기 원한다면 교리교육의 의무를 부지런히 행하시기 바랍니다"(리처드 백스터, 앞의책; 244).

교리교육은 무릎을 꿇고, 두 손을 모으고, 겸허하게 구원의 기쁨을 체험하며 살도록 이끄는 것이다. 좋은 교사는 긴 것을 짧게, 지루한 것을 흥미있게, 복잡한 것을 단순하게, 막연한 것을 분명하게, 무관한 것을 연관되게 만든다.

목회자는 교리를 가르치고 설교해야 한다. 이 말은 교리 이면에 있는 하나님의 따뜻한 동기 혹은 이 교리를 주신 하나님의 따뜻한 의도를 풀어주라는 말이다. 교리는 차가워도 하나님의 동기는 따스하다. 교리는 건조해도 하나님의 은혜는 촉촉하다. 교리교육을 통해 이 맛을 보게 해야 한다.

6. 나가며

교리교육은 신학과 교육학의 만남이다. 신학은 무릎을 꿇고 배우는 학문이다. 교육학을 뜻하는 페다고지(Pedagogy)는 안내하다, 함께 가다는 뜻이다. 이 둘을 합한 교리교육은 무릎을 꿇고 교육 대상자와 함께 신앙의 길을 걷는 것을 의미한다. 가르치는 자와 배우는 자가 그 길을 걸으며 구원의 기쁨을 체험하고, 그 기쁨으로 살아갈 수 있으면 얼마나 좋을까. 그것이 교리교육으로부터 시작된다는 사실을 기억하고 배움과 실천의 장으로 나가는 교회들이 되기를 바란다.

참고문헌

강미랑(2022). 기독청소년의 학업과 신앙의 통합을 위한 해석적 교리교육연구. 신앙과 학문 27. 5-32.

김영재(2006). 기독교 교리사 강의. 수원: 합동신학대학출판부.

리처드 백스터(2012). 참 목자상. 최치남 역. 서울: 생명의말씀사.

마르틴 루터(2017). 마르틴 루터 대교리문답. 최주훈 역. 서울: 복 있는 사람

백금산(2007). 교리공부가 즐거운 4가지 이유와 3단계 방법. 서울: 부흥과개혁사.

복음 연합(2018). 뉴시티 교리문답 커리큘럼 인도자 가이드1. 서울: 죠이선교회.

양금희(2022). 이야기가 있는 아동 교리교육 연구. 장신논단 54-3. 238-239.

웨스트민스터 총회(2017). 웨스트민스터 대교리문답 노트. 수원: 그 책의 사람들.

임경근 외(2016). 담임목사가 되기 전에 알아야 할 7가지. 서울: 세움북스.

전택부(2018). 한국 교회 발전사. 전택부 선집. 서울: 홍성사.

정두성(2016). 교리교육의 역사. 서울: 세움북스.

정두성(2019). 한국교회의 가정예배: 사경회와 가정예배. 매거진re. 경북: 그라티아.

존 칼뱅(2003). 기독교강요(상). 원광연 역. 고양: 크리스챤다이제스트.

지용근(2023). 한국기독교 이단 신자의 신앙의식과 교회생활. 성서마당 146. 162-169.

최병규(2020). 교리를 알면 신앙이 자란다. 서울: 생명의양식.

폴 가브리뤼크(2017), 고대교회의 예비신자 입문 교리교육역사. 김두한 외 역. 대구: 대구가톨릭대학교출판부.

제21장
기독교교육과 온 세대 통합 목회

이정현(청암교회)

1. 들어가며

기독교 역사상 지금처럼 교회 교육에 투자를 많이 하고 있는 때는 없는 것 같다. 과거에 상상도 할 수 없을 수준의 재정 투자를 과감히 교회 교육부에 하고 있다. 어떤 교회들은 초호화 교육부 시설을 갖추고 있다. 또한 과거에 찾기 힘든 전문성 있는 교육부 전담 목회자를 많은 교회들이 세웠다. 교회 교육에 대한 열의는 과거와 비교가 되지 않다. 그런데 그 결과는 어떠한가? 쏟아붙는 에너지와 물질이 비교하면 합당한 결과가 나오고 있는가? 교단 마다 나오는 통계를 보면, 교회학교는 끊임없이 하락세다. 이제는 교회학교 통계를 구지 찾아 볼 필요가 없을 정도로 당연한 하락세 모습을 보고 있다.

같은 방법으로 계속 노력해도 안 되면, 방법을 바꿔야 한다. 주일학교 혹은 교회학교 시스템은 산업화 시대랑 딱 맞는 패러다임이었다. 특히 베이비부머 시대를 거치면서 폭발적으로 인구가 증가했을 때, 전도를 통해서 수많은 아이들과 청소년들이 교회에 유입이 되었다. 과거 아이들이 너무나도 많아서 가정에서 돌봄이 되지 않을 때, 비신자 가정도 아이들이 교회로 간다면 부모들은 반겼었다. 과거 주일학교는 교회 부흥에 큰 기여를 하였고, 우리 아이들의 영적 성장에 최고의 공신이었다.

하지만 지금은 시대가 변했다. 과거의 방법으로 교회들은 기독교 교육에 여전히 힘을 쓰고 있지만 아이들은 갈수록 감소하고 있다. 패러다임을 바꿀 때가 된 것이다. 지금 이 시대에 기독교 교육을 가장 효과적으로 구연할 수 있는 목회의 방법은 세대 통합이라고 본다. 왜 지금 이 시기에 기독교 교육에서 세대 통합이 가장 맞는 옷인지, 그 이유에 대해서 살피며, 그 적용의 결과도 보여 드리겠다.

2. 성경에서 말하는 기독교 교육의 원안 '세대 통합'

기독교 교육에 대한 정답은 늘 성경에 있다. 다시 한 번 성경 속으로 들어가게 되면, 다음 세대의 신앙 교육에 대한 해답을 금방 찾을 수 있다. 재미난 것은 성경 속에서, 자녀들의 신앙 교육에 대한 책임자로 목사와 전도사와 교사를 언급한 구절은 없다는 것이다. 성경은 분명하게 말하고 있다. 우리 다음 세대들을 위한 기독교 교육의 책임은 전적으로 부모에게 있다고.

특히 신명기 6장 4-9절을 보면 다음과 같다.

"이스라엘아 들으라 우리 하나님 여호와는 오직 하나인 여호와시니 너는 마음을 다하고 성품을 다하고 힘을 다하여 네 하나님 여호와를 사랑하라 오늘날 내가 네게 명하는 이 말씀을 너는 마음에 새기고 네 자녀에게 부지런히 가르치며 집에 앉았을 때에든지 길에 행할때에든지 누웠을 때에든지 일어날 때에든지 이 말씀을 강론할 것이며 너는 또 그것을 네 손목에 매어 기호를 삼으며 네 미간에 붙여 표를 삼고 또 네 집 문설주와 바깥 문에 기록할지니라."

성경은 분명하게 부모에게 신앙 교육에 대한 책임을 다 주었다. 그래서 성경 시대 사람들은 부모가 자녀 신앙 교육에 모든 책임을 가졌다. 과거 보통 3대가 한 가정에 살 때, 자연스럽게 가정 공동체는 신앙 공동체였다. 가정들 마다, 아브라함의 하나님이 이삭의 하나님이었고, 야곱의 하나님이었다. 할아버지는 가정의 아브라함이었고, 아버지는 이삭, 그 자녀들은 야곱이 되었던 것이다. 초대교회부터 시작하여서, 교회는 늘 신앙의 3대 공동체를 이뤄왔고, 자연스럽게 세대가 통합된 기독교 교육을 하였었다. 그래서 교회학교 또는 주일학교가 따로 필요하지 않았었다.

교회 시대부터 교회는 산업화 시대가 오기 전 까지, 철저히 세대통합이 된 기독교 교육을 실시하였다. 그리고 다음 세대 교육에 대한 큰 어려움을 느끼지 못하였다. 오히려 교회가 기독교 교육에 대한 어려움을 느끼는 것은 최근이다. 성경대로 기독교 교육을 실천했을 때는 부족함이 없었던 것이다.

성경은 분명하게 말하고 있다. 신명기 6장 4-9절을 실천할 때 그 결과가 어떠하다는 것을. 신명기 6장 10-13절을 보면, 자녀들은 복을 받는 다는 것이다. 자녀 신앙 교육은 부모가 주체가 되어서 시키고, 온 세대가 하나가 되어서 영적인 공동체를 이룰 때, 자녀들은 복을 받을 수밖에 없다.

그렇다면, 지금 우리의 문제는 무엇인가? 성경대로 기독교 교육을 실시하지 않는 것이다. 자꾸 교회에서도 신앙 교육을 위탁 하려고 하고 있다. 마치 좋은 대학 입학을 위해서, 좋은 학교와 좋은 학원을 찾는 것처럼, 그렇게 교회를 찾고 있는 젊은 세대의 모습을 보고 있다. 이러한 교인들의 흐름을 알기 때문에, 많은 교회들은 더욱더 교육 예산에 투자를 하고, 전문가를 배치하며, 성도 유치에 힘을 쓰고 있다.

그런데 결과는 어떠한가? 환경과 인적 좋은 인프라를 가지고 있는데 대형 교회로 쏠림이 더 심해졌다. 우리가 생각한 대로 교회 교육이 잘 진행된 곳은 별로 없다.

자녀 교육은 부모가 책임을 지는 것이다. 교육부서가 다음 세대의 모든 영적인 책임을 지는 것이 아니라, 가정이 지는 것이다. 성경은 분명하게 말을 하고 있다. 부모가 주체가 되어서 온 세대가 하나 되어서 기독교 교육을 이루는 것이 맞다 고 주장을 하고 있다. 세대가 통합이 되는 기독교 교육은 성경에서 말하고 있는 교회 교육은 원안이다. 그러하기에 교회 교육은 반드시 세대 통합으로 가야 한다.

3. 역사에 보는 세대 분리형 교육과 세대 통합 교육

그렇다면, 지금 우리가 교회에서 흔히 실시하는 주일학교 혹은 교회 학교 시스템은 언제 시작하였을까? 이 교육 시스템을 세대 분리형 교육이라고 하는데, 그 시작점은 언제였을까?

1780년대, 영국에서 로버트 레이크스(Robert Raikes)라는 성공회 평신도가 주일학교를 시작을 하였다. 당시 영국은 산업화로 인해서, 아이들과 청소년들이 방치가 되었다. 그 아들을 자기 집 주방에서 모아 놓고 성경을 가르쳤던 것이 주일학교의 효시다. 미국에서의 주일학교 운동들 역시 영국과 비슷한 상황 속에서 1800년대 중반 이후에 시작이 되었다. 실제로 교회 안에서 지금과 같은 세대 분리형 주일학교가 활성화 된 것은 100여년 정도 밖에 되지 않는다. 산업화, 근대화 물결과 전쟁 후 아이들 출생의 증가, 공립학교 시스템 시작 등의 사회 구조가 바뀌면서, 자연스럽게 교회 안에도 연령별 신앙교육이 확산이 된 것이다. 그 전에까지 교회는 모두 세대통합적 예배와 교육을 실시한 것이다.

미국 교회는 영적 대 각성 운동과 부흥 운동이 활발하게 일어났던 1800년 대 후반과 1900년 초반에 엄청난 성장을 이뤘다. 그 부흥기 때 주일날 미국 교회 풍경은 이러했다. 주일 오전에 되면 일가족이 함께 마차를 타고 동네 교회로 가서 예배를 드렸다. 그리고 끝나고 집으로 왔다. 또 집에서는 가정예배가 있었다. 주일예배 때는 교회학교가 따로 없었다. 그냥 온 식구들이 함께 본당에서 예배를 드렸다. 이게 주일날 예배의 전부였다.

이 당시 모습을 보게 되면, 교회 안에 유년부, 초등부, 중고등부라는 조직이 없었다. 교육 전도사도 없었다. 그냥 부모와 자녀가 함께 예배를 드릴 따름이었다.

기독교 역사상 최초의 전임 교육부 사역자는 1937년도에 세워졌다. 그리고 1960년대 후반부터 해서 본격적으로 교회에 도입이 되었다.

과거 미국 교회를 보면, 지금처럼 대형교회도 없었다. 동네 마다 딱 1개의 교회가 있었다. 주일이 되면, 온 가족들이 마차를 타고 동네 교회에 와서 예배 드리고 집으로 갔다. 이렇게 밖에 하지 않았어도, 이 당시 교회는 엄청나게 부흥했고, 교회들 마다 아이들이 넘쳐났다.

왜 이 때 교회는 부흥하고 성장하였을까? 왜 이 때 교회 아이들이 많았을까?

그 당시 부모들은 시간만 나면 자녀들에게 신앙을 이야기하고 성경을 가르쳤다. 다음 세대들을 향한 복음의 메신저 역할은 늘 부모가 하였다. 그로 인해서 신앙의 세대 전수가 이뤄진 것이다.

1800년대 미국의 가장 유명한 인물은 아브라함 링컨일 것이다. 링컨의 친모 낸시는 매일 저녁 링컨에게 성경을 가르쳤고, 성경책을 유품으로 물려주었다. 어린 아들 링컨을 두고 먼저 세상을 떠난, 낸시는 링컨에게 이런 유언을 남겼다고 한다. "여러 번 읽어 이젠 낡았지만 우리 집에서 가장 값진 가보다. 백 에이커의 땅을 물려주게 된 것보다 이 한 권의 성경책을 물려주게 된 것을 기쁘게 생각한다. 네가 책 속의 진리의 말씀대로 살아간다면 네가 백만 에이커의 대주주가 되는 것보다 기쁘겠다." 비록 링컨이 어린 나이에 어머니를 여의었지만, 어렸을 때 어머니에게 배운 성경을 통한 신앙 교육이, 그를 미국 역사상 최고의 대통령을 만든 것이다.

4. 다시 교회에 부는 세대 통합 목회론

미국은 최근에 남 침례교단을 중심으로 하여서, 많은 주류 교단들이 세대 통합형 교회 교육을 실시하고 있다. 우리나라처럼 장년들은 교구사역으로 편재하고, 아이들은 교육부서로 구분 짓지 않고 있다. 이 둘을 합쳐서 세대통합형 교회 교육을 실시하고 있다. 예를 들면, 청소년부 사역자는 그냥 아이들만 사역하는 것이 아니라, 청소년과 그들의 부모를 함께 사역한다. 유년부 사역자는 유년부 아이들과 유년부 부모를 함께 사역한다. 이렇게 패러다임이 바뀌어 가면서, 생각보다 좋은 반응과 열매를 얻고 있다.

최근에 미국에서 가장 빠르게 성장하는 기독교 계통의 교파는 모르몬교다. 우리 주류 기독교에서는 이단으로 알려져 있는 예수 그리스도 후기 성도 교회를 모르몬교라고 부른다. 1990년 800만명이 되지 않았던 몰몬교 교세가 2020년에는 1600만을 훌쩍 넘겼다. 40년만에 두 배 이상의 성장을 기록한 것이다. 특히 모든 기독교 계통의 교단들이 감소세를 기록하던 2000년 이후에, 모르몬교는 2000년에서 2010년 사이에만 무려 45% 이상의 성장률을 보였다. (Church News May 29, 2023)

그렇다면, 모르몬교의 성장의 이유가 무엇일까? 퓨 리서치 결과에 의하면, 모르몬교의 가장 큰 특징은 가정의 중요성이 매우 크다는 것이다. 따라서 주일예배 때 온 가정이 함께 예배를 드린다. 주일학교나 교회학교 예배가 따로 없다. 모르몬교들의 81%가 자기 부모님이 좋다고 답변을 하였다. 73%는 매우 만족스러운 결혼 생활을 하고 있다고 답했다. 미국 내 모르몬교의 교회 공동체의 열심 참여율은 67%로, 복음주의 개신교의 43%, 전통 개신교의 20%보다 훨씬 더 높다. 모르몬교회들은 행복한 가정을 만들고 있고, 그 안에서 신앙의 세대 전수가 가장 잘 이뤄지고 있다. 미국 청소년들의 신앙심을 보면 모르몬교회가 부모와 신앙 형태 유사성이 가장 높게 나오고 있다.. 결국 모르몬교의 성장의 이유는 신앙의 세대 전수의 성공으로 볼 수 있다(Pew Research Center Jan 12, 2012).

최근 미국교회 안에 불고 있는 교회 교육의 주류의 흐름은 부모와 함께하는 세대통합 교육이다. 이제 모두 성경의 원안대로 돌아가고 있는 것이다. 오렌지 콘퍼런스로 우리에게 크게 알려져 있는 노스포인트 커뮤니티가 그 대표적인 주자이다. 교회학교는 더 이상 교회에 분리된 하나의 조직이 아닌, 교회와 가정을 합친 하나의 그림으로 가야 한다는 주일학교 패러다임을 시작을 하였다. 그리고 실제로 세대를 통합하는 교회학교를 했을 때 파워는 더 커졌다. 뿐만 아니라, 신명기 6장의 말씀을 실천하자는 D6 콘퍼런스는 미국 내 엄청난 폭발력을 가져왔고, 한국에까지 지부가 생겨서 정기적으로 콘퍼런스를 하고 있다. 세대를 통합하는 교육으로 대세가 움직이고 있는 것이다. 최근 미국 바나 리서치 결과에 의하면 신앙심이 좋은 부모일수록 자녀들과 함께 기도하고 찬양하고 예배드리는 것으로 나왔다

이미 정답은 나왔다. 지금이라도 교회 교육은 성경으로 가면 되는 것이다. 세대분리형이 아닌 세대통합의 교육으로 가는 것이다. 양승헌 목사에 의하면, 교회가 세대형 분리 형 교육이 아닌, 함께 공동체적으로 하나 되는 교육을 할 때, 신앙의 세대 전수에 가깝게 다가갈 수 있다고 한다. (더 미션 2023년 9월 13일) 세대통합 교육은 아이들을 오히려 영적으로 지적으로 정서적으로 성장시킬 수 있다는 것이다. 세대통합 교육이 기존의 교회학교 패러다임 보

다 훨씬 긍정적인 요소가 많다는 것이다.

5. 청암교회의 세대 통합 목회

필자가 목회하는 청암 교회는 76년 역사와 전통을 자랑하는 교회다. 지극히 일반적인 전통교회라 할 수 있겠다. 위치가 서울시 용산구라는 도심 중앙부에 있다. 그래서 지금은 전형적인 올드타운이 된 곳이다. 필자가 부임 때, 70대 이상의 계층이 가장 많은 전형적인 고령화된 교회의 모습이었다. 교회에 있는 젊은 분들의 대다수는 부모님 때문에 교회를 다니는 케이스였다. 그래서 젊은 부부들은 주로 경기도 권에 살고 있는 상황이다.

이러한 상황 속에서, 부임과 동시에 세대 통합 목회를 시작 하였다.

우선 목회 중심이 되는 말씀을 마태복음 22장 32절로 삼았다. "나는 아브라함의 하나님이요 이삭의 하나님이요 야곱의 하나님이로다." 이 말씀은 76년 전통을 가지고 있는 청암 교회에 딱 맞는 모습이었다. 그리고 다음의 이유로 인해서 세대 통합 교육이 우리 교회에 딱 맞는 옷이었다고 확신했다.

첫째, 세대통합 교육이 가장 성경적인 교육의 방법이다. 성경은 세대통합 교육을 분명하고 주장하고 있기 때문이다.

둘째, 3대가 함께 신앙 생활하는 우리 교회에 가장 좋은 교육 방법이다. 우리 교회에서 주일은 예배드리는 날이기도 하지만, 3대가 함께 만나는 자리이기 때문에, 프로그램도 세대가 함께 하도록 하는 것이 가장 효과적이다.

셋째, 전통 교회일수록 세대통합 그림은 잘 맞는다. 고령화된 교인들이 많을수록, 소외감도 커질 수가 있기에, 온 세대가 함께하는 예배나 프로그램은 오히려 어르신들은 소외시키지 않게 할 수 있는 그림이다.

넷째, 전도를 통해서 새 가족 유입이 힘든 교회에 딱 맞는 그림이다. 우리

교회는 서울시 용산구 청파동, 말 그대로 구도심에 위치하고 있는 교회다. 지금 현재 교회가 가지고 있는 위치적 한계로 인해서 새 가족 유입이 힘들 때, 오히려 세대통합 교육은 교회를 늘 새롭게 만든다. 따라서 끊임없이 교인들 안에 영적 활력소를 준다.

다섯째, 인구 감소 시대에 가장 좋은 대안은 세대통합 교육이다. 벚꽃 피는 순서대로 대학교가 문을 닫는 말이 실현이 되고 있다. 그 만큼 아이들이 없다. 주일학교 생태계가 다 붕괴가 될 수 있는 이 상황 속에서 유일한 대안과 희망은 세대가 통합을 하는 교육이다. 구체적으로 세대통합 교육을 다음과 같이 목회에 접목을 시켰다.

5.1. 말씀의 세대 통합

부임과 동시에 교인들에게 큐티를 가르쳤고, 온 교회가 큐티를 하기로 하였다. 장년들은 매일 성경 본문으로 매일 새벽 예배를 드렸고, 교육부서는 큐티 아이, 어린이 매일 성경, 청소년 매일 성경, 순으로, 매일 큐티 하게 끔 하였다. 그리고 주일이면, 매일 성경 본문으로 교육부서 설교를 진행하도록 하였다. 이렇게 한 이유는 온 세대가 같은 말씀을 보면서, 서로 영적인 영향을 주고자 함이었다. 평일 가족 식사 모임 때도 이미 서로 잘 알고 있는 내용으로 성경 이야기를 할 수 있고, 주일에 할아버지 할머니와도 성경이 중심이 된 대화가 가능하기 때문이다. 1년에 한 번씩은 전 교인 큐티 발표회를 진행하면서, 말씀에 대한 열의를 올렸고, 교육부서 아이들의 큐티 책을 로비에 전시해서, 잘 하고 있는 아이들 격려도 마음 것 하였다.

5.2. 기도의 세대 통합

한국 교회의 신앙의 좋은 유산 가운데 하나는 새벽 기도이다. 조부모 세대는 그렇게 열심히 기도했는데, 지금 세대는 기도가 없다. 그래서 이 좋은 신앙의 유산을 보급하고자, 온 세대가 함께하는 기도의 자리를 만들었다. 교육에서 보여주는 것만큼 좋은 것은 없다. 할아버지, 할머니, 또 부모가 하는 기도의 모습을 자꾸 자녀들에게 보여줘야 한다. 그러면 따라서 하게 된다.

우리 교회들의 2/3는 교회 근처에 살지 않기 때문에, 매번 한 자리에 모이게 하는 것이 쉽지는 않다. 그래서 한 달에 한 번씩 어린 아이부터 전 교인이 모여서 기도하는 새벽 기도 모임을 만들었다.

상당히 좋은 호응을 보였다. 코로나 기간에도, 다들 열심히 기도하였고, 지금 교인의 약 50%가 새벽 기도를 나오고 있다. 토요일 새벽 6시에 시작한 기도회는 대략 50분 정도 진행이 된다. 함께 찬양하고, 교육부서 특송을 하고, 설교가 진행이 된다. 이후에 통성 기도 시간이 있고, 교육부서 자녀들을 위한 안수 기도 시간이 있다. 끝나고 갈 때는 헌신자들이 간식을 제공해 준다. 그래서, 간단히 아침을 해결하고 집으로 갈 수 있다. 연말이면, 12번 개근한 학생들에게는 교회에서 장학금을 지급해 준다.

5.3. 예배의 세대 통합

보통 세대 통합 예배하게 되면, 부정적인 시각이 많이 있다. 어른들과 함께하는 예배를 아이들이 싫어하고, 교사들도 싫어하는 경향이 있다. 세대통합 예배는 어른들을 위한 예배이지, 아이들을 위한 예배는 아니라고 생각하기 때문이다. 예배에 있어서, 연령의 눈높이를 맞추는 것은 반드시 필요하다고 본다. 세대 통합 예배에 있어서 몇 가지 틀만 깨면, 충분히 교회학교 아이들도 좋아하는 예배가 가능하다고 본다.

우선 우리교회는 세대 통합 예배를 주일 11시에 드리는데, 매주 드리지는 않는다. 절기와 기념일 중심으로 일 년에 약 6번 정도 드린다. 그리고 세대 통합 예배 때, 본당에서 다같이 예배드리지만, 부모님과 함께 앉아서 드리지 않고, 교육부서별로 앉아서 예배드린다. 이렇게 하는 이유는 부모가 교회에 안

다니는 아이들을 배려하기 위해서다.

우리 교회의 세대 통합 예배의 가장 큰 장점은 교육부서 아이들의 참여에 있다. 주일 예배의 포맷을 그대로 유지하지만, 예배 곳곳에 아이들의 참여 시간을 넣는다. 예를 들면, 유치부 아이들은 성경 암송 챈트를 하고, 유년부 아이들은 헌금송을 한다. 청소년부 학생들은 워십 댄스 발표를 하고, 청년들은 마무리 찬양을 인도한다. 이렇게 함으로써 모두가 예배 주체가 되게 한다. 그리고 이날 대표 기도는 2명에서 한다. 학생이 먼저 하고, 장로가 이어서 한다. 이른바 듀엣 기도다. 영상 광고는 3대가 함께 미리 재미있게 찍어서 송출이 된다. 또한 절기의 특징에 맞게 끔, 꽁트 나 연극도 가미가 된다. 이렇게만 보더라도, 얼마나 풍성한 시간인가.

교회의 절기는 축제가 되어야 한다. 모두가 설날과 추석과 같은 명절을 기다리듯이, 교회의 절기는 온 성도들에게 기다림의 시간이 되어야 한다.

세대 통합 예배에서 가장 중요한 시간을 꼽으라면 설교시간이다. 설교에 따라서 세대 통합 예배가 오래 지속이 될 수 있고, 그렇지 않을 수 있다고 생각한다. 보통 목사들은 설교는 하나님의 말씀이니까, 무조건 잘 들어야 한다고 생각하기도 한다. 세대 통합 예배 때 설교는 모든 세대의 청중을 반드시 고려해서 준비가 되어야 한다. 쉽게 말하면, 유치부 아이들, 초등학생들, 청소년들, 청년들, 장년들이 모두 공감하고 은혜가 되는 설교여야만 한다.

세대 통합 예배 설교를 위한 몇 가지 제언을 한다. 첫째는 평소보다 짧게 하는 것이 좋다. 설교가 예배의 전부는 아니다. 설교는 예배의 한 요소인데, 개신교에서는 설교의 비중이 예배에서 너무나도 크다. 평소에 30분 했다면, 이날 조금 줄여서 하면, 모든 회중들이 예배에 대한 집중도가 올라갈 것이다. 둘째로 아이들 설교가 힘들 경우 부교역자의 도움을 받을 수 있다. 어떤 교회는 설교도 2명에서 한다. 앞에 도입부는 부교역자 재미있게 인도하고, 이어서 본론을 담임 목사가 하기도 한다. 물론 이 경우도, 전체 설교 시간은 짧아야 한다. 긴 설교가 지속이 되면, 세대 통합 예배는 성공하지 못할 확률이 크다.

셋째로 과감히 담임 목사들이 설교를 하지 않는 것도 좋은 방법이다. 우리 나라는 모든 것을 담임 목사가 혼자 다 하려고 한다. 특히 절기와 같은 중요한 시간은 더 그런 마음이 클 것이다. 때로는 내려놓을 필요가 있다. 담임 목사는 광고 때 자기 시간을 충분히 가질 수 있고, 축도 할 수 있으니, 이 날은 세대 통합의 취지를 잘 살릴 수 있는 부교역자에 설교를 맡기는 것도 좋은 방법이라고 생각된다.

넷째로 조금만 노력하면, 담임 목사들도 교육부서에게 공감이 되는 설교를 할 수 있다. 설교 시간에 아이들에게 선물도 주고, 설교에 참여를 시키는 등, 조금 색다른 방법의 설교를 시도해 보는 것도 필요하다고 본다.

지난 3년간 세대통합 예배를 드리면서, 나온 교회적인 반응은 다음과 같다.

첫째로, 노인들이 가장 좋아하는 예배가 세대 통합 예배다. 본당이 꽉 차는 가운데, 수많은 젊은 사람들이 함께 하니까, 어르신들이 너무나도 좋아하는 예배가 되었다.

둘째로, 아이들이 가장 좋아하는 예배가 세대 통합 예배다. 지루할 틈이 없는 다채로운 순서들이 많이 있어서, 아이들이 무척 재미있어 한다. 때로는 자기 부서 예배보다 더 좋아하기도 한다.

셋째로, 당회원(장로)들의 반응은 이 보다 좋을 수 없다는 것이었다. 처음에 세대 통합 예배를 드린다고 했을 때는 반신반의 하셨던 분들이, 막상 드려보니까, 전 교회가 하나가 되고, 모두가 열광하니, 이 순간을 모두 기다리고 즐기게 되었다.

우리 교회의 세대 통합 예배는 그 넓은 본당이 가득차고, 온 세대의 하나됨이 느껴지는 시간이다. 그리고, 교회가 더 이상 고령화로 가지 않고, 젊어짐이 물씬 풍겨나는 시간이다.

<表 XXI-1> 부활절 세대통합 예배순서

시간	순서	담당 부서
10:45-11:00	예배 찬양 인도	청년부
11:00-11:01	사도신경	다같이
11:01-11:05	찬송가	다같이
11:05-11:10	듀엣 기도	학생, 장로
11:10-11:15	찬양대 찬양	호산나 찬양대
11:16-11:20	3대 영상 광고	3대 선정된 가정
11:20-11:24	성경 암송 챈트	유치부
11:24-11:29	헌금송	어린이부
11:30-11:50	설교	담임 목사
11:50-11:54	워십 댄스	청소년부
11:55-12:03	셀러브레이션 찬양	청년부
12:04-12:05	축도	담임 목사

5.4. 선교의 세대 통합

청암교회는 선교에 두 가지 세대 통합의 요소를 넣고 있다.

첫째는 교육부서가 선교 헌금에 동참을 한다. 연초에 교육부서 아이들이게 선교 헌금 저금통을 나눠주고, 1년 동안 채우게 한다. 그리고, 추수 감사절 때 제출된 헌금을 강대상으로 모두 올리게 된다. 그래서 선교 헌금에 다음 세대도 동참케 한다.

둘째는 단기 선교에 가족이 함께 하는 프로그램을 넣고 있다. 온 가정의 신앙의 성장에서 가장 좋은 방법은 단기 선교라고 생각한다. 보통 교회에서는 청년들이나 장년들만 단기선교에 가는데, 그러는 것이 아니라, 가족 단위로 단기 선교를 가게 한다. 우리나라에서 멀지 않는 동남아시아권에서 선교가 가능한 지역을 섭외를 하고, 가족 단위로 함께 선교 훈련을 받고 함께 가게 하는 것이다. 3일 정도 선교에 집중하고, 하루 정도 현지 문화 체험을 하는 것도 좋은 방법이라고 생각이 된다. 자녀들에게 선교에 대한 열정을 가장 쉽게 넣어줄 수 있는 방법은 온 가족이 함께 선교하는 것이다.

76년 된 고령화된 교회이지만, 세대 통합 열풍이 교회에 불어오면서, 교회에 활기가 넘치고 있다. 그리고 최근 몇 년 새에 이미 젊은 교회로 가고 있다. 주일이면, 교인들 안에 영적인 행복이 잘잘 넘치는 것이 느껴지고 있다. 세대 통합 교회 교육의 긍정의 효과를 톡톡히 보고 있다.

제22장

기독교교육과 교사리더십

조철현(성북교회)

1. 들어가며

한국의 교회학교 교사들은 그동안 어려운 여건 가운데서도 교사의 역할을 잘 수행하여 교회를 견고히 세우는데 기둥과 같은 역할을 해왔다. 지금도 교회의 교육적 사명을 수행함에 있어 교회학교 교사의 역할은 결코 간과될 수 없다. 하지만, 급격한 사회변화는 새로운 교사상을 요구하고 있다.

일반 교육학에서도 새로운 교사상의 요구가 감지된다. 교사리더십 개념의 도입으로 시대변화에 맞는 교사의 역할이 요구된다. 교사리더십의 연구는 1980년대부터 서구국가들을 중심으로 진행되어오고 있으며 갈수록 더 주목을 받고 있다. 왜 학교교육에서도 교사리더십 개념이 생성·발전되고 있는가? 전통적인 교사상으로서는 변화하는 시대에 맞는 교사역할을 감당할 수 없기 때문이라는 인식 때문이다. 전남익·최은수(2010)는 교사리더십 개념이 출현하게 된 원인을 네 가지로 보았는데, 첫째, 국가주도의 개혁으로 인한 교사들의 자율적 역량 감소, 둘째, 교장과 교사, 그리고 학생의 수평적 관계 강화로의 변화, 셋째, 구성원들과 함께 만들어가는 학교공동체 개념, 넷째, 구성주의 인식론에 근거하여 교장과 교사, 그리고 학생 상호간에 리더십을 발휘하는 존재로의 인식의 확산이 원인이 된 것으로 정리하였다(160).

오늘날 변화해가는 교회학교도 마찬가지로 시대에 맞는 교회학교 교사상을 요구한다. 교회 안에도 탈권위주의와 다원주의는 전통적인 권위를 가진 교사보다는 관계성을 잘 이루어가고 그들의 문화코드에 맞는 교사를 원한다. 교사는 단순히 가르침을 전하는 자가 아니라 반을 하나의 목양조직으로 인식하고 반조직을 이끌어 나가는 한 리더로서의 역할이 필요한 시점이다. 박상진(2007)은 교회학교 교사들도 전통적인 관점에서의 분반도 공동체 개념으로, 학생을 공동체에서 이끌어가야 할 대상인 구성원으로, 교사를 리더로, 교사교육을 리더십 개발로 이해할 수 있는 방향성을 제시하였다(183).

교회학교 교사리더십이란 무엇인가? 조철현(2014)은 교회학교 교사리더십의 개념을 다음과 같이 정의하였다. "교회학교 교사리더십이란, 신앙교육의 목표를 달성하기 위하여 성경적인 방법으로 교사가 학생들에게 선한 영향력을 미치는 과정이다"(3). 교회학교 교사는 하나님께서 맡기신 학생들을 성숙한 신앙인으로 자라도록 선한 영향력을 발휘하여 이끌어 나가야 한다. 성장의 목표는 골로새서 1장 28절의 명령처럼, "각 사람을 그리스도 안에서 완전한 자"로 세우기 위한 최선의 노력이 될 것이다. 교회학교에서의 교사는 이제 단순히 교육내용을 가르치는 교사가 아니라 리더로서의 역할을 수행해야 한다. 성경내용을 학생들에게 가르침과 동시에 아이들의 문화를 이해하고 아이들의 필요를 채우고, 함께 공감하면서 그리스도 안에서의 완전한 성장을 이끄는 리더십의 능력이 요구된다.

교회학교 교사는 자기관리능력, 가르침의 기술능력, 관계형성능력, 행정적 능력, 그리고 지식적인 역량을 필요로 한다. 교회학교 교사가 갖추어야 할 필수적인 리더십 능력을 범주화하여 요약하자면, 하나님으로부터 부르심을 받았다는 확신의 소명감, 그리스도를 닮은 성품, 하나님과의 관계를 효과적으로 수행하는 영성, 그리고 리더십 기술역량이 고루 갖추어져야 한다.

　이들 중 교회학교 현장에서 가장 실제적으로 활용가능한 역량은 리더십 기술역량이다. 교회학교 교사가 갖추어야 할 리더십 기술역량은 어떤 요소들로 구성되는가? 리더십 기술역량은 한 조직을 이끌어 나가는 데 필요한 기술적인 능력이며 효과적인 조직운영기술과도 많은 유사성을 지닌다. 일반리더십 및 교사리더십 이론에서 강조하는 기술역량들은 교회학교 교사들도 공유할 수 있는 기술적 능력이 된다. 교회학교는 조직으로서의 기능, 그리고 예수님의 몸인 유기체로서의 기능을 함께 가지고 있으므로, 조직으로서의 기능을 원활하게 유지하기 위한 조직리더십 원리를 성경적 관점으로 적용할 여지가 있다(홍정근, 2002). 여러 리더십 이론과 학자들의 견해에 의하면, 조직의 생성과 해체 주기에 대한 이해능력, 공유된 비전과 목표제시능력, 역할부여 능력, 의사소통 능력, 권한 위임능력, 동기부여 능력, 문제해결능력, 갈등관리 능력, 연구 및 평가능력, 의사결정능력 등이 리더십 기술능력의 핵심 내용으로 요약될 수 있다(Kouzes & Posner, 1999; Yukl, 1998; Nourthouse, 2009; Handy, 2011; 신응섭 외, 2003). 교회학교 교사도 조직을 이끄는 한 사람의 리더로서 한 반을 맡아 한 해 동안 학생들을 돌보는 목양의 사이클을 기준으로 생각한다면 다음과 같은 기술역량이 필요하다. 반의 형성과 해체주기에 대한 이해능력, 관계형성능력, 목표수립능력, 의사소통능력, 동기부여능력, 갈등해결능력, 평가 능력 등이다.

　교회학교 교사리더십 기술역량은 교사 스스로 준비할 수 없으므로, 교회는 언급된 교회학교 교사들의 리더십 기술역량을 구비케 하기 위해 적절한 교육을 실시해야 한다. 교회학교 교사들이 리더십 역량을 갖출 수 있도록 훈련프로그램을 제공하여 필요한 교회학교 교사리더십 역량을 갖추도록 도와주어야 한다.

2. 교사리더십 기술역량 7단계

교회학교 교사를 교육부서나 한 반을 이끌어가는 그룹의 리더로 인식할 때, 필요한 기술적 역량을 일반 조직 리더십 이론의 핵심적인 역량에 기초하여 7단계로 구성하였다. 반의 형성과 해체주기에 대한 이해능력, 관계형성능력, 목표수립능력, 의사소통능력, 동기부여능력, 갈등해결능력, 평가 능력으로 정리할 수 있다. 먼저, 교사는 반의 형성과 해체주기에 대한 이해가 필요하다. 일반적으로 교회학교의 반 활동은 1년 주기로 진행된다. 교사는 한 반이 어떻게 형성되고 진행되다가 해체되는가에 대한 사이클을 이해해야 거기에 맞는 교육전략 수립이 용이하다. 교회학교 교사는 학생들과 동료교사들, 그리고 교역자와의 관계를 성공적으로 형성할 수 있어야 한다. 관계형성을 기초로 팀워크를 다진 뒤, 반 학생들의 신앙성장을 위한 목표를 세워야 한다. 신앙성장을 위해 반별 목표를 세운 교사는 이제 반 학생들이 목표에 대해 이해하고 목표달성을 위해 행동하도록 효과적으로 의사소통해야 한다. 목표달성을 향해 달려가면서 지치지 않도록 지속적으로 동기를 부여하여 목표를 부단히 추구할 수 있도록 이끌어야 한다. 목표를 추구해 나가는 과정 중 혹시 발생할 수도 있는 갈등도 효과적으로 해결할 수 있어야 한다. 최종적으로 한 해의 신앙교육사역을 평가하는 평가능력이 구비되어야 한다. 교사리더십 역량 발휘 과정을 순차적으로 정리하면, 반 사이클에 대한 이해의 기초 -> 관계형성 -> 목표수립 -> 의사소통 -> 동기부여 -> 갈등관리 -> 평가로 정리할 수 있다.

2.1. 반의 발달단계에 대한 이해 능력

교회학교의 반은 한 해 단위로 편성되고 해체된다. 베테랑 교사는 반이 한 해의 시간의 흐름에 따라 어떤 발달과정을 거치는지 경험적으로 알고 있다.

하지만, 신임교사나 경험이 적은 교사들은 이해가 부족하며, 베테랑 교사라 할지라도 주의 깊게 살피지 않으면 반의 발달과정을 이해하지 못해 적절하게 학생들을 다루는데 어려움을 겪는다.

집단은 시간의 흐름에 따라 어떤 발달단계를 거치는가? 모든 집단이 발달 단계이론을 그대로 따르지 않으나, 공통적으로 밟게 되는 과정이 존재한다. 교사들이 섬기게 될 반도 하나의 소그룹 집단으로 일반적인 집단발달단계와 유사한 형태를 보이므로 집단발달에 대한 이해는 학생들을 지도하는 데 도움을 준다.

집단발달 이론들은 공통적으로 집단이 다섯 단계의 발달과정을 거치는 것으로 본다(Levi, 2011; Katzenbach & Smith, 2001; Kallestad & Schey, 1996; Ott, 2004). 첫째, 형성기(forming)이다. 집단이 새롭게 형성되면서 구성원들이 서로 알아가는 오리엔테이션 단계에 해당된다. 둘째, 격동기(storming)이며 집단이 함께 활동을 시작하면서 역할과 절차를 놓고 이견이 나오는 단계이다. 셋째, 규범기(norming)이며 이 단계는 규칙과 사회관계가 확립되어 집단이 구조화되는 과정에 해당된다. 넷째, 수행기(performing)로서 집단이 해야 할 일에 초점을 맞춘다. 다섯째, 휴지기(adjourning)로서 집단이 수행해야 할 일을 완수하고 해체되는 단계이다(Levi, 2011, 59).

교회학교의 반의 형성 사이클을 보면 집단의 발달단계와 유사한 과정을 거친다. 새해에 새로운 반이 편성되면 형성기로 시작된다. 서로를 알아가고 하나의 반으로 세워져 나가는 단계이다. 아직 서로 친하지 않기 때문에 고분고분하거나 위축된 분위기가 있으며, 어떻게 행동해야 할지 잘 몰라 어색해한다. 형성기 기간에 교사들이 집중해야 할 것은 바로 관계형성을 위한 노력이다. 교사들은 적극적으로 학생들과 서로를 알기 위해 교제하는 시간을 가장 많이 투자해야 할 시점이다. 형성기 과정을 1-2월까지로 보고 이 시기에는 서로 마음을 열고 교제하는 시간으로 충분히 활용한다. 반의 이름을 정해보기도 하고, 한 해의 목표를 나누고, 마음을 여는데 집중한다(Topchik, 2007, 52-55).

격동기(storming)에서는 학생들이 서로를 조금씩 알아가면서 때로는 갈등과 불만이 나올 수 있다. 서로가 반에서 맡은 일이나 관계 가운데에서 의견 불일치가 일어나게 되는 것이다. 하지만, 이 시기에 교사는 불편한 상황을 조금 더 이해하고 여유를 가져야 한다. 이런 갈등을 통해 학생들 서로에 대한 다양한 시각을 볼 수 있게 되고 그들의 성향을 이해하는 계기가 되기 때문이다. 교사는 이 시기에 갈등관리능력의 지혜를 가지고 반을 잘 지도해 나가야 한다.

규범기(norming)에서는 갈등을 잘 해결하고 서로가 친밀함도 가지게 되어 복음전파와 영적성장을 위한 목표를 추구할 수 있는 동력을 얻게 된다. 이 시기에는 학생들이 반에서 해야 할 역할과 규칙을 정하기도 하며 서로가 목표를 향해 열심을 내는데 동의한다. 형성기, 격동기, 규범기는 일년 중 상반기 과정을 통해 겪게 되는 과정으로 볼 수 있다.

수행기(performing)에서는 교사와 학생들, 그리고 학생들 간에 서로를 잘 알기 때문에 그들이 함께 성취해야 할 반의 목표와 영적성장활동에 대해 헌신하는 일에 열심을 낼 수 있게 된다. 반이 서로 마음을 열고, 갈등을 해소하고, 정해진 서로 간의 규칙도 따르고, 함께 협력하여 반에 주어진 목표를 수행할 수 있기 위해서는 앞의 각 단계를 성공적으로 잘 거쳐야 한다. 만약 실패한다면 반은 전도나 영성성장의 열매를 얻지 못할 가능성이 크다. 수행기는 중반기 과정에 해당된다.

휴지기(adjourning)는 해산 단계이며, 연말에 반이 바뀌는 시점으로 볼 수 있다. 성공적인 반운영을 한 경우, 반이 바뀌는 문제로 인해 그동안 전도와 영적성장을 위해 열심을 내고 사회적 관계를 발달시켰던 것을 종식해야 하는 단계이므로 스트레스를 받기도 한다. 이 시기에 중요한 것은 반의 활동에 대해 평가하고, 또 다른 새로운 반의 시작을 위해 피드백을 가지는 것이다. 서로가 좋았던 점, 아쉬웠던 점을 이야기하며 새로운 반에 가서는 더 잘할 것을 마음으로 다짐하며 기도로 해산한다. 교사는 반 평가를 위한 준비를 잘 하여 객관적으로 지혜롭게 평가를 시도해야 한다.

2.2. 관계형성능력

교회학교의 새 학년이 시작되었을 때, 교사에게는 맡은 학생들을 성공적으로 이끌어 계획한 교육목표를 달성하기 위해 효과적인 리더십을 발휘해야 할 사명이 주어졌다. 무엇보다도 교사는 관계형성에 주력해야 한다. 교회학교 교사가 성공적으로 이끌어야 할 관계는 학생들과의 관계 그리고 교사들과의 관계다.

먼저, 학생들과 성공적으로 관계를 형성해야 한다. 성공적인 관계형성 없이는 학생들을 가르치고 이끄는 것은 불가능하다. 실제로 상대방과의 관계의 질이 메시지의 전달의 효과성에 매우 중요한 역할을 한다. 같은 메시지라도 관계의 좋고 나쁨에 따라 전달되는 효과가 다르다는 것이다(전영미, 2009, 375; Watzlawick, Beavin, Jackson, 1967에서 재인용). 성경을 가르치고 함께 영적성장목표를 추구해야 할 반에서 교사와 학생간, 그리고 학생상호간에 관계형성이 이루어지지 않으면 성공적으로 목표를 추구할 수 없게 된다.

성공적인 관계형성을 위해 우선 학생들에 대한 이해가 전제되어야 하고, 좋은 관계형성을 위한 기술적인 노력이 필요하다. 학생들과의 관계형성을 위해 학생들에 대한 이해가 있어야 한다. 크게 두 가지 틀에서 생각해볼 수 있는데, 먼저는 자기가 가르치는 학생들의 발달수준에 따른 일반적인 이해, 그리고 각 학생에 대한 개별적인 이해가 필요하다. 유치부, 초등부, 중·고등부 학생들의 성장발달에 따른 지적, 정서적인 부분들의 발달 수준과 문화가 각각 다르므로 이에 대한 이해가 필요하며, 동시에 가르치는 반 학생들이 개별적으로 어떤 특징을 가지고 있는 지에 대한 이해가 필요하다. 학생들에 대한 이해가 전제될 때, 올바르고 깊은 관계형성이 가능하게 된다.

교사는 학생들과의 좋은 관계를 형성하기 위해 어떤 기술적 능력이 요구되는가? Eikenberry(2007)는 교회학교 교사들이 학생들과의 좋은 관계형성을 위해 참고할 만한 몇 가지 지침들을 제시하였다. 첫째, 교사는 매력적이어야 한다. 어떻게 하면 매력적인 교사가 될 수 있을까? 개방적인 자세를 가지고 친절해야 하며, 공통된 관심사를 찾아 학생들과 공감대를 형성해야 한다. 더불어, 교사는 학생들의 감정, 상황, 신앙, 목표 등에 진정한 주의를 기울여 관심을 표할 때 매력적인 교사로 비치게 된다.

둘째, 교사는 학생들의 말에 경청할 때 좋은 관계형성이 이루어지게 된다. 일방적으로 가르치는 일에만 익숙하여 학생들의 말에 귀 기울이지 않는 교사는 학생들에게 좌절감을 안겨줄 뿐이라는 사실을 간과해서는 안 된다.

셋째, 좋은 관계형성을 위해 교사는 신뢰를 쌓아야 한다. 신뢰는 학생들이 교사가 가르치는 내용에 대해 잘 알고, 약속한 것을 지키고, 자신의 감정도 개방하고, 순수한 동기로 자기들을 가르치고 있다는 것을 느낄 때 형성되는 감정이다(81-96).

함께 사역하는 동료교사들과의 좋은 관계형성 능력도 중요하다. 권성호, 김효숙, 정효정(2012)의 연구결과에서는 교사의 관계적 역량은 영적, 교육적 역량 못지않게 교회학교 교사에게 있어서 중요한 역량임을 확인하였다(318). 박경순(2007)은 교회학교 내에 형성된 좋은 관계적 풍토는 학생들의 학습뿐만 아니라 교사의 효율성과 사기에 영향을 미치므로 긍정적인 교육풍토 조성을 강조하였다. 각 교육부서 안에서 교사들의 영적인 분위기형성, 개방적 의사소통유지, 참여적 의사결정의 확대, 위임의 적극적 활용, 적절한 보상체계 등을 갖출 때 서로 간에 긍정적 관계가 형성되는 것을 발견하였다.

LaFasto와 Larson(2000)의 연구에 의하면, 교사의 자질 중 그룹 안에서의 관계형성에 있어서 가장 중요한 요소는 바로 개방성(openness)과 지지적 태도(supportiveness)임을 깨닫게 된다. 개방성은 적극적으로 자주 의사소통하고 이야기하는 자세이며, 지지적 태도는 다른 사람을 받아들이고 다른 사람들의 가치를 인정하고 애정을 갖는 자세를 일컫는다. 교회학교 교사는 학생들과의 관계와 마찬가지로 동료 교사와의 좋은 관계형성을 위해 자신을 적극적으로 개방하고 다른 동료들을 존중하며 애정을 가질 때 긍정적인 관계형성이 가능하게 될 것으로 기대한다(42). 이와 더불어 교사는 서로가 신뢰해야 한다. 목표 성취에 헌신하고, 서로 삶을 나누고, 분명한 역할에 따라 행동하고, 자유로운 대화의 장을 만들고, 변화에 대해서도 개방적인 자세를 가질 때 동료 교사와의 긍정적인 관계형성이 가능하게 된다(주상지, 2002, 195-203).

2.3. 목표수립능력

교사는 교사로서 그리고 분반을 이끄는 리더로서 목표를 가져야 한다. 인생의 목표나 가치관은 한 사람의 삶을 형성하고 인도한다. 교회학교 교사는 자신의 신앙적 가치관과 기준에 따라 소신을 가지고 섬겨야 한다. 학생들에게 탁월한 리더십을 발휘하는 교사는 목표가 분명한 사람이다. 리더는 목표 달성을 위해 사람들을 이끄는 자이므로, 리더의 역할은 목표와 함께 시작되고 목표와 함께 사라진다고 해도 과언이 아니다. 교회학교 교사들은 대개 1년 단위로 반을 맡아 운영한다. 1년 동안 한 반을 이끌기 위해 분명한 목표가 필요하다. 어떤 목표가 필요할까? 김광건(2010)은 크리스천 리더가 가져야 할 목표를 크게 가치로써 목표와 현실적 필요로써 목표를 제시하였는데, 교회학교 교사들에게도 의미 있게 적용될 수 있다(37-41).

궁극적 가치를 위한 목표는 다음과 같은 질문으로 추구된다. '교회학교 교사로서 나의 궁극적인 교사 됨의 목표가 무엇인가?' '나에게 맡겨진 학생들을 무슨 목표를 향해 이끌고 있는가?' 가치로써 목표는 다른 말로 표현하면 교사 됨의 '사명' 혹은 '궁극적 가치'라고 표현할 수 있다. 교사 됨의 공통된 사명에 기초한 가치로써 목표는 예수님께서 주신 지상명령과 사도들이 사역의 궁극적인 목표로 삼던 '복음전파'(마 28:18-20)와 '그리스도 안에서 성숙'(골 1:28-29; 갈 4:19)으로 요약할 수 있다. 학생들에게 예수 그리스도의 복음을 받아들이게 하고 그분의 제자로 삼는 것이다. Smar(2000)도 교회교육의 목표를 복음을 개인적으로 친밀하게 증거하고, 복음의 진리를 좀 더 깊이 이해하도록 하는 것으로 보았다(109-111). 그리스도의 복음이 개인적으로 받아들여지고 그 안에서 깊은 이해를 바탕으로 성숙하도록 이끄는 목표를 위해 교사는 분명한 확신을 가지고 있어야 하며 반드시 구체적인 목표로 세울 수 있어야 한다.

교회학교 교사는 가치로써 목표가 그리스도의 복음을 받아들이고 그리스도를 닮은 제자들로 자라게 하는데 있다면 그것의 실현을 위해 실제적인 전략목표가 필요하다. 섬기는 반 학생들의 영적성장과 반 운영을 위해 교사는 궁극적인 가치의 목표에 기초하여 실제적인 목표를 제시해야 한다. 목표가 없는 상태에서 학생들의 영적성장과 반의 부흥을 기대할 수 없다. Maltz(1960)는 "사람은 천성적으로 목표를 추구하는 존재이다. 사람은 목표를 추구하도록 지음 받았으며, 그렇게 목표를 향해 살아갈 때 행복을 느낀다"고 주장하였다(xvi). 교사 스스로도 그리고 학생들도 반에서 함께 세운 목표를 추구할 때 보람과 가치를 느끼는 것이다. 많은 경우 교사들은 맡은 반 아이들에게 공과를 가르치고 반을 유지하는 것으로 자신의 임무를 다하고 있다고 생각한다. 하지만, 실제적인 목표가 없이는 성공적인 반 운영을 해 나갈 수가 없다.

실제적으로 성공 가능한 목표는 어떤 특성을 가지는가? 성공적인 목표는 구체적(specific)이고, 도전적(difficult)이고, 참여적(participant-owned)이어야 한다(Anthony & Estep, 2005, 81-84). 첫째, 구체적인 목표를 세운다. 교사는 한 해 동안 몇 명의 영혼을 전도하고, 성경구절을 몇 개 암송하고, 큐티를 습관화하고, 예배의 자세는 어떠해야 한다는 구체적인 목표를 제시할 때 효과적이다. 둘째, 목표는 도전적이며, 실현가능해야 한다. 목표를 세우는데, 너무 쉬운 목표는 식상하고 너무 어려운 목표는 좌절감을 주므로 학생들에게 적절한 도전을 주어 노력하면 성취할 수 있는 목표를 세우고 도전해야 한다. 셋째, 목표를 세울 때 교사는 학생들을 참여시켜야 한다. '너희들이 성취할 수 있는 목표가 무엇이라고 생각해?' 라고 도전하면서 교사와 학생이 함께 세운 전도와 영적 성장의 목표는 교사가 일방적으로 세운 목표보다 더 나은 효과를 가져온다. 교회학교 교사는 단지 그 해 아이들이 맡겨졌기 때문에 성경공부만 가르치며 관리한다고 생각하지 말고 아이들과 함께 전도하고 아이들 안에 그리스도를 닮은 영적 성장이 이루어지기를 고민하며 한 해의 분반운영목표를 가질 때 보다 더 효과적인 섬김이 가능하다.

2.4. 소통능력

학생들과의 관계를 형성하고 목표를 제시한 후 교사는 신앙성장의 목표를 성취하기 위해 소통능력을 발휘해야 한다. 의사소통이란 의사소통의 매체(직접 혹은 간접)를 통해 내가 상대방을 향해 전하고자 하는 내용을 말하고, 나는 상대방이 전하고자 하는 말을 듣는 과정이다. 의사소통은 협동의 전제 조건이며 조정의 수단으로서의 기능, 정보의 제공과 합리적 의사결정의 수단으로서의 기능, 갈등해소의 수단으로서의 기능, 통솔과 사기 양양의 수단으로서의 기능을 수행한다(곽한영, 최윤정, 2013, 5).

교사는 반을 이끌며 학생들에게 성경을 가르치고, 세운 목표를 그들에게 도전하고, 그들과의 관계를 형성하고 성경을 가르치고 반을 운영하기 위해 훌륭한 소통가가 되어야 한다. 의사소통에 있어 전통적인 교사들이 보이는 가장 큰 약점은 일방향적인 의사소통을 여전히 선호하고 있다는 것이다. 전통적 종교교육에 익숙한 교사들이 주로 사용한 의사소통방식은 소위 전수모델(transmission model)적 특성을 가지고 있어 교사에 의해 수직적으로 전달되는 메시지는 수신자인 학생은 그대로 받아들여야 하며, 만약 교사의 관점과 다른 의견들에 대해서는 배타적인 자세를 보이는 경향을 보였다. 하지만, 일방적이고 권위주의적인 방식의 소통은 이제 더 이상 통하지 않는다.

전영미(2009)는 제임스 마이클 리, 로날드 사르노, 피에르 바뱅의 커뮤니케이션 모델의 의견을 종합하면서 교사는 학습자의 인지적, 정서적, 환경적 요소들의 중요성을 인식하는 총체적이고 상호작용적인 커뮤니케이션의 방식을 활용할 수 있어야 함을 강조하였다. 능동적 참여, 교사의 개방적 태도, 피드백, 쌍방향적 활동, 공동체적인 활동, 시각적 이미지의 강조, 인터넷과 미디어를 활용한 다양한 의사소통 방식과 매체의 활용을 특징으로 하는 의사소통방식에 익숙한 교사가 되어야 한다.

교사들의 의사소통역량이 실제적으로 향상되기 위해서는 정확하고 바른 전달, 정확한 듣기, 학생들의 문화 이해가 개선되어야 한다. 먼저, 정확하고 바른 전달을 위해 교사는 성경적인 원칙에 근거하여 소통하고, 간결하고 단순하게 말하고, 확신을 가지고 말해야 한다. 또한, 정확하게 듣기 위해 학생들의 얼굴과 눈을 마주보고 그들의 말에 집중하며 열린 자세를 유지해야 한다. 더불어, 소통하려는 내용들(성경메세지 등)은 시대를 초월하여 변함이 없어야 하지만 소통의 방법에 있어서는 문화적인 코드를 맞추어야 한다. 교회학교 교사는 가능한 한 아이들이 친숙한 언어와 표현 방법, 문장 구조, 관심 있는 이슈, 상징과 이미지, 그리고 현대적 소통 미디어를 사용하는 체질로 변화될 필요가 있다(김광건, 2010, 53-54).

2.5. 동기부여능력

동기란 사람들의 내부에 있는 욕구, 욕망, 추진력, 혹은 열정으로 정의되며, 사람들로 하여금 무언가를 행동하게 하는 것이다. 이와 같은 동기를 자극하고 지속시켜서 성취하고자 하는 목표를 향해 움직이도록 하는 활동이 곧 동기부여이다. 학생들도 무언가 필요를 느끼고 원하는 바가 있으면 행동하기 마련이다. 학생들이 분반의 목표를 향해 달려가다 보면 지칠 때가 있다. 바로 그 때, 좋은 리더십을 가진 교사는 학생들에게 적절하게 동기부여 함으로 반 활동의 역동성을 유지해나갈 수 있다.

교회학교 교사는 어떻게 학생들을 동기부여 할 수 있을까? 첫째, 뚜렷한 목표를 제시해야 한다. 목표제시는 단순히 분반이나 조직이 나아가야 할 방향을 제시하는 기능뿐만 아니라 동기부여에도 크게 작용한다. 사람들은 추구해야 할 목표가 있고, 그 목표가 가치가 있고, 성공가능하다고 생각될 때 행동하는 경향이 있다. Locke(1968)는 목표가 동기부여를 유발하는 강한 요인이 됨을 주장하였다. 교사는 학습과 분반활동을 위한 활동목표를 세우고 학생들이 그것을 추구하는 가운데 성취를 경험하면 큰 동기부여가 된다.

둘째, 학생들의 동기부여를 위해 관계형성의 질적인 수준도 높여야 한다. Maslow의 욕구계층이론 중 3단계는 관계충족의 욕구, 그리고 Alderfer의 ERG이론도 관계욕구의 중요성을 강조한다(박성식, 2011, 188-193). 사람은 좋은관계의 분위기가 형성될 때, 학습뿐만 아니라 여러 가지 활동에 대한 적극적인 동기가 형성된다. 교사는 학생들을 자주 만나고 교제하는 시간을 충분히 가지며 좋은 관계의 형성을 위해 적극적으로 노력해야 한다.

셋째, 적절하게 보상을 해야 한다. 학생들이 처음부터 흥미를 느끼지 못할 때에는 적절한 보상을 통해 동기를 자극할 수 있다. 보상은 내적, 외적 보상으로 함께 추구되어야 한다. 내적 보상은 적극적인 칭찬과 격려, 그리고 외적 보상은 행동에 따른 적절한 물질적인 상을 줄 수 있다(Baard & Aridas, 2001). 외적인 보상을 할 때에는 단지 어떠한 과제를 잘 했기 때문이 아니라 수행한 과제의 질에 따라 보상한다. 예를 들어, 학생이 친구를 전도했을 때, 단지 전도 한명 했기 때문에 상을 주는 것이 아니라 예수님을 사랑하고 친구에게 소개하고 싶은 마음으로 전도한 것을 칭찬해 주어야 한다.

넷째, 학생들의 존엄성과 가치를 존중한다. Maslow의 이론 중 4, 5단계는 존중과 자아실현의 욕구, 그리고 Alderfer의 ERG이론의 Growth는 성장욕구를 의미한다. 사람은 자신의 존재가치가 인정받고 무언가 의미 있는 일을 하고 있다고 생각할 때에는 동기부여가 된다. 교회학교 교사는 항상 아이들의 관점에서 생각하고, 하나님의 형상으로서 존귀하게 여기고, 긍정적인 관심을 보여야 한다. 적극적으로 칭찬과 인정을 해 주도록 할 때, 아이들은 적극적으로 동기부여가 될 것이다.

다섯째, 학생들의 참여를 적극 유도해야 동기부여가 발생한다. Griffith(1979)는 사람들이 의사결정에 참여하게 될 때 사기가 높아진다는 것을 발견하였다(242). 사람들은 무언가 직접 참여하여 행동할 때, 동기가 높아진다. 학생들도 직접 참여하여 일하기를 좋아하므로 각 반에서 역할을 분담하여 참여하여 활동하게 하는 장을 만들어 학생들의 동기를 유발한다.

2.6. 갈등해결능력

교회학교 교사는 학생들을 가르치고 반을 운영할 때, 학생들과 갈등상황을 만날 수도 있고, 또한 학생들끼리 발생하는 갈등을 해결해주어야 할 때가 있다. 또한, 교사들 사이에서도 갈등은 발생할 수 있고, 리더인 교역자들과도 마찬가지의 상황에 직면할 때가 있다. 갈등은 개인의 내면의 해결되지 않은 문제, 사람들 사이, 문제해결 방식의 차이, 가치나 신념의 차이, 성격의 차이, 이해의 차이, 혹은 학습방식의 차이 등 다양한 원인에 의해 발생할 수 있다 (Topchik, 2007, 106-107).

갈등은 항상 나쁜가? Gangel(1997)은 갈등은 그 자체가 파괴적이거나 건설적이지 않기 때문에 적절하게 하느냐 그렇지 않느냐에 따라 유익이 될 수도 해가 될 수도 있음을 주장한다(189). 교회학교 교사는 학생들 사이 혹은 교사 간 갈등이 발생할 때, 그것을 긍정적으로 해결하는 리더십을 발휘해야 한다. 그럴 때 자신이 섬기는 교회학교 공동체가 건강함을 유지할 수 있다.

갈등을 만날 때 갈등에 대처하는 유형을 크게 네 가지로 구분할 수 있다. 첫째, 회피형(withdrawing)은 갈등이 발생했을 때 화해할 수 없는 차이점이 있다고 생각하며 서로 해결의 접점을 찾지 못한 채 물러서는 형태이다. 둘째, 경쟁형(taking)은 어떤 사람이나 그룹은 이기지만 다른 편은 패배하게 되는 갈등대처방식이다. 셋째, 양보형(giving)은 나는 패하고 다른 사람은 항상 이기게 하는 형태이다. 넷째, 동의형(agreeing)은 서로가 윈윈(win-win)하는 전략으로 협상, 중재, 타협 등의 방법으로 문제해결의 접점을 찾으려고 노력하는 스타일이다(Gangel, 1997, 195-198). 각각의 갈등대처방식은 장단점이 있다. 하지만, 가장 이상적인 것은 서로가 유익을 얻을 수 있는 방법으로 문제를 해결해주도록 중재해야 한다. 예를 들어, 학생들 간에 갈등이 발생했을 때, 어느 학생을 일방적으로 편을 들고 다른 학생의 의견을 무시한다면 관계가 파괴되므로 서로가 상처받지 않는 방법으로 문제해결을 중재할 수 있어야 한다.

갈등을 해결하기 위해 어떤 전략이 필요한가? 교회학교교사는 몇가지 갈등해결의 지혜를 가지고 교사간의 갈등, 혹은 학생들간의 갈등의 중재자 역할을 능숙히 수행할 수 있어야 한다. 갈등관리 전략은 크게 준비, 관계세우기, 상대방 관심이해, 건설적인 해결책 찾기, 해결책에 대한 평가와 선택의 과정을 밟는다(Sande, 2004; Topchik, 2007; 현유광, 2007; 문용갑, 2011).

갈등해결의 1단계는 갈등해결을 위한 준비단계이다. 기도하면서 학생들 간에 혹은 교사들 간에 갈등이 된 문제가 무엇인지, 문제에 대한 각자의 입장은 어떠한 지, 그리고 갈등당사자가 가지는 진정한 관심사가 무엇인 지 파악한다. 관련된 자료를 모으거나 의견을 정리하는 절차를 가진다.

2단계에서는 갈등 당사자들 서로 간의 관계를 긍정적으로 정립하는 단계이다. 갈등 당사자인 학생 혹은 교사를 서로 만나도록 자리를 마련하여 서로가 그리스도 안에서 형제, 자매이며 갈등을 긍정적으로 해결하도록 이끌어야한다. 서로가 문제를 좋은 방식으로 해결할 것을 확인하는 단계이다.

3단계는 갈등이 된 문제와 그 문제에 대한 입장 그리고 서로의 관심사를 확증하는 단계이다. 학생사이 혹은 교사 사이에 해결되어야 할 문제가 무엇인 지, 그 문제에 대해 각각의 당사자가 가진 입장은 어떠한 지, 그리고 어떤 방식으로 그 문제가 해결되기를 바라는 지 등 당사자들이 가진 관심사를 분명하게 파악하는 과정을 거친다.

4단계는 각자의 관심사에 따라 갈등을 해결할 수 있는 여러 가지 방안들을 브레인스토밍 방식을 통해 해결책을 찾는 단계이다. 자신의 고정된 입장만 고집하는 것이 아니라 서로의 관심사를 충족할 수 있는 가장 적절한 원원(win-win)해결방책이 무엇인지를 찾아내는 과정이다.

5단계는 발견한 대안들을 평가하고 가장 적절한 대안들을 선택하는 단계이다. 어떤 해결책들이 서로의 관심사를 가장 잘 충족하고 성경적인 해결방식인가를 평가한 뒤, 적절한 대안들을 선택하고, 선택된 대안들에 대해 함께 해결하는데 노력하기를 동의하는 문서를 작성하여 서명한 뒤, 기도로 마친다. 교회학교 교사는 갈등해결의 기초적인 지식을 습득하여 학생들 간, 교사들 간에 발생한 갈등을 적극적으로 해결하는 역량을 갖추도록 해야 한다.

2.7. 신앙교육평가능력

"교육평가란 교육목표의 달성 정도나 교육과정의 효율성을 판단하기 위하여 학습자의 행동변화 및 학습과정에 관한 제반 정보를 수집하고 이용함으로써 교육적 의사결정을 하는 데 도움을 주거나 더 나아가 의사결정을 하는 과정을 의미한다"(김대현·김석우, 2005, 277). 리더십 능력을 갖춘 교사는 자신이 섬긴 반 학생들의 신앙성장의 목표가 달성했는지 평가할 수 있어야 한다.

하지만, 평가방법에 대해서도 무지하고, 평가하는 일이 귀찮고, 또한 신앙을 평가한다는 것 자체가 어려운 일이었기 때문에 교회학교 평가의 부재상태에 놓이게 되었다(최대석, 1993, 77-78).

교회학교 교사는 전문적인 수준은 아니더라도 교회교육평가의 기초지식은 보유해야 한다. 신앙교육의 결과 평가는 하나님의 초월적인 개입을 전제 하므로 분명 일반교육평가와는 차이가 있다. 하지만 자신의 가르침이 학생들에게 어떤 영향을 미쳤고 어떤 개선점이 요구되는지 평가과정을 통해 파악이 가능하므로 교회학교 교사의 중요한 리더십 역량 중 하나로 구비되어야 한다.

교회학교 교사의 수준에서 수행할 수 있는 신앙교육 평가는 어떤 방식으로 가능할까? 먼저, 교육평가의 범위를 결정해야 한다. 큰 범위로는 학생, 교사, 교육과정, 분반운영이 해당된다. 학생의 평가는 지적(성경지식), 정서적(신앙적 태도나 성숙도), 행동적(예배출석, 성경읽기, 교회행사 출석)인 영역 등 전인적인 평가가 이루어져야 한다. 교사자신에 대해서는 교수학습방법, 분반공부준비, 개인적인 영성 등을 평가할 수 있다. 교육과정은 공과 자체에 대한 평가인데, 학습자들로 하여금 공과의 수준, 이해도, 흥미 등을 묻고 답을 얻을 수 있다. 분반운영은 교사로서의 리더십 역량을 발휘하는 전 영역에서 평가가 가능하다. 분반목표, 관계형성, 소통, 동기부여, 갈등관리 등의 리더십 역량이 분반활동을 통해 잘 수행되었는가를 평가할 수 있다.

평가방법은 일반적으로 교육평가에 사용되는 시험, 관찰법, 질문지, 인터뷰, 작품 등 다양한 방법으로 가능하나, 교회학교 교사가 사용할 수 있는 평가방법은 간단한 질문지, 인터뷰 등이 해당된다. 평가범위를 설문지에 적고 질문에 답하게 하거나 반 학생들을 전체적으로 포커스 그룹 형태로 몇 가지 질문을 통해 평가가 가능하다. 이러한 과정을 통해 얻게 된 정보를 토대로 잘된 부분과 잘못된 부분을 발견하여 미비한 부분을 개선해나가는 방안을 찾을 수 있다(최대석, 1993).

3. 나가는 말

급격한 교회교육환경과 시대변화가 새로운 교회학교 교사상을 요구하므로 본 연구에서는 새로운 교사상의 한 형태로 교사리더십 기술역량을 주제로 논의를 전개하였다. 변화하는 시대에 맞는 교회학교 교사가 되기 위해서는 교회학교 교사의 역할을 한 조직의 리더로 설정하고, 그 조직의 목표를 성공적으로 달성해가는 리더로서의 역할을 잘 수행하는 교사의 기술역량에 논의의 초점을 맞추었다. 성공적인 리더십을 갖춘 교사가 되기 위해 갖추어야할 중요한 기술역량으로 반의 발달단계에 대한 이해능력, 관계형성능력, 목표수립능력, 소통능력, 동기부여능력, 갈등해결능력, 그리고 신앙교육평가능력을 지목하였다.

교회학교 교사는 이제 적극적으로 교사 리더십 기술역량을 구비하기 위해 노력해야 한다. 교사리더십이 무엇인지 이해한다는 것과 실제로 교사 내면에 리더십 기술역량이 개발된다는 것에는 많은 차이가 있다. 알고도 행동하지 않으면 변화가 일어나지 않기 때문이다. 실제로 교사리더십 기술역량이 개발되기 위해 교사는 스스로 약한 리더십 역량이 무엇인 지를 파악하고, 그것을 개선할 수 있는 다양한 학습환경에 참여하여 피드백을 얻고 도움을 받도록 해야 한다. 이를 위해 교회는 교사들의 리더십 기술역량 훈련을 위해 적극적으로 교육프로그램을 제공해야 한다. 교사들의 훈련방식도 갖추어야 할 역량의 내용과 형태에 따라 다양하게 구비되어야 한다. 강의법, 무형식적 교수-학습 방법인 코칭, 그리고 다양한 구성주의적 교수-학습 방법, 즉 참여적 인간관계훈련, 팀워크훈련, 문제해결중심훈련, 의사소통훈련, 갈등해결훈련 등 전통적인 교사교육방식이 아닌 새로운 방식의 접근이 필요할 것으로 예상한다.

훈련을 통해 교회학교 교사리더십 기술역량을 잘 구비된 교회학교 교사는 전통적인 교사상으로는 성취할 수 없었던 많은 교육사역의 열매를 거둘 것으로 기대한다. 단순히 학생들에게 말씀을 전달하는 교사가 아닌 학생들과 함께 행동하는 교사로 전환될 것이며, 수동적인 분위기의 교회학교를 능동적이고 적극적인 분위기로 전환하는데 결정적인 기여를 할 것으로 예상한다. 리더십 기술역량을 잘 구비한 교회학교 교사가 침체된 한국교회의 교회학교를 살리고 새로운 부흥의 주춧돌이 될 수 있기를 희망한다.

참고문헌

곽한영·최윤정(2013). 담임교사의 의사소통이 고등학생의 민주 시민성에 미치는 영향. 법과 인권교육연구 6. 1-19.

권성호·김효숙·정효정(2012). 스마트 환경에서의 교육사역 역량에 관한 연구. 기독교교육정보 35. 291-324.

김광건(2010). 기독교리더십 특강. 서울: 두란노 아카데미.

김대현·김석우(2005). 교육과정 및 교육평가. 서울: 학지사.

김화선(2006). 교회 교사양성 프로그램 평가준거 개발연구. 기독교교육 논총 12. 347-403.

문용갑(2011). 갈등조정의 심리학. 서울: 학지사

박경순(2007). 긍정적인 교회학교 풍토조성을 위한 개선 방안. 기독교교육논총 15. 97-129.

박상진(2007). 교사교육의 새로운 패러다임. 서울: 예영 커뮤티케이션.

박상진(2007). 교사교육의 새로운 패러다임. 서울: 예영커뮤니케이션

신언혁(2005). 교회학교 교사를 위한 교사교육 프로그램 개발. 기독교교육정보 9. 425-451.

신응섭·이재윤·남기덕·문양호·김용주·고재원(2003). 리더십의 이론과 실재. 서울: 학지사.

장화선(2010). 교회 주일학교 교사교육 프로그램. 신학지평 23. 33-58.

전남익·최은수(2010). 교사리더십 개발과정에 대한 근거이론적 접근: 교사학습 공동체의 경험과 상호작용을 중심으로. 한국성인교육학회 13. 149-176.

전영미(2009). 종교교육에서의 커뮤니케이션 모델에 관한 연구. 기독교교육논총 21. 365-388.

조철현(2014). 교회학교 교사리더십 역량 연구: 부산지역 k교단에 속한 중형교회를 중심으로. 기독교교육정보 43. 265-294.

주상지(2002). 팀워크. 서울: 서로사랑

최대석(1993). 교회교육의 평가. 교육교회 205. 77-84.

한미라(2008). 교회의 교사교육 실태와 성서적 대안. 기독교교육정보 21. 275-314.

한춘기 (2013). 교사마스터링. 서울: 생명의양식.

현유광(2007). 갈등을 넘는 목회. 서울: 생명의양식.

홍정근(2002). 교회교육행정론. 서울: 한국 장로교출판사.

Anthony, M. J., & Estep, J.(2005). Management essentials for Christian ministriess. TN, USA: B&H Publishing Group.

Baard, P. P., & Aridas, C.(2001). Motivating you church. New York: The Crossroad.

Eikenberry, K.(2007). Remarkable leadership. CA, USA: Jossey-Bass.

Gangel, K. O.(1997). Team leadership in Christian ministry. IL, USA: Moody Press.

Griffith, F.(1979). Administrative theory in education: text and readings. Midland Mich: Pendell Publishing Co.

Handy, C.(2011). 최고의 조직은 어떻게 만들어지는가(노혜숙·류한호 역). 서울: 위즈덤 하우스(원저 1999 출판).

Kallestad, W., & Schey, S, L.(1996). Team ministry. TN, USA: Abingdon Press.

Katzenbach, J. R., & Smith, D. K.(2001). The discipline of teams. MA, USA: John Wiley & Sons, Inc.

Kouses, J.M & Posner, Z. B. (1998). 리더십 불변의 법칙(송경근·김진철 역). 서울: 한국 언론자료 간행회(원저 1995 출판).

Levi, D.(2011). 팀워크 심리학(정명진 역). 서울: 부글 Books(원저 2007 출판).

Locke, E. A.(1968). Toward a theory of task motivation and incentives. Organizational Behavior and Human Performance 3. 157-189.

Maltz, M.(1960). Psycho-Cybernetics. NJ, USA: Prentice Hall.

Northouse, P, G.(2009). Introduction to leadership; concepts and practice. CA, USA: SAGE Publications, Inc.

Ott, S. O.(2004). Transform your church with ministry teams. MI, USA: William B. Eerdmans Publishing Company.

Sande, K.(2004). The peacemaker. MI, USA: Baker Books.

Smart, J. D.(2000). 교회의 교육적 사명(장윤철 역). 서울: 대한기독교교육협회(원저 1960

출판).

Topchick, G. S.(2007). The first-time manager's guide to team building. NY, USA: AMACOM.

Yukl, G.(1998). Leadership in organizations. NJ, USA: Prentice Hall.

제23장

기독교교육과 인공지능[1]

오경환(총신대학교)

1. 서론: 과학과 종교의 관계

중세 시대에 사제는 대중들의 불안에 용기를 주고 두려움에 위로를 주었다. 인공지능 시대에서는 그 역할을 과학자와 기술자가 대신하고 있다고 해도 과언이 아니다. 현대사회에서 과학의 영향력은 역사 속 그 어느 시기보다 강력하다. 기술은 사회 각 분야에서 대단한 통제력과 지배력을 행사하고 있으며 인간의 구체적인 삶에 맞닿은 거의 모든 부분에 첨단 기술이 활용되고 있다. 이제 급진적 기술의 발전은 인간의 생활을 대체하고 있으며 나아가 인간의 역할까지 대신하려고 하고 있다.

기독교교육에서 과학에 어떤 태도와 자세를 취해야 하는지에 대한 물음은 매우 중요하다. 이 관계의 질문에 대한 반응에 따라 구체적인 학습과 교육의 원리, 방법, 내용 등이 기독교교육의 방향성과 실천에 큰 역할을 하기 때문이다. 종교와 과학의 관계를 밀도 있게 연구한 종교학자 바버(Ian Barbour,

---

1. 본 장은 오경환(2022)의 "인공지능(A.I.) 시대의 신학 교육이 방향성 재고"(신학과 실천 제81호)를 주로 참고하여 편집하여 작성하였음

2000)는 종교와 과학의 구체적인 관계 모델에 관한 네 가지 유형을 제시했다.

종교의 과학과의 관계 모델 중 첫 번째는 충돌(Conflict) 유형이다. 주로 성경을 문자적으로 믿는 성서 문자주의자들과 과학적 무신론자들 사이의 관계에서 나타난다. 전자는 진화론이 종교적 신앙과 양립할 수 없고 충돌한다고 믿으며, 후자는 진화론의 과학적 증거가 어떤 형태의 유신론과도 양립할 수 없다고 주장한다. 각기 과학과 종교의 영역에서 입장이 상반된 두 세력은 서로를 적대시하거나 대화와 논쟁의 상대로 서로를 대하지 않는 유형이다. 과학의 분야에서는 과학적 물질주의, 물질적 환원주의, 과학만능주의가 이에 속한다. 과학주의는 오직 과학만이 실재에 대한 지식을 제공할 수 있는 지적 권위가 있으며, 세계 인류가 당면한 문제는 모두 다 과학에 의해서만 해결 가능하다는 입장이다. 이 과학주의적 관점에서 결국 종교란 구시대적 유물에 불과할 뿐이다. 반면 성경 문자주의는 현대의 과학주의에 대한 반작용으로 생겨났으며, 대표적 모델은 북미에서 시작된 창조과학회라고 할 수 있다. 창조과학회는 진화론은 무신론적이고 거짓이며, 젊은 지구 창조설을 지지하는 입장이다.

종교와 과학 관계의 두 번째 모델은 독립(Independence)이다. 독립 유형은 종교와 과학이 삶의 다른 영역 혹은 실재의 다른 면을 의미하고 있다는 전제에 기초한다. 종교와 과학은 독자적인 분야와 영역을 탐구하고 있기 때문에 충돌할 필요가 없다는 것이다. 종교와 과학이라는 각기 특별하고 독특한 영역을 확보하여 연구한다는 점에서 상호 간 영역을 침범하지 않는 것이 가장 바람직한 관계라고 보는 입장이다.

종교와 과학 관계의 세 번째 모델은 대화(dialogue)이다. 종교와 과학이라는 각 영역에서의 상호 유사점을 강조하는 비교연구에서 주로 등장하는 모델이다. 서로의 영역을 충분히 존중하되 각자의 입장에서 상호 간 비판적 연구를 수행한다. 이 과정에서 서로 주장하는 분야와 영역의 이야기를 귀 기울여 경청하되 각자의 연구와 지혜를 함께 공유하는 대화를 나눈다. 또한 인간 문명의 진보와 발전이라는 공통된 목적 아래 종교와 과학이라는 현대사회의 가장 중요한 핵심 두 가지 분야의 대화와 협력을 시도한다.

마지막으로 종교와 과학 관계 유형의 네 번째 유형은 통합(integration)이다. 각기 상이한 두 영역과 분야가 체계적으로 통합을 시도할 수 있다고 보는 입장이다. 대화 유형의 경우 주로 방법론적 유사성에 초점이 있다면, 통합 유형은 상호 간의 이론 사이에 직접적 대화와 수용이 가능하다고 보는 입장이다. 영국 에든버러대학의 조직신학자 데이비드 퍼거슨(Fergusson, 1998)이 빅뱅 이론과 진화론을 결합하여 창조의 신학(theology of creation)을 설명하는 것이 대표적 예시이다.

일반 대중들에게 과학과 종교는 상호 적대적으로 인식 되어왔다. 지동설을 지지했던 갈릴레오 갈릴레이(Galileo Galilei)가 로마 교황청에 의해 종교재판받은 역사와 찰스 다윈(Charles R. Darwin)의 진화론을 둘러싼 토마스 헉슬리(Thomas H. Huxley)와 주교 사무엘 윌버포스(Samuel Wilberforce)와의 논쟁은 종교와 과학의 관계가 역사적으로 상호 적대적이었음을 보여주는 예시이다.

그렇다면 기독교교육은 종교와 과학에 대해 어떤 입장과 태도를 취해야 할까? 기독교교육은 변화하지 않는 하나님의 절대적인 진리와 말씀을 변화하는 세상 속에 일상을 살아가는 학습자들에게 적실하게 전달해야 한다. 오늘날의 사회문화적 상황에서 개인에게 가장 크게 영향을 끼치고 있는 분야는 단연 과학 기술이다. 과학 기술을 단순히 무시하고 적대시하거나, 혹은 과학 기술을 절대적으로 신봉하여 모든 문제를 해결할 수 있는 구세주로 여기는 양쪽의 극단적 입장은 모두 위험하다. 과학이 인간에게 주고 있는 편리함과 유용성과 지혜를 충분히 인정하고 감사하며, 과학의 발전과 업적에 대해 숙고하고 성찰하되, 성경적 세계관을 통해 과학의 본질, 방법, 형태, 양식, 내용에 대해 비판적으로 평가하는 것 역시 중요한 기독교교육자의 태도이자 역할이라고 볼 수 있다.

2. 인공지능 시대

인공지능은 과학 기술의 결정체이자 총체이다. 그러므로 종교와 과학 간의 관계 속에서 인공지능이란 무엇인지, 어떤 역할을 담당하는지, 교육에 주는 시사점과 함의점은 무엇인지, 그리고 기독교교육에서 어떻게 활용하고 평가해야 하는지를 고민하는 것은 매우 중요하다.

기독교교육과 인공지능은 과연 어떤 관계가 있을까? 지난 역사 속에서 사회와 문화의 변화와 발전은 교육 분야에 유의미한 결과를 만들어 냈다. 오늘날 가장 크게 사회와 문화의 발전을 이끌어가고 있는 분야는 단연 기술이다. 기술의 혁신과 기술의 진보는 사회와 문화를 끊임없이 변화시키고 있고 특히 그 중심에 인공지능이 있다. 기독교교육 역시 사회와 문화와의 관계 속에서 관계 맺고 실천된다는 점에서 인공지능의 영향을 크게 받을 수밖에 없다.

코로나19 이후, 더욱 빠르게 발전하는 인공지능은 교육 환경에 상당한 영향을 미치고 있다. 비대면 수업이 일상화 되었고, 종이 형식의 교과서에서 디지털 교과서로 변화하고 있고, 각종 인공지능 기술이 이제 일상의 구체적인 삶에 자리매김하고 있다. 특히, 생성형 초거대 AI인 대화형 인공지능 Chat GPT의 등장은 그동안 전통적으로 진행되었던 교육의 형식, 방법, 내용 등을 혁신적으로 변화시키고 있다. 그러므로 교육과 관련된 모든 분야에서 인공지능은 게임 체인저(Game Changer)의 역할을 톡톡히 수행할 것이다. 인공지능과 기독교교육의 관계를 살펴보기 위해 먼저 인공지능이 무엇인지를 간략하게 살펴볼 필요가 있다.

3. 인공지능 이해

인공지능은 4차 산업혁명의 대표적 기술이라고 할 수 있으며 현재와 미래를 대표하는 용어로 사회 곳곳에 자리매김했다. 정보과학기술과 인공지능, 인공지능에 기반을 둔 사물인터넷과 빅데이터는 향방을 가늠할 수 없을 정도로 빠르게 변화하고 있다. 4차 산업혁명의 기술은 3차 산업혁명 시대에 구축된 디지털 역량과 네트워크를 토대로 성장했다. 인공지능의 영향력은 여러 산업 현장과 일반 생활의 구체적 삶에 영향을 주고 있으며, 이는 나아가 교육을 포함한 모든 생활 영역에 근본적 영향과 변화를 만들어 내고 있다(양동욱, 2016).

인공지능은 1950년에 영국의 수학자이자 컴퓨터 과학자인 앨런 튜링(Alan Turing)이 철학 학술지에 게재한 논문 "계산 기계와 지능"에서 '기계가 생각할 수 있을까? (Can Machine Think?)'라는 질문으로 시작하여, 기계가 지능을 가질 수 있는지 판단할 수 있는 튜링 테스트(Turing Test)를 통해 구체화 되었다. 이후 인공지능(Artificial Intelligence, A.I.)이란 용어는 1955년 미국의 컴퓨터 과학자 존 매카시(John McCarthy)가 '지능을 가진 기계를 만드는 과학과 기술'이란 개념으로 정의하면서 사용되었으며, 이후 1956년 개최된 다트머스 회의에서 공식적으로 사용되었다.

정리하자면, 인공지능이란 컴퓨터와 소프트웨어로 인간의 지능을 구현하여 인지, 추론, 행동하기 위한 기술이라고 할 수 있다. 인공지능은 인간의 지성이 지닌 논리적 추론 및 연산과 비슷한 능력을 수행할 수 있는 컴퓨터 시스템을 뜻하며, 이 인공지능의 목표는 사람처럼 생각하는 기계를 개발하여 실체화하는 것이다. 이러한 인공지능의 등장은 인간이 그동안 예상치 못한 생활 및 사고 방식의 근본적 변화를 일으킬 것이다. 인공지능의 올바른 윤리적 사용을 비롯하여 인공지능의 사회적 책임, 도덕적 문제, 인공지능의 법인격체로서의 가능성과 법적 권리 및 의무, 더 나아가서 인공지능과 인간과의 관계 설정 문제 및 정체성 문제는 중요한 사회적 담론으로 등장할 것이다.

이처럼 인공지능 시대에는 인간 존재의 가치문제에 관한 대응 방안이 필요하며, 성경적 세계관에 철저히 근거한 비판적 평가와 통찰이 필요한 시점이다. 사회문화적 측면에서 고도로 발달한 인공지능은 인간 노동의 성격을 근본적으로 변화시키고 있으며 이는 향후 인간의 소외, 경제적 양극화 등으로 이어질 수 있다. 나아가 급격하게 발전하고 있는 인공지능의 발전 속도와 그 영향이 향후 가장 크게 미치게 될 분야는 단연코 교육이다. 인공지능 학계에서는 초기 단계부터 인공지능 기술이 어떻게 교육 분야에 활용 가능한지에 대한 논의를 지속해왔다. 인공지능은 교육의 방향, 방법, 원리, 내용, 나아가서는 질서에 이르기까지 다방면의 급진적 변동을 야기하고 있다.

4. 인공지능 시대와 교육

지난 20여년간 인공지능은 교육의 거대한 변동의 사슬에서 가장 중요한 자리를 차지하고 있다. 최근 인공지능이 급격한 논의의 중심에 선 이유는 머신러닝의 기술 때문이다. 기계 학습(Machine Learning)은 인공지능이 스스로 학습하여 그 결과에 따라 자신의 작동 방식을 개선해 나가는 것을 의미한다(권재원, 2021). 이 인공지능의 영향을 한마디로 이야기하자면, 인류가 이전에 전기화했던 모든 것들을 이제는 인지화시킬 수 있다는 것이다(Kelly, 2017). 모든 것을 인지화시킬 수 있다면 인간 고유의 능력이었던 지적인 역량을 기계화, 컴퓨터화, 상용화하는 것이 가능해진다. 이 기술을 통해 이미 인공지능은 통신, 제조업, 금융뿐 아니라 교육에 이르기까지 막강한 영향력을 펼치고 있다.

정보통신기술(Information and Communication Technology, ICT)은 그 동안 교육의 보조수단으로 활용되었지만, 이제는 인공지능 기술과 결합하고 융합되어 보편적으로 사용되고 있다. 특히, 코로나19 팬데믹 상황으로 인한 불가피한 온라인 원격 수업의 실시로 인해 학교 교육 현장에서는 인공지능을 통한 에듀테크(Edutech)에 대한 관심이 증가하였다. 이에 따라 우리나라를 포함한 세계 각국은 인공지능을 미래 국가 발전의 핵심 동력으로 인식하여 대규모 투자 및 인프라 구축을 통한 정책을 적극적으로 펼치고 있다.

인공지능 기술로 인한 교육의 변화는 그 속도와 깊이, 영향력이 매우 크다. 오드레 아줄레(Audrey Azoulay) 유네스코 사무총장은 "인공지능은 교육을 완전히 바꿔놓을 것"이라면서 "학습 도구와 방법, 지식 접근성, 그리고 교사 양성에서 혁명적 변화"가 일어날 것이라고 주장한다. 실제로 교육 분야는 인공지능 기술이 접목되어 가장 극대화될 수 있는 가장 중요한 분야이다. 에듀테크로 일컬어지는 미래 교육 혁명이 세계 곳곳에서 진행 중이며, 인공지능을 통한 교육적 활용은 한 명의 교사가 많은 학생에게 일방적 강의를 진행하는 근대적 학교 교육의 문제를 해결해 줄 최적의 대안으로 인식되고 있다. 인공지능을 통한 교육이 학교 혁신의 지렛대가 될 수 있다는 것이다(Fadel, Holmes & Bialik, 2020).

인공지능은 지식의 본질은 무엇이며, 그것이 어떻게 구현되어야 하는지, 어떻게 하면 학생들의 학습에 도움이 되는지, 어떤 종류의 교수법이 효율적인지에 관한 다양한 연구 주제와 질문들을 만들어 내고 있다(Woolf, 2010). 인공지능과 관련한 윤리적, 도덕적 담론에 관한 논의는 상당한 진척이 있었지만, 전 세계적으로 활용되고 있는 교육 분야에서의 인공지능 활용에서 제기되는 윤리적 문제를 해결하기 위한 연구는 아직 미진하다. 지침(Guideline)도 제공되지 않았으며, 정책(Policies)도 아직 개발되지 않았으며, 활용을 위한 규정(Regulations)도 마련되어 있지 않다. 다시 말해 인공지능을 통한 교육의 효율적 적용과 활용에 대한 담론은 넘쳐나지만, 이것의 목적과 방향에 대한 논의는 전무하다는 말이다. 게다가 인공지능의 교육적 활용에서 마땅히 제기되어야 할 윤리적, 도덕적, 철학적 토대와 담론은 첨단 과학 기술의 위용에 잠식당하여 효율성과 상업성, 기업과 산업의 논리에 이용당하고 있다.

신학자 맥그라스(McGrath, 2013)는 전 세계 국가와 기업이 모두 더 빨리 인공지능의 기술을 발전시키기 위해 노력하지만, 과학과 기술은 도덕과 윤리의 측면에서는 장님이라고 주장한다. 따라서 우리에게 도덕적 기준과 사회의 목적, 개인의 정체성을 제공할 수 있는 초월적 차원이 필요하다고 주장한다. 인공지능 기술은 인간을 치료하는 데 사용될 수 있고 죽이는 데 사용될 수도 있으며 이는 모두 다 인간의 선택에 의한 결정이라는 것이다.

인공지능은 데이터를 축적하고 분석 및 종합하여 그에 따른 목적과 결과를 도출할 수 있는 상당히 보수적인 도구라고 볼 수 있다. 그러나 인공지능은 스스로 새로운 목적을 찾아내지 못하며, 아직 데이터가 충분히 채워지지 못한 분야의 일을 시도하기에 유용한 기술은 아니다. 그뿐만 아니라 인간처럼 종합적 인식과 판단 능력, 지성과 윤리, 공감 능력과 창의성, 오감과 감정을 발휘하기에는 아직 요원하며 앞으로도 이 문제는 쉽게 풀리지 않을 것으로 보인다.

인공지능의 연구 과정에서 가장 큰 우려는 인공지능 그 자체는 연구의 목적을 위한 효율성, 효과성, 효용성에만 초점을 둘 뿐, 목적의 설계나 방향성은 연구의 논의 대상이 아니라는 것이다. 인공지능은 문제를 제기하거나 목표를 세우거나 창조적인 일은 하지 못하며, 이러한 요소들이 인공지능의 몫도 아니다(김재인, 2017). 즉, 인공지능은 자신이 하는 일이 무엇인지 제대로 알지 못한다는 것이다. 효율적인 결과를 만들어 내지만 그것이 어떤 사회적, 문화적, 교육적 영향을 미치는지 인공지능은 알지 못한다. 무수히 많은 가능성 중에서 단지 데이터를 통한 효율적이고 최적화된 합리적 계산과 결과를 만들어 내며, 목표 상태에 도달할 수 있을 수 있는 최적의 통로와 결과를 양산하고 제공할 뿐이다.

정리하자면, 기독교교육자는 스스로 진화하는 인공지능의 위험성을 제대로 이해하고 인공지능의 자율성을 지속적으록 관리 및 감독해야 한다. 이는 기술의 개발과 정책 결정에서 인공지능이 인간의 통제 범위를 벗어나지 말아야 한다는 것이다. 그러므로 데이터 편향, 기술의 오남용, 개인정보의 문제 등 인간이 인공지능에 요구하는 윤리의식은 우리 인류의 미래에 있어서 중요한 담론이 되어야 한다(서미경, 2021). 인공지능의 발전을 통한 교육에의 활용은 인간의 가치와 정체성과 존엄을 상실시키거나 파괴하지 말고, 윤리와 도덕과 건전한 가치의 토대 위에서 이뤄져야 한다. 특히, 교육의 목적과 방향은 오직 성경적 가치관과 세계관에 근거하여 주장돼야 하며 이것의 활용 역시 그러한 토대와 질서 위에 세워질 수 있도록 기독교교육이 선제적으로 대응할 필요가 있다.

인공지능의 활용과 적용에 있어서는 창조주 하나님이 인간에게 허락하신 인간 고유의 능력이 상실되거나 손상되지 않고, 발현할 수 있는 창조적 방향으로 나아가는 것을 기조로 삼아야 한다. 동시에 인공지능을 통한 교육이 본래의 기독교 교육에 부합하는 비전과 목표, 그 원리와 내용에 있어서 어떠한 긍정적, 부정적 영향을 주는지에 대한 면밀한 연구와 탐구 또한 필요하다.

5. 인공지능과 기독교교육

교회와 가정, 학교라는 교육의 중심 주체들이 함께 뜻을 모아 인공지능에 대한 기독교교육의 대응 방안, 활용 방안, 평가 및 성찰 등에 관한 다방면적이고 다각적인 논의와 연구가 매우 필요한 시점이다. 기독교교육의 관점에서 인공지능을 바르게 활용하기 위한 기본적인 몇 가지 지침들을 소개하고자 한다.

먼저 인공지능이라는 기술을 만들어 준 개발자와 과학자에 대해 감사하는 마음을 가지고 겸손한 태도로 접근해야 한다. 인공지능을 하나님의 창조의 부산물로 이해하고 하나님의 지혜와 선하심, 섭리에 대해 감사하는 마음을 가져야 한다. 동시에 인공지능이라는 기술을 올바르게 활용하면서 성경적 원리와 가치에 부합한지를 끊임없이 질문하고 성찰해야 한다. 이는 곧 인공지능이 인간이 가지고 있는 고유의 정체성, 가치, 존엄성을 훼손하고 있지는 않은지, 사회의 유익과 공공의 선을 위해 봉사하고 있는지, 거대 기업이나 자본의 논리와 이득에만 오용되고 있지는 않은지 비판적으로 물어야 한다. 또한 개인정보의 보호, 데이터 편향 문제, 저작권 문제 등과 관련된 다양한 윤리적 주제와 담론들을 기독교교육적 관점에서 평가 및 연구해야 한다. 인공지능의 활용에 지혜롭게 다루는 기술을 익히되 동시에 그 위험성에 대해 지속적으로 모니터링(Monitoring)하는 역할이 필요한 시점이다.

인공지능을 교사로서 가르칠 때에는 학습자에게 먼저 성경적 세계관을 충분히 교육한 이후에 인공지능의 본질, 목적, 활용 및 평가를 종합적이고 통합적으로 교육할 필요가 있다. 현 시점에서는 인공지능 기술을 무비판적으로 무분별하게 받아들여 기독교교육에 활용하려는 측면이 훨씬 강하다. 이 과정에서 본래의 목적이 전도되어 기독교교육의 가치와 목적, 내용이 훼손될 가능성 또한 농후하다. 인공지능이 가진 한계를 분명하게 인식하고 장점과 단점을 이해하여 인공지능에 대한 성경적 시각을 가져야 한다는 말이다. 인공지능이 가지고 있는 오염된 데이터 즉, 잘못된 정보나 가짜 뉴스 등이 포함되어 있는지를 성경적이고 올바르게 분별할 수 있는 교육이 필요하다. 인공지능이 성경의 해석을 스스로 대신하거나, 교회의 역할을 자처하거나, 혹은 교사의 역할을 전적으로 대신하는 것은 매우 위험한 발상이다.

무엇보다 인공지능 기술의 발전에 지나치게 의존하여 기술의 중독에 빠지지 않도록 경계해야 한다. 인공지능 기업들의 중요한 목적은 이윤을 창출하는 것이고 그 이윤은 학습자가 보다 많은 시간을 인공지능 기술에 머무르도록 하는 것이다. 소셜 네트워크 서비스에서 몇 가지 이미지 혹은 동영상을 클릭했을 때 사용자의 관심과 호기심을 즉각적으로 파악하여 비슷한 내용을 추천하는 알고리즘 기술이 대표적 예라고 할 수 있다. 다시 말해 기독교적 관점에서 디지털 리터러시 교육은 학습자에게 매우 필요하며 모든 교회와 가정에서는 기독교적 리터러시 교육을 실시하고 실천해야 한다.

마지막으로 인공지능 활용 및 평가에 관해서 기독교적 상상력과 방향성, 삶의 의미와 목적을 성경적으로 명확하고 바르게 제시하는 일이 필요하다. 기술은 끊임없이 발전할 것이나 하나님의 진리는 시대와 역사를 초월하여 변하지 않는다. 사회적 문화와 환경은 변화하겠지만 하나님의 말씀과 진리만이 오직 우리의 삶에 참된 의미와 목적을 제시해 줄 수 있다. 그러므로 인공지능의 활용과 평가는 모두 다 하나님의 나라의 영광과 그의 기쁘신 뜻 가운데 행해져야 한다.

6. 결론

아인슈타인(Albert Einstein)은 "종교 없는 과학은 절름발이이며, 과학 없는 종교는 장님이다"라는 말을 했다. 종교와 과학의 관계는 상호 보완적이라는 말이다. 과학에는 언제나 삶의 의미와 목적을 밝히 드러내는 계시의 빛이 필요하며 이는 오직 기독교교육을 통해서만 가능하다. 뉴턴(Issac Newton)은 "이성은 종교의 벗"이라 했으며, 갈릴레오는 "하나님은 우리에게 두 권의 책을 주셨다. 자연의 책은 우리에게 자연의 운행 질서를, 성경은 천국으로 가는 길을 알려준다"고 말했다. 지난 과학의 발전 역사 속에서 창조주 하나님을 주로 고백했던 신학자와 과학자들은 사회적으로 큰 역할을 수행했고 이는 교육에도 선한 영향을 미쳤다. 현재 문명사회가 당면한 각종 현안의 해결을 위해서는 과학과 종교의 대화와 협력, 상호 간의 조화와 협력은 더욱 중요해질 것이다. 이 과정에서 가장 중요한 것은 결국 기독교교육의 역할이다. 기독교교육을 통해 하나님의 권위와 창조질서 아래 올바른 지식이 세워져야 한다. 과학의 발전에 있어서 기독교교육은 방향성과 의미, 목적을 제시하고 성경적 세계관을 통한 지속적인 감시와 평가가 필요할 것이다.

인공지능과 기독교교육의 관계는 향후 더욱 중요한 주제와 연구로 대두될 것이 분명하다. 현대사회에서 인공지능의 기술은 교육 분야 여러 방면에서 다각도로 연구 및 활용되고 있고 그 범위와 내용이 놀랄만큼 빠른 속도로 확장되고 있기 때문이다. 중요한 것은 기독교교육자들의 태도와 자세이다. 인공지능의 기술이 창조주 하나님께서 허락하신 삶의 풍성함과 자유, 기쁨, 평안과 샬롬을 온전히 누리며 동시에 하나님의 나라의 영광을 위해 충만하게 사용될 수 있도록 비판적 성찰을 시도해야 한다. 나아가 인공지능의 기술이 기독교교육에 잘 활용될 수 있도록 지속해서 연구하는 것, 개발하는 것, 이에 대해 선제적으로 투자하는 것 또한 기독교교육자의 책무이자 역할이다. 훈련되고 헌신된 기독 교사를 통해 하나님께서 허락해 주신 과학 기술이 기독교교육에서 보다 온전히 잘 실천될 수 있도록, 선하게 활용될 수 있기를 간절히 소망한다.

참고문헌

권재원(2021). 인공지능 시대 사람에게 무엇을 가르쳐야 할까. 서울: 우리교육.
김재인(2017). 인공지능의 시대, 인간을 다시 묻다. 서울: 동아시아.

서미경.(2021). AI시대, 인간의 정체성과 존엄성 교육의 방향. 기독교교육논총 67.

양동욱(2016). 인공지능 시대의 도래와 설교학의 과제. 신학과 실천 49.

주경철(2017). 제4차 산업혁명, 혁명인가 진화인가. 지식의 지평 23.

Barbour, I.(2000). When Science Meets Religion. London: SPCK.

Fadel. C., Bialik. M & Holemes, M.(2020). 인공지능 시대의 미래교육. 서울: 박영스토리(원전은 2019년에 출판).

Fergusson, D.(1998). The Cosmos and the Creator: An Introduction the the Theology of Creation. London: SPCK.

Kelly, K.(2017). 인에비터블 미래의 정체: 12가지 법측으로 다가오는 피할 수 없는 것들. 서울: 청림출판사(원전은 2017년에 출판).

McGrath, A.(2013). 우주의 의미를 찾아서. 서울: 새물결플러스(원전은 2002년에 출판).

Woolf, B. P.(2010). Building Intelligent Interactive Tutors: Student-centered Strategies for Revolutionizing E-learning. Burlington: Morgan Kaufmann.

제24장

기독교교육과 에듀테크:
에듀테크(edutech)의 활용 가능성과 고려 사항[1]

이현철(고신대학교)

1. 들어가며: 팬데믹, 변화, 그리고 교육

코로나19 팬데믹(pandemic)으로 인한 한국사회의 변화는 일찍이 경험해 보지 못한 변화의 폭과 수준을 제시해주었다. 특히나 교육 영역의 변화는 기술발전과 맞물려 다양한 형태와 방식들이 등장하게 되었으며, 대면 체제 중심의 전통적인 교육 장면의 변화를 초래하였다. 교사의 교수학습 방법은 비대면 및 온라인 체제 속에서 이루어지는 상호 작용과 학생중심의 참여 방식으로 변모하였으며, 학생들은 그러한 교수학습 과정에서 주도적인 역할과 활동을 수행할 수 있는 존재들이 되어갔다. 교육주체로서 교사와 학생은 자신들의 공간을 초월하여 학습을 수행하게 되었으며, 그들 주변의 다양한 경계와 제한들을 넘어 소통하기 시작하였다. 이제 전통적인 교육 체제가 전제하는 경계와 제한에서 학습 활동을 고수할 필요가 없어졌으며, 새로운 교육 체

---

1. 본 장은 이현철(2023)의 '포스트 코로나시대 교회교육 내 에듀테크(edutech)의 활용 가능성과 한계점'(고신신학 25호)의 내용을 수정·보완하였음.

제 속에서 그 경계를 넘나들며 학습 활동이 수행되기 시작한 것이다. 그야 말로 교육의 '재탄생'이 이루어진 것이다. 이러한 교육의 재탄생은 에듀테크 의 성장과 지원 속에서 효과적으로 진행될 수 있었다. 일반적으로 에듀테크 (edutech 또는 edtech)는 교육(education)과 기술(technology)의 합성어로 서 가상현실, 증강현실, 인공지능, 사물인터넷, 빅데이터, 클라우드, 블록체 인 등을 결합한 미래 교육을 의미하는데, 해당 최신 기술을 통해서 교육의 다 양한 활동을 수행하고 평가하는 것이다. 현재 에듀테크와 관련된 논의는 4차 산업혁명의 혁신 속에서 새로운 교육적 패러다임으로 자리 잡고 있다.

전술한 공교육현장의 변화와 마찬가지로 교회교육의 변화도 거세게 몰아 치고 있다. 코로나 팬데믹은 한국교회 내 교회교육 사역의 시대적 변화를 요 청하였으며, 신앙교육에 중요성을 포기하지 않으려는 많은 시도들을 수행하 게 만들었다. 실제로 한국교회는 코로나의 엄중한 상황 속에서도 예배와 신 앙교육에 대한 강조점을 소홀하게 다루지 않았으며, 특별히 다음 세대를 위 한 신앙양육과 신앙계승을 위해서 에듀테크가 적용된 다양한 신앙교육 방법 도 시도하였다고 볼 수 있다. 즉, 교회교육 내에서 기존에 존재하지 않았던 신 앙교육의 혁신적인 사례들이 나타나고 있으며, '교회교육의 재탄생'으로 명 명하여도 손색이 없을 만한 활동들이 일어나고 있다. 이에 이번 장에서는 교 회교육의 새로운 장으로서 에듀테크의 활용 가능성과 한계점을 탐색하여 교 회교육 관련 사역자들에게 기초자료를 제공하고자 한다. 이는 코로나 시대 이후의 교회교육을 향한 의미 있는 논의가 될 것으로 판단한다.

2. 에듀테크(edutech)는 무엇인가?

2.1. 에듀테크의 개념

에듀테크(edutech 또는 edtech[2])는 교육(education)과 기술(technology) 의 합성어로서 가상현실, 증강현실, 인공지능, 사물인터넷, 빅데이터, 클라우 드, 블록체인 등을 결합한 미래 교육을 의미한다. 해당 최신 기술을 통해서 기존의 교육 현장에서의 한계를 극복하고자 하며, 교육의 다양한 활동을 기 능적으로 수행하고 체계적으로 평가하고자 추진 되어지는 것이다. 현재 에 듀테크와 관련된 논의는 4차 산업혁명의 혁신 속에서 새로운 교육적 패러 다임으로 성장하고 있으며, 핵심적인 가치로 자리 잡고 있다. 이러한 에듀테 크는 현대 과학기술의 장엄한 내러티브(grand narrative of modernity)를 제공하는 것으로 상징되고 있으며, 에듀테크와 관련된 담론은 교육 시스템 을 향한 기술 개발을 보장하고, 교육주체들의 학습에 지대한 영향을 미칠 것 (McGrath & Akerfeldt, 2022: 144)으로 예상된다.

실제로 에듀테크는 미국과 유럽을 중심으로 성장하고 있으며, 스마트러닝 과 이러닝을 포함하여 기능적인 사항을 제공할 뿐만 아니라 학습자에게 최 적화된 교육내용과 상호작용을 제안하여 학습의 효과를 극대화할 수 있도 록 지원하고 있다(김예슬, 2016; 8). 전술한 에듀테크와 관련하여 한국정부 는 1990년대부터 '신교육체제 수립을 위한 교육개혁 방안'을 제시하면서 미 래형 IT 기반 교육 환경을 추진하여 왔으며, 2011년 '스마트교육 추진 전략' 을 발표하면서 본격적인 관련 환경 조성과 구축을 시도하고 있다. 2021년에 는 '2021년도 교육정보화 시행계획'을 추진하면서 미래형 ICT(Information

---

2. 북미에서는 'edtech'로 활용되는데 국내의 경우 'adtech'와의 명확한 구분을 위하여 'edutech'로도 활용되고 있다.

and Communication Technologies) 기반 교육·연구 환경을 조성하고 이를 통해 지속 가능한 교육 정보화 혁신을 이루어내며, IT를 통한 맞춤형 교육 서비스 실현을 목표로 나아가고 있다(한혜선, 2020: 2). 아울러 정부는 '2021 에 듀테크 코리아 페어·포럼'을 '에듀테크, 학습 혁신의 시작 (EdTech Unlocks Learning Innovation)'이라는 주제로 2021년 9월 14일~16일 온라인으로 개최하였다. 2021년 행사에서는 AI러닝, 메타버스, 그린스마트 스쿨, 창의융합, HRD/평생교육 등등의 주제로 다양한 내용들이 소개되었다(교육부, 산업통상자원부, 2021). 현재 전세계적으로 에듀테크는 4차 산업혁명의 큰 물결 속에서 과학기술이 접목된 새로운 교육 플랫폼을 탄생시키고 있으며, 이에 대한 교육주체들의 변화와 적응을 강력하게 요청하고 있다.

2.2. 에듀테크의 구성요소

에듀테크의 개념에 기초하여 핵심적인 구성요소를 살펴보면 최근 가상현실, 증강현실, 빅데이터, 사물인터넷을 확인할 수 있다. 이는 에듀테크의 성장과 발전을 이끌어가는 주요한 요소들이 되고 있으며, 이를 바탕으로 다양한 수업원리와 교수학습전략들이 논의되고 있다. 본 절에서는 전술한 항목들 중에서도 현재 교육현장에서 가장 관심을 받고 있는 가상현실, 증강현실, 빅데이터, 메타버스에 집중하여 논의하고자 한다. 각 항목의 내용들을 살펴보면 다음과 같다.

첫째, 가상현실(virtual Reality)은 컴퓨터 기술을 통해 구축된 3차원 가상 공간으로 현실세계를 대체하여 사용자를 몰입하게 하는 기술 혹은 환경으로 볼 수 있다(한형종·임철일, 2020: 226). 가상현실 환경은 지금까지 교육에서 활용되어 온 멀티미디어 학습 환경을 뛰어넘어 3D 입체 환경을 통한 중다 감각적 상호작용을 가능하게 함으로써 학습자의 동기 유발은 물론이고 탐구 능력 및 문제해결 능력의 향상에 기여 할 수 있다(임정훈, 2001: 182). 이러한 가상현실 관련 교육적 활동은 더 이상 거부할 수 있는 사항이 아니며, 앞으로의 학습환경의 변화에 적극적으로 반영되어야 함을 학계에서는 강조해주고 있다. 특별히 학령기 학생들을 대상으로 가상현실의 특성을 적절히 반영한 프로그램을 개발·투입하고 그 효과를 정교히 살펴볼 필요가 있음이 강력하게 대두되고 있다(최선·김희백, 2020: 214).

둘째, 증강현실(Augmented Reality은 현실세계에 가상의 정보를 더해주는 것으로서 가상현실과는 달리 현실세계에 기초하여 이루어진다. 이러한 증강현실은 기술적 구현 방법에 따라서 GPS기반 증강현실, 마커기반 증강현실, 투과형 디스플레이기반 증강현실로 나눌 수 있다. GPS기반 증강현실 기술은 Table PC와 모바일에 내재된 GPS를 통해 수집된 위치 정보를 바탕으로 일반적인 정보를 제공하는 형태이다. GPS기반 증강현실은 와이파이 혹은 블루투스와 같은 인터넷망을 활용하여 주변 제공정보를 통해 길 찾기, 주변 브랜드 마케팅, 모바일 광고 등에 사용되고 있다. 마커를 통한 증강현실은 일반적인 방법으로, QR코드의 형태가 주로 사용되고 있는데, 마커의 인식에 따라 현실 세계에 이미 설정된 정보를 증강으로 보여주기 때문에 정확한 정보 전달이 요구되는 응용 서비스에 사용되고 있다. 투과형 디스플레이기반 증강현실은 실제 환경에 가상으로 생성한 정보(예, 컴퓨터 그래픽 정보, 소리정보, 냄새 정보 등)를 실시간으로 혼합하여 사용자와 상호작용 하도록 함으로써, 정보의 사용성과 효율성을 극대화 하는 차세대 정보처리 기술이다(한송이·임철일, 2019).

전술한 가상현실과 증강현실 간의 연계와 관계에 대하여서는 Milgram, P., & Kishino가 다음의 [그림 1]과 같이 직관적으로 설명해주고 있어 개년 간 관계와 이해에 유익하다.

[그림 XXIV-1] 현실-가상의 연속성

혼합현실
(Mixed Reality)

현실세계　　　　　증강현실　　　　　　증강가상　　　　　가상세계
(Real Environment) (Augmented Reality)　(Augmented Virtuality) (Virtual Environment)

자료출처: Milgram, P., & Kishino, Fig.1 Simplified representation of a virtuality continuum, p.1321.

셋째, 빅데이터(Big Data)는 인간의 사고방식 및 유형, 행동의 유형 및 패턴, 감성의 방향 등을 분석하여 미래의 다양한 활동들을 대비할 수 있도록 도움을 줄 수 있다. 미래사회에서는 방대한 데이터베이스를 구축하고 이해하는 것은 핵심적인 역량이 될 것(Roger & Ben, 2009)[3]이며 그 중심에 빅데이터 관련 이슈들이 자리매김할 것이다. 특별히 교육 영역에서의 빅데이터 이슈는 학습의 과정 속에서 학습자들의 특정 분야의 인지, 정서, 행동을 예측하도록 도와줄 수 있을 것이며, 효과적인 교육방법과 성취 및 결과를 도출할 수 있도록 하는데 유익할 것이다. 이러한 측면은 기독교교육의 영역에서의 적용점도 제공해주는데, 빅데이터의 활용을 통해서 신앙교육을 위한 맞춤형 접근의 가능성이 확보될 것으로 기대된다. 구체적으로 빅데이터를 활용하여 개인의 신앙상태, 신앙수준, 관계성 등에 대한 데이터를 기반으로 성도 개인에게 맞는 맞춤형 신앙교육을 제공할 수 있을 것(함영주, 2021: 185-186)이며, 데이터 기반의 철저한 분석을 통한 사역 적용과 활용이 클 것으로 기대된다.

넷째, 메타버스(Metaverse)는 가상과 초월을 의미하는 '메타'(meta)와 세계와 우주를 의미하는 '유니버스'(universe)를 합성한 신조어(송태정, 2015:

---

3. Roger, M., & Ben, L은 경제 구조가 빅데이터의 중요성을 가속화 시킬 것으로 제시하고 있으며, 미국 사회의 주요 흐름 속에서 빅데이터의 역할과 활용을 강조해주었다. 예를 들어 Google과 Yahoo의 관계나 Microsoft 의 확장 등이 해당된다.

74)이며, 1992년 닐 스테픈슨(Neal Stephenson)의 과학 소설 '스노우 크래쉬'(Snow Crash)에서 처음 등장한 용어이다.[4] 메타버스는 전술한 가상현실, 증강현실, 빅데이터의 가치와 내용을 포함하여 새롭게 발전하고 있는 최신의 개념이며, 현재 지속적으로 확장 및 발전되고 있는 개념이기도 하다. 근래 메타버스에 대해 가장 세밀하면서도 학술적 접근을 취한 연구는 2007년에 소개된 미국미래가속화연구재단(Acceleration Studies Foundation: ASF)의 보고이다(Smart, et al., 2007).

[그림 XXIV-2] Acceleration Studies Foundation의 메타버스 이해

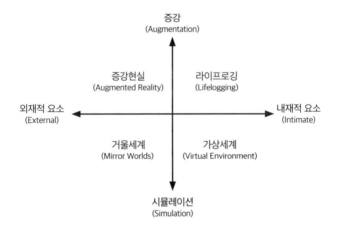

자료출처: Acceleration Studies Foundation(2007), p.5.

---

4. '스노우 크래쉬'는 개인적 체험에 기반을 두고 언어와 역사정치학, 종교철학, 인류고고학, 진화문화학, 컴퓨터 과학, 암호해독법 등 다양한 학문분야를 넘나드는 작가의 신사고를 보여주는 포스트 사이버펑크 장르의 작품이다(송태정, 2015; 76). 다음은 스노우 크래쉬 속 메타버스에 대한 묘사이다. "양쪽 눈에 서로 조금씩 다른 이미지를 보여 줌으로써, 삼차원적 영상이 만들어졌다. 그리고 그 영상을 일초에 일흔두 번 바뀌게 함으로써 그것을 동화상으로 나타낼 수 있었다. 이 삼차원적 동화상을 한 면당 이 킬로픽셀의 해상도로 나타나게 하면, 시각의 한계 내에서는 가장 선명한 그림이 되었다. 게다가 그 작은 이어폰을 통해 디지털 스테레오 음향을 집어넣게 되면, 이 움직이는 삼차원 동화상은 완벽하게 현실적인 사운드 트랙까지 갖추게 되는 셈이었다. 그렇게 되면 히로는 이 자리에 있는 것이 아니었다. 그는 컴퓨터가 만들어내서 그의 고글과 이어폰에 계속 공급해주는 가상의 세계에 들어가게 되는 것이었다. 컴퓨터 용어로는 '메타버스'라는 이름으로 불리는 세상이었다."

ASF는 인터넷의 미래를 연구하는 '메타버스로드맵'(MetaVerse Road map: MVR)이라는 프로젝트를 진행했는데, 이 프로젝트는 특히 가상화(Virtualization)와 3D 기술에 중심을 두어 2017년에서 2025년까지 발생할 미래에 대해 예측을 하였다. 이 보고에서 새로운 사회적 공간으로서 메타버스를 제안하였으며, 메타버스를 가상으로 강화/확장된 현실세계(Virtually enhanced physical reality)와 현실처럼 지속하는/영구화된 가상공간(Physically persistent virtual space)의 융복합적인 공간으로 이해하였다(송원철·정동훈, 2021: 5-7).

2.3. 에듀테크의 성장 및 미래 전망

전세계적으로 에듀테크의 성장은 폭발적으로 이루어지고 있으며, 이는 특정한 국가에만 해당되는 사항이 아니다. 글로벌 시장조사 전문 기관 Holon IQ(https://www.holoniq.com/)의 2021년 자료에 의하면 지난 2010년부터 시작된 에듀테크 투자 상황은 5억 달러, 2019년에는 14배 증가한 70억 달러, 2020-2029년 사이에는 870억 달러가 투자될 것이라고 예상하고 있다. 그야말로 엄청난 자금이 에듀테크 시장으로 흘러 들어가고 있는 것이다.

이러한 투자금은 다양한 교육벤처기업과 글로벌 유니콘(Unicorns) 기업[5]을 탄생시켰으며, 에듀테크와 관련된 연구와 안정적인 생태계가 조성되도록 하는 든든한 환경이 되고 있다. 실제로 2021년 전반기에만 새로운 에듀테크 유니콘 기업들이 나타났으며, IPO[6]를 통해 뉴욕증권거래소(New York Stock

---

5. 유니콘 기업(Unicorn)은 기업의 가치가 1조원(약 10억 달러) 이상이며, 기업의 창업 연수가 10년 이하인 비상장 스타트업 기업을 의미한다.

6. IPO(Initial Public Offering)는 비상장기업이 유가증권시장에 상장하기 위해 그 주식을 법적인 절차와 방법에 따라 주식을 불특정 다수의 투자자들에게 팔고 재무내용을 공시하는 것이다.

Exchange: NYSE)로 직행하고 있다. Holon IQ에 따르면 2021년 6월 현재 전 세계적으로 27개의 에듀테크 유니콘 기업들이 있으며, 그 가치로는 800억 달러 넘는 상황이다(https://www.holoniq.com/).[7]

에듀테크와 관련된 글로벌 자금 유입과 기업발전은 자연스럽게 에듀테크와 관련된 생태계의 성장을 선반영하는 모습으로 볼 수 있으며, 그와 관련된 논의가 시대적 변화 속에서 급속하게 진행되고 있음을 시사하는 것이다.

3. 교회교육 내 에듀테크의 활용 가능성과 고려 사항

3.1. 교회교육을 위한 에듀테크 활용 가능성

에듀테크를 활용한 교회교육의 가능성은 교수-학습과 관련된 주요한 가치들을 고려할 때 의미가 크다고 할 수 있다. 교육의 장면은 교수자와 학습자 간의 상호작용을 통하여 이루어지며, 교수학습전략을 통한 적절한 수업의 설계 및 운용을 통해서 구현된다. 이 과정에서 학습자는 학습주제와 내용에 대한 몰입, 상호작용, 체험, 실습, 협동, 소통 등의 과정을 경험하면서 지식이 축적되고 성장한다고 볼 수 있다. 다시 말하면 학습자에게 학습주제와 내용에 대한 몰입, 상호작용, 체험, 실습, 협동, 소통 등이 원활하게 이루어질 수 있도록 잘 설계된 수업은 학습자들의 유의미한 학습의 결과를 구성케하는 의미있는 접근이 될 수 있는 것이다. 그러므로 에듀테크를 활용하여 충족될 수 있을 것으로 기대되는 요소들을 살펴보는 것은 교회교육을 위한 에듀테크 활용 가능성을 바라볼 수 있는 주요한 내용들이 될 것이다. 더불어 이는 세부적인 항목을 제한시켜 창의적인 교수학습 환경을 축소시키지 않는 내용으로도 볼

---

7. Holon IQ https://www.holoniq.com/notes/global-edtech-funding-2021-half-year-update

수 있을 것이다.

첫째, 에듀테크를 통한 '학습 몰입'의 측면이다. 에듀테크를 활용한 학습활동은 학습자의 직접적인 학습 참여와 조작이 가능하기 때문에 학습자들의 학습에 대한 몰입성을 극대화 시킬 수 있다(한형종·임철일, 2020: 226). 실제로 학습자들은 고도의 컴퓨터 그래픽 상황 속 가상현실 혹은 증강현실을 경험하면서 특정한 학습 관련 미션을 수행해나가며, 그 결과들을 학습자 스스로가 명확하게 인지할 수 있을 것이다. 이는 에듀테크 환경과 체제가 전달하는 실재성을 통해서 더욱 생생한 학습 경험을 구축하게 될 것이고, 이는 학습 몰입을 자연스럽게 경험케 하는 내용이 될 것이다.

둘째, 에듀테크를 통한 '상호작용(소통) 학습'의 측면이다. 학습자는 에듀테크를 활용한 학습 환경에서 학습자와 학습자 간, 학습자와 교수자 간의 상호작용은 실시간으로 경험할 수 있다(한형종·임철일, 2020). 예를 들어 학습자는 자신의 생각과 감정을 다양한 툴(tool)을 통해 행동, 표현, 전달 할 수 있으며, 그것에 대하여 즉각적인 소통과 반응을 에듀테크의 공간 안에서 확인할 수 있다. 특별히 자신의 생각을 발표하거나 표현하는 것에 부담을 가지고 있는 한국적 맥락과 풍토 속에서 전술한 상호작용적 측면은 에듀테크 체제 내 학습 과정의 큰 활용 가능성으로 판단할 수 있다.

셋째, 에듀테크를 통한 '협동 학습'의 측면이다. 에듀테크를 활용한 교육적 활동은 소그룹 및 다수의 학습자들과의 협업을 효과적으로 수행할 수 있도록 지원한다(한송이·임철일, 2019: 464). 학습자들은 온라인 체제 속에서 특정한 학습 과제를 팀 미션으로 접근할 수있으며, 협업을 통해서 과제를 해결해 나갈 수 있다. 이 과정에서 교수자는 PBL, Flipped Learning 등의 교수학습 전략을 구체적으로 적용하여 에듀테크를 활용한 협동 학습의 측면을 극대화 시킬 수 있다.

넷째, 에듀테크를 통한 '시뮬레이션 학습'의 측면이다. 시뮬레이션 학습은 학습자들에게 학습과 관련된 모의 상황을 경험하게 해줌으로써 학생들의 역량을 증진하고 문제 상황에 대한 대응을 효과적으로 수행할 수 있도록 한다. 특별히 목회 현장 및 교회교육 사역과 관련하여 특정한 신앙문제와 관련된 모의 상황을 에듀테크 환경 속에서 경험하게 한다면 성도들과 학습자들에게 실천적인 신앙과 역량을 길러주는데 유익한 접근이 될 수 있을 것이다(이현철, 2018: 126).

다섯째, 에듀테크를 통한 '게임기반 학습'의 측면이다. 에듀테크는 학습자들에게 게임기반 학습을 제공 할 수 있는 훌륭한 플랫폼이 된다. 코로나 상황 속에서 공교육이 수행하였던 다양한 비대면 교육활동 중 상당수는 게임에 기초한 학습 전략이 적용되었으며, 이는 저학년의 경우에 더욱 높은 비율을 차지한다. 놀이는 학습자들의 성장과 발달에 있어 매우 중요한 활동이며, 그 활동을 통해서 사회성, 신체, 언어, 정서적인 발달을 촉진시킬 수 있다(이현철, 2018: 119). 물론 에듀테크 환경 속에서 대면적인 놀이활동은 제한되지만, 놀이의 내재적 가치의 구현은 가능한 것이다.

〈표 XXIV-1〉 교회교육을 위한 에듀테크 활용 가능성과 적용 예시

영역	활용 가능성	사역 현장 적용 예시
몰입	고도의 컴퓨터 그래픽 상황 속 학습자 직접적인 학습 참여와 조작을 통한 가능성	성경 지리 탐방, 선교지 탐방, 역사적 장소 탐방
상호작용	학습자와 학습자 간, 학습자와 교수자 간의 상호작용을 통한 가능성	성경공부, 교회학교 특별 프로그램, 가정 연계 프로그램, 부모교실 및 세미나
협동	소그룹 및 다수의 학습자들과의 협업 지원 가능성	성경공부, 교회학교 특별 프로그램, 가정 연계 프로그램, 부모교실 및 세미나
시뮬레이션	학습과 관련된 모의 상황 경험의 가능성	전도 훈련, 청소년 문제행동, 공동체 훈련 프로그램
게임	게임기반 학습을 제공 할 수 있는 효과적인 플랫폼 지원의 가능성	성경공부, 교회학교 특별 프로그램, 가정 연계 프로그램, 부모교실 및 세미나

한편, 교회교육을 위한 에듀테크의 활용을 위해서는 학생중심의 교수학습 전략이 전제될 필요가 있는데, 이는 대표적으로 문제기반학습(Problem Based Learning), 플립러닝(Flipped Learning), 토론식 학습(Discussional Learning), 액션러닝(Action Learning), 블렌디드 러닝(Blended Leraning), 팀 티칭(Team Teaching), 게임기반 학습(Game Based Learning), 시뮬레이션(Simulation) 전략, 학습포트폴리오(Learning Portfolio) 등 이다. 해당 교수학습전략들은 전통적인 교수자 중심의 교수학습 전략을 벗어나 학습자들의 자기주도성, 협동, 역량의 측면을 강조하며 구성되며, 에듀테크를 활용한 수업 설계의 완성도를 높일 수 있는 효과적인 전략이 될 수 있다.[8]

3.2. 교회교육 내 에듀테크 활용 시 고려 사항

에듀테크는 코로나19의 상황 속에서 교회교육 사역을 위한 흥미로운 장을 제공해주고 있다. 앞 절에서 논의한 학습 영역의 특성을 생각할 때 분명 사역을 위한 다양한 아이디어와 시사점을 준다고 볼 수 있다. 하지만 교회교육을 위한 에듀테크의 활용시 고신정신(개혁신앙)이 기초하여 고려해야 할 그리고 명확한 한계점을 인식하고 살펴볼 필요가 있을 것이다.

구체적인 에듀테크와 관련된 논의는 아니지만 이미 신학계에도 비대면 및 온라인 이슈와 관련된 논의 속에서 비대면 가상의 신앙 활동, 온라인 예배의 정당성 여부, 온라인교회 등의 논쟁이 신학적으로 이루어지고 있다.[9] 이에 본 절에서는 교회교육을 위한 에듀테크의 활용 시 고려해야 할 사항을 제시해줌

---

8. 교회교육 및 사역 현장 내 학생중심 교수학습 전략의 적용을 위하여 이현철의 『교회학교 교사 어떻게 가르칠 것인가?』, (서울: 생명의양식, 2018)를 참고바란다. 해당 작업은 성경적 세계관에 기초하여 다양한 학생 중심의 교수학습 전략의 개념을 쉽게 제공해주고 있으며, 교회교육 내 관련 접근들이 가지는 의미를 탐색하였다.

9. 관련하여 고신대학교 송영목의 자료는 흥미롭다. 송영목(2021). 성경의 가상공간과 선교적 함의. 기독교학문연구회 제38회 연차학술대회, 2021년 10월 30일, 서울대학교.

으로서 해당 신학적 논의를 위한 기초자료를 제공하고자 하며, 나아가 현장 사역자들을 위한 지침을 제시해보고자 한다.

첫째, 에듀테크를 활용한 사역의 모든 장에서 하나님의 절대주권을 선포하고, 그 영역 역시 하나님의 통치 아래에 있음을 유념해야 한다. 에듀테크의 기술적 발전을 통해서 가상 및 증강현실의 공간이 구축되고, 현실세계와는 다른 새로운 장이 이루어진다고 할지라도 삼위하나님께서 모든 영역과 공간을 주권적으로 다스리시므로 에듀테크의 기술적 발전을 통해서 구축되는 어떠한 영역이라 할지라도 '그곳' 혹은 '그 시간' 역시 하나님의 통치의 영역임을 기억하는 것이다. 이러한 인식은 교회가 에듀테크를 활용한 교육적 활동을 하나님 나라 확장과 사역을 위한 공격적인 수단으로 활용할 수 있음과 더 나아가 관련된 적극적인/긍정적 입장을 취하는 전제가 될 수 있다. 이는 단순히 에듀테크와 관련된 사역과 활동에 대한 거부와 부정의 이분법적 입장과는 구분되는 것이다. 교회의 사역은 우리의 삶 전 영역을 통치하시는 삼위하나님의 주권에 기초하고, 성경적 세계관을 바탕으로 비평적으로 사역해나갈 수 있는 적극적인 관점을 지향해야 하며, 이는 에듀테크와 관련된 이슈와도 일맥상통하게 적용되어야 한다.

둘째, 에듀테크를 활용한 사역은 예배와 관련하여서 한시적/제한적으로 활용되어야 함을 유념해야 한다. 예배는 하나님의 부르심에 대한 피조물인 우리(신앙인)의 반응이며, 이는 우리가 수행해야 할 마땅한 의무이다. 이 예배는 하나님께서 제정하신 합당한 방법이 있으며, 그 예배는 철저히 성경이 규정한 방법과 예전으로 이루어져야 한다(웨스크민스터 신앙고백서 제21장 종교적 예배와 안식일 제1항). 다만 우리가 고민해야 할 것은 상황적 맥락 속에서 이 예배가 고려되어야 할 요소들도 있다는 것이다. 하지만 이 상황적 맥락 역시 말씀의 일반 원칙을 따라 결정해야 하며, 교회정치의 질서 속에서 안정감있게 이루어져야 한다(신호섭, 2021; 200-202). 그러므로 에듀테크를 활용한 예배는 그 적용 가능성에 있어 '제한적'이며, 특수한 상황을 고려하여 '한시적'으로 이루어져야 함을 분명히 인식해야 할 것이다. 우리는 코로나19 와 같은 팬데믹 상황 속에서 예배의 소중함을 지키기 위하여 한시적/제한적 으로나마 이를 힘들게 허용할 수밖에 없는 신앙의 중심을 왜곡하여 수용해서 는 안 될 것이다. 실제로 대한예수교장로회 고신총회는 2021년 제71회 총회 에서 영상예배와 비대면 예배에 대한 분명한 신학적 견해를 밝혔으며, 아주 예외적인 상황 속에서만 도움을 받을 수 있으므로 정리하였다.

셋째, 에듀테크를 활용한 사역은 교회사역을 위한 '필요조건이지 충분조 건이 아님'을 유념해야 한다. 주지하고 있듯이 교회 사역의 핵심은 무엇보다 하나님의 백성들을 대상으로 이루어진다. 이는 본질적으로 교회가 하나님께 서 불러모으신 백성들(요 10:15~16; 계 17:14)의 모임이기 때문이며, 그리스도 를 머리로 그리고 그리스도의 몸(엡 1:22; 골 1:18)으로서의 공동체적 성격을 가지기 때문이다. 이러한 교회와 교회 사역은 비대면 혹은 가상적 공간 안에 서 온전히 그리고 충만하게 누릴 수 없다. 에듀테크가 성도들을 향한 사역적 효율과 다양한 접근을 구현하는 전략으로 '필요조건'이지만, 그것에 의해서 모든 교회 사역이 '충분조건'으로서의 의미를 담보한다고 보아서는 안 될 것 이다.

넷째, 에듀테크를 활용한 사역을 위해서 사역자 및 교회학교 교사의 디지 털 역량이 전제되어야 함을 유념해야 한다. 교회사역을 위한 사역자 및 교사 의 전문성에 대한 고민은 그들로 하여금 자신의 사역을 수행하는데 가장 핵 심적인 요소임을 확인 할 수 있다(이현철, 2013: 261-263). 즉, 사역자와 교사 들은 자신의 교회교육적인 역량에 대한 자신감 결여를 통해서 사역 내 딜레 마적인 상황을 직면하고 있는 것이다. 이 전문성과 관련된 사항에서는 교리 와 신학, 교육학, 상담학, 행정 영역 등 다양한 영역들이 해당된다. 더욱이 에 듀테크를 활용한 사역을 위해서는 교육방법 및 공학적인 차원에서 사역자 및 교사들이 디지털 활용 역량도 필요하게 되었다. 이미 교회학교 내 학습자들은 다양한 매체와 디지털 역량이 앞서가 있는 상태이나 교사들의 디지털 역량이 학습자들의 그것과 차이가 나고 있는 현실을 바라보게 된다. 그러므로 기능적인 에듀테크 관련 사역을 위해서는 교육의 주체로서 사역자와 교사들이 디지털 역량을 강화하고 증진해야 함이 전제될 필요가 있다. 여기에는 에듀테크와 접목된 교수학습전략 구현의 전문성도 포함된다.

다섯째, 에듀테크를 활용한 사역은 철저한 교육설계와 활동이 전제되어야 함을 유념해야 한다. 에듀테크를 적용하지 않은 학습 과정 속에서도 학습의 성공적인 수행을 위해서는 치밀하게 설계된 수업활동이 이루어져야 하는데, 에듀테크 활용 수업과 사역에 있어서는 더욱더 세심한 준비와 관심이 요청된다. 그 이유는 에듀테크를 활용한 교육활동의 영역이 학생중심적인 교수학습전략의 측면과 영역을 담고 있을 뿐만 아니라, 교수자가 미리 준비해야 할 내용들이 많기 때문이다. 실제로 Cuendet. Bonnard, Do-Lenh, & Dillenbourg(2013)는 에듀테크 체제 내 수업 설계가 얼마나 다양한 요소들을 고려해야 하는가를 제시해주었는데, 그들은 교수자의 권한, 차시 수업 분량, 수업 컨텐츠 간의 통합, 학생 통제와 파악 등 에듀테크와 관련된 수업 설계의 치밀한 구성 및 교사의 고려사항들을 흥미롭게 제시하였다.[10]

---

10. 이와 관련하여 본 연구자 역시 코로나19의 상황 속에서 학교 및 교회사역을 에듀테크를 활용한 활동을 지속적으로 수행해오고 있다. 신학대학에서는 학부 및 대학원 과정의 강의 및 세미나를, 교회에서는 성경공부, 제자훈련 등을 에듀테크 체제 속에서 진행해오고 있다. 해당 사역을 준비하는 과정에서 기존 전통적인 체제의 수업 준비보다 물리적인 시간에서는 훨씬 더 많은 투입이 이루어짐을 경험하였다. 물론 해당 수업들은 모두 학생 중심 교수학습전략으로서 PBL, Flipped Learning 등이 적용되는 수업이었으나 그 과정 역시 교수자의 철저한 계획과 설계의 방향성 속에서 진행되어야 수업 전반의 만족도를 확보할 수 있음을 확인하였다. 최근 국내 비대면 수업 경험에 대한 다양한 수준의 연구가 이루어지고 있어 흥미롭다. 다음의 논문을 참고하면 도움이 될 것이다. 남선우(2021). 에듀테크를 활용한 상호작용적 비대면 실시간 수업 설계 및 개발 연구: 기독교교육과 수업 사례를 중심으로. 기독교교육논총 66, 343-382; 최현실(2021). 코로나-19로 인한 대학신입생의 비대면 수업경험에 대한 연구. 교양교육연구 15(1), 273-286; 권선희·류현숙(2021). 코로나19로 인한 비대면 수업에서 교수 및 학습자 상호작용, 자기주도 학습능력, 학습참여도가 학습만족도에 미치는 영향. 학습자중심교과교육연구 21(11), 87-97; 김지원·박영신·김경이·양길석(2021). COVID-19에 따른 대학 온라인 수업

4. 나가며: 교회교육의 재탄생과 스말로그(smalogue)

이 글에서는 교회교육의 새로운 장으로서 에듀테크의 활용 가능성과 고려 사항을 탐색하여 교회교육 관련 사역자들에게 기초자료를 제공하고자 하였다. 이를 위하여 국내·외 선행연구를 중심으로 에듀테크의 개념, 구성요소(가상현실, 증강현실, 빅데이터, 메타버스), 성장 과정을 분석하고, 교회교육을 위한 에듀테크의 활용 가능성으로 학습 몰입, 상호작용 학습, 협동 학습, 시뮬레이션 학습, 게임기반 학습의 측면을 탐색하였다. 또한 교회교육을 위한 에듀테크 활용 시 고려 사항을 분석하여 하나님의 절대주권의 인정, 예배와 관련된 제한성, 교회사역 내에서의 위치, 사역자 및 교회학교 교사의 디지털 역량과 전문성, 철저한 교육설계 담보 등을 유념해야 함을 살펴보았다. 이러한 과정을 통하여 교회교육의 전환기를 맞이하고 있는 한국교회와 교회학교 교사 및 사역자들에게 교회교육을 위한 스말로그(smalogue)적인 사역과 방향을 제안하고자 한다.

스말로그는 디지털 기반 스마트(smart) 교육과 전통의 대면 아날로그식(analogue) 교육을 조합한 용어인데 스말로그적 교육에서 강조하는 것은 스마트 기기와 다양한 앱을 포함한 첨단 디지털 기반 에듀테크를 활용하면서 기존의 대면적 가치들을 중히 여기는 접근이라는 것이다(박남기, 2021: 19). 우리가 이미 탐색하였듯이 교회교육을 위한 에듀테크의 활용 가능성은 학습 관련 몰입, 상호작용, 협동, 시뮬레이션, 게임기반 영역 속에서 무한하게 성장 및 발전할 수 있으며, 특정한 영역과 내용으로 제한하기가 불가능하다. 더욱이 4차 산업혁명 시대에 발전하는 과학·기술은 고도화된 에듀테크의 장과 희망적인 미래를 기대하게끔 만든다.

에 대한 교수자와 학습자의 인식 및 경험 분석. 교육연구 80, 33-58; 정정훈·조재성·이요바(2021). 비대면 대학 교육과정과 수업에 대한 통합적 연구. 질적탐구 7(1), 171-204.

하지만 그러한 에듀테크의 발전 속에서 전통적 대면 교육이 가지고 있는 아날로그적인 감성과 상호작용이 존재하지 않는 차가운 교육과 활동이라면 교회교육을 위한 에듀테크 활용 시 고려 사항으로 살펴보았던 내용들 모두가 한계점으로 다가올 것이다. 특별히 삼위하나님과의 인격적인 관계 그리고 그것을 닮은 교사와 학생, 사역자와 학생 간의 관계는 최첨단의 에듀테크 기술이 대체할 수 있는 영역이 절대 아니며, 대체할 수도 없는 가치들이다. 그러므로 '교회교육의 재탄생'을 에듀테크의 기술적인 차원에서만 고려할 것이 아니라 재탄생의 철학적 기반과 기독교교육적 접근에 있어 스말로그(smalogue)적인 인식을 가지고 바라볼 것을 제안한다. 이는 성경적 세계관에 기초하여 비평적으로 에듀테크의 가능성을 부정하지 않으면서도, 기존의 교육적 가치와 사역적 의미를 손상시키지 않는 이론적 틀이 될 수 있을 것으로 기대한다.

참고문헌

고신총회(2021). 『헌법』(웨스트민스터 신앙고백서) 서울: 대한예수교장로회 고신총회, 2019 http://kosin.org/page_okXd87 2021년 11월 3일 검색

교육부 & 산업통상자원부(2021). 2021 에듀테크 코리아 페어·포럼. https://edtechkorea. or.kr/fairDash.do?hl=KOR 2021년 10월 20일 검색

권선희·류현숙(2021). 코로나19로 인한 비대면 수업에서 교수 및 학습자 상호작용, 자기주도 학습능력, 학습참여도가 학습만족도에 미치는 영향. 학습자중심교과교육연구 21(11). 87-97.

김예슬(2016). 국내 학교에서의 에듀테크 활용 현황 및 실태 분석. 고려대학교 석사학위논문.

김지원·박영신·김경이·양길석(2021). COVID-19에 따른 대학 온라인 수업에 대한 교수자와 학습자의 인식 및 경험 분석. 교육연구 80. 33-58.

남선우(2021). 에듀테크를 활용한 상호작용적 비대면 실시간 수업 설계 및 개발 연구: 기독 교교육과 수업 사례를 중심으로. 기독교교육논총 66. 343-382.

박남기(2021). 포스트 코로나 시대, 학교교육이 나아갈 길. 서울교육 242호. 서울: 서울특별

시교육청교육연구정보원. 14-21.

송영목(2021). 성성의 가상공간과 선교적 함의. 기독교학문연구회 제38회 연차학술대회, 2021년 10월 30일. 서울대학교.

송원철·정동훈(2021). 메타버스 해석과 합리적 개념화. 정보화정책 28(3). 3-22.

송태정(2015). 문학과 정보과학의 상호작용: 닐 스티븐슨의 사이버펑크 소설 '스노우 크래쉬'. 영어영문학21 28. 73-89.

신호섭(2021). 교회다운 교회. 경기: 도서출판 다함.

이현철(2013). 한국 교회학교 교사들의 딜레마에 관한 내러티브(Narrative) 탐구. 개혁논총 28, 247-279.

이현철(2018). 교회학교 교사 어떻게 가르칠 것인가? 서울: 생명의양식.

임정훈(2001). 가상교육·사이버교육에 관한 개념적 고찰. 교육공학연구 17(3). 165-194.

정정훈·조재성·이요바(2021). 비대면 대학 교육과정과 수업에 대한 통합적 연구. 질적탐구 7(1). 171-204.

최섭·김희백(2020). 가상현실 특성을 반영한 프로그램 기반 수업 적용 및 효과. 한국과학교육학회지 40(2). 203-216,

최현실(2021). 코로나-19로 인한 대학신입생의 비대면 수업경험에 대한 연구. 교양교육연구 15(1). 273-286.

한송이·임철일(2019). 증강현실 기반 수업설계 원리 개발 연구. 교육공학연구 35. 455-498.

한형종·임철일(2020). 가상현실 기반 교육용 시뮬레이션 설계원리 개발. 교육공학연구 36(2). 221-264.

함영주(2021). 전통과 혁신을 활용한 미래형 교회교육방법의 방향성에 대한 연구. ACTS 신학저널 48. 173-204.

현혜선(2020). 에듀테크를 활용한 무용 기능 해부학 프로그램 개발. 국민대학교 박사학위논문.

Cuendet, S., Bonnard, Q., Do-Lenh, S., & Dillenbourg, P.(2013). Designing augmented reality for the classroom. Computers & Education, 68(1). 557-569.

Holon IQ. A record half year in EdTech funding with 568 rounds raising $10B of investment as, ready or not, the world turns to technology to support learning and education delivery. https://www.holoniq.com/notes/global-edtech-funding-

2021-half-year-update/ 검색 2021년 10월 26일

McGrath, C., & Akerfeldt, A.(2020). Education technology(EdTech): Unbouded opportunities or just another brick in the wall?,(pp.143-157) in Larsson, A., & Teigland. Digital transformation and public services. NY: Routledge.

Milgram, P., & Kishino, F.(1994). A taxonomy of mixed reality visual displays. IEICE Transactions on Information and Systems 77(12). 1321-1329.

Roger, M., & Ben, L.(2009). Introduction to Big Data. Release 2.0.(February). Sebastopol CA: O'Reilly Media (11). 1-41.

Smart, J. M., Cascio, J. & Paffendorf, J.(2007). Metaverse roadmap overview. CA: Acceleration Studies Foundation, https://www.metaverseroadmap.org/overview/ 2021년 10월 29일 검색

색인

ㅇ

편저자 이현철 고신대학교 기독교교육과 교수

고신대학교 신학대학 기독교교육과, 경북대학교 대학원 교육학석사·박사, 美 Pennsylvania State University 교육학과 박사후 연구, 고려신학대학원 목회학석사, 美 Gordon-Conwell Theological Seminary 목회학박사. 기독교교육을 포함한 실천신학, 교육학, 사회학 분야에 많은 논문과 저서를 발표하였으며, 한국학술지인용색인(KCI) 등재 학술논문 총피인용 수 최상위 연구자로 선정되기도 하였다. 또한 한국연구재단(정부)으로 부터 신진·중견연구자 사업에 선정되어 '한국 교회학교 교사, 청소년 수련회, 한국교회의 진입장벽, 산간벽지 교회, 소형교회 은퇴목회자의 삶' 등 한국교회와 교회학교가 직면하고 있는 딜레마를 집중적으로 분석하여 연구를 수행하였다.

한국교육학회, 한국기독교교육학회, 한국복음주의기독교교육학회, 한국복음주의신학회, 한국교육사회학회, 한국질적탐구학회, 한국비교교육학회, 한국학부모교육학회, 한국내러티브교육학회, 개혁신학회, 대한예수교장로회 고신총회교육원, 개혁주의학술원 등의 임원, 편집위원, 정회원, 이사 등으로 활동하고 있으며, 고신대학교 교무처장, 기독교교육과(사범) 학과장, 일반대학원 기독교교육학과 학과장, 교육대학원 기독교대안교육 전공주임, 기독교선교·교육연구소장, 교수학습지원센터장 등을 역임하였다.

주요저서로는 『교회학교 교사, 어떻게 가르칠 것인가?』, 『신앙정석』, 『한국교회 3040세대 트렌드』, 『개척교회 현장, 핵심 리포트』, 『교회학교 교사의 전문성과 리더십』, 『위드코로나시대 다음 세대 신앙리포트』, 『코로나시대 청소년신앙 리포트』, 『교회사역 트렌드』, 『한국교회와 질적연구』, 『통합연구방법론: 질적연구+양적연구』, 『질적연구: 열다섯 가지 접근』, 『질적자료분석』 등이 있다.